MTA/MBA 创新创业课程参考书

中国文旅创新创业智库丛书

丛书主编 张德欣

北京联合大学旅游管理国家级一流本科专业建设点成果
北京联合大学旅游管理北京市属高校重点建设一流专业成果

中国文旅企业创新创业发展报告（2021—2023）

Report Entrepreneurship and Innovation In Chinese Cultural Tourism Industry (2021—2023)

王 恒 张德欣／主 编

刘 铮 黄 莉 郝志成 徐 雪 许 义 张爱茹／副主编

北京·旅游教育出版社

图书在版编目（CIP）数据

中国文旅企业创新创业发展报告. 2021-2023 / 王恒, 张德欣主编. -- 北京：旅游教育出版社, 2024. 12.
ISBN 978-7-5637-4817-4

Ⅰ. G124；F592.3

中国国家版本馆CIP数据核字第2024CB6575号

中国文旅企业创新创业发展报告（2021—2023）

王　恒　张德欣　主编

刘　铮　黄　莉　郝志成　徐　雪　许　义　张爱茹　副主编

责任编辑	陈　志
出版单位	旅游教育出版社
地　　址	北京市朝阳区定福庄南里1号
邮　　编	100024
发行电话	（010）65778403　65728372　65767462（传真）
本社网址	www.tepcb.com
E‑mail	tepfx@163.com
排版单位	北京旅教文化传播有限公司
印刷单位	唐山玺诚印务有限公司
经销单位	新华书店
开　　本	787毫米×1092毫米　1/16
印　　张	17
字　　数	301千字
版　　次	2024年12月第1版
印　　次	2024年12月第1次印刷
定　　价	69.00元

（图书如有装订差错请与发行部联系）

《中国文旅创新创业智库丛书》
编委会

主　　任： 张德欣
执行主任： 王　恒
总 主 编： 张德欣
委　　员：（排名不分先后）

秦　宇	李　彬	钟栎娜	温　婧	郑　红	严　艳	张　华	卢雪英
李　龙	朱迎波	孙　憬	白　娜	王　恒	刘　铮		

文旅创新创业研究院专家顾问团：（排名不分先后）

厉新建	卜希霆	张凌云	张　辉	谷慧敏	张玉钧	徐　虹	秦　宇
张朝枝	周玲强	郭英之	白　凯	郑向敏	李　原	张河清	吴忠宏
李　想	信宏业	薛兵旺	沈建龙	周春林	曾博伟	卢政营	陈安国
李燕琴	明庆忠	王兆峰	方远平	马　勇	乔秀全	罗　军	洪清华
于敦德	叶一剑	张晓军	黄栋庆	郑敏庆	陈云岗	刘汉奇	荀　亮
朱万峰	刘玉兰	单　平	汪早荣	贾建强	余学兵	吴建华	董　锴
易文捷	金　松	刘　春	陈长春	王京凯	张海峰	张广福	龚德海
刘　星	董艳丰	王海荣	祖大军	袁润兵	蒋　涛	陈　亮	钱建农
何士祥	马培瑞	杜长辉	柳林静	张栋梁	洪　伟		

注：自2021年1月起，原旅游创业创新研究院升级为文旅创新创业研究院，原《中国旅游创业创新智库丛书》升级为《中国文旅创新创业智库丛书》。

《中国文旅企业创新创业发展报告（2021—2023）》编委会

主　编：王　恒　张德欣
副主编：刘　铮　黄　莉　郝志成　徐　雪　许　义　张爱茹
参　编：

赵新宇	陈　杰	安　乔	李富强	吴佳卉	姚竹君	邓　宁
张玉洁	徐　航	范新茹	王文瑞	邓闽南	侯宇轩	董帅康
罗宏伟	何哲源	赵凤梨	杨　军	康燕雪	刘可婷	魏傲然
王　璇	王烨萱	范亚静	乔清坡	孙　康	唐佳敏	王雪晴
梁　楠	邱　悦

总　序

创新是一个民族进步的灵魂，创业是一个国家经济活跃的象征，二者也是一个国家兴旺发达的不竭动力。中华民族的发展历程中，有关创新创业的例子不胜枚举，大到开疆拓土，小到手工作坊，无不体现华夏儿女的创新创业精神与智慧力量。特别是伴随全球经济进入后金融危机时代下的深度调整期，我国经济发展面临着进入新时期新格局下的诸多挑战。此时，由国家最高层号召和推动的"双创"战略成了推动我国经济发展和转型升级的重要引擎，创新与创业活动不仅仅是国人实现中国梦、过上美好生活的重要方式，更是上升到国家和民族层面的实现"中华民族伟大复兴"的重要途径。

在2014年9月达沃斯论坛上，李克强总理提出，要在960万平方公里土地上掀起"大众创业""草根创业"的新浪潮，形成"万众创新""人人创新"的新势态，此后形成"大众创业，万众创新"的提法，简称"双创"。2016年，李克强总理在首届世界旅游发展大会上指出，旅游业是"大众创业，万众创新的大舞台"，各地政府加快产业布局与政策落地，全国上下掀起一股创新创业热潮。

2016年9月，由我发起，特邀旅游业顶级学者、智库领导人、产业领军人物及知名投资人等为核心组建"旅游创业创新研究院"与《中国旅游创业创新智库丛书》编委会，并于2021年1月升级为"文旅创新创业研究院"与《中国文旅创新创业智库丛书》编委会，致力于为文旅行业创新创业提供理论支持与实战分享，提供文旅创新创业咨询建议及服务，以助推文旅产业健康有序发展为重要使命。

2015年《政府工作报告》中提出"推动大众创业、万众创新"，"个人和企业要勇于创业创新，全社会要厚植创业创新文化，让人们在创造财富的过程中，更好地实现精神追求和自身价值。"2016年《政府工作报告》中提出要充分释放全社会创业创新潜能，发挥大众创业、万众创新和"互联网+"集众智汇众力的乘数效应，打造众创、众包、众扶、众筹平台，构建大中小企业、高校、科研机构、创客多方协同的新型创业创新机制。2017年《政府工作报告》中提出要持续推进大众创业、万众创新。"双创"是以创业创新带动就业的有效方式，是推动新旧动能转换和经济结构升级的重要力量，是促进机会公平和社会纵向流动的现实渠道。

2018年《政府工作报告》中强调，要促进大众创业、万众创新上水平，形成线上线下结合、产学研用协同、大中小企业融合的创新创业格局，打造"双创升级版"。同年，文化和旅游部成立，文旅融合概念提出并逐步推进实施。2019年《政府工作报告》中称要进一步把大众创业、万众创新引向深入。鼓励更多社会主体创新创业，拓展经济社会发展空间，加强全方位服务，发挥"双创"示范基地带动作用。2020年《政府工作报告》中提出要深入推进大众创业、万众创新，深化新一轮全面创新改革试验，新建一批"双创"示范基地，坚持包容审慎监管，发展平台经济、共享经济，更大激发社会创造力。

2021年《政府工作报告》中提出要强化企业创新主体地位，鼓励领军企业组建创新联合体，拓展产学研用融合通道，健全科技成果产权激励机制，完善创业投资监管体制和发展政策，纵深推进大众创业、万众创新。2022年《政府工作报告》中提出要深入开展大众创业、万众创新，增强"双创"平台服务能力。弘扬企业家精神，支持企业家专注创业创新、安心经营发展。强化企业创新主体地位，深化产学研用结合。加强就业创业指导、政策支持和不断线服务。2023年《政府工作报告》中提出持续推进大众创业、万众创新，鼓励以创业带动就业，引导创业投资发展，充分激发创新活力。深入实施创新驱动发展战略，推动产业结构优化升级。

从2020年到2022年，新冠疫情肆虐全球，中国旅游业也遭受了巨大冲击和损失。危机之际，我们思索应对创变之道，需从新旅游思维破局。新旅游的新，无论是新技术、新模式、新平台、新市场、新人群、新玩法等，都是后疫情时代创新创业的细分机会所在。

目前丛书主要有三个套系，一是蓝皮书系列，以"中国文旅企业创新创业发展报告"为题，每两年一本，较为全面与系统地分析当前文旅产业创新创业发展实践情况及趋势；二是以"旅游创业启示录"为题，深入行业创业细分领域进行优秀案例的汇总提炼，如周边游、出境游、乡村游等；三是专家论丛系列，以学院派及实战派专家为主，集结其学术研究及落地实践的深度观点解读文章成册。

文化、旅游、互联网、创新、创业是本智库丛书的重要关键词，也即科技赋能文旅创新创业。本丛书汇聚学术界与产业界力量，一来记录中国文旅发展更迭变迁；二来为政府、高校、媒体、研究机构、产学界与创客提供相应的分析与决策参考，也可作为高校相关专业、EDP、MBA/MTA、创新创业学院的教材或案例集。

创客们，这里与大家共勉：苦练七十二变，才能笑对八十一难。当时代造就你的同时，你也创造了时代。

大家一起加油！

张德欣
2024年3月于北京

前 言

呈现在读者眼前的这本《中国文旅企业创新创业发展报告（2021—2023）》是该系列报告的第六部，也是时间跨度最长的一本阶段性成果汇总。10年来，该系列报告不仅全程记录了中国文旅企业"双创"发展的起伏经历与奋斗历程，也是校企（校际）合作的产物和产教深度融合的结晶。

2013—2023年，中国文旅企业的发展也可以用知名财经作家吴晓波的一本书的名字来加以解读——激荡10年，水大鱼大。水大是指中国的宏观经济和制度政策环境变化的多样性和多变性，鱼大则是规模不等、数量众多的文旅企业对外部环境的适应性和组织韧性。这一互动作用的结果就是文旅企业"鱼群"间形成了新的竞争与合作的格局。

过去的10年，文旅产业和企业既经历了波澜壮阔与风光无限，也遭遇了混沌失控与哀鸿遍野。从2013年在技术创新、市场红利和政策扶持三方面的综合加持下催生大量的互联网、O2O、在线旅游等新兴中小型旅游创业公司开始，许多中小创业公司甚至是明星创业公司在资金、人才、运营等多方面均面临着不同程度的挑战。2018年，尽管我国旅游业发展迎来了文旅融合的新时代，文旅需求、文旅政策也不断向好，然而文旅资本仍然大量流向大项目、大手笔，面向旅游"双创"的创投事件数量和资金额度较2016年、2017年有大幅下降，"资本寒冬"的到来使得大量的中小旅游创投企业倒闭或转移业务领域。当然我们也同时发现，在"泡沫"破灭和大浪淘沙之后，优秀的文旅"双创"企业经过多年的奋斗，不仅存活下来了，而且成长得更加稳健。2018—2019年，我国的旅游创新系统在技术、资本和人员的流动、交织与融合中逐渐形成，并且以多层次、多方向、多维度的开放式创新模式为主要特征。然而，正当文旅融合为企业"双创"提供了新的发展空间和广阔机遇的时候，突如其来的新冠疫情按下了文旅产业的暂停键。2020—2023年的4年间，文旅行业和企业从面对疫情初期的冲击与应对（2020—2021年）到复苏与创新并行（2022年），再到深度融合与高质量发展（2023年），生动地诠释和展现了整个文旅组织的韧性。

基于上述背景，本报告在延续固有主题的基础上进行了适当的扩展，主要内容如下：第一部分聚焦2021—2023年文旅"双创"趋势分析和研判，分别从中国文旅创新创业及投资趋势，以及文旅产业新探索和新技术趋势两个层面阐释我国文旅企业的变革趋势与路径选择。第二部分测算了2022—2024年中国文旅企业创新创业信心指数，通过对文旅集团、文旅创业企业、投资机构、文旅学界、政府及协会机构等多名专家的问卷调查，构造和计算文旅"双创"信心指数，并对2017年到2024年信心指数的变化情况进行了对比分析，旨在为文旅企业、资本方、学术界及政府等提供相关参考。第三部分是中国文旅企业创新创业案例分析。本部分划分为两个章节，一是北京网红打卡地案例；二是文旅"双创"企业案例。尽管因疫情无法对全部案例企业进行实地调研，导致基于二手资料的分析难免出现不深入和不全面的情况，但它们的创新模式、疫情应对成功经验和措施以及未来的发展方向均值得文旅"双创"领域的实践者和观察者关注。第四部分是国内外文旅企业"双创"大事记。

  本报告的完成得益于各方的大力支持。我们不仅要感谢所有为报告撰写提供支持和指导的领导和专家，还要感谢旅游教育出版社及编辑老师对本报告出版和校对工作付出的努力，最后更要感谢给我们提供大力支持的文旅"双创"企业的企业家和高管朋友们，期待继续与他们同行，披荆斩棘，拨云见日，共同开创与谱写中国文旅企业创新创业的美好未来与辉煌篇章。

编者

2024年3月

目 录
CONTENTS

第一部分 2021—2023 年文旅"双创"趋势

第一章 中国文旅创新创业及投资趋势 ································· 3
一、2021—2022 年文旅企业的韧性响应和组织创新 ··················· 3
二、未来 10 年中国旅游的创业机会 ······························· 19
三、2024 年，旅游创业者还有机会吗？ ···························· 25
四、2020—2023 年中国文旅产业投融资状况及发展趋势分析 ··········· 30

第二章 文旅产业新探索和新技术趋势 ······························· 46
一、元宇宙赋能数字文旅创新发展逻辑和应用前景 ··················· 46
二、ChatGPT 对旅游业影响的预测与展望 ··························· 56

第二部分 中国文旅创新创业信心指数（2022—2024 年）

第一章 中国文旅创新创业信心指数（2022 年） ······················ 67
一、2022 年中国文旅创新创业信心指数 ···························· 67
二、2022 年中国文旅创新创业信心指数各子维度分析 ················ 68
三、受访专家特征分析 ·· 74
四、总结 ··· 75
附录 ··· 76

第二章 中国文旅创新创业信心指数（2023 年） ······················ 79
一、2023 年中国文旅创新创业信心指数 ···························· 79
二、2023 年中国文旅创新创业信心指数各子维度分析 ················ 80
三、受访专家特征分析 ·· 87

1

四、总结…………………………………………………………………… 88
附录………………………………………………………………………… 88

第三章 中国文旅创新创业信心指数（2024年）……………………… 91
一、2024年中国文旅创新创业信心指数………………………………… 91
二、2024年中国文旅创新创业信心指数各子维度分析………………… 92
三、2017—2024年中国文旅创新创业信心指数趋势分析……………… 99
四、受访专家特征分析…………………………………………………… 102
五、总结…………………………………………………………………… 103
附录………………………………………………………………………… 103

第三部分 中国文旅企业创新创业案例分析

第一章 北京网红打卡地案例……………………………………………… 109
一、新消费场景类：首创·郎园Station………………………………… 109
二、新消费场景类：修德谷传统文化体验基地………………………… 115
三、夜间经济类：良业科技集团股份有限公司………………………… 121
四、科技创新和数字经济类：北京市朝阳规划艺术馆………………… 129
五、酒店及精品民宿类："大城小苑"精品民宿………………………… 133
六、餐饮及创新零售类：同仁堂知嘛健康旗舰店……………………… 138
七、阅读空间类：角楼图书馆…………………………………………… 145
八、文化艺术类："燕京八绝"博物馆…………………………………… 147

第二章 文旅"双创"企业案例……………………………………………… 158
一、大连博涛文化科技股份有限公司…………………………………… 158
二、日光域（北京）生态科技有限公司………………………………… 164
三、游侠客旅行…………………………………………………………… 169
四、北京乐多港发展有限公司…………………………………………… 177
五、成都中科大旗软件股份有限公司…………………………………… 184
六、上船吧………………………………………………………………… 194
七、湖州荻港徐缘生态旅游开发有限公司……………………………… 200
八、熊猫猪猪·两头乌国际牧场………………………………………… 207

第四部分　国内外文旅企业"双创"大事记

第一章　2021 年国外文旅企业"双创"大事记 ················· 215
第二章　2021 年国内文旅企业"双创"大事记 ················· 223
第三章　2022 年国外文旅企业"双创"大事记 ················· 229
第四章　2022 年国内文旅企业"双创"大事记 ················· 235
第五章　2023 年国外文旅企业"双创"大事记 ················· 241
第六章　2023 年国内文旅企业"双创"大事记 ················· 244

后　记 ··· 252

附　录 ··· 253
　　附录 A　北京联合大学旅游学院简介 ······················ 253
　　附录 B　文旅创新创业研究院简介 ························· 254

第一部分

2021—2023 年文旅"双创"趋势

第一章 中国文旅创新创业及投资趋势

一、2021—2022年文旅企业的韧性响应和组织创新

(一) 背景和意义

在全球化的背景下,文旅企业作为连接文化与旅游的重要桥梁,一直是推动经济发展和文化交流的重要力量。然而,2020—2022年,全球文旅企业面临前所未有的挑战。新冠疫情的全球大流行对旅游业造成了巨大的冲击,尤其是文旅企业,它们不仅要应对游客数量的急剧下降,还要面对运营成本的增加和市场环境的不确定性。在这样的背景下,文旅企业的韧性响应和组织创新成了行业生存和发展的关键。

文旅企业在疫情之前依赖于稳定的客流量和多元化的旅游产品来维持运营。然而,随着国际旅行的限制和消费者行为的改变,文旅企业必须迅速适应新的市场需求,寻找创新的经营模式和收入来源。这一时期的文旅企业表现出了不同程度的韧性,一些企业能够迅速调整策略,而另一些则面临严重的经营困境。因此,研究这一时期的文旅企业如何通过韧性响应和组织创新来应对挑战,对于理解企业适应性和生存机制具有重要意义。

文旅企业的韧性响应和组织创新不仅关系到企业自身的生存和发展,也对整个旅游行业的复苏和转型产生深远影响。研究这些企业在危机中的应对策略,可以为其他行业提供宝贵的经验教训,增强各行各业面对未来不确定性的能力。此外,这些研究成果也将为政策制定者提供依据,帮助他们更好地理解行业需求,制定有效的支持政策,促进文旅企业的创新和可持续发展。

(二) 目标和问题

本研究旨在深入探讨2021—2022年文旅企业在面对疫情挑战时的韧性响应和组织创新实践。研究将围绕以下三个核心问题展开:

研究问题一:文旅企业在疫情期间采取了哪些有效的韧性响应措施来应对市场变化?

研究问题二:哪些内部和外部因素对文旅企业的组织创新产生了显著影响?

研究问题三:文旅企业的组织创新如何帮助它们在疫情后恢复和增长?

对这些问题的深入研究,将为文旅企业提供实用的管理策略,为政策制定者提供决策支持,并为学术界提供对企业韧性和创新理论的新的见解。研究将采用基于网络大数据的文本分析方法进行。

（三）研究方法和数据来源

1. 研究方法

本研究主要采用内容分析法（Content Analysis）。该方法是对具有明确特性的传播内容进行客观、系统和定量的描述的研究技术，适用范围广泛，既适用于文字记录形态类型的材料，也适用于非文字记录形态类型的材料。其特点是从庞杂的数据中通过不断地提取、归纳得出所需的理论。本文基于网络文本的内容分析是目前较为典型的内容分析方法。

2. 数据来源与处理

本研究数据来源为百度资讯刊登的新闻公告，该数据源为实时更新的企业经营情况，是公开、真实、有效的数据，全面记载了企业的发展历程，是分析企业韧性的最佳数据。本章以此为网络大数据信息来源，运用内容分析法梳理各类文旅企业应对疫情实行的调整措施及取得的成效。

（1）不同类型文旅企业数据来源与处理

根据旅游企业主要经营业务，将数据划分为餐饮及创新零售类、酒店及精品民宿类、新消费场景类、街区园区及夜间经济类、阅读空间类、运动健身类、自然景观类、人文景观类、文化艺术类和休闲生活类共10种类型，进行具体分析。

借助八爪鱼采集器在百度资讯平台爬取新闻稿件，以旅游行业内有代表性的品牌为关键词进行检索，如鹈鹕商店、天坛福宴、御茶膳房品牌体验店、Coffee.G、北京爨舍民宿、盒马会员店、首钢园·六工汇、拾光买卖街、五只猫娱乐Mall、紫金宾馆、北京冬奥公园、车库驿站等。这些新闻是由个人、媒体、政府、企业和其他组织发布的，内容真实，数据可靠。爬取的数据包含页面网址、标题、正文、博主、发布时间和博主账号等信息，共计2636条，300余万字。

数据处理过程为：首先，筛选出发布时间为2021年1月1日至2023年2月20日的新闻稿件；然后去除重复和与主题不相关的稿件；保留"正文"列数据用于内容分析，最终剩余1733条有效数据，200余万字。

（2）在线旅游企业和文旅集团数据来源与处理

借助八爪鱼采集器在百度资讯平台爬取新闻稿件，新闻内容是有关去哪儿旅行、美团旅行、艺龙、携程、同程、飞猪、驴妈妈、马蜂窝、途牛、booking、agoda、Airbnb、小猪短租、榛果民宿等在线旅游企业；还有上海航空国际旅游（集团）有限公司、陕西旅游集团有限公司、桂林旅游发展总公司等入选中国旅游研究院2021、2022年度集团化发展创新案例的企业。这些新闻是由个人、媒体、政府、企业和其他组织发布的，内容真实，数据可靠。爬取的数据包含页面网址、标题、正文、博主、发布时间和博主账号等信息，共计3297条，2000余万字。

数据处理过程为：首先，筛选出发布时间为2021年1月1日至2023年2月20日的新闻稿件；然后去除重复和与主题不相关的稿件；保留"正文"列数据用于内容分析，最终剩余1578条有效数据，900余万字。

（四）10大主题文旅企业韧性响应和组织创新分析

1. 餐饮及创新零售类企业

梳理餐饮及创新零售类企业的数据绘制出词云图（如图1-1-1所示），图中"咖啡"的字体最大，词频数量高达827。咖啡文化感染着越来越多的国人，手握印有城市logo的咖啡杯合影，甚至成为游客（词频131）打卡旅游目的地的标志。

图1-1-1 餐饮及创新零售类企业词云图

疫情期间，餐饮企业想要谋求生存就要调整销售模式，降低对线下门店的依赖程度，转为线上和新零售是一种破局思路，而主营咖啡的企业是易转型的典型代表之一。以瑞幸为例，"只接受线上订单，不设置或少设置座位区"，使其2021财年总净收入79.65亿元，同比增长97.5%。① 疫情改变了人们日常饮用咖啡的习惯，比起到店现磨，消费者更愿意不受时间、空间上的限制，高效、快捷地自制一杯咖啡，储备零售产品可满足这一需求。为此，各大咖啡品牌（词频128）先后推出了冷萃、胶囊、冻干等不同口感（词频61）和味道（词频41）的优质速溶咖啡（词频119）产品，供消费者选择（词频44）和比较（词频73）。天猫数据显示，咖啡类目在疫情期间搜索量增长80%，销量增长50%~60%，其中"精品速溶品类"的销售同比增长超1000%，是天猫增速最快的咖啡类目。②

2. 酒店及精品民宿类企业

住宿业受疫情的影响比较明显，多数酒店面临流量短缺、人员不足、流动资金紧张的问题。《2022年中国酒店业发展报告》显示，2022年我国酒店较2020年减少2.7万家。③ 为了维持生存，不同规模的酒店（词频1820）采取了不同的自救方式，单体酒店的抗风险能力较弱，大多选择了放弃单打独斗，加入酒管集团。与此同时，酒管巨头紧锣密鼓地布局下沉市场，华住集团在2021年新签约的2849家酒店中，低线城市占比为55%，以汉庭、全季为主的品牌，仍在持续加码下沉市场。高端酒店试图开拓新市场，针对亲子家庭推出了"网课房"，设置了游泳、烹饪、消防等课程；为迎合火爆的露营，推出价格不等的"野餐篮"外卖套餐等。具体以香格里拉（词频241）酒店为例，疫情期间酒店集团主动承担起社会责任，多地酒店接纳隔离人员，还为抗疫医护人员提供餐

---

① 醉井观商.2021年瑞幸咖啡年收入翻倍，门店数逆袭星巴克，谁会更有前景？[EB/OL].https://zhuanlan.zhihu.com/p/489254245.2022-03-29.

② 凤凰网.线下消费逐渐饱和，咖啡市场打响"线上故事"[EB/OL].https://biz.ifeng.com/c/8ATbqJTDT67.2021-10-20.

③ 中国饭店协会.2022年中国酒店业发展报告[EB/OL].https://finance.eastmoney.com/a/202206022401251376.html.2022-06-02.

饮保障服务。集团品牌部负责人表示，"疫情下，有危有机，我们一直在积极为复苏做准备"，酒店通过直播以及拓展本地游市场等手段增加收入渠道。春节期间针对就地过年的政策，推出连住优惠房；返工季推出返工住酒店优惠套餐。①

受人员流动限制，很多游客转向周边乡村游。为留住本地游客，精品民宿（词频436）袭来"内卷"风，从拼服务（词频186）到拼特色（词频119），增添活动（词频231），注重体验（词频277）。为承接商务客源，不少民宿提升配套设施，打造（词频174）了多功能厅，配备视频会议的触摸屏，满足会议需求。在莫干山，民宿老板试图通过户外运动做"活"民宿，目前全镇80%的精品民宿配备游泳池、自行车等体育设施，配套滑梯、迷你高尔夫推杆练习场、蹦床、丛林探险等游玩设施。②此外，在空窗期，民宿老板还经营副业，在网上售卖土特产。

图1-1-2 酒店及精品民宿类企业词云图

3. 新消费场景类企业

突如其来的疫情，使得我国居民消费一度出现断崖式下跌；随着统筹疫情防控和经济社会发展取得积极成效，我国消费逐步迈入恢复性增长轨道。如今，以网络购物、互联网+服务、平台共享、线上线下融合等新业态、新模式为主要形式的新型消费（词频453）蓬勃发展，保障了民生，释放了消费潜力，促进了经济稳增长，已经成为拉动内需的新动能。

众多商业（词频451）品牌（词频339）进行了一系列内容升级、场景创新（词频137）等举措，打造（词频318）出个性小众消费场景、艺术策展消费场景、国潮文化消费场景、社交互动消费场景、氛围空间（词频440）消费场景和情绪价值消费场景。以北京三里屯为例，从运营初期的功能单一、业态差异化不足、基础设施落后，到提升消费能级、零售数字化、首店规模领跑全国，成为首批全国智慧示范商圈。三里屯的华丽转身表明，升级新业态、新

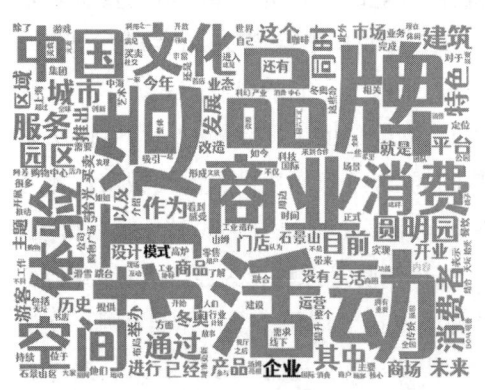

图1-1-3 新消费场景类企业词云图

---

① 香格里拉大酒店捷报连传，与酒旅行业共振复苏！[EB/OL]. http://www.1637.com/shangrila/news/S6D07R4EFJ65154749.html.2023-03-07.

② 疫情之下，正在经历"冰火两重天"的民宿该如何自救？[EB/OL].https://www.sohu.com/a/551109014_121124401.2022-05-25.

模式能够充分满足当下年轻人（词频72）个性潮流、寻求情绪价值的生活方式，也为城市经济社会发展增添更多活力。

4. 街区园区及夜间经济类企业

从2020年以来，各地政府有关部门纷纷推出了关于推动夜间经济发展的鼓励与支持政策。受疫情影响，尽管人们的消费欲望并不高涨，但夜经济发展保持总体稳中向好态势。[①] 夜间经济作为城市经济的重要组成部分，其发展（词频320）在提振经济、促进消费回补和潜力释放等方面发挥着重要的作用。因此，很多城市正在围绕年轻人的消费特点繁荣夜间经济，将"调亮"夜间灯光作为激发活力的重要抓手。游客熟知的"大唐不夜城""东北不夜城""夜游江南古镇"等是率先打造夜游的成功典范。还有"夜游重庆洪崖洞""夜游广州珠江""夜游东方明珠"等也成了城市夜游打卡地。

《中国城市夜经济影响力报告（2021—2022）》发布，重庆、长沙、青岛、成都、上海、北京、武汉、深圳、广州和天津成为2021年中国城市夜经济影响力十强。[②] 这些城市为提升夜间经济文化内涵、塑造具有城市文化特色的夜间体验项目进行了积极探索。但目前我国大多数城市的夜间经济尚未形成自己的特色，就像很多城市举办夜市、售卖相似的小吃和纪念品，存在业态相似、同质化发展的问题。对此，有学者提议夜间经济的建设（词频238）与城市历史文化深度融合，体现城市的文化底蕴，打造城市特色品牌，为居民和游客（词频221）提供差异化、多元化的夜生活。

图1-1-4 街区园区及夜间经济类企业词云图

5. 阅读空间类企业

党的二十大报告提出，推进教育数字化，建设全民终身学习的学习型社会、学习型大国。[③] 近年来，为营造更好的阅读（词频326）氛围，城市、社区、街道都在陆续建设规模不等的图书馆、图书室及其他正式或非正式的阅读空间。2021年，合肥已建成110多个城市阅读空间，城区基本建成15分钟阅读圈。[④] 值得一提的是，2022年联合国教科文组织发布了"全球学习型城市网络会员"名单。在全球众多申报城市中，广州脱颖而

[①] 新华社.城市夜经济，"亮"起来！[EB/OL].http://bgimg.ce.cn/xwzx/gnsz/gdxw/202208/23/t20220823_38050038.shtml.2022-08-23.

[②] 长江日报.中国城市夜经济影响力报告出炉[EB/OL].https://rmh.pdnews.cn/Pc/ArtInfoApi/article?id=30422576.2022-08-06.

[③] 中国教育报.推进教育数字化建设学习型社会——代表和专家热议全民终身学习的学习型社会[EB/OL].http://news.sohu.com/a/594493330_120074.2022-10-22.

[④] 精选热点资讯.合肥打造110个城市阅读空间，基本形成15分钟阅读圈[EB/OL].https://www.360kuai.com/pc/930721decd4056fc3?cota=3&kuai_so=1&sign=360_57c3bbd1&refer_scene=so_1.2021-09-11.

出，成为本年度唯一入选的中国城市。① 可见，我国学习型社会建设成效显著，学习型社会、学习型城市建设使得我国人民的精神面貌发生了极大的变化，全民学习、终身学习成为人们的共识和积极行动。

疫情袭来，实体书店积极探索转型，开展了读书打卡、盲盒选书、线上读书会等活动（词频269），采用了同城配送、储值返赠、直播带货、私域流量和行业联合的方式走出困境。如今，在很多城市，书店（词频945）不再只是购买图书（词频134）的地方，它还代表了城市文化（词频461）形象，晋升为网红打卡地。例如北京地区的PAGEONE、钟书阁、全民畅读书店、西西弗书店等阅读空间深受读者（词频130）和游客朋友们的喜爱。

图1-1-5 阅读空间类企业词云图

6.运动健身类企业

北京冬奥会（词频779）、残奥会（词频207）和杭州亚运会（词频36）等诸多体育赛事的举办，使更多的人了解和热爱体育运动（词频488）。其中滑雪（词频668）最为突出，据统计，从申奥成功至2021年10月底，中国参与冰雪（词频487）运动的人数增至3.46亿，冰雪运动参与率达到24.56%，2021年冰雪产业规模达到594.9亿元。②

疫情使市民有了强健体魄的迫切需求，进而引发了人们对鸟巢（词频1271）、体育馆（词频537）、场馆（词频557）、公园（词频1029）等空间的关注。而长期居家不具备健身（词频121）条件和环境，为解决这一矛盾，体育产业加入了创新科技行列。一方面，以健身为内容的体育产业要与时俱进，利用AI（人工智能）、VR（虚拟现实）、IOT（物联网）等新技术、新手段，基于互动性、场景化、体验性等原则，将健身活动与新技术相结合，升级智能化健身器材。另一方面，体育企业要不断修炼自身、提升产品与服务品质，以市民群众日益增长的健身需求为立足点，开发线上、线下融合的高品质健身课程，走高质量发展道

图1-1-6 运动健身类企业词云图

---

① 南方日报.广州加入联合国教科文组织"朋友圈" 系本年度唯一入选"全球学习型城市网络会员"的中国城市［EB/OL］.https://www.sznews.com/news/content/2022-09/15/content_25369710.htm.2022-09-15.

② 新浪网.2022中国冰雪产业发展研究报告［EB/OL］.https://finance.sina.com.cn/jjxw/2022-09-02/doc-imqmmtha5586804.shtml?finpagefr=p_115.2022-09-02.

路。①《2022—2028年中国体育旅游市场全景调查与市场运营趋势报告》显示，未来中国体育旅游市场有望得到进一步的提升，预计2028年行业市场规模有望达到28 845.6亿元。②中国的体育产业正在由"大有可为"向"大有作为"迈进。

7. 自然景观类企业

自然（词频132）景观类景区（词频241）指的是核心旅游吸引物以自然景观为主的景区。数据显示，2022年，全国五大主类景区共3057家，其中，自然景观类有1372家，占到总体的44.9%。③疫情影响下，旅游者更加趋向于森林植被（词频100）覆盖率高、生态（词频167）环境良好、空气质量优的室外景区，湿地（词频620）、公园（词频333）、自然保护区（词频101）等自然景观旅游目的地成为市场关注重点。

图1-1-7　自然景观类企业词云图

自然景观类景区抓住机遇潜心塑造品牌，主要做法如下：第一，自然景观类景区在以生态保护为主的前提下，更加注重拓宽传播渠道，深化特色、亮点产品推介，深挖资源生态禀赋及区域人文底蕴，合理规划业态布局，全面提升建设品质。第二，为吸引更多客流量，头部景区重在"新"字上下功夫，以文化为消费内核，深度挖掘自身内涵，不断推出新玩法、提供新服务，创新客群新体验。例如，线上"云游"是转型升级的方向之一。云南旅游官方助手"游云南"平台推出疫情期间特别策划"足不出户游云南"，通过一部手机24小时慢直播，实时播放以玉龙雪山、丽江古城为代表的全省重点区域及景区的1482个精美画面，利用科技助推带来的相关运营举措大幅提升当地景区的品牌影响力。④第三，通过门票降免政策，吸引客源流量，激活旅游相关要素，运用网络预约、客流调度、大数据追踪等智慧旅游手段为客群安心游览保驾护航，在政策利好与科技助力的双重带动下，大幅提升了客群整体满意度。例如，四川地区实施4A级以上景区门票半价、4A级以下景区门票全免；甘肃地区216个A级旅游景区实行免门票优惠⑤；山东省推出降低国有A级旅游景区首道门票价格、加大对特殊群体的门票减免优惠

---

① 上观新闻.疫情之下旅游产业如何自救？线上线下加速融合转型，向科技研发要一个未来［EB/OL］.https://www.sohu.com/a/534033754_121332532［EB/OL］.2022-03-31.

② 共研网.2022—2028年中国体育旅游市场全景调查与市场运营趋势报告［EB/OL］.https://www.163.com/dy/article/HR7V8NKP0553ST8Q.html.2022-10-10.

③ 东方网.2022年自然景观类景区品牌发展报告［EB/OL］.http://caijing.chinadaily.com.cn/a/202202/21/WS621335baa3107be497a07216.html.2022-02-21.

④ 凤凰新闻.数据来了！2月5A景区受疫情影响有多大？［EB/OL］.https://ishare.ifeng.com/c/s/v002uetd--NbWHysuExuIS8eO2H8qeB2vqfyVJWmIUuGoL9k__.2020-03-08.

⑤ 搜狐新闻.好消息！2022年这些景区都免费！［EB/OL］.https://www.sohu.com/a/514560635_121119243.2022-01-05.

力度的政策。①

8. 人文景观类企业

人文景观类景区可以细分为小镇型、科普（词频40）型、文化园型、宗教（词频25）型和纪念地型。两年时间里，疫情严重时以室内游览为主的人文景观类等级旅游景区全天（词频343）暂停（词频80）开放。疫情稳定后，景区要严格控制游客流量（词频31），等级旅游景区日接待量和瞬时接待量分别不得超过景区日最大承载量和瞬时最大承载量的30%。这些措施使人文景观类景区游客数量大幅下降。

图1-1-8 人文景观类企业词云图

据统计，人文景观类景区在2022年3月TOP20欢乐指数（欢乐指数是以大数据挖掘为技术支撑，持续跟踪、监测、分析国内旅游景区运行情况和服务品质）均值为51.47，环比降低23.08%，受到局部地区疫情管控的影响，指数整体降低。② 同年8月，人文景观类景区TOP20欢乐指数均值为47.72，环比上升16.97%，同比上升32.86%。③ 尽管如此，景区仍没有"躺平"，在关闭期间抓紧线上化，借助科技发展"云旅游""VR旅游""3D旅游"，让游客在家就能了解景点背后的文化底蕴和传奇故事。与此同时，还积极拓展业务，与研学机构深度合作，共同开发以人文景观为载体的"名人故居""历史遗迹""高校学府""红色（词频469）传承""古色古韵"等主题（词频397）的研学旅游产品。

9. 文化艺术类企业

对于演艺行业而言，2021年至2022年疫情反复多次停摆，优秀影片、演出频繁撤档和改档，导致娱乐市场内容供给不足；加之要积极配合疫情防控工作，营业情况不容乐观。停业期间，有些影院（词频230）、剧院在公众号上售卖之前屯储的零食、饮料，缓解经营压力，但其收入微乎其微。国内院线龙头横店影视的财报显示，公司2021年恢复盈利，2022年实现营业收入14.27亿元，同比下降37.51%。④ 由于影院、剧院的业务线相对单一，抵抗风险的能力较低，整个行业损失惨重。

对于文化产业而言，以博物馆（词频1093）类的景区为例，通常，疫情平稳时博物馆实行每日限流参观。例如2021年"五一"期间北京燕京八绝（词频600）博物馆（承

---

① 山东省发展和改革委员会.关于实施国有景区门票减免优惠的通知［EB/OL］.http://fgw.shandong.gov.cn/.2022-05-31.
② 财经头条.欢乐指数3月报告［EB/OL］.https://cj.sina.com.cn/articles/view/7224812735/1aea1e4bf0010143lm.2022-04-06.
③ 旅游欢乐指数.2022年8月旅游景区欢乐指数报告［EB/OL］.https://www.sohu.com/a/587381354_121128314.2022-09-23.
④ 新浪财经.疫情停业重创院线，横店影视去年亏损3.17亿元［EB/OL］.https://finance.sina.com.cn/jjxw/2023-03-11/doc-imyknaqz2645147.shtml.2023-03-11.

恩寺）发出公告，每场次限制预约15人，每日4场，可预约参观60人。疫情紧张时实行闭馆拒客。封锁之下，上海科技馆、上海自然博物馆、上海天文馆优先转型，在线上准备了一系列虚拟博物馆参观、直播、讲座、3D打印建模课等活动，游客即便足不出户也能领略科技、自然、天文的魅力。而后其他博物馆也纷纷效仿，一同展现"博物馆的力量"。数据显示，截至2021年底，全国共有备案博物馆6183家，比2020年公布的5788家增长近400家，位居

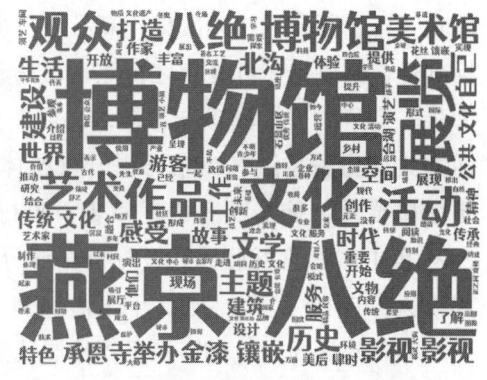

图1-1-9　文化艺术类企业词云图

国际前列。同年，世界排名前100的博物馆总共有7100万参观者，比2020年统计的5400万多1700万。① 总体来说，我国博物馆数量保持上升趋势，全球参观者数量有增无减。

10. 休闲生活类企业

新冠疫情在对全球旅游业造成巨大冲击的同时，也给以休闲度假为代表的旅游新业态、新产品的跨越发展和创新变革提供了难得的机遇。《2021中国休闲度假产业发展趋势报告》显示，随着以国内大循环为主体、国内国际双循环相互促进新发展格局的加快形成，在经济新发展格局下，休闲度假产业有望成为促进国内经济大循环的新抓手和推动结构转型、经济增长的新动能。② 据统计，2021年全国各类旅游度假区接待游客超过16亿人次，旅游收入将超过6500亿元。③

2021年及2022年，在中国国内各地反复出现疫情的背景下，消费者降低了长途旅游的欲望，转向了省内短途游、周边游，而"微度假""露营"（词频568）大多属于这类范畴，成了旅行新风尚。"微度假"是依托大中型城市或城市圈满足城市居民短期、高频休闲需求，以休闲娱乐、潮酷消费、品质度假为主要功能的一站式休闲度假目的地（词频536）。它以亲子家庭、年轻群体为核心客群，内容传播成为出游的重要选择依据，旅游方式以自驾为主，从低频消费向高频消费转变；产品端则

图1-1-10　休闲生活类企业词云图

---

① 搜狐新闻.后疫情时代"博物馆的力量"在复苏，哪些博物馆参观人数在2021年位于全球前列？[EB/OL]. https://www.sohu.com/a/548389527_121124780.2022-05-18.
② 在线旅讯.2021年中国休闲度假产业发展趋势报告[EB/OL].https://www.163.com/dy/article/GB10H4TV0524 BKEM.html.2021-05-27.
③ 凤凰艺术.疫情常态化，休闲度假何去何从？[EB/OL].http://art.ifeng.com/2021/0608/3519546.shtml. 2021-06-08.

要素齐备，更新迭代频次高，高品质、多兴趣点、场景感成为产品打造重点，产品呈现标准化、模块化、可复制性特点；市场聚焦一、二线城市，长三角、珠三角、京津冀成为核心竞争地，市场参与者众多，创新型企业不断涌现。"露营"是一种短时的户外生活方式，为满足游客需求，提升旅游体验（词频217），衍生出露营+飞盘、路亚钓、腰旗橄榄球、徒步、登山、攀岩、骑行、桨板等众多户外运动的组合玩法。《2022—2023年中国露营行业研究及标杆企业分析报告》显示，2021年中国露营经济核心市场规模达到747.5亿元，2022年达到1134.7亿元。①

可以预见的是，足够满足当地居民假日休闲旅游需求的属地化、复合化、专业化和客制化的"微度假"和"露营"，将越发成为中国旅游产业不可忽视的重要部分。

（五）在线旅游企业与文旅集团韧性响应及组织创新分析

1. 在线旅游企业

众多新闻稿件汇集成在线旅游企业数据库，利用大数据绘制出词云图，可以看出在疫情严控期，在线旅游企业步履维艰（如图1-1-11所示）。图中出现了人们熟知的在线旅游企业名称，包括携程（词频4397）、同程（词频3253）、凯撒（词频2157）、艺龙（词频1681）和众信（词频1847）。涉及了在线旅行平台的各类预订（词频1058）业务，包括机票（词频849）、酒店（词频4621）、旅行（词频3139）、门票（词频326）；还透露出阶段性的经营状况，包括恢复（1178）、亏损（词频767）、复苏（词频797）、下降（词频684）；以及企业的经营策略，包含布局（词频600）、融资（词频591）、收购（词频494）、创新（词频472）、调整（457）；还有一些财务指标，包括净利润（词频599）、股权（词频442）、成本（词频380）、资金（词频406）。

一直以来，携程旅行占据了在线旅游企业的龙头地位，近两年来的经营情况如何？财报可透析企业实际经营情况。携程旅行发布的全年财报显示，2021年携程全年净营业收入为200亿元，约恢复至2019年的56%②；2022年营收与2021年持平，净利润达14亿元，为2020年以来的首次盈利。③ 从数据上来看，携程已经化险为夷，且稳中有喜。接下来，具体探究该企业采取了哪些自救措施。

携程旅行网创立于1999年，在北京、天津、广州、深圳、成都、杭州、厦门、青岛、沈阳、南京、武汉、南通、三亚等17个城市设立分公司，员工超过25 000人。其秉持"以客户为中心"的原则，以团队间紧密无缝的合作机制，以一丝不苟的敬业精神、真实诚信的合作理念，创造"多赢"伙伴式合作体系，从而共同创造最大价值。携

---

① 艾媒资讯.2022—2023年中国露营行业研究及标杆企业分析报告［EB/OL］.https://baijiahao.baidu.com/s?id=1743369849115561684&wfr=spider&for=pc.2022-09-08.
② 中访网.2021年业绩恢复至疫情前56%，携程旅行带领行业走向春天［EB/OL］.https://finance.ifeng.com/c/8En0K3L4g1V.2022-03-30.
③ 新浪网.赚了14亿，携程靠什么穿越寒冬［EB/OL］.https://k.sina.com.cn/article_6813235720_19619ba080010156pb.html.2023-03-12.

程旅行2019年全年净营业收入357亿元，同比增长15%。① 由此看来，携程旅行在疫情到来之前的二十余年发展历程中，扩展了庞大的经营规模，营造了健康的企业文化氛围，积累了充足的资金储备，这些都为2020年对抗疫情带来的负面冲击打下了坚实的基础。

为应对此次危机，携程适时推出了一系列应对措施。作为社会型企业，携程积极响应国家"六稳""六保"号召，通过费用减免等政策，为合作伙伴大幅减轻了经营压力。以2021

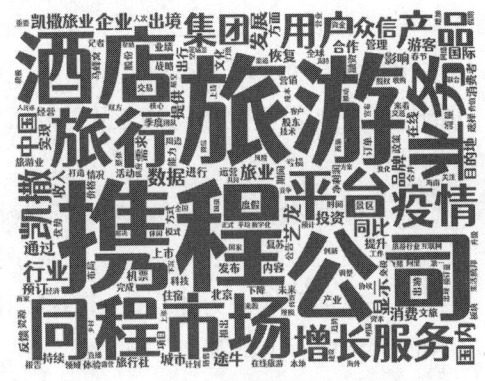

图1-1-11　在线旅游企业词云图

年二季度为例，携程针对受疫情影响严重的旅行社门店，给予费用减免政策，涉及费用近8000万元。与此同时，携程累计向中小微企业主发放贷款超300亿元，约为2021年公司全年营收的1.5倍。

增加"内容"板块，营销转型升级。携程在疫情期间快速推动平台从纯交易OTA（在线旅游代理）平台向"内容+交易"社区平台转型，一方面丰富旅游营销手段，让企业可与用户通过游记、攻略、直播、短视频等内容有效沟通。例如，2021年四季度携程社区丰富了创作者激励制度，陆续上线了新手村、创作者等级勋章等新体系，优化了CPC、福利社等成熟的社区玩法；同时为头部创作者提供了商业化合作板块，提升创作者在社区的变现能力，丰富创作者在社区的成长路径。另一方面，让用户在疫情期间保持对旅游的强烈兴趣，为未来的旅行愿望"囤货"。携程陆续推出了精品住宿、精致露营、徒步和其他创新的品质旅行体验，通过产品创新锁定和激发用户的旅游消费潜力。2021年中秋节期间，携程露营产品订单量相较今年端午假期增长近50%，GMV增长逾60%。

在经营业务方面，国内游及出境游双向发力，形成"螺旋式"结构，并行发展两条业务主链。一是开拓国内市场新路径，从自身业务布局领域出发，提升国内旅游资源供给的服务质量。在酒店业务方面，借助流量的扶持，先后帮助了超过20万家加入优享会的酒店合作伙伴，夜间量提高超过了1/5。② 二是助力海外市场合作，在"与时·聚进"2022全球合作伙伴峰会上，携程集团发布了"超级全球游"IP，愿意与更多海外旅游伙伴进行合作，助力全球旅游产业加速发展。

携程之所以能够在业务方面保有如此强悍的创新力，自然与公司内部的管理制度有着极大的关系。疫情初始，携程做出不降薪、不裁员，保证服务部一线员工政策调

---

① 腾讯科技.携程2019年营收357亿元，同比增长15%［EB/OL］.http://finance.sina.com.cn/stock/relnews/us/2020-03-19/doc-iimxxsth0115459.shtml.2020-03-19.

② 天财快讯.携程在全球疫情大环境之下做对了什么？［EB/OL］https://baijiahao.baidu.com/s?id=1741550786100664409&wfr=spider&for=pc.2022-08-19.

涨薪资的承诺。疫情常态化后，为了能够让员工更好地平衡工作与生活，携程率先在国内施行混合办公模式，让员工不再必须每周工作日都出现在公司，可以通过远程工作的方式更加灵活地参与到工作当中，最大限度地保障了员工的幸福感，提高了员工的忠诚度。

2. 文旅集团

近年来，多数上市文旅企业和地方文旅集团面临着"游客量少，营收下滑，净利润亏损"等发展窘境。为此，他们不得不以出售资产、发债融资的方式力挽狂澜；同时，顶住压力积极适应新需求，研发新产品，创造新场景和新内容。

从词云图（如图1-1-12所示）中可以看出，文旅集团的运营主要围绕"发展（词频4760）、文化（词频4870）、文旅（词频3827）、服务（词频2248）"等关键词开展。出现了典型的旅游城市和地区，包括杭州（词频1019）、山东（词频1181）、上海（词频723）、广州（词频764）、成都（词频650）、浙江（词频758）、南京（词频492）；包含旅游（词频9808）、景区（词频2663）、酒店（词频2505）、度假（词频739）、科技（词频1441）等经营板块；还涉及企业的金融属性，包含收入（词频745）、股权（词频611）、股份（词频535）、发行（词频357）；还有合作（词频1363）、创新（词频1335）、融资（词频478）、战略（词频908）、规划（词频465），体现了企业的应对策略。数据涵盖了传统旅游集团、典型行业和跨界融合三大领域，以下进行具体分析。

在传统旅游集团中，以首旅集团为例，作为国内大型旅游集团企业之一，受疫情整体影响，旗下酒店、旅行社、景区业务经营受困，2022年前三季度集团净利润亏损约53.09亿元。为保障现金流及业务开展、偿还债务，集团2022年度除发起11项超短期融资外，还发行4项中期票据，融资总规模达158亿元，其中超短期融资券93亿元、中期票据65亿元。① 在酒店板块，一方面，公司坚持疫情防控常态化管理，严格执行国家、地方等各级疫情防控相关规定，持续优化公司"放心酒店"产品；另一方面，公司继续坚定不移地推进"发展为先、产品为王、会员为本、效率赋能"四大核心战略，同时严格控制内部成本支出，持续开展各类降本增效项目，提升经营回报。在旅游板块，业务拓展与创新上持续发力，开拓户外露营、房车旅行等城市周边微旅行方式，更在VR/AR应用、数字文博、元宇宙景区等领域进行探索。

在典型行业中，上海航空国际旅游（集团）有限公司积极探索行业新赛道，相继与遵义新舟机场、三明沙县机场签订战略合作协议，依

图1-1-12 文旅集团词云图

---

① 新浪网.2022年度文旅集团投融资分析报告［EB/OL］.https://k.sina.com.cn/article_1851968610_6e62cc6200101m9t0.html.2023-02-01.

托多年来在"航空+旅游"领域深耕探索的行业积累，逐步形成了以航旅为切入点、联通旅游的上下游产业链、在资源端具有行业壁垒的"航旅生态圈"模式。通过航线和旅游的全方位资源匹配，形成符合当地文化特色和资源禀赋的"旅游+"商业模式。另外，上海春秋国际旅行社（集团）有限公司推出了数字化赋能决策管理模式。第一，产品看板数字化。线路经理、区域组长、部门经理可查看所属权限下产品的相关数据。第二，管理数字化。创建了驾驶舱平台，管理者每日可查看前一天的经营快报，可进行数据挖掘，了解各公司、部门及各目的地的收益排名、各销售渠道的收益占比以及质量监管流程进度等。第三，渠道数字化。针对不同渠道和机构客户等级灵活定价，如同业、门店、OTA等，也包括自主渠道，如PC版航旅官网、春秋旅游App、小程序、公众号等多个直销平台。第四，支付数字化。支持银行卡、支付宝、微信、信用付、春秋商旅通卡等电子支付方式，2021年更是推出了数字人民币支付在航空、旅游多场景应用，后台通过银企直联实现支付流水与业务订单自动匹配，提高了工作效率。

在跨界融合领域，以力方数字科技集团有限公司为例，这是一家文化与科技高度融合的科创集团、视觉科技独角兽。其坚持聚焦以内容为王、科技赋能，为地方城市营造六大美好新经济。第一，博览经济。开创中国云展览5.0模式，具有科技感、未来感、体验感，实现自我造血以馆养馆。打造科技馆、博物馆、规划馆、青少年中心等五馆两中心。代表作：国家博物馆、故宫博物院、国家国旗馆、国家智慧城市馆。第二，更新经济。聚焦城市更新、景区升级、古城活化、乡村振兴。坚持"文化+科技"战略，赋能城市有机更新，全生命周期打造旧有城市空间，推动城市数字产业化、产业数字化发展。案例：成都、聊城、南阳、西安等城市更新项目。第三，演艺经济。指多种形式的科技演艺与沉浸穿越。打造亚洲之最乐山水舞灯光秀、《大唐松州·翁城传奇》实景演艺。第四，夜间经济。点亮一座城市并转化成夜间产业，打造九新业态，营造新场景、新空间，形成新体验、新消费。第五，IP经济。深挖城市在地文化，围绕主题街区、主题乐园进行IP研发及运营，形成城市经济增长爆点。第六，数字经济。依托大数据、云计算、物联网、智能制造，全域推进科技赋能新城市、新产业、新生活，实现"数字孪生+人工智能""智能制造+工业互联""数字农博+乡村振兴""数字消费+场景体验"全新数字经济发展格局。①

（六）文旅企业韧性响应及组织创新对比分析

综上所述，在面对疫情等挑战时，各类文旅企业展现出了不同的韧性响应措施：

第一，餐饮及创新零售类企业。餐饮业在疫情后迅速调整，提供外卖服务和无接触配送，以适应消费者的安全需求。创新零售类企业则通过线上线下融合，推出社区团购和直播带货等新型销售模式，以增强其市场韧性。

第二，酒店及精品民宿类企业。住宿业在疫情期间面临流量短缺和资金紧张的问

---

① 国际文旅视野."2021中国旅游集团化发展创新案例"解读与感言［EB/OL］.https://view.inews.qq.com/k/20220414A08MUH00?web_channel=wap&openApp=false.2022-04-14.

题。酒店采取了加入酒管集团、推出亲子家庭"网课房""野餐篮"外卖套餐等创新策略。精品民宿则通过提升服务、增添活动和注重体验来吸引本地游客，同时提升配套设施以承接商务客源。

第三，新消费场景类企业。商业品牌进行内容升级和场景创新，打造个性化消费场景，如艺术策展、国潮文化、社交互动等。北京三里屯等商圈通过提升消费能级和零售数字化，成为智慧示范商圈，满足了年轻人个性潮流的生活方式。

第四，街区园区及夜间经济类企业。夜间经济作为城市经济的重要组成部分，在提振经济、促进消费回补方面发挥着重要作用。城市通过举办夜市、灯光秀等活动，以及推出夜游项目，如"大唐不夜城""夜游江南古镇"等，繁荣了夜间经济。

第五，阅读空间类企业。实体书店在疫情期间积极探索转型，开展线上读书会等活动，并通过同城配送、直播带货等方式走出困境。书店不再仅是购买图书的地方，而是成为城市文化形象的代表。

第六，运动健身类企业。北京冬奥会等体育赛事的举办提高了人们对体育运动的热爱。体育产业利用AI、VR、IOT等新技术，升级智能化健身器材，并开发线上线下融合的高品质健身课程。

第七，自然景观类企业。自然景观类景区在疫情期间更加注重生态保护和拓宽传播渠道，通过线上"云游"和门票降免政策吸引客流量。

第八，人文景观类企业。人文景观类景区在疫情期间通过线上化、"云旅游"、"VR旅游"等方式，让游客在家就能了解景点背后的文化底蕴。

第九，文化艺术类企业。演艺行业在疫情期间面临内容供给不足的挑战，而博物馆等文化景区则通过线上展览和数字艺术项目，让公众能够在家中欣赏艺术，同时也为艺术家提供了新的展示平台，展现了"博物馆的力量"。

第十，休闲生活类企业。休闲度假产业在疫情期间成为新抓手，推动结构转型和经济增长。微度假和露营成为旅行新风尚，满足了消费者对短期、高频休闲的需求。

第十一，在线旅游企业。在线旅游企业在疫情期间展现出了显著的适应性和创新能力。在线旅游企业如携程、同程等，面临游客预订取消、退款激增等挑战。这些企业通过优化退款流程、推出灵活的退改签政策、增强与消费者的沟通，以及利用大数据和人工智能技术进行市场趋势分析和预测，有效应对了疫情带来的冲击。同时，这些企业还通过推出线上旅游产品和服务，如"云旅游"和"虚拟体验"，来吸引和保持用户的兴趣，为未来的旅游需求积累潜在客户。此外，在线旅游企业还积极推进组织系统更新，如携程推动了平台从纯交易型向"内容+交易"社区平台的转型，丰富了旅游营销手段，并通过推出新的旅游体验产品，如精品住宿、精致露营等，锁定和激发用户的旅游消费潜力。这些措施不仅帮助企业在疫情期间保持了业务的连续性，也为未来的市场复苏奠定了基础。

第十二，文旅集团。文旅集团在疫情中展现出了较强的适应性和创新能力，采取了多元化的应对策略。一些集团通过出售资产、发债融资等方式来保障现金流和业务的持续运营。同时，他们也在积极适应新的市场需求，研发新产品，创造新场景和新内容。例如，一些文旅集团通过转型线上，开发与文化、艺术、体育等相关的线上内容和服务，以满足消费者的新需求。同时，文旅集团还通过加强与地方政府和社区的合作，参与到地方旅游推广和文化活动组织中，以提升自身的市场影响力和品牌价值。此外，文旅集团还通过调整经营策略，如开发周边游、自驾游等新产品，以及推出健康、安全保障措施，来吸引游客，增强市场竞争力。

（七）结论与建议

1. 研究发现的意义

本研究深入探讨了2021—2022年文旅企业在面对疫情挑战时的韧性响应和组织创新实践。研究发现，文旅企业展现出的韧性和创新能力对于其在危机中的生存和发展至关重要。韧性不仅体现在企业对冲击的快速响应和恢复能力，还包括对长期变化的适应和预见能力。创新则成为企业突破困境、开拓新市场和收入来源的关键驱动力。

研究结果揭示了文旅企业在疫情压力下，如何通过调整业务模式、优化成本结构、利用数字化工具等措施来增强自身的适应性和竞争力。这些发现对于理解企业如何在复杂多变的市场环境中保持活力具有重要意义，同时也为其他行业的危机管理提供了宝贵的经验和启示。

2. 理论与实践的联系

将研究结果与现有的组织韧性和创新理论进行对比，我们可以发现理论与实践之间存在显著的结合点。例如，Vicente和Lopez（2016）提出的认知、情感和社会三个维度的组织韧性模型，在文旅企业的实践中得到了验证。企业通过加强内部沟通、培养员工的心理韧性和建立支持性的组织文化，有效地提升了整体的韧性。

同时，研究发现，文旅企业的创新实践与Oslo Manual（2005）提出的创新定义相吻合，即引入新的或显著改进的产品、过程、营销方法或组织方法。企业通过推出新服务、采用新技术和探索新的商业模式，不仅应对了疫情带来的挑战，也为行业的长期发展注入了活力。

3. 政策建议

基于研究结果，我们为文旅企业和政策制定者提供以下建议，以提升组织韧性和创新能力：

（1）对文旅企业的对策建议

第一，加强危机管理和风险评估能力。文旅企业应建立和完善危机管理机制，包括制定应急预案、进行风险评估和定期演练。企业需要识别潜在的风险点，如疫情、自然灾害、市场波动等，并为这些风险制定具体的应对策略。此外，企业应建立快速响应团队，确保在危机发生时能够迅速采取行动，最小化损失。通过这些措施，企业不仅能够更好地应对突发事件，还能够在长期运营中建立起强大的韧性和适应能力。

第二，积极实施数字化转型战略。数字化转型是提升文旅企业竞争力的关键。企业应投资于云计算、大数据分析、人工智能等技术，以优化运营流程、提高效率和增强客户体验。例如，通过数据分析了解消费者的行为和偏好，企业可以提供更加个性化的服务。同时，利用虚拟现实和增强现实技术，企业可以创造沉浸式的旅游体验，吸引更多的年轻消费者。此外，企业还应加强网络安全措施，保护客户数据和企业资产。

第三，培育组织创新文化。创新是文旅企业持续发展的动力。企业应鼓励员工提出创新想法，并为其提供实验和实施的机会。这可以通过建立创新基金、举办创意竞赛、提供时间和资源支持等方式实现。企业还应建立跨部门的创新团队，促进不同背景和专业知识的员工之间的交流与合作。通过这样的文化和机制，企业可以持续产生新的产品、服务和商业模式，保持市场竞争力。

第四，加强与行业内外的合作、协同。文旅企业应积极开展合作，通过资源共享和协同创新来提升竞争力。这包括与供应商、分销商、其他旅游企业以及地方政府等建立合作伙伴关系。企业可以通过合作开发新的旅游产品，如主题旅游、文化体验等，满足市场的多样化需求。同时，企业还可以通过合作参与大型活动和节庆，提升品牌知名度和影响力。此外，企业还应参与行业组织，共同推动行业标准的制定和实施，促进整个行业的健康发展。

（2）对政策制定者的对策建议

第一，制定和实施支持文旅企业数字化转型的政策。政策制定者应认识到数字化转型对文旅企业的重要性，并制定相应的支持政策。这可以包括提供税收优惠、财政补贴、低息贷款等激励措施，以降低企业转型的成本。同时，政府可以建立专项基金，支持企业在技术研发、人才培训和市场开拓等方面的投入。此外，政府还应推动数字化基础设施的建设，如宽带网络、移动支付等，为企业的数字化转型提供必要的条件。

第二，鼓励和促进公私合作模式。政策制定者应鼓励文旅企业与政府、教育机构、科研单位等公共部门的合作。通过公私合作模式（PPP），可以共同开发旅游项目、提升旅游服务质量、建设旅游基础设施等。政府可以通过提供政策指导、资金支持、项目审批等方面的便利，促进公私合作的顺利进行。同时，政府还应确保合作过程中的透明度和公平性，保护各方的合法权益。

第三，加强对文旅行业市场环境的监管。政策制定者应加强对文旅行业市场环境的监管，确保市场的公平竞争和消费者权益的保护。这包括打击非法经营、维护价格秩序、规范服务标准等。政府可以通过建立旅游市场监管机构、完善相关法律法规、加大执法力度等措施，提升市场监管的有效性。此外，政府还应建立消费者投诉和纠纷解决机制，及时响应消费者的关切和需求。

第四，支持行业人才培养和技能提升。政策制定者应重视文旅行业的人才培养和技能提升。政府可以通过设立教育基金、提供奖学金、建立职业培训体系等方式，支持从业人员的继续教育和职业发展。同时，政府还应鼓励高校和职业院校开设旅游相关专业，培养适应行业发展需要的高素质人才。此外，政府还应推动国际交流与合作，引进国外先进的旅游教育理念和实践经验，提升国内旅游教育的整体水平。

（执笔人：王恒，北京联合大学旅游学院；徐雪，北京经济管理职业学院）

二、未来10年中国旅游的创业机会

旅游行业的创业话题一直讨论得很多，在知乎和微信社群里经常可以看到不同角度的讨论。近些年来，资本遇冷，旅游行业内关于这个话题的讨论少了一些，但对于旅游创业，总有新人不断地前仆后继。从2017年开始，我通过"在行"每年都会接触到不同的旅游创业者，与他们的交流常常能够启发我不同角度的思考，也能看到国内国外不同的创业方向和创业者正在做的事情。

2020年底，我成立了自己的文旅公司，也算是加入了文旅行业的创业，创业、经营、文旅目的地一直是我长期关注和感兴趣的方向。即便以前在同程和携程公司的时候，我也习惯"以创业的心态来打工"，以中国旅游行业发展的长期视角来做思考。国内旅游行业的很多创业者我都有交流和认识，现在也常常和国内的新旅游公司创始人做一些行业内的交流，写到这部分内容的时候，我有很多话想说。

站在2021年的时间节点看旅游创业，和前几年是显然不同的。今天重新思考旅游创业这个话题，不得不了解今天互联网旅游发展的阶段和现状。

（一）当前互联网旅游发展的阶段和现状

1. 流量困境

1999年，以携程、艺龙为代表的在线旅游企业的相继成立，正式开启了PC互联网在中国旅游发展的黄金10年。2010年左右的在线旅游大战承接了微信和移动互联网促进中国旅游高速发展的又一个黄金10年，尤其是2010—2017年，资本、移动互联网、技术、旅游消费红利在国内催生了大批的旅游创业公司。

无论是PC互联网还是移动互联网，都是基于新一代流量平台的早期红利，诞生了很多的旅游创业机会。在红利期出现的时候，会有短暂的供需平衡，让获客成本和流量价格很低。

站在2021年的时间节点，旅游消费的获客成本是比较高的，无论是OTA平台获客还是微信私域获客，再也没有了过去的流量红利。流量从何而来，这是所有创业者需要思考的问题。

2. 消费互联网的创业机会收紧

过去的20年，互联网对旅游行业的改造一直围绕消费互联网，C端的用户预订体验已经做得越发极致。无论是搜索、预订还是支付和消费，效率和体验都做了非常充分的创新，人人可以通过手机完成机票、酒店、火车票、门票等标品的即时预订、即时消费，交互体验即便放在全球也是领先的。

类似机票、酒店、火车票、门票是旅游行业里充分竞争的标品品类，它更适合大公司、流量型业务，也正因为大公司拥有资本、技术、流量的绝对优势。一旦确定了座次席位，小公司几乎没有再创新的机会。今天一个普遍的共识是标品品类更适合头部企业和先发优势，没有细分机会和后发优势。所以在携程、同程、去哪儿之后，我们很少看到在机票、酒店、火车票、门票领域的创业机会出现。

流量型业务是大公司的专属，To C 的创新空间越来越小，留给后来者的机会是什么呢？这几年我们看到的都是基于旅行服务的延伸和探索，旅游目的地仍然没有被充分互联网化。

3. 资本遇冷

今天在创投圈，很多投资人达成的共识是"旅游行业不看，旅游行业不投"。这虽然有一定程度的绝对和偏激，但也代表了大家看待旅游行业创业的心态。经过过去几年的火爆投资，投资人学会更加冷静地看待旅游业，也都发现旅游行业具有投资回报长、链条复杂、回报率低等特点。

今天旅游创业拿到早期天使和 VC 的钱的机会少了，从 2019 年开始就几乎很少看到旅游行业的创业项目顺利拿到 VC 的钱。资本遇冷，钱进不来，吸引不了人才和新的技术，在某种程度上也抑制了旅游行业的创新发展。

4. OTA 平台的焦虑和小而美的新机会

今天的 OTA 是普遍焦虑的，即便携程也正在不断寻找新的方向和机会；途牛在疫情后股价长期保持在 1 美元；同程在疫情以后几乎没有了度假业务，核心业务保留在机票、酒店等流量型业务，这部分业务很多依靠微信的外部流量；而疫情以后马蜂窝在交易型业务上没有看到突破和创新。

OTA 集体焦虑的另一面是新旅游公司小而美的新机会。

这几年，一些新旅游公司独立于传统旅行和 OTA 之外，依靠微信公众号的流量红利和私域机会，凭借独立的产品服务设计和运营能力，探索出了一套独立的闭环运营体系，旅行体验较好，受到用户认可，有一定的品牌价值，这是我们今天看到的相对健康的经营发展模式。

（二）旅行行业的经营本质和底层逻辑

在旅行行业内的创业依然离不开旅行行业的本质。在我看来，旅行行业过去发展这么多年，至少能够看出一些共性的东西和必须面对的普遍问题。

1. 产品同质

旅行产品创新弱、产品同质化、产品创新难度高是目的地旅游产品的普遍现状。一到夏天和旺季，朋友圈里全是青海湖、西北、云南的产品线路和海报，但是真正的差异化产品非常少。这是目的地属性和资源条件共同决定的，相同资源、相同产品、相同地接、相同玩法，创新有限、执行很难，你提供的产品大家也都在提供，难以形成落地上的产品差异。在集中的旺季，别说差异化，地接资源可能都是不够的。

2. 服务无差异

在今天，如果你以接近的价格在不同旅行公司预订产品线路，很难体会到不同公司服务上的明显不同和说得清楚的实际差异。这同样也因为旅行行业服务属性的制约，如果抛开硬件提升，在旅行服务链条上有价值的服务发挥空间同样有限。更好的服务并不只是体现在态度更好，而是在全流程中做更多实际且用户需要的事情。比起态度足够好，用户需要的是恰到好处和感受真诚。

每个提供服务的人都愿意相信自己的产品和服务是高品质、高标准的，但对用户是说不清楚的。

更好的价格自然对应着更好的服务，需要注意的是在相同价格情况下的服务差异对比。

3. 复杂交付

区别于标品的订单流转，旅行的销售往往是服务的开始。

旅行行业按照价值贡献分为零售商和资源商两个角色，面对用户承诺的一方往往是零售商，零售不直接提供生产和服务，往往将接到的用户订单转交给目的地真正服务的一方，甚至还需要经过多次转手传递到司机、酒店、领队和导游，售前和服务分离、服务环节多方参与、多次的信息传递和众多服务人员的交付让服务体验的执行变得随机和不可控。但品牌对用户的感知是需要确定的，对用户来说假期只有一次、给你的机会也只有一次，所以今天口碑再好的旅行公司都有过"粉转路"。

"听朋友推荐，我给了你一次机会，没想到你们也就这么回事。"

"上次在这儿预订的体验不错，这次很糟糕，你们变了，不值得再信。"

携程、飞猪每天需要面对大量的需求和订单，但不提供任何一个订单的实际服务，需要分布在全球的导游、司机、酒店、服务人员来承接用户预订时候的期待。仅仅依靠标准和体系仍然难以管控到每一个用户"最后一公里"的实际体验，所以我们常常看到来自平台的投诉、差评几乎是伴随订单量增大的必然产物。

有全流程管控的完善标准和体系尚且如此，其他的旅行公司通过委托地接社、目的地导游和司机来完成订单的实际服务，"麻烦你服务好一点儿"，"这个客人很重要"，用户体验都会留有更大的缺口风险。

零售商想服务得更好，但是资源商无法100%做到，资源商也想要全心做好，但链条上的其他角色难以100%做到，这是服务交付上遇到的难题。

4. 高频单次非标

旅行消费是低频的，但是旅行公司的服务是高频的，每一家旅行公司都需要多次不断地服务不同用户。每多一张订单，都需要增加客服、领队、司机相匹配的服务，但旅游服务链条过长，难以将流程标准化。如果多次、不断、面对不同人想要确定的服务，就离不开标准化，但实际的标准化在面对领队、司机、车辆、酒店、体验点时都留有不可控的环节，无法标准就无法规模，无法规模就无法复制。

这是旅行创业前应该想到的问题，在面对大量服务需求的时候，"面多了加水，水多了加面"的幸福烦恼就会不期而至。

5. 行业人才

一个人在旅行行业想要做到真正专业是个相对的伪命题。每个目的地想要深入了解都需要花费极高的时间和学习成本，如了解马尔代夫、了解云南、了解欧洲，至少需要了解目的地的地理、文化、历史、自然、资源属性、航班、交通、住宿供应、酒店差异、玩法线路。了解一个目的地容易，了解很多目的地必然会受到很大的局限和瓶颈。我不太相信一个人能够同时掌握很多的目的地，你认识的所谓"旅游专家"可能回复你的同时，正在奋力百度或者电话求助，复杂的目的地属性决定了只有少数人在有限领域的专业。

旅游行业长期以来"专家"很多，专业的很少，能做到在垂直细分品类有一些积累和深度了解就已经很不容易了，想要达到真正的"专业"是需要时间、努力和成本的。

6. 规模和品牌

在高度标准化的行业里，规模和品牌可以完美地相互促进，但在旅游行业，服务链条的过长、服务环节的复杂交付、专业化人才的稀缺，都让一家企业可以承接的订单有着明确的天花板，这在一定程度上就意味着适当放弃服务的坚持和自身模式的改变，服务的人数多了、交易规模大了，品牌就暴露在更大的风险中。服务 100 个人好评容易，服务 1000 个人满意不难，服务 10 000 个人差评几乎难以避免。

规模和品牌，小有小的自由，大有大的代价，似乎很难看到可控的平衡。

（三）未来 10 年可能存在的创业新机会

在知乎、在行和知识星球上，常常有人向我提问："旅游行业真的没有创业机会了吗？如果有，是什么？"

我的理解是每个行业在任何时代的任何阶段都有一定的创业机会和空间，道理很简单，我们的社会和行业在向前发展，会有新的要素和需求显现出来。换个角度去理解旅游行业的创业，可能我们今天和未来面临的阶段和机会恰恰是一个行业发展的常态。只不过是过去互联网新技术、资本的出现加热了这个行业，导致大量的创业项目出现又在风口过后快速消失。

创业不是一件随意的事情，需要对行业、商业、用户、经营、流量等有相对综合的理解和积累。

今天来看旅游行业的创业，还有哪些空间和机会呢？

说几个我个人看好的领域和方向。

1. 新旅游，小而美

这种类型的企业是我长期研究和关注的一类，总的来说有这么几个特点：规模小，专业细分，有产品原创能力，利润高，自有用户运营。

如果一个企业能够做到这样的闭环经营，规模可能不大，但是足够健康，区别于我们今天看到的一些企业，他们深耕某个领域、人群或者目的地，基于某一类细分人群和市场，如户外、亲子、旅拍、老年游、研学，做到足够的专业能力和对应圈子的影响力,核心是有自己信任的用户,不需要支付昂贵的获客成本。

我们今天看到的稻草人、游侠客、32 号、行影、VIVA 都是小而美的代表,他们中有些已经超越小而美,开始探讨全国性旅游品牌的机会和可能。

2. To C 和 To B

前面提到过,整体上我觉得 To C 的体验被大公司在过去几年改造得很好了,留给后来者的创新空间不多了。即便有很好的方向,但携程等流量巨头会以碾压的方式快速抹平先发优势。

在某种程度上说,过去几十年旅游互联网的发展,是整体性忽略了 To B 行业的。旅游行业的基础设施和底层服务还是非常传统,4 万家旅行社里很多没有自己的官网、ERP、内部系统,还在依靠 Word、手填单完成信息交互和数据流转。B 端的效率还有极大的提升和优化空间,能够把这件事情做好的公司或个人,要求又很高,需要懂旅游行业、有互联网的技术能力,还需要技术、资金投入且能够长期坚持。

这是行业的数字化领域,还有什么呢?

旅游行业的从业人员水平、互联网意识、行业内有价值的内容平台、目的地资源的交换效率、行业内人才体系的建立等都是缺失的。我在创立谱见的时候感叹,大家都说旅游行业很传统,我发现旅游行业的媒体平台也很传统,旅游行业的从业人员一直缺少有价值的内容、服务平台。

谱见文旅的定位是旅游产业服务平台,影响和改变下一个旅游 10 年,帮助 4 万家旅行社学会经营,提高目的地的资源效率。

选地接是长期为大家发现目的地的优质资源,让目的地资源方把精力放在产品和服务的交付上,而不是像过去一样重销售、轻产品。

一家银川的地接社,如果他们去做一线、二线甚至三线城市的推广,会怎么做呢?

两种路径:

(1) 招销售,用销售去开拓渠道、传播产品;

(2) 淡季带着公司的核心骨干去每个城市见客户。

这两种路径效果上肯定是有的,但效率有些低。

参加选地接以后呢?

直接获得了 50 个精准咨询,添加了渠道方的微信,目的地有新的资源和产品更新,可以及时同步在群里,资源和渠道可以建立实时的互动和联系。

长期以来,旅游行业的地接社缺流量、缺品牌及缺来自市场、用户的声音,他们可以执行,他们什么都可以做,但他们缺少有人告诉应该怎么做、怎么改变、怎么适应渠道。

地接社一定要把很多精力花在找客户上吗?离资源更近的一方不应该把精力花在产品研发和落地执行上吗?

从地接社去找流量,到流量来找地接社,这是选地接带给目的地的变化。

除了选地接,我们还做了新旅游大学,帮助旅游行业的产品、运营,提高互联网的能力和水平。产品如何设计、文案怎么写、流量怎么做、用户如何运营、品牌如何定位、社群如何经营等，都需要以互联网的经营思路重新优化。

B端行业效率提升的机会还有很多，未来10年，旅游行业所有To B的服务都值得再做一次。

3. 拼包车

这是我个人非常看好，又没有精力和机会亲自去做的一个方向。

前面提到旅游行业的服务链条很长、交付环节很复杂、旅行体验难以做到100%的把控，有没有解决的方法呢？

如果看整个人类社会的生产效率，最高的方式一定是人人为自己打工。这些年出现了很多的服务众包平台，如外卖、在行、微医、滴滴等。每个人为自己打工、为自己经营，不需要企业的强管理、强干预、强监督，最大化地发挥了人们的主动性。

旅游行业的服务水平得不到保证的原因是很多劳动付出得不到及时的正向反馈，而旅游行业又是依靠一个个环节的串联和每个具体的人的服务叠加出来的整体体验。客服、导游、司机、服务员等都是个体，现有的生产协作方式将他们以捆绑的方式来做整体的服务交付，效率是不高的。

今天的抖音、公众号、小红书，甚至是微信号都是让每个人的表达和连接效率最大化，如果把旅游目的地的交付环节打散不做整体交付呢？

客服开始为自己打工，提供专业细致的咨询预订服务，按次定价和付费，服务结束有评价和反馈。

司机拥有一辆自己的车，每次服务结束都有客人的评价和反馈，不断积累数据化的标签，下一位用户预订的时候可以看到这位司机师傅会摄影还是擅长讲解。

导游不再绑定旅行社，开始与用户直接发生预订和联系，用户可以选择自己喜欢的导游，导游也基于实时认可和反馈，不断调整自己的服务，努力把每一位用户服务好。

……

用户只要提前预订好机票，到了目的地就被目的地的导游、司机接待，提供游玩、预订的一系列服务。游玩结束后，用户对导游、司机进行评价，这些评价不断累积，成为一个导游、司机等服务个体的终身标签。

这种模式在律师、司机、老师等职业中有了发展的趋势。未来，整个社会的效率提升可能是来自细分协作和个体崛起，这是外卖、滴滴经营模式给我们的启示。

4. 短视频平台的新流量红利

公众号时代诞生了一大批的旅游创业公司，在视频时代有没有可能呢？

有，而且更快。但专业的视频运营能力不是旅游行业精通和擅长的，目前来看，旅游行业里的现有公司都没有把短视频玩好，但旅游公司天然离内容很近，旅游目的地的美景又非常适合视频这样的表达和交互方式。

有一位广州的短视频公司创业者找到我，他们在疫情期间利用抖音、视频号等短视频平台获取了 10 000 个私域用户，在 3 个月内转化了 1000 个云南订单，这个获客能力和经营数据已经超越了很多经营多年的旅行社。

他们的用户画像是什么呢？

三线城市的小镇青年，这些用户有一定的经济实力和消费水平，但因为出行很少，不一定都有携程、飞猪这样的 App，又不习惯去传统的旅游门店，但短视频占据了他们的空余时间，交易就在短视频到微信号里发生了。

客单价普遍在多少呢？

3500 元上下。

总的来说，一个人某一天走向创业一定是一个自然而然的过程，有时候事是对的，你的积累不够、理解不够，就是做不成。

我们创立谱见是因为过去的 4 年里，通过原创内容积累了有价值和信任我们的用户；同时我看到了旅游行业 B 端大家存在的很多痛点，没有人去做，我们来做可能是有价值的。大家是需要一些好的理念、思维去看向未来的，那评估下来，我们来做好像是比别人的理解多一些、效率高一些、做得好一些。加上我自己的积累也差不多了，打工高收入也很难持续地吸引我，那就下场试一试吧。

这是我自己的创业逻辑，不一定具有代表性，但也是文旅创业最真切的理解和感悟。

（执笔人：许义，谱见文旅创始人、《新旅游》作者）

三、2024 年，旅游创业者还有机会吗？

旅游行业是否繁荣向上，创业活跃度是个重要指标。2023 年初，当一大批蛰伏 3 年的旅游创业公司纷纷宣布"复活"时，整个行业为之欢呼雀跃，大家都在期待，一个属于旅游创业者的春天再次到来。

然而，疫情后复苏元年，旅游创业大环境复杂且纠结，旺盛的旅游热情与低迷的旅游消费并存，很多创业者猛然发现，他们期待的春天似乎并没有到来。这让更多想要创业和准备创业的旅游从业者感到迷茫与犹豫：明年适合旅游创业吗？资本是否还青睐旅游业？哪些赛道会有创业新机会？

（一）疫情后旅游创业大环境

如果大家所理解的"创业"是指 10 年前，几个创业者用一个灵光乍现的想法、10 多页赶制的 PPT，就能够轻松从风投融到一笔钱。

那么，不好意思，这样的时代，一去不复返。

随着旅游业重回正轨，尘封 3 年的旅游创业大门再次打开，年初一批蛰伏的老旅游创业公司复活就是明显征兆。今年旅游创业公司虽然没有雨后春笋般涌现，但也有一批中小旅游创业公司悄然成立，只不过在舆论上没那么高调了。我们团队过往 3 年创立了 3 家新的创业公司，其中一家新公司，今年 6 月启动，11 月正式创立，至今刚刚满月。

如今虽然不是创业最好的时代，但也不是最坏的时代，只要你认为自己做好了创业准备，依然值得大胆尝试。

我今年被问到最多的问题之一，就是疫情之后旅游行业有哪些赛道或者领域值得创业者重点关注？

我在这里分享几个自己持续关注甚至亲自下场布局的潜力赛道，供大家参考。

中老年旅游市场。这一群体有钱、有闲、愿意旅游是业内共识，只不过以往几十年，中老年旅游市场被认为是一个重线下、重运营、重推广的苦活累活，通俗来说，就是业务员要深入社区和中老年人打成一片，通过长时间陪伴式服务，才能将大爷大妈们变为忠实用户。如今，中老年旅游市场的逻辑完全不同了。就好比现在一提到年轻人，内涵早已从90后、95后变成00后、Z世代一样，现在的中老年人，65后、70后成为新主力军，他们的用户画像是：普遍接受过高等教育，工作稳定且收入更高，精通互联网和智能手机，旅游消费看重品质和体验感。这些新特征给旅游创业公司带来一个新机遇，那就是将中老年旅游市场从线下搬到线上。有句话说得好，所有线下的生意都值得在线上重新做一遍，随着中老年旅游市场在线化率提升，这里蕴含的创业潜力有多大，不言而喻。

亲子研学旅游市场。暑期亲子研学旅游市场的火爆想必大家历历在目，从严格意义上来说，这并不算一个新赛道，却是一个疫情后被无数家长重视起来的赛道。一则，每年固定寒、暑两个大假期，再加上日常配合升学的各类拓展研学教育，以及家长育儿的种种焦虑，都让这条赛道的含金量与日俱增；二则，这条赛道长久以来备受创新乏力困扰，产品同质化、实名不符、服务品质低是备受诟病的顽疾。反过来看，这给创业者留下发挥空间，只要能够在这些痛点上有所突破，很容易就能缔造出一家优质的亲子研学创业公司。

出境游自由行市场。我们团队不久前对疫后出境游自由行市场供应链、产品开发和用户体验做了一次深入的市场调研，发现由于疫情3年，出境游自由行市场至少倒退10年。曾经我们有很多出境游供应商，也有很多同业玩家，今年回头再看，供应商十存一二，一多半同业玩家消失不见。

虽然受到种种因素影响，疫后出境游复苏没有预期快速，但随着国内外旅游大环境日趋稳定，出境游复苏提速是必然趋势，中国游客旺盛的出境游需求爆发只是时间问题，这个领域依然存在很多创业新机遇。

（二）旅游从业者创业原则

这两年想要创业的旅游从业者，有两条原则必须牢牢恪守。

低毛利率的业务不适合创业，一定要寻找高附加值的业务。细心的人发现，我上面推荐的三个创业赛道，无一例外，都具有高毛利率特征。以亲子研学为例，在整个旅游行业平均毛利率只有5%的背景下，这一赛道的平均毛利率能够达到25%，甚至更高。

不是低毛利率的旅游业务不能做，而是不适合创业者去做。原因很简单，低毛利率的旅游业务需要消耗大量的人力物力财力精力，主要依靠规模化效应的快速滚动实现做大做强。这一点适合积累充分或者家底殷实的大企业，对于创业者，发家资金资源就那么点儿，团队三五个人，根本打不起这样的消耗战和阵地战。

因此，努力寻找具有高附加值的业务并持续深耕，这是适合创业者，尤其是初创者的最佳路径。还是以亲子研学业务为例，只要创业者能够找到一个还不错的优质资源，哪怕是一个知名博物馆的合作机会，就能够快速招揽到优质客源，让创业项目短时间跑起来，依靠高毛利率快速积攒资金，实现创业原始积累。

不要相信别人的创业故事，时刻清楚自己的底牌到底是什么。创业成功者的光环一方面激励着创业者，另一方面容易误导创业者。以出境游为例，这是最容易跑出优质创业公司的赛道，每当有一个创业者成功吃到红利，都会引来更多创业者的疯狂涌入。

鲜有人注意到的是，那些真正能够在激烈的出境游市场竞争中分到一杯羹的创业者，从来都不是舆论上报道的那样"白手起家"，经过"努力拼搏"，然后"取得成功"。他们的手里，往往握有你所不知道的底牌。这张底牌或许是独家资源，或许是丰富的从业经验，或许是免费流量，又或许是无敌人脉，总之，都是你不可能有的东西。事实真相是：

出境游创业根本不适合没有资源、缺少资金、匮乏人脉的三五人小团队。

新手创业者请想清楚，自己手里的底牌到底是什么！

（三）中国出境游创业聚焦区域

即便是有底牌的创业者，也做不到在出境游领域为所欲为，当下中国出境游创业大致聚焦在三大区域：

东南亚。从需求端到供给端，产业链各个环节都相对成熟的出境游目的地市场，中国消费者说走就走的后花园。

中东。小众出境游目的地市场，涉足当地旅游供应链的中国旅游企业数量不多，但每一家都是深耕多年的老玩家。

欧美澳新。涉足当地旅游供应链的中国旅游企业相对较少，不过由于中国游客需求稳步上升，整体潜力较大。

从创业者视角来看，如果你手里没有过硬的底牌，东南亚最好不要碰。想要在其他两大区域创业并找到立足之地，创业者可以在以下两个方向发力：

其一，集中精力将某一个出境游目的地产业链上下游各个环节彻底打通，吃尽吃透，做到人无我有，人有我精。这一创业方向的优势是由于深耕当地产业链，竞争壁垒极高，容易形成差异化竞争优势；不过劣势就是自身业务量有天花板，注定了是一个小而美的生意，无法让创业者大富大贵。

其二，聚焦小众出境游目的地碎片化产品整合。相较于深耕出境游目的地产业链的重模式，这一创业方向最大的优势是模式足够轻，而且一旦在某个区域形成相对竞争优势，更容易做大做强。不过，这一创业方向的问题在于，碎片化产品整合难度极大，需要对产业链方方面面的各种当地供应商进行整合，而且抗风险能力较弱，一旦出现区域性重大事件，很容易让好不容易搭建起来的区域供应商网络瞬间坍塌。

还要提醒一点，疫情之后，出境游销售从"营销驱动"转向"产品驱动"。以前，创业者可以投入大量营销预算，通过刺激中国游客出境旅游热情，为业务持续引流。疫情之后，营销给出境游业务带来的刺激作用大幅降低，中国游客开始更注重出境游产品本身的质量和特色，他们只为最符合自己需要的出境游产品买单。

这也不难理解，今年以来，中国游客对出境游安全的要求不断提升，出境游消费决策周期变长，出境游频次大幅下降。当旅游不再是说走就走，营销能够起到的刺激作用就极为有限。

（四）旅游创业投资意向分析

旅游创业者关心的另一个重要问题是：今年风险投资机构是否还愿意继续向旅游创业公司投钱？很遗憾，答案是否定的。

2023年，随着美元基金大撤退，人民币基金陷入沉默，整个资本市场都处于风险厌恶期，投融资活跃度下降超过80%。

未来几年，旅游创业公司能够拿到投融资的概率是极低的，即便是有些老旅游创业公司依靠前几轮风险投资的惯性和良好的业务表现成功拿到新一轮投融资，估值也会大打折扣。

创业者必须清楚一个事实，旅游创业是一种典型的模式创新创业，与时下最热的硬科技创业公司不同，自身技术含量相对较低，很难在初始阶段引发资本市场关注。只有一种情况，资本市场会对旅游创业公司格外关注，那就是这家创业公司能够在某个旅游细分领域形成绝对垄断优势，而且还要有健康的现金流和净利润。

这个条件无疑是苛刻的。

未来很长一段时间，旅游创业者们基本上要高度依赖自有资金。这里给大家划条红线，一家旅游创业公司将自己手里有限的资金投入到某个项目中去，非技术类项目，如果3个月内无法收回投资成本，请放弃这个创业项目；技术类项目，如果6个月内无法收回投资成本，也请慎重考虑再创业。

（五）优质流量解决方案

今年旅游行业还有个现象，那就是流量焦虑越发严重，特别是在旅游消费整体萎靡不振的背景下，如何找寻到更多优质流量成为所有旅游企业的共同难题。

旅游创业者需要思考清楚，短中长期自己的流量都要从哪里来？

最近很流行一个说法，鉴于当下旅游行业优质公域流量被几大在线旅游平台垄断，旅游创业公司最佳的流量解决方案就是尽可能拥抱这些平台，将它们的公域流量竭尽所能地转化为私域流量，这是两全其美的最佳方案。

短期之内，这一策略或许没有问题。

但创业者必须清楚，这些平台上的公域流量从根本上说，其实不可能成为创业公司真正能够抓取到的私域流量。

真正的私域流量有3个必备特征：

可随意触达。创业者必须根据自己的意愿，随时随地自由触发潜在用户。

可进行运营。这些潜在用户活跃度要足够高，能积极与创业者进行互动。

可随时变现。私域流量能产生交易，而非一堆没价值的微信号或电话号。

以上最关键的就是第一条。事实上，没有任何一个大平台允许商家随意触达自己的用户，因为这是平台最核心的资产，根本不会让其他人染指。

更不用说，一旦旅游创业公司对在线旅游平台公域流量依赖度过高，很容易受到后者掣肘。过往几年，好几家旅游创业公司与OTA之间爆发的激烈矛盾均是因此而起，最后还不是落得被后者封杀的下场。

旅游创业公司想要真正做好私域流量，就要从创业之初开始，做好两件事：

从业务运转第一天，有意识地去积攒自己的私域流量种子用户。做好用户的数字化分类，从一开始就要有精细化运营的思维。

这虽然是个笨办法，但行之有效。在这个过程中，创业者也可以寻找第三方专业机构的协助，提高自己私域流量运营效率。从实践结果来看，即便私域流量池不是很大，但精细化运营之下，还是能够给企业带来巨大助力的。

（六）总结

旅游行业这阵子的热门话题之一就是新东方杀入文旅行业，这条鲶鱼的出现，让很多旅游创业者很兴奋，认为可以从新东方入局文旅的经历中学习到更多创业经验，发掘潜在创业机会。

这里给创业者提个醒，新东方搞文旅本质上与创业没有任何关系，更多的是一家成熟上市公司在寻找新的业务布局方向。而且新东方在文旅市场的探索和布局，背后赚钱的逻辑也未必是大家熟悉的路子，更是创业者模仿不来的。

例如，新东方有些文旅产品的背后，都有不少地方政府的大力支持和资源投入，或许销售这些文旅产品本身不赚钱，但是可以通过打造文旅场景，给东方甄选更好地引流赚钱；也可以通过文旅赋能，给新东方品牌增加曝光，继续积累品牌人气和粉丝量级；再或者可以通过为地方文旅宣传、推广获取相应营销收入……

不过，新东方入局文旅至少体现出一点，那就是文旅这条大赛道始终被外界看好，甚至成为它们寻求第二增长曲线的重点方向，证明创业者的选择在这方面和大佬们看齐了。

最后，我总结一下给旅游创业者们的忠告：

创业要有自己的底牌，或者尽快找到自己的底牌；

一定要做能赚钱的生意，不要指望白马王子来救；

不要对大平台心存幻想，童话里都是骗人的故事；

坚持做品牌和私域流量，哪怕是慢一点儿、笨一点儿。

2024年，期待更多旅游创业者马到成功。

（讲述人：赵新宇　伍零陆零科技 / 钜浪科技 / 行程大师旅行网创始人、CEO；

执笔人：陈杰，劲旅网）

四、2020—2023年中国文旅产业投融资状况及发展趋势分析

近年来，中国文旅产业正处于快速发展时期，也经历了前所未有的变革，尤其是在投融资领域，呈现出波澜壮阔的态势。2020—2023年是中国文旅行业投融资活动的关键时期，不仅见证了行业的起伏波折，也反映了市场的深刻变革。

在2010—2019年这10年，国内年游客量从21亿人次增长到60亿人次，国内年度旅游总花费从1.26万亿元上涨到5.73万亿元，年复合增长率分别为11.07%、16.35%。文化产业领域方面，在党的十八大以来的10年间，文化产业增加值从2012年的1.81万亿元增长到2020年的4.5万亿元，年均增速12.1%，占同期GDP的比重从3.36%上升到4.43%。同期GDP年复合增长率为9.22%，第三产业年复合增长率为11.61%。文化和旅游产业的规模、在国民经济中的占比及人均旅游消费水平都在快速提高。除产业规模外，文旅产业质量也处于快速提高中，纯粹的观光型游览已远远不能满足国民的旅游消费需求，各类创新旅游内容、项目模式层出不穷。基于以上产业质量提升的现状，可以发现文旅产业仍处于早期快速发展阶段。

正如一个人无法独立存在，一个产业自然也离不开其他产业的支持，尤其是金融业。金融对文旅产业的推动主要体现在三个方面，首先，文旅企业方面，文旅企业通过金融市场及其他渠道获得投融资机会，投资方资本得以高效流通获得资金利润，融资方得以优化财务结构，为项目发展提供资金支持。其次，主管政府方面，主管单位通过资产重组、税收支持、债券融资等各类方式获得资金，其中大部分资金投入基础设施上，既为文旅项目发展提供基础，又实现了政府公共事务职能，剩余资金投入市场化项目中，能有效提高政府的资金结构。最后，体现到消费者层面，金融业为消费者提供的便捷支付及信贷业务，都能有效提高文旅产业消费收入。

（一）2020—2023年中国文旅市场投资背景分析

2020—2023年，中国文旅市场投资背景呈现出积极的态势。政策层面，政府出台了一系列扶持措施，优化营商环境，为文旅产业提供了有力的支持。消费升级和需求增长推动了文旅市场的持续扩大，为投资者提供了丰富的市场机会。同时，数字化转型和技术创新为文旅产业带来了新的发展机遇，提高了运营效率和服务质量。此外，全球化趋势和国际合作也为中国文旅市场带来了新的投资渠道和合作平台。在这一背景下，文旅市场投资潜力巨大，但也需要投资者综合考虑市场趋势、技术创新和政策环境，制定科学合理的投资策略。

2022年是党和国家历史上尤为重要、尤为关键的一年，也是中国文旅事业发展"转型之年"。一方面在于新百年征程开局之年的新政策引领，另一方面则是由疫情中转为

疫情后的综合时空所提出的新思考、新方向和新趋势。处于国际文旅环境发展的困境和国内复杂因素干预的情况下，围绕文旅产业及融合产业高质量发展"共谋新篇"，全域旅游建设"再度出发"，文旅融合跨界"峰回路转"，数字文旅架构"更上层楼"破局与求变，以全时空、全场景、全过程引领的文旅消费服务经济、乡村振兴旅游、体育旅游、红色旅游、城市文旅综合体建设以及季节性场景旅游成为文旅政策编制的重中之重。

随着国内经济结构的优化升级和人民生活水平的不断提升，文旅产业逐渐成为新的经济增长点。特别是在疫情之后，文旅行业在复苏中展现出强大的韧性和潜力。政府出台了一系列扶持政策，推动文旅产业的深度融合与创新发展，为投融资市场提供了广阔的空间。

然而，在投融资活动蓬勃发展的同时，也暴露出一些问题和风险。部分文旅项目存在投资回报周期长、风险高的问题，导致一些投资者望而却步。此外，文旅行业的竞争格局日趋激烈，企业在融资过程中面临着更加复杂的市场环境和监管要求。

因此，全面分析2020—2023年中国文旅行业投融资的背景和现状，对于把握市场趋势、优化投资策略、促进文旅产业的健康发展具有重要意义。本报告将围绕文旅行业的投融资活动展开深入研究，以期为相关企业和投资者提供有价值的参考和借鉴。

1. 产业政策

（1）文化和旅游深度融合，明确文旅发展方向及总体要求

根据中国国民经济"八五"计划至"十四五"规划，国家对文旅行业的支持政策经历了从"大力发展旅游业"到"深度开发文化旅游"再到"文化和旅游融合发展"的变化。党的二十大报告提出"坚持以文塑旅，以旅彰文，推进文化和旅游深度融合发展"，在政策和行业层面进一步明确了新百年开局之年文旅融合发展的目标及导向。文旅融合发展在顶层设计中的位置更为重要，文旅"双核驱动"融合发展的高度再度拔升。文化和旅游融合发展的内容逐步从谋求"全范围关联"转变到融合产业"深层次突破"与"高质量发展"。

在2022年北京冬奥会的加持之下，城乡在以文旅为核心的产业布局和谋划方面深化"文""旅""商""体"的联动性，以往单纯的"旅游+"和"+旅游"迭代为文旅商体产业的强紧密互联与产学研用领域的全业态浸润，产业融合新格局方向明确，文旅行业在国民经济发展中的地位进一步彰显。

（2）后疫情时代政策、规划密集出台，产业落地适宜性仍需长期观望

随着新冠疫情的暴发和全球蔓延，文旅行业受到了前所未有的冲击。为应对这一挑战，国家在后疫情时代密集出台了多项文旅产业相关政策。2022年，文旅产业纾危解困"双管齐下"的政策稳步推动文旅行业复苏提振，一改文旅在疫情期间的颓势。基于文旅产业求生存求发展的现实，以《关于促进服务业领域困难行业恢复发展的若干政策》《关于扩大阶段性缓缴社会保险费政策实施范围等问题的通知》《关于金融支持文化

和旅游行业恢复发展的通知》为代表的文旅行业政策落地，围绕税收、金融、就业等多领域发力，文化和旅游部同其他部门联合出台的跨部门政策成为常态，但多部门牵头下的政策落地适宜性仍需因地制宜进行研判。此外，在行业政策方面，文化旅游政策重点聚焦在文旅融合、乡村振兴、文化传承、资源活化、文化科技、文体商旅全链条建设等领域。

（3）投资政策有效保障，文旅同金融领域合作不断发展

后疫情时代，全国文化和旅游企业积极应对市场变化，聚焦产业主业，强化举措创新。自2021年文化和旅游部会同国家开发银行发布《关于进一步加大开发性金融支持文化产业和旅游产业高质量发展的意见》以来，文化和旅游企业依托发展政策利好，逐渐由粗放野蛮式发展转变为细致领域深耕的增长模式，重点培育优质文化和旅游产品供给能力，引导文旅高精尖资源向优质项目集中。

2022年，围绕国家发展改革委等部门出台的《关于做好近期促进消费工作的通知》《关于促进服务业领域困难行业恢复发展的若干政策》及《2022年新型城镇化和城乡融合发展重点任务》等相关政策要求，线上节庆活动、县域乡村消费、冰雪旅游消费与文旅消费供给等领域成为文旅投融资的重点方向；在承接2021年发展意见的同时，鼓励银行业及金融机构增加旅游业有效信贷供给的举措，大大增强了文旅初创企业、中小微企业在政府专项债、ABS等领域的政策利用活化度。

（4）体育旅游热度攀升，体旅赛事活动发展迎来新机遇

随着2022年北京冬奥会的举办，北京成为世界上首个夏季和冬季奥运会双办的城市，全国自上而下的体育旅游，特别是冰雪旅游的热度达到历史高点。文化和旅游部、国家发展改革委、国家体育总局联合印发的《京张体育文化旅游带建设规划》中提出，打造国际冰雪运动与休闲旅游胜地，建设全民健身公共服务体系示范区，打造体育、文化、旅游产业融合发展样板等。中共中央办公厅、国务院办公厅印发的《关于构建更高水平的全民健身公共服务体系的意见》也明确提出，构建更高水平的全民健身公共服务体系，围绕以人为本的发展路径，国际化高品质体育运动赛事IP引入中国将成为体育同旅游硬件、软件关联的首要任务。对文旅投融资而言，定向越野运动、城市绿道赛事活动、非奥项目竞技、户外体育休闲旅游将更多同在地景区或城市绿色空间、乡土空间、工业空间等场景强强联合，也将成为区域在地体育市场同外来游客文旅市场经济融合的关键点。

2. 产业经济

（1）文旅市场稳中求升，市场规模化增长难以迅速实现

2015年至2022年，旅游人次及收入增长率仍然处于下降态势。借助于巴特勒的旅游地生命周期理论的阶段评价，中国文旅市场自文旅融合格局形成后，快速地完成了探索、参与和发展阶段并迎来平稳的市场化阶段。此后，受疫情因素的影响，2020年至2022年末，中国文旅市场陷入短暂的停滞阶段。城镇人口老龄化的现实迫使文旅市场发

展对"夕阳产业"方向予以重视。这意味着即使文化产业和旅游业与宏观经济发展同频共振，但市场恢复的速度和市场所能承受的消费力弱于预期。

旅游业方面，受疫情的影响，旅游消费决策中的"不确定性"因素增加，国内旅游出行人次和国内旅游收入处在较低水平。假日出行比例升高，远途游消费需求持续被抑制，周边游、短途游等微旅游业态仍是主流。相较于文旅行业的快速增长，文旅市场更希望步步为营，以保守增长代替长远阶段性目标，文旅市场增长缓慢将成为短期内常态。

（2）产业结构调整持续，增量开发与改造刺激消费分级

文旅产业是投融资热点，能引领区域发展。2022年，随着疫情防控态势的稳定，市场消费研判需求上升，文旅经济复苏吸引盲目投资。一方面，文旅供需的矛盾加剧，行业内部资金流动性减弱，企业需从突破转向保本。另一方面，疫情零星地突发，产业"自我修复"以及文旅产业结构性调整的"疫后方向"不明，要求文旅行业摒弃盲目投资，精准分析消费者需求，盘活存量资产。传统景区和配套服务行业的调整也将逐步跟进。

（3）数字文旅发展迅猛，逐步成为文旅市场布局新热点

疫情期间，文博行业在数字改革上取得新突破，各地通过技术支持的线上博物馆、云展览等方式赋能文旅业态。数字化、网络化、新媒体化整合运营与文博资源发生"碰撞"的同时，也成为文物展陈业态"活起来"乃至"火起来"的重要支撑。同时，数字化文旅也注重产业宣发、客群培植和产品突破的关联性和自发性。2020—2022年，通过全球网络平台推出中国文化旅游短视频，以吸引入境游客，拓展文化传播新形式，提升文旅宣发效率，扩大知名度及美誉度。以中国故事、中国景点、中国美食等为主题的视频通过网络在全世界广泛传播，引起了国外游客对文化和美的共鸣。由此可见，数字化文旅产业不受时空限制，低成本、强互动、高安全是文旅产业升级的趋势。

（4）文旅融合大势所趋，业态联动逐步打破行业隔离带

受数字文旅发展的加持，"文旅+"的融合特性在技术赋能的条件下正在向更宽领域、更广范围促成文旅产业化和产业融合化，跨界合作更频繁，文旅产业向高质量、IP经济转变。疫情后，文旅供给需优化，满足客制化、定制化需求。"十四五"期间，文旅融合发展、特色旅游产品创新和旅游目的地质量提升是重点。文旅融合将成为主流，产业壁垒突破和技术融合前景广阔。

（二）2020—2023年中国文旅市场投融资情况分析

1. 2020—2023年文旅产业投融资整体情况

（1）2020—2022年文旅产业投融资整体情况

2020—2022年第一季度，新旅界研究院通过各种信息渠道追踪到全行业投融资事件共1020起，其中2020年387起，同比下降10.21%；2021年549起，同比增长41.86%；2022年第一季度84起。统计到已披露的投融资总金额27901.47亿元，其

中 2020 年 16162.24 亿元，同比下降 9.6%；2021 年 11435.53 亿元，同比下降 29.25%；2022 年第一季度 303.7 亿元。同时对 2022 年文旅投融资事件初步预估，年度投融资数量及金额都将呈大幅度下跌趋势（见图 1-1-13）。整体来看，文旅行业投融资活跃度与疫情管控效果息息相关。

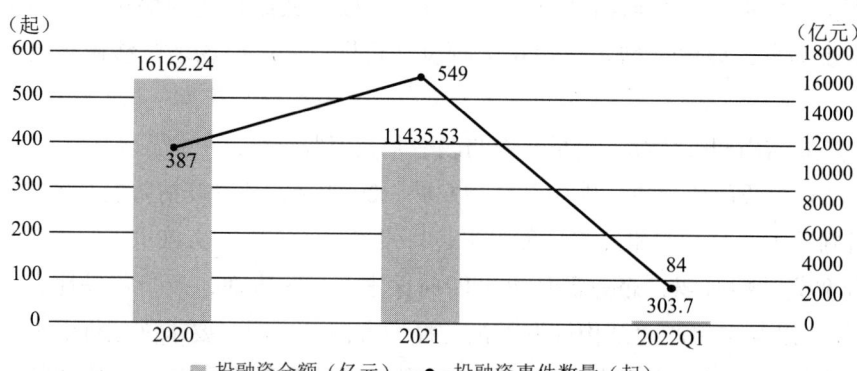

图 1-1-13　2020—2022 年第一季度文旅产业投融资事件数量和投融资金额

数据来源：新旅界公开数据统计

制图：新旅界

第一，投融资数量统计。

从投融资事件数量来看，自 2020—2022 年第一季度，在众多细分业态中，投融资数量最多的是文旅综合体 311 起，其次为景区 132 起。此外，文旅特色小镇、酒店、主题公园、农文旅项目及产业服务端智慧旅游投资热度较高，事件数量分别为 112 起、95 起、64 起、49 起、34 起（见图 1-1-14）。

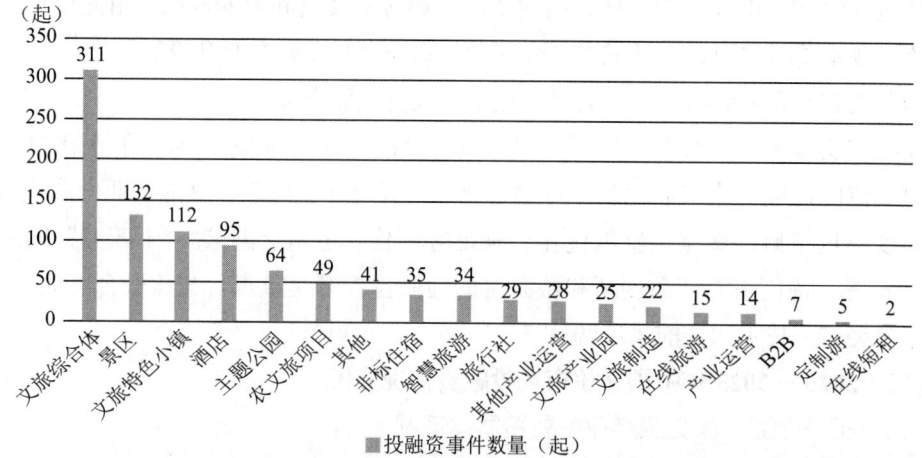

图 1-1-14　2020—2022 年第一季度文旅产业各细分领域投融资事件数量

数据来源：新旅界公开数据统计

制图：新旅界

第二，投融资金额统计。

从投融资金额来看，2020—2022年第一季度，目的地资源端项目投资金额仍占据主体地位。其中，文旅综合体、文旅特色小镇投资体量最大，两者投资规模合计22756.02亿元，占比达81.56%。

除目的地资源端项目外，轻资产类分销渠道端五个细分领域融资总额为72.12亿元，其中在线旅游服务商数额较大，为48.09亿元。而产业服务端融资规模为83.23亿元，其中文旅制造领域投融资金额最高，为34.54亿元；智慧旅游投融资金额次之，为22.21亿元（见图1-1-15）。

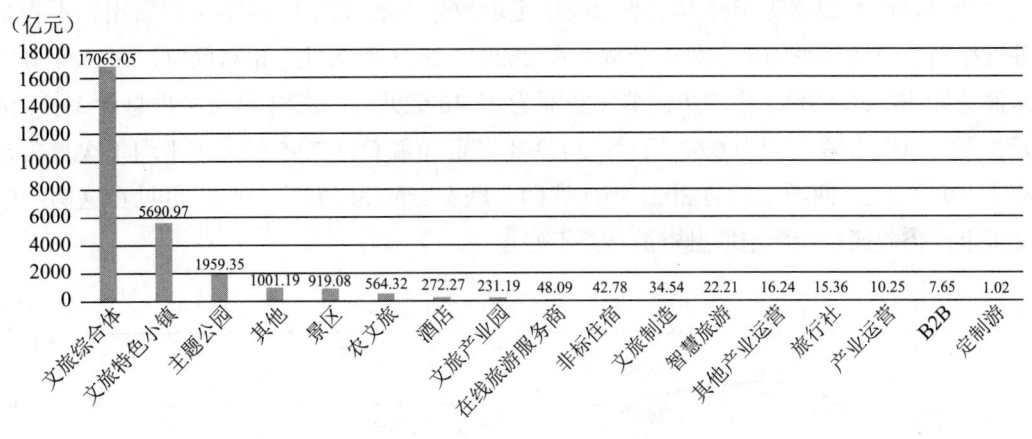

图1-1-15　2020—2022年第一季度文旅产业各细分领域投融资金额
数据来源：新旅界公开数据统计
制图：新旅界

（2）2022—2023年文旅产业投融资整体情况

2022年至2023年第二季度，通过各种信息渠道追踪到全行业投融资事件462起，其中2022年270起，2023年第二季度192起；统计到已披露的投融资总金额5140.01亿元人民币（不含未公开的投融资事件及金额，以及事件公开但投融资金额未披露的情况；投融资金额中，千万按1000万统计，数百万按300万统计，百万按100万统计，美元及港元兑人民币按2022年全年平均的统一汇率换算）。整体来看，受到疫情反复、需求收缩、预期减弱等内外部因素影响，2022年文旅产业投融资市场热度预期维持低位。随着疫情政策的调整，以及扩大内需等政策的出台，市场的预期快速提升，2023年第二季度投融资事件数量同比增加7%，投融资金额同比增长53%。我国文化和旅游消费市场潜力巨大，文化旅游产业数字化趋势明显，产业近年来的发展显现了韧性，并孕育着新的机会。① 各地文旅投资风潮渐起，遭受疫情之困的文旅行业或将迎来复苏。

---

① 《2022年中国文化产业投融资报告》，清华大学国家金融研究院文创金融研究中心。

2. 上市文旅企业投融资专题分析

（1）上市文旅企业投融资数据分析

第一，上市文旅企业股票定增情况。

股票增发配售是已上市的公司通过指定投资者额外发行股份募集资金的融资方式，用途主要集中在扩大生产、收购兼并、技术改造、改善财务结构等方面。

2020—2023年文旅上市企业股票增发募资数据及使用投向。

本次研究采用的样本为沪深两市A股文旅上市企业增发数据，文旅上市企业名单为中国文旅企业500强中的A股上市企业名录。由于观测期未发现配股事件，因此本节所讨论的股票增发数据等于样本企业的股票定增数据。通过图1-1-16可以看出，不管是募资净额总值还是平均单笔募资金额，在2020—2023年均处于相对低位，2021年募资净额总计309.66亿元，平均单次募资金额为13.46亿元；2022年募资净额总计39.71亿元，平均单次募资金额为6.62亿元；2023年募资净额总计7.95亿元，平均单次募资金额为3.97亿元。两项指标自2021年连续两年跌幅分别为87%、80%。可见在这两年中文旅上市企业通过股票定增融资的路并不好走。

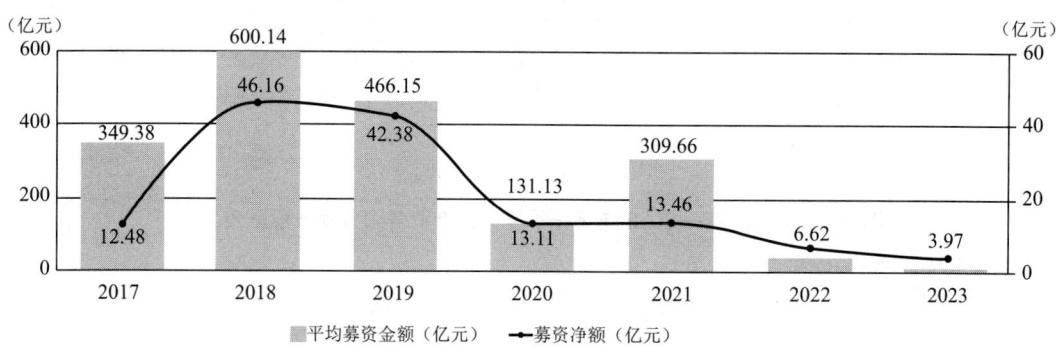

图1-1-16　2017—2023年A股上市文旅企业股票增发数据统计

数据来源：国泰君安数据库
整理绘图：新旅界研究院

第二，A股上市文旅企业债券融资情况。

公司债券是指股份公司在一定时期内为追加资本而发行的借款凭证。图1-1-17是针对A股文旅上市企业收集的债券发行数据统计，其中平均票面利率按单笔债券发行总额加权处理。自2017年以来，文旅上市企业债券市场的平均票面利率呈单边下降趋势，同期银行3年期存款利率为2.75%，但市场发行量总额并未呈现单边递减形态，而是波浪形上下浮动，可见文旅上市企业债券市场仍是卖方市场。在2023年实际发行总额仍不及2022年的50%，但平均加权票面利率有所上扬，可以推测2023年文旅上市企业债券融资渠道也受到一定阻力。这些现象推测可能是部分企业由于疫情的影响，已不满足发行债券条件，因此实际发行总额降低。加权平均票面利率的上扬经过分析，主要是由于总发行量较少且存在几笔高利率债券导致的平均水平上升，如吉视传媒（601929.SH）

在2023年4月发行的8亿规模私募债（23吉视01），票面利率为7%；豫园股份（600655.SH）在2023年6月发行的5.3亿规模超短期融资债券（23豫园商城SCP001），票面利率为5.45%。

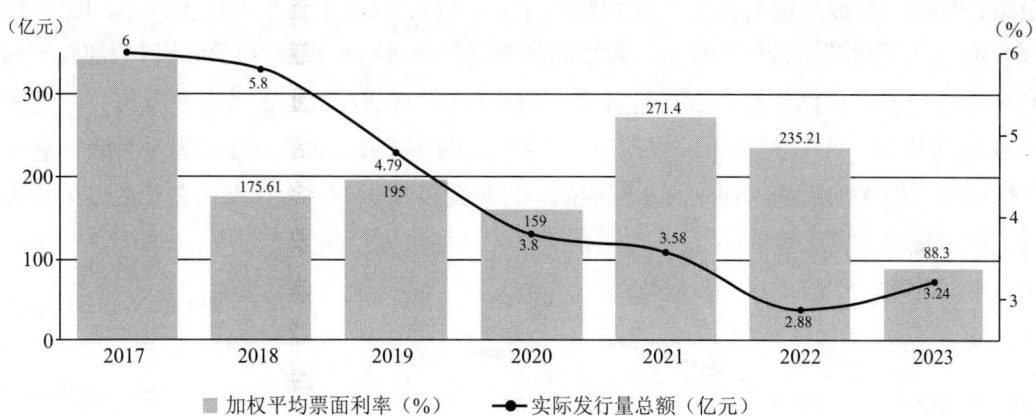

图1-1-17　2017—2023年A股上市文旅企业债券发行情况统计

数据来源：国泰君安数据库

整理绘图：新旅界研究院

图1-1-18是将样本文旅企业发行的债券按分类进行的统计，从图1-1-18可知，文旅上市企业所使用的债券类型比较丰富，但部分类型仅存在了较短周期，如项目收益债券仅在2019年监测到一笔，短期融资券则只有2017年和2018年两年。一直贯穿整个研究周期的是公司债券、超短期融资券、中期票据和非公开发行公司债券。这四类债券可以确认为文旅上市企业最常用的债券类型。

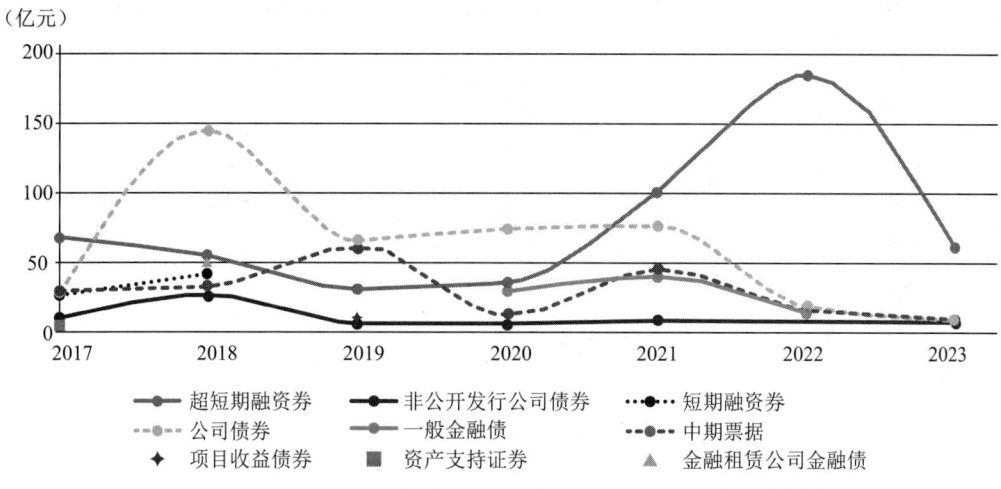

图1-1-18　2017—2023年A股上市文旅企业债券发行总额统计

数据来源：国泰君安数据库

整理绘图：新旅界研究院

第三，上市文旅企业关联交易融资情况。

A股文旅上市企业关联交易中债权融资数据统计（见图1-1-19），由于数据披露是以自然年为单位，因此2023年数据未能获取。债权融资的范围包括借款、资金拆入和贷款，从融资金额总额看，2021年出现断崖式下降，2022年延续了低迷态势。图1-1-20将依据单笔融资金额作为权重，对披露的融资利率进行加权处理后所获得的加权平均利率，由于披露具体年利率及交易金额的数据较少，仅收集到25条有效数据，因此图1-1-20仅作为一个补充参考。根据图1-1-19及图1-1-20所示，近三年虽然融资总额不断降低，但平均年利率却一直水涨船高，可见受疫情影响，上市文旅企业通过关联交易获取债权融资也非易事。

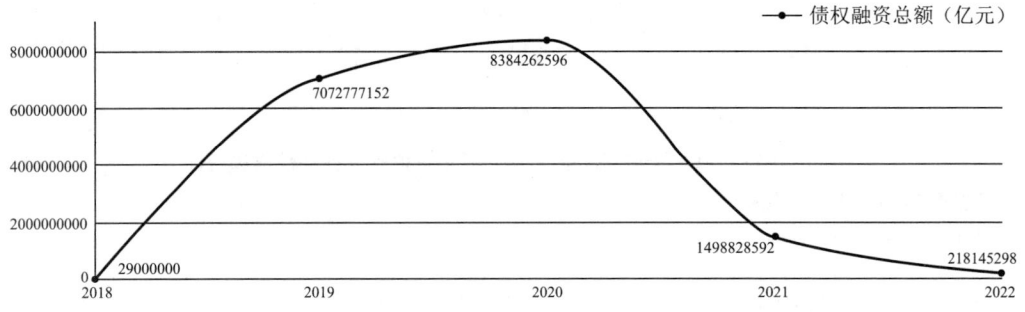

图1-1-19　2017—2022年A股上市文旅企业关联交易债权融资统计

数据来源：国泰君安数据库
整理绘图：新旅界研究院

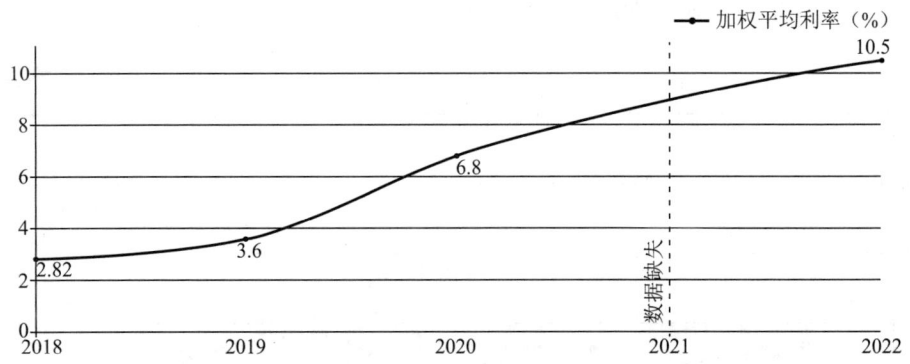

图1-1-20　A股上市文旅企业关联交易债权融资加权平均利率统计

数据来源：国泰君安数据库
整理绘图：新旅界研究院

（2）A股上市文旅企业投资情况

第一，A股上市文旅企业关联交易投资情况。

图1-1-21是A股上市文旅企业关联交易投资数据，按投资标的类型划分为股权交易和项目合作两类，其中以股权交易类投资为主，项目合作类投资总额占股权交易类比

例仅有0.46%。自2018年起投资总额呈递减趋势，2023年稍有抬升。项目合作类投资，主要集中在文化类上市企业，投资标的以电视剧、电影为主，如北京文化（股票代码：000802）在2019年合作投资了《流浪地球》。2023年监测到的事件有：新媒股份（股票代码：300770）、东望时代（股票代码：600052）分别与关联方投资了影视剧，京投发展与关联方共同参与了投资基金。

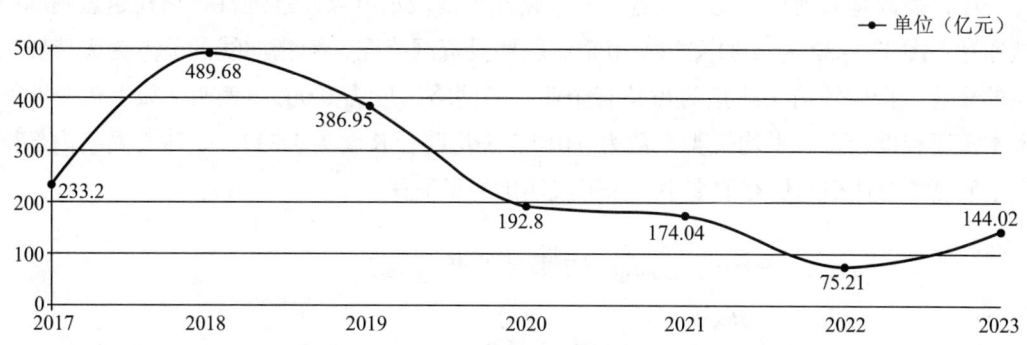

图1-1-21　2017—2022年A股上市文旅企业关联交易投资数据统计

数据来源：国泰君安数据库

整理绘图：新旅界研究院

第二，上市文旅企业间持股情况（A股市场）。

我国学者在旅游业起步阶段就关注文旅关系。著名经济学家于光远先生在1986年发表的《旅游与文化》①一文中就指出："旅游本身就是一种文化生活"，"充分重视旅游与文化的关系，是发展旅游及旅游业的一个重要的指导思想。"著名经济学家孙尚清先生在1989年发表的《发展旅游经济的战略思考》②一文中强调旅游业的文化-经济属性。在国家层面，通过文件明确了文旅深度融合发展的战略定位。党的二十大会议明确提出"坚持以文塑旅、以旅彰文，推进文化和旅游深度融合发展"。从市场本身发展来看，文旅行业进入融合新阶段。随着国民经济的发展，消费者需求多元化，跨界融合成趋势，但是无论是技术融合、市场融合还是产品、服务融合，最终都通过企业投融资、并购等形式实现。

投资关系网络研究主要分为股权投资、证券投资和联合投资3类。陆军等（2023）③研究了中国四大城市群的投资网络，发现其空间结构与演化特征。李聪等（2022）④聚焦京津冀城市群的产业投资网络，观察到投资规模增长与格局变化。苑诗晨等（2023）⑤以

---

① 于光远.旅游与文化[J].瞭望周刊，1986（14）：35-36.
② 孙尚清.发展旅游经济的战略思考[J].管理世界，1989（1）：114-119.
③ 陆军，孙翔宇，毛文峰.中国四大城市群的投资网络空间结构与演化特征——基于全国海量工商企业信息数据的分析[J].城市问题，2023（4）.
④ 李聪，卢明华，张金哲，余加丽.京津冀城市群产业投资网络演变及影响因素研究[J].人文地理，2022（5）：162-170.
⑤ 苑诗晨，匡爱平，吴明宇，汪明峰.中国互联网企业风险投资网络及区位影响因素[J].热带地理，2023（4）：608-619.

中国互联网企业风险投资活动为研究对象，发现其本地化倾向与"核心–边缘"结构。目前将投资关系网络分析方法应用于文旅产业的研究还较少，本文使用社会网络分析中的整体网络分析工具描述文旅上市企业间股票投资关系，通过网络密度、平均聚类系数和平均路径长度3个指标进行具体测度。

网络密度代表网络密集程度，密度越高则联系越紧密。平均聚类系数反映节点集群化程度，系数越大则集群化越显著。平均路径长度表示节点间连通性，路径越短则网络越通达。图1-1-22为A股文旅上市企业股票投资网络图，无指向线的节点为无持股关系的企业，指向线箭头所指为被持有企业。该网络密度为0.005，表明文旅上市企业间资本流通程度较低。平均聚类系数为0.014，平均路径长度为1.237，意味着网络内部聚类不明显，整体格局仍在演变中，未形成明确的子群体。

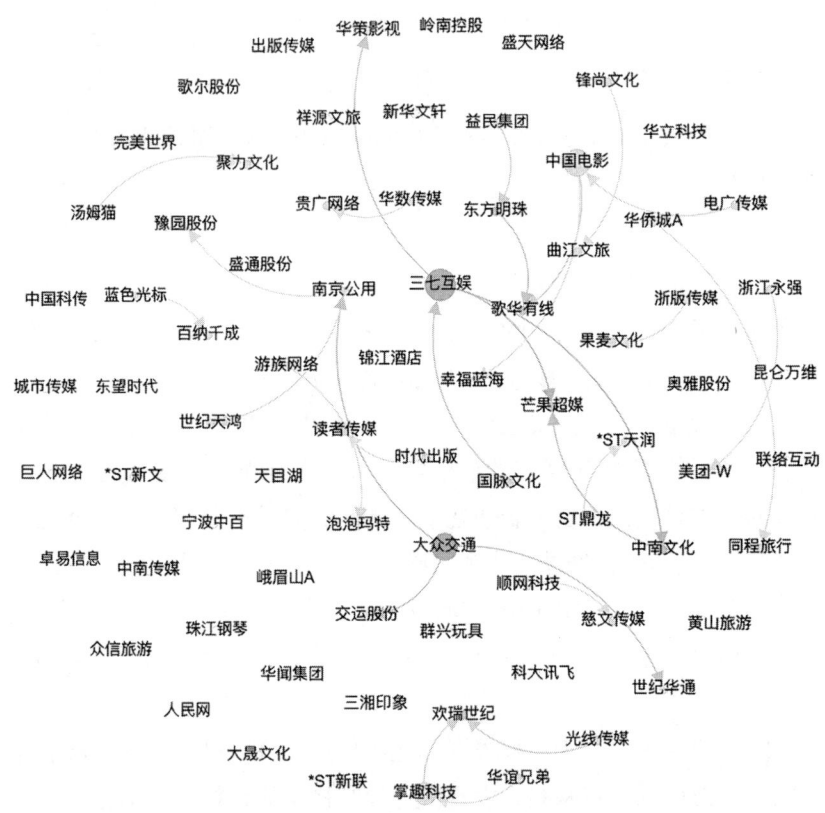

图1-1-22　2017—2022年A股上市文旅企业股权投资关系网络

数据来源：国泰君安数据库
整理绘图：新旅界研究院

（三）2020—2023年大型文旅集团及投资事件解析

1. 华侨城集团

（1）企业介绍

华侨城集团有限公司（简称"华侨城集团"）是国务院国有资产监督管理委员会直

接管理的大型中央企业，总部设在深圳，已形成以文化、旅游、房地产、电子科技为主业的发展格局，是首批国家级文化产业示范园区、全国文化企业30强、中国旅游集团20强、中国房企品牌20强，业务遍及全国百余座城市以及全球多个国家和地区。

（2）代表项目

华侨城长沙欢乐谷文化旅游综合项目。2022年2月，华侨城集团在望城区签约了欢乐谷项目，总投资约37亿元，将建设大型文旅综合项目2.0版，包含文化主题乐园、酒店、商业等多元业态。项目分三期建设，一期亲子乐园于2023年6月启动，用地约231亩，建筑面积约3万平方米，投资约5亿元。广场及停车场用地21亩，投资2.5亿元。总建设周期为5年。

2. 景域驴妈妈集团

（1）企业介绍

景域驴妈妈集团是以旅游互联网服务、旅游规划设计、旅游IP投资、景区投资运营管理、智慧旅游等为主业，构建起的国内领先的旅游科技+产业链集团。旗下拥有奇创旅游集团、上海景域鲸鱼旅游集团以及驴妈妈旅游网等众多板块。

奇创旅游集团是科技驱动的文旅综合服务商，为景区和游客创造优质旅游产品和体验。集团已完成近4000个文旅项目，运营近百个景区。集团注重服务创新和自主研发，以IP内容为先导，策划并运营各类标杆项目。旗下酒店板块拥有多个IP品牌，帐篷客度假酒店成为野奢度假代表。在乡村振兴领域，奇创通过五力协同和一体化模式，服务乡村旅游，推动乡村振兴。

上海景域鲸鱼旅游集团是集团旗下规投建运销一体化实施部门，依托景域驴妈妈生态圈优势，发挥投资整合、营销创新及智慧景区建设能力，通过EPC+O一体化服务路径，助力文旅项目升级。

驴妈妈旅游网是中国知名综合性旅游网站。通过全国几十家分支机构的深度落地布局，实现线上线下O2O一站式服务。驴妈妈旅游网为旅游目的地和景区输送游客，利用自身的整合营销和产业链优势提升旅游目的地的IP价值，为游客提供优质服务体验。

（2）代表项目

2022年10月，景域驴妈妈集团与安徽鲁商文旅集团有限公司出资成立上海梦幻城文化旅游集团有限公司（简称：梦幻城），合资成立上海梦幻城文化旅游集团，旗下有梦幻之城子公司，涵盖文旅、商业开发和运营。2023年5月，梦幻之城与襄州区签约，计划投资70亿元建设襄阳环球国际旅游度假区。此外，上海梦幻城还与南昌新建区合作，拟投资100亿元建设南昌·环球国际旅游度假区，预计年接待游客超300万人次，提供1000个就业岗位，并贡献税收超1亿元。

3. 祥源控股集团

（1）企业介绍

祥源控股集团始创于1992年，是一家以文化旅游投资运营为主导的企业集团，系上市公司祥源文旅（600576.SH）、交建股份（603815.SH）的控股企业。自2018年开始，祥源控股6年来蝉联"中国旅游集团20强"。

祥源是领先的旅游企业，拥有湖南凤凰古城等顶级自然资源型旅游目的地。同时，祥源推出花世界休闲旅游品牌，打造城市休闲空间。在布局目的地的同时，祥源还建立了文旅产业全链条系统能力。

祥源旅游产业研究院是祥源的"创新引擎"，集合旅游研究、产品研发、策划规划、内容孵化、设计管理五大职责于一身。祥源还孵化了精品酒店、星球花园等文旅内容公司，丰富了消费内容。此外，祥源发力产业互联网，实现数字化、智能化管理，整合小微服务与产品商户，提升产业效率。

（2）代表项目

象鼻窝森林公园文旅项目。2023年5月，湘江集团梅溪湖投资（长沙）有限公司与祥源控股集团签订合作协议，共同投资、开发、建设和运营象鼻窝森林公园文旅项目。象鼻窝森林公园位于湖南长沙梅溪湖国际新城，因造型酷似象鼻入水而得名，园内鸟语花香、植被丰富，被誉为"城市绿肺"和"网红打卡地"。2018年10月，湖南省人民政府批复同意建立象鼻窝省级森林公园。通过调研全国自然类景区经营情况，拟对象鼻窝森林公园进行保护性开发，其中，基础设施建设预计投资约2亿元；经营性项目由湘江集团与祥源控股集团共同打造，总投资约6亿元。

4. 华强方特

（1）企业介绍

该公司是一家以文化内容产品及服务和文化科技主题公园为主营业务的大型文化企业。

华强方特是全产业链运营的主题乐园企业，匠心铸造文化精品，用心讲好中国故事。其"方特主题乐园"连续4年蝉联全球五强，游客接待量达5039.3万人次。

此外，华强方特还推进特色文化主题园项目，挖掘不同地域文化资源，打造多个展现中国地域特色文化的主题乐园，如东盟、丝路、成语文化等主题的乐园，目前多个项目正在推进中。

（2）代表项目

洛阳方特华夏历史文明传承创新示范园。2023年6月，华强方特在河南省文旅文创大会签约洛阳方特华夏历史文明传承创新示范园项目。项目总投资48亿元，项目用地876亩，建筑面积14.8万平方米。项目位于伊滨区奥林匹克中心南侧，西至孝文大道，东至广武大道，北至龙顾路，南至南山大道。项目紧扣华夏历史文明传承主题，打造新型具有华夏文化特色的科技产业园区。该示范园分为华夏历史文明和洛阳特色文化两个部分，其中华夏历史文明包括上古神话、历史传奇、文化瑰宝，洛阳特色文化包括都城文化、石窟艺术、洛神文化、文化交流等。

5. 万达集团

（1）企业介绍

万达集团创立于1988年，已发展为以现代服务业为主的大型企业集团，涵盖商管、文旅、投资等多个领域。第四代万达广场集社交、文化、旅游等功能于一体，成为人们的美好生活中心。万达文旅集团是中国领先的文化旅游企业，旗下影视集团拥有全产业链，体育集团运营多项世界级赛事。万达投资集团是全国领先的文化旅游、城市综合体投资企业，投资开发了万达广场、酒店、文旅城等多个项目。

（2）代表项目

北京平谷组团项目。2022年2月22日，北京市平谷区与大连万达集团在金海湖国际会展中心签订合作协议，涵盖平谷万达广场、万达锦华酒店、摇滚马拉松赛及金海湖文旅小镇项目。万达广场将成为平谷最大的综合商业商务中心；万达锦华酒店将成为高端商务酒店；摇滚马拉松赛将营造街头大派对氛围；金海湖文旅小镇将与万达合作，共同打造休闲项目和城市亮点。

6. 复星旅文集团

（1）企业介绍

复星旅文集团是全球领先的综合性旅游休闲度假集团之一。作为复星"健康、快乐、富足、智造"四大业务板块之一"快乐"板块的核心组成，复星旅文以"度假让生活更美好"为使命，致力于引领度假生活，智造全球领先的家庭休闲度假生态系统。集团旗下品牌及产品包括精致"一价全包"度假的全球领导者、在全球运营约70座度假村的Club Med地中海俱乐部、一站式海洋主题的高端旅游度假综合体三亚·亚特兰蒂斯、一站式国际旅游休闲度假目的地太仓阿尔卑斯国际度假区与丽江地中海国际度假区等。

（2）代表项目

金山滨海国际文化旅游度假区。2022年2月7日，复星与上海金山区签订投资合作协议，打造金山滨海国际文化旅游度假区。该度假区与金山三岛隔海相望，拥有四大功能板块，依托7.2公里滨海城市生活岸线。项目总投资约120亿元，占地8.1平方公里，将围绕六大功能，对标旅游度假区标准，计划布局多个重点项目。

7. 四川省旅游投资集团有限责任公司

（1）企业介绍

四川省旅游投资集团有限责任公司成立于2017年4月，是省委、省政府批准组建的大型旅游旗舰型企业集团，首批"四川省文化旅游产业优秀龙头企业"。集团业务涵盖酒店、景区、航空旅游、商汇物业、文化体育、大健康六大板块。集团连续入选"中国饭店集团60强"榜单，2019年排名第17位，居西部第一。

四川旅投业务主要涉及景区投资运营、酒店餐饮、文化演艺、营销推广、智慧文旅、航空旅游、文旅金融、文化体育等领域。

（2）代表项目

太阳谷国际旅游康养度假区。2022年11月，四川旅投航空旅游公司与峨眉山市政府签约，计划投资100亿元建设太阳谷国际旅游康养度假区。该项目占地22.4平方公里，旨在打造高品质综合性文旅康养项目。项目位于峨眉山市太阳村，定位为一流康养度假区、乡村振兴示范片区和文旅产业综合服务平台。将创造农旅、康养、休闲旅游新模式，结合空间策略，建设博览中心、康疗中心等设施，实现产业与自然的融合，塑造"温暖之谷、觉悟之境、清澈之源"。

（四）总结

1. 总体概况

2020—2023年，中国文旅行业在愈加多变的国内外环境中一度陷入低迷，与文旅产业有强关联的房地产市场持续承压，诸多头部房企出现资金问题，对出入境游恢复、外资"入华"与本国企业"出海"、居民消费意愿等都产生了深远影响。总体来说，经济下行、消费相对疲软成为文旅产业发展的阶段性"大背景"，即便是在文旅产业"重回正轨"的2023年也是如此。

另外，2023年文旅复苏向好态势可期。2023年上半年，国内旅游总人次达23.84亿，比上年同期增加9.29亿，同比增长63.9%。国内旅游收入（旅游总花费）2.30万亿元，比上年增加1.12万亿元，增长95.9%。宏观经济上，整体形势也有所恢复，2023年上半年，国内生产总值同比增长5.5%，明显快于2022年全年3%的经济增速，也快于一季度4.5%的经济增速。

总的来说，随着疫情得到控制以及政策扶持和经济复苏，文旅行业也逐步回暖，投资热度有所回升。全国文旅地产项目数量稳步增长，投资规模不断扩大。从地域分布来看，六大主要区域的文旅地产投资项目占比超过七成，市场集中度较高，且随着城市化进程的加快，文旅项目投资正逐步向下沉市场发展。

2. 如何认知现阶段的旅游市场

现阶段的旅游市场正经历着深刻变革。整体而言，文旅投资正处于"降温萎缩"状态，投资人趋于理性。但在政策层面，国家出台了一系列支持文旅发展的政策，为行业的复苏和发展提供了有力保障。经济层面，随着消费升级和人们生活水平的提高，文旅消费需求不断释放，为市场提供了广阔的发展空间。

在竞争格局上，规模以上及A股上市文旅企业经营状况逐步恢复，文旅市场投融资环境虽受到疫情影响，但整体仍呈现出积极态势。此外，金融资源正进一步流向数字文化产业，为文旅市场的创新发展提供了资金支持。

3. 现阶段文旅投资市场发展趋势

当前，文旅投资市场呈现出以下发展趋势：

一是投资"国进"趋势明显。国企正逐渐接手经营困难的民营企业及项目。不少民营文旅集团如三特索道等已收归国有，"只有河南·戏剧幻城"等重资产投入项目也变更为国企持股。

二是投资短期内会处于低位，消化存量项目成为重点，市场正从投资驱动向运营驱动转变。

三是民间投资会非常谨慎、理性，以投资轻资产为主。在行业普遍更加重视目的地内容与项目运营的趋势下，"小而美"的细分赛道头部企业更有机会拿到投资。

四是投资方会高度重视现金流、经营业绩，对企业的商业转化率与实际盈利能力提出很高要求。没有商业收益的投资项目是没有意义的。但现阶段，产业服务商普遍存在服务个性化、非标化，成本难以压缩，"挣名"项目多过"挣利"项目，盈利困难，产品难以在全国范围内普及等问题。

五是一些进行战略投资的投资机构与文旅企业希望产业服务商企业能够与作为投资方与文旅场景供应方的文旅企业共担风险，对产品的后续运营、落地效果负责，而不是只作为提供产品的"乙方"。

六是在投资疲软的情况下，REITs作为当下热门融资手段受到广泛关注。景区、非遗等相关的REITs可能会带来新的机会。但REITs仍在发展途中，适用范围非常有限，且存在"符合条件的不需要，急需融资的不符合"等错配问题。

总之，在这样的行业趋势下，对投资方而言，当前应谨慎新增投资，好好消化存量项目，从投资驱动向运营驱动转变；对企业而言，无论外界如何变化，"做好自己擅长的"，在细分垂直领域持续深耕能够帮助企业走得更远。另外，需更加重视企业现金流与各项目的商业回报。

4. 值得关注的细分赛道

现阶段，新投资相对疲软，"消化存量""存量升级"成为行业核心趋势。因此，城市更新赛道正逐渐火爆；能够置入现有文旅场景内、助力文旅目的地升级的细分产业，如露营、特色文化主题园、都市近郊旅游、室内主题乐园/娱乐空间、沉浸式技术等目的地内容供应方更受关注。

另外，行业对项目运营、营销的重视程度也逐渐提升，因此优质运营企业也成为各投资方的重点关注对象，如北京影视公司百纳千成投资了知名文旅项目"长安十二时辰"的运营企业永兴坊，意在使永兴坊的运营能力和自身在影视IP方面的资源优势与已有文旅场景形成协同。

整体而言，"谨慎"或许会是近两年文旅行业投资与运营的主基调。但指出困境，与心怀希望并不矛盾。可以看出，文旅企业在进行战略投资时普遍看重产业服务商与内容供应，希望旗下文旅场景与优质产业服务商匹配，实现消费者体验升级，提升文旅资产盈利能力，消化存量资产。能否让文旅场景与内容实现匹配既是"问题"也是"机遇"，也为行业实现"重质胜于重量"的良性发展带来更多可能。

（执笔人：安乔、李富强、吴佳卉、姚竹君，新旅界研究院）

第二章　文旅产业新探索和新技术趋势

一、元宇宙赋能数字文旅创新发展逻辑和应用前景

元宇宙（Metaverse）自 2021 年起成为一种流行的浪潮，也引发了学界和业界无数的热门话题。如同数字化浪潮中的人工智能、大数据和云计算等正在改变我们的生活和工作方式一样，元宇宙浪潮引领虚拟世界的发展，人们在其中进行各种体验和活动，如游戏、社交、购物等。元宇宙以及当前的人工智能作为当前信息技术发展的前沿趋势，也是未来的发展方向。

2021 年初，沙盒游戏厂商罗布乐思（Roblox）在纽约证券交易所正式上市，被称为元宇宙第一股。同年，美国著名社交媒体巨头 Facebook 公司更名为"Meta"并着力开拓元宇宙。与此同时，微软、英伟达、高通、字节跳动、百度、腾讯等科技巨头也纷纷布局元宇宙相关产业。进入 2023 年初，包括字节跳动旗下元宇宙相关的 PICO 业务线裁员、腾讯的 XR（虚拟现实 VR、增强现实 AR 和混合现实 MR 等沉浸式技术的总称）全线岗位取消，美国元宇宙巨头 Meta 一边裁员一万多人一边大砍运营预算，微软成立仅 4 个月的工业元宇宙团队也被砍掉。

与 IT 科技企业研发的波折截然相反的是，2023 年延续了元宇宙的消费热潮，元宇宙相关产业仍在快速发展，应用场景不断丰富，文化和旅游市场持续拥抱元宇宙。"沉浸式体验""开放式互动""释放消费个性"和"虚拟性"等核心特征持久赋能文旅新产品的打造。以"江浙沪"为例，从 2023 年初开始，许多年轻人慕名从全国各地奔赴苏州平江路听一曲评弹《声声慢》，为昆剧《1699·桃花扇》奔赴上海；江苏戏曲名作高校巡演启动，激荡青春校园；江苏传统戏曲名家玩转 B 站等社交平台等。

（一）"元宇宙"及相关概念辨析

让我们首先回到罗布乐思这家公司，从其运营的沙盒游戏说起。沙盒游戏是一种游戏类型，源于沙盘游戏，由一个或多个地图区域构成，包含多种游戏要素，包括角色扮演、动作、射击、驾驶等。其特点是能够改变或影响甚至创造世界。广义上说，把玩家化身入游戏中以自身的力量改变世界的也可以作为沙盒游戏。玩家可以在游戏中自由探索、建造、创造和互动。沙盒游戏的核心是"自由与开放"，游戏通常没有很明显的目标和主线剧情，玩家可以扮演一位角色（主人公），生存为第一目标，探索和建设为第二目标，最后改变世界达成某项成就为最终目标。

罗布乐思是 Roblox 公司的一个同名在线沙盒游戏平台，玩家们在其中可以购买和

体验由不同开发者制作的游戏。而使罗布乐思从众多游戏平台中脱颖而出的原因是它所提供的游戏都是由其用户所制作的。在游戏中，乐趣不仅来自玩游戏，还源于做游戏。许多游戏的开发与 Roblox 公司无关，全都由平台用户开发而成。一些开发者通过售卖自己的游戏，年收入可以达到 100 万美元。虽然罗布乐思和里头的游戏都是免费的，但许多少年用户会购买虚拟货币来购买游戏中的装饰品。而开发者则可以在这些交易中获得一部分虚拟货币。开发者可用"开发者交易所（Developer Exchange）"的程序来将虚拟货币转换为真实货币。罗布思乐平台官网表示其用户已经创作了超过两千万款游戏。

1. 元宇宙（Metaverse）

罗布乐思 2021 年在招股说明书中提出的"Metaverse"一词，起源于尼尔·斯蒂芬森（Neal Stephenson）的著名赛博朋克小说 *Snow Crash*（《雪崩》）。《雪崩》描绘了一个平行于现实世界的宏大虚拟世界，在其中，人类通过个人虚拟现实终端设备，使用其数字化身（Avatar）在现实世界映射的三维虚拟空间中进行交互，用户可以像在真实物理世界中一样工作和生活。这类虚实相融的科幻世界催生了 *Ready Player One*、*Minority Report*、*Avatar*、*Iron Man*、*Wreck it Ralph*、*The Matrix*、*Lucy*、《流浪地球 2》等电影以及《西部世界》等电视剧，丰富了全球影视爱好者的文娱体验。

随着数字时代的发展，元宇宙已经超越了 1992 年首创这个词汇时所赋予的沉浸式虚拟世界的内涵，成为根据技术发展而不断增减内涵的开放性集合概念，具备持续性和与时代同步性。2004 年，Cory Ondrejka 在其研究中认为 Neal Stephenson 对虚拟环境的认识不同于那些停留在对可使人沉浸的"网络游戏"或"虚拟空间"的研究，"元宇宙"也在描述一个非虚构的真实世界，人们可以真实世界为"隐喻"在"元宇宙"中通过化身（Avatar）进行交易、娱乐。2007 年发表在《自然》和《科学》杂志上的两篇文章《社会学：生活就是游戏》和《虚拟世界的科学研究潜能》，使得此类研究的知名度达到一个高峰。在 Cory Ondrejka 看来，用户获得广泛的权利，有权在其中协作创建内容，用户共同创建一个真实的在线世界，并将这些创造转化为现实世界的资本和财富。共建、共享世界，与现实世界形成财富和资本的流通和交互，"虚拟"而非"虚构"的真实连接性，是"元宇宙"超越"虚拟世界"的一个基本特征。

加速研究基金会（Acceleration Studies Foundation，ASF）在 2007 年发布的《元宇宙路线图：通往 3D 网络之路》中提出，元宇宙是虚拟增强的物理现实与物理上持续存在的虚拟空间的融合，这一融合使用户可以同时对两者加以体验；没有一个单一的、统一的实体被称为元宇宙；元宇宙的建设意味着越来越多的虚拟和 3D 网络工具和物体将嵌入我们的环境之中并相互促进，并成为我们生活中的持久特征，而且这些技术的出现将取决于潜在的利益、投资和客户的兴趣，并将受其弊端和意外后果的影响。

各领域学者就自身研究领域对元宇宙的概念也进行了相容和相似的界定。摘录部分定义如表 1-2-1 所示。

表 1-2-1　国内外专家学者对元宇宙概念的界定

作者信息	观点
陈刚和董浩宇（2021）	元宇宙是一种利用科技手段进行链接和创造的、与现实世界映射和交互的、具备新型社会体系的数字生活空间
吴江等（2022）	元宇宙是一种由数字技术构建、人类以数字身份参与其中、虚实融合的数字社会
周鑫等（2022）	元宇宙是基于当前网络空间的全面升级而打造的一种深度沉浸、高度自由、与现实世界密切关联的虚拟世界
袁园和杨永忠（2022）	元宇宙是一种新型的数字经济，以区块链技术为核心技术，以数字资产为核心
Dionisio 等（2013）	元宇宙是一个完全沉浸式的三维数字环境
陈永伟等（2022）	元宇宙在字面意义上是"超越"（Meta）与"宇宙"（universe）的组合词，是指通过互联网技术而建立在现实世界的基础上的虚拟世界平台，但这个平台可以实现现实与虚拟的融合，并且具有完整价值体系和经济闭环
何心巨等（2021）	元宇宙是整合 XR 技术、区块链、数字孪生等多项技术而成，独立于现实世界，与现实世界相互融合的一种全新互联网应用形态
喻国明等（2022）	元宇宙可理解为一个由无数场景连接而成并超越现实与虚拟界限的超级场景，定位为集体交互式的大型公共虚拟空间
Kim（2021）	元宇宙是一种可互操作持久网络，人们可以共享元宇宙的虚拟环境，与其他对象进行实时交互

资料来源：根据相关文献整理

2. 沉浸式体验（Immersive Experience）

体验是指一个人达到情绪、体力、精神的某一特定水平时，个人意识中产生的一种美好感觉。体验本身不是一种经济产出，也不能被完全量化，也难以同其他工作那样创造出可触摸的实物。20 世纪 70 年代，阿尔文·托夫勒（Alvin Toffler）预言了"体验经济"的到来，推断出体验产业"满足顾客的自我实现需求"和制造业"满足生存需求"、服务业"满足发展需求"有着本质不同。1999 年 Joseph Pine 和 James Gilmore 的《体验经济》一书中，将人类经济社会划分为前工业社会、工业社会和后工业社会三个进化阶段。书中对作为经济属性的体验做了如下定义：所谓体验，就是企业以服务为舞台、以商品为道具，环绕着消费者，创造出值得消费者回忆的活动。其中的商品是有形的，服务是无形的，而创造出的体验是令人难忘的。任何品牌想要在体验经济中进行交易，其商业需求就是"呈现"产品、服务的真实体验。在旅游业理论中，体验也是旅游基础理论的核心概念。谢彦君认为，旅游是个人前往异地，以寻求愉悦为主要目的而度过的一种具有社会、休闲和消费属性的短暂经历。在旅游这个时空转换过程中，旅游者希望获得的是某种快感，寻求的是精神和肉体的满足。因此，旅游活动在本质上就是旅游体验（Tourist Experience），旅游体验构成了旅游的内核（谢彦君，1999、2004、2005）。

沉浸则是"元宇宙"无可回避的内在特征。沉浸式感知很早就出现在东西方古老传统文艺中，如北京天坛运用视觉和声学原理以及高超建筑艺术手法，建构沉浸的视觉和听觉场；梵蒂冈《西斯廷教堂天顶画》则利用绘画技巧打造图像的美学冲击，建构沉浸的宗教视觉体验。古希腊的"柏拉图洞穴"之喻可以诠释近年来文化旅游产业蓬勃发展中对"沉浸"的追寻，结合数字技术，不断涌现出沉浸式的戏剧、商业街、小镇、主题公园、博物馆、餐厅、剧本杀、景区等业态。

被冠以"沉浸产业"名称的数字文旅产业业态，其内涵和外延已经超越以VR、AR为代表的借助科技的"沉浸体验"，可以看作"一种以虚拟空间造境为核心业态、依托数字化准客体而建立起来的体验活动；它让消费者从真实的体验进入虚构的世界，传达了创作者对于自我、万物、世界、宇宙等的新解读和新表达"。目前，沉浸产业已延伸至文化和旅游的线上线下诸多领域，技术不断创新，产品功能不断拓展，产业链越发完整。

3. 虚拟现实（Virtual Reality，VR）

虚拟现实，又称为虚拟实境或灵境技术，是20世纪发展起来的一项实用技术，现在作为"元宇宙"的核心支撑技术。一般以计算机为主，利用并综合三维图形技术、多媒体技术、仿真技术、显示技术和伺服技术构建一个逼真的三维视觉、触觉、嗅觉等多种感官的虚拟世界（Virtual World）。

虚拟现实是随着赛博空间深入研究以及信息技术进步产生的一个新术语，1993年国家"863计划"将"虚拟现实"作为重要的技术开展研究，钱学森在1994年写给戴汝为、汪成为和钱学敏的一封信中，将虚拟现实引擎（Virtual Reality Engineering）翻译为灵境技术，并认为"灵境技术是继计算机革命之后又一项革命性技术。它将引发一系列震撼全世界的变革，一定是人类历史中的大事"。

相比于现代更多将这一术语翻译成虚拟现实，钱学森先生所用的"灵境"更能体现其空间性，"境"在汉语中本身就包含空间的含义，灵境世界更能突出由计算机技术所构建的虚拟空间。

现代虚拟现实显示设备诞生于1968年，即虚拟现实之父伊凡·苏泽兰设计的第一款真正的头戴式显示器"Sword of Damocles"（达摩克利斯之剑）。自此以后，1985年，由于冷战时期航天事业的发展需求，NASA（美国航空航天管理局）用了五年的时间研发出了目前主流VR都依然使用的LCD头戴显示器，目的是让宇航员从仿真环境中学习内部控制空间站外部的机器人进行太空作业。第一次VR进入民用/商用领域是1987年任天堂公司推出的消费型的商业VR眼镜。2012年，Oculus Rift众筹项目登录Kickstarter网站，Oculus Rift具有两个目镜，双眼分辨率1280×800，配有陀螺仪，使得游戏的沉浸感大幅提升。这个项目的巨大成功使得VR突破旧派的风格打破并引发VR的新纪元。2014年，Facebook以20亿美元的价格收购了Oculus Rift，同期索尼也进入VR市场发布PS VR，两家巨头竞相登场激发了市场的热情，正式开启了VR元年。微软于2017年提出并设计出第一代MR设备。2020年，Facebook发售第二代VR设备

Quest2，产品配置全新升级带来的VR体验大幅度提升导致销量激增，截至2022年IDC数据显示，Quest2自推出以来已售出1480万台，是迄今最成功的VR头显。

目前虚拟现实正以高速往高分辨率、低延迟、高精确定位方向发展，生态应用也越来越多，更感知配件也在不断研发和成熟起来，未来可期。

通过构造三维立体（该词最早被美国VPL公司的创造者Lanier J于1989年提出），Michael Heim则更加系统地阐述了虚拟现实技术、虚拟现实环境对社会的影响，他将虚拟现实环境下的人类活动方式分为七个方面：模拟（Simulation）、在场感（Telepresence）、全身心沉浸（Full Body Immersion）、沉浸（Immersion）、交互（Interaction）、人造（Artificiality）、网络交往（Networked Communication）。在此定义中，我们似乎看到了"元宇宙"的雏形。

4. NFT（非同质化通证）

NFT是Non-Fungible Tokens的缩写，意思是不可互换的通证，它是相对于可互换的通证而言的。NFT通常译为非同质化通证，是区块链上根据智能合约发行的唯一加密元数据，具有不可替代、不可分割、不可篡改等特点，其与存储在网络中的特定数字内容具有唯一且恒定的指向性，能够准确地将数字内容与其所有者联系起来。元宇宙与NFT相互依存，元宇宙将为NFT提供多维发展的空间，元宇宙也将因NFT而更为丰富和充实。

NFT的前提是NF（Non-Fungible），即非同质化。在进入工业社会后，大工业本质是追求低成本、高利润和边际效益，需要标准化和规模化（同质化发展），产生了量化的微观和宏观经济。当信息时代来临时，数字技术飞速发展，形成数字经济和信息社会，由于数字技术可以突破工业时代的物质的和物理的限制，人们开始数字化转型，也开始了从同质化向非同质化的转型和回归。人们的想象力和创造力得以通过数字和比特形式承载，信息社会的需求和供给进入非同质化时代。

NFT的核心是区块链和智能合约，通过通证体现出价值交易。NFT，是NF加通证T（Tokens）。通证使得非同质化产品获得价值显现。就稀缺性而言，因为NFT资源不是特定的物质资源，而是数字资源，可以是极其丰富的，是可以持续再生产的。尤其AIGC日渐强大后，NFT将会极大丰富，相对稀缺的是注意力资源。诸如当前虚拟房产、数字藏品等遭到市场热捧，只是一种近乎艺术拍卖所刺激出的需求。

当前NFT的分类包括NFT艺术品、NFT身份标识、GamFi-NFT游戏道具、Real NFT（和实体映射的NFT）以及Other NFT（互联网公司尝试的NFT）等。每个领域都可能发育成为一个行业，进而形成NFT产业体系。可以预见，NFT产业至少具有这些特征：（1）以数字技术为基础，依赖算力和算法；（2）以数字金融作为媒介；（3）大众高度参与；（4）想象力和创造力推动等。

现在的NFT尚属于新生事物，其通证的特征主要体现在艺术产品消费领域。但NFT开启了人们追求、欣赏各种非同质化存在的新时代，特别是人类精神、思想和艺术结晶的 NFT 化。衡量 NFT 价值的尺度，将是想象力和创造力。

5. 二次元文化（ACGN）

二次元简称 ACGN，指由动画（Anime）、漫画（Comic）、游戏（Game）、轻小说（Novel）组成的二维平面虚拟世界，此外还包括动漫周边、声优、cosplay 等衍生产品和活动。伴随着在线动漫平台的兴起，2015—2022 年，中国泛二次元用户群体快速增长。2022 年，中国泛二次元用户群体达到 5 亿人，其中 95 后用户群体占到 60% 左右。

随着移动互联网、智能终端的快速发展，我国以动漫为主的二次元用户群体由线下向线上转移，动漫传播成本得以快速下降。同时 Z 世代群体（90 后、00 后为主要群体）加速对二次元文化的接纳，成为二次元文化的主要消费群体。

动漫产业作为二次元产业的代表，近年来得到国家政策的大力扶持，作为新型文化产业，是文化部"十二五"和"十三五"规划重点发展产业之一。2017 年 2 月，文化部发布了《文化部"十三五"时期文化发展改革规划》，加快发展动漫、游戏、创意设计、网络文化等新型文化产业；支持原创动漫创作生产和宣传推广，培育民族动漫创意和品牌，持续推动手机（移动终端）动漫等标准制定和推广；推进国家动漫产业综合示范园建设。这些举措为我国二次元产业发展营造了良好的政策环境。

二次元文化消费方面，2015 年，国产动画电影《西游记之大圣归来》票房达到 9.56 亿元，刷新国内动画电影票房纪录。2016 年，国产动画电影《大鱼海棠》上映，票房达 5.65 亿元；同年 9 月，二次元《阴阳师》成为国产二次元现象级 IP；12 月，日本二次元电影《你的名字》上映，票房达 5.77 亿元，二次元影视持续发力。

金融市场方面，二次元行业融资规模逐年提升，2017 年国内共有 102 家企业完成 107 笔融资。2018 年 3 月，B 站在纳斯达克上市，融资 4 亿美元；同年 6 月，快手（腾讯阵营）全资收购 A 站。2019 年 2 月，阿里巴巴通过子公司淘宝中国入股 B 站近 2400 万股，AT 加快二次元产业布局。

二次元社交是指在二次元文化中进行社交互动。有一些 App 专门为二次元爱好者提供社交平台，如 JUJU、半次元、哔哩哔哩、AcFun 和名人朋友圈。消费者可以在这些 App 上找到志同道合的朋友，分享消费者喜欢的作品和声音。有研究[①]发现，Z 世代学生群体在社交中的话语体系次元化趋势明显，对动漫等相关周边话题的交流与讨论趋势日益增强，动漫等周边群体也在不断壮大。

（二）元宇宙与数字文旅创新发展逻辑和面临的挑战

1. 信息技术和数字技术的进步

技术进步是数字文旅供给侧成熟发展的关键。近年来，支撑元宇宙建立、运转的技术和硬件系统加快扩张完善，技术产品集合包括 5G/6G、AIGC、区块链、触觉设备、拓展显示等与新一代信息技术、新型基础设施、先进智能硬件相关的所有技术和设备。

---

① Z 世代大学生群体社交的关键钥匙——二次元文化体系，https://new.qq.com/rain/a/20201203A087S700。

在技术层面上，元宇宙可以被视为大数据和信息技术的集成机制或融合，不同技术与硬件在元宇宙中组合、自循环、不断迭代。由此可见，元宇宙核心技术与关键设备的接入门槛及其颠覆性已经具备了较为清晰的可预见性，从而为元宇宙生态中各类主体开发具有商业价值的产品创造了有利条件。

数字文旅消费本质是超越现实世界的体验活动。从沉浸式体验、开放式互动、个性化需求和虚拟技术便捷化等方面看，数字文旅创新应用元宇宙技术具备先天条件，元宇宙也带给数字文旅行业更大的发展空间。

元宇宙能够突破文旅消费者的物理限制，实现沉浸式体验。消费者进行文化和旅游活动，就是找寻体验非惯常环境的生活、氛围和场景。依靠虚拟现实技术打造的元宇宙数字文旅体验，正是文旅体验优化的方向之一。

传统的文旅产品开发相对单一和封闭。而在元宇宙的虚拟世界中，文旅消费者不再只是处于被动地接受和购买的地位，而是以共同参与、发现和探索式的方式深入参与到文旅产品的设计开发过程中，参与到综合虚拟数字人、区块链等技术打造的个人数字化身中，参与数字文旅产品创新和规则设定，数字文旅创新应鼓励消费者之间的全方位互动和对虚拟文旅世界的合作探索。

旅游活动体现出实现自身价值的需求特征，其基本表现就是个性释放。而个性释放在虚拟空间中更容易实现。元宇宙实质上就是通过技术手段释放人的内在感知力量，并且在其创设的虚拟世界中，人与人、群体与群体、组织与组织之间的关系呈现为一种开放式、扁平化、平等的状态，更非中心化和自由化。元宇宙可以提供消费者更多艺术性、游戏性和消遣性资源，为旅游者个性释放提供充足的内容和场景。

元宇宙概念成为热点之前，其涵盖的数字化、虚拟现实技术及沉浸式体验，在旅游景区景点已有一定程度的应用，也带来一些经济和社会效应。例如，1999年故宫博物院开展的数字故宫、2009年智能化杭州黄龙酒店、2017年云南"一部手机游云南"等项目。经过先前探索，能应用到文旅产业的元宇宙技术更为成熟，VR、AR、数字孪生、云计算和大数据等技术已经达到为文旅产业提供虚拟旅游、文化资源上载和游戏世界的多项个体终端。如在上海海昌海洋公园联合Soul App开展的"打开年轻社交元宇宙"的主题活动中，参与者使用AR贴纸等技术方式即可实现现实与虚拟的相连。在西安大唐不夜城景区的"大唐·开元"元宇宙项目建设初期，就已通过声光电技术的运用在夜间呈现盛唐时空隧道。

2. 国家相关政策法规支持

"虚拟化"在国家级政策中的首次完整出现是在2016年，在国务院发布的《国务院关于印发"十三五"国家科技创新规划的通知》（以下简称《通知》）中，提出要"突破虚实融合渲染、真三维呈现、实时定位注册、适人性虚拟现实技术等一批关键技术，形成高性能真三维显示器、智能眼镜、动作捕捉和分析系统、个性化虚拟现实整套装置等具有自主知识产权的核心设备。基本形成虚拟现实与增强现实技术在显示、交互、内容、接口等方面的规范标准。在工业、医疗、文化、娱乐等行业实现专业化和大众化的示范应用，培育虚拟现实与增强现实产业。""发展网络与通信技术，重点加强一体化融合网络、软件定义网络/网络功能虚拟化、超高速超大容量超长距离光通信、无线移动通信、太赫兹通信、可见光通信等技术研发及应用。""开展云计算核心基础软件、软件定义的云系统管理平台、新一代虚拟化等云计算核心技术和设备的研制以及云开源社区的建设，构建完备的云计算生态和技术体系，支撑云计算成为新一代ICT（信息通信技术）的基础设施，推动云计算与大数据、移动互联网深度耦合互动发展。""加强网络化、个性化、虚拟化条件下服务技术研发与集成应用，加强文化产业关键技术研发"。《通知》还重点对虚拟现实技术进行论述。

从2022年初开始，我国中央到地方的各级政府都把目光投向元宇宙，并把元宇宙作为数字经济发展的战略引擎和重要内容。北京、上海、武汉、合肥、南京、无锡等多地政府密集出台了元宇宙、虚拟现实发展政策和规划文件，争取元宇宙产业赛道发展先机。2022年第2期《求是》杂志发表文章强调要面向未来，充分发挥我国海量数据和丰富应用场景优势，促进数字技术与实体经济深度融合，赋能传统产业转型升级，催生新产业、新业态、新模式，不断做强、做优、做大我国数字经济。与此同时，地方政府也纷纷布局元宇宙。上海经信委在2022年产业和信息化工作计划中，强调加快布局数字经济新赛道，紧扣城市数字化转型，布局元宇宙新赛道，开发应用场景，培育重点企业；自上海之后，杭州、宁波、无锡等城市也把元宇宙纳入未来产业规划中；武汉、合肥将元宇宙写入了《政府工作报告》；北京推动组建元宇宙新型创新联合体，探索建设元宇宙产业集聚区；杭州成立元宇宙专委会；深圳成立元宇宙创新实验室。

3. 发展面临的挑战

尤瓦尔·赫拉利在《人类简史：从动物到上帝》中提到，人类之所以成为地球主宰，秘诀在于人类能创造并且相信某些"虚构的故事"。这就是元叙事的力量，讲好一个虚构故事，提供一个美好愿景，将原来残酷的丛林法则改写成美好的童话故事。

当前"反全球化"思潮开始涌动。人们需要一种全新的元叙事。元宇宙既能够促进人类物质上的再一次发展（各类新兴科技产品诞生），也能满足人类精神上的需求（虚拟世界的全球化），它成了全球化最好的替代品。由于元宇宙产业还处于初期发展阶段，具有新兴产业的不成熟、不稳定等特征，因此存在多重潜在风险。

一是虚拟世界的伦理性风险。元宇宙的边界以及元宇宙的规则与治理问题成为监管部门和学术界对元宇宙的一种担忧。人们对虚拟世界隐匿且多元化需求。当人们沉浸在元宇宙构建的"虚拟世界"畅游时，大数据、云计算都在时时刻刻收集用户的数据。算法在分析、决策过程中展现出的克服和超越人性弱点的特性，可能使消费者在海量数据信息面前丧失自我决定的能力。消费者在享受着技术带来便利的同时，也逐渐沦为了受技术控制的"奴隶"。另外，元宇宙用户在虚拟世界犯下的"恶行"或许会在心理和行为两个层面上跳脱或延续至现实的法治社会。"现实世界的一些关键逻辑和规则要在元宇宙中找到对应，否则人们很难将元宇宙认可为一个真正的世界。"控制元宇宙衍生出的"破坏性"体验，并为虚拟世界的行为范式树立规矩也是在发展元宇宙和数字经济的同时应开展的重要课题。

二是人们注意力带宽问题，即对时间分配利用的风险。元宇宙中的各类应用如何争夺人们有限的时间和注意力是一个当下挑战，但未来元宇宙应用占据了过多的"生理带宽"则是人们的长远忧虑。元宇宙相关技术将带来沉浸式的感官体验，也会增加人们在新体验中的沉迷，沉浸式文旅体验是否会成为一个将人吞噬的"黑洞"，这不仅影响元宇宙的未来，也影响人类的未来。从数字用户化身角度来说，元宇宙应用将进一步推动人的化身实践与化身满足，但由此也会带来化身管理负担、虚拟自我与现实自我的冲突等问题。①

三是技术应用的安全性风险。关于人工智能和大数据取代人类工作、侵犯人类尊严、全面监控人类生活的担忧，并不是什么新问题，而是长久以来的老问题。问题的关键在于，人类的部分同胞——绝对数量还不在少数——一直被当作工具来看待，为了机器生产的方便，他们被迫增加劳动强度、忍受家庭生活被破坏、尊严被践踏。而今出现的新技术，从某种程度上来说，实际是这一历史的重演。我们要对技术和人类保有清醒、客观的认识，保障数字空间的数字权利，完善数字空间的社会治理，明确技术发展的人权标准，以实现元宇宙的良性发展。

（三）元宇宙与数字文旅创新前景

1. 复杂多元的数字文旅消费趋势

据第一财经不完全统计②，为推动元宇宙与各行业深度融合，截至2023年4月，全国已有40多个省市区政府发布120余项元宇宙建设规划和扶持政策。以"京沪穗"为例，2022年6月，《上海市培育"元宇宙"新赛道行动方案（2022—2025年）》发布。这是全国第一次从省级层面印发的元宇宙专项行动计划。2023年，上海公示的第一批元宇宙重大应用场景包含文旅出游在内的7个类别的20个场景。北京城市副中心通州区将在3年内打造成以文旅内容为特色的元宇宙应用示范区，培育、引进100家以上的元宇宙生态链企业，形成30项以上的应用场景项目；培育元宇宙4大产业链，推动元宇宙产业在副中心创新发展，促进其与数字技术与实体经济的深度融合。广州发布了粤港澳大湾区首个"元宇宙10条"，聚焦数字孪生、人机交互、AR/VR/MR等，重点培育工业元宇宙、数字虚拟人、数字艺术品交易等体现元宇宙发展趋势的领域。我国中西部地区也在加速包含数字文旅在内的布局元宇宙应用场景的商业化落地。

可以预见，未来几年，我国数字文旅消费产品生产效率将得到极大提升。"元宇宙"不断发展将推进数字内容生产。以元宇宙的基本单元的"数字人"生产为例，驱动引擎

---

① 彭兰.元宇宙之路的近虑与远忧——基于用户视角的需求—行为分析[J].探索与争鸣，2022（7）：78-85+178.

② 40余省市区发布120余项元宇宙扶持政策（yicai.com），https://m.yicai.com/news/101730154.html.

的快速迭代、深度学习算法的突破以及 AIGC 技术的突破，使数字人生成成本已大幅降低，"元宇宙"数字化身的需求也不断增长，类似"初音未来""柳夜熙""AYAYI""华智冰"等虚拟数字人及其衍生内容产品会更加多元化。使用门槛的降低、从业者数量的激增、内容的共创形式等，都将带来数字文旅消费产品数量的爆发式增长。

数字文旅产品消费结构将更加复杂多元。首先是文旅产品类型层面的变迁。"元宇宙"推动创新"国潮"发展，以虚拟数字人为代表的各类虚拟内容产品发生了巨大的变化，数字文旅产品形式越来越丰富，数字和现实的文旅衍生品也越来越丰富。其二是数字文旅消费结构占总体文旅消费结构的比例发生变化。随着"元宇宙"的推广，消费者进入虚实相生的消费世界，越来越多的数字文旅产品更多地刺激消费者的文旅需求，将极大地激发各种显性的、隐性的消费需求，数字文化消费的数量和占比会进一步提升。其三是虚拟与现实消费的比例。在"开放式互动""沉浸式体验"和"数字孪生"等技术刺激下，文旅消费市场中更多基于现实世界的符号化消费将转变为以数字形式为基础的虚拟符号消费，数字文旅消费在文旅消费中的占比也会呈现爆发式增长。

数字文旅消费主体的原住民化。随着 ICT 技术的普及而成长的 Y 世代、Z 世代、Alpha 世代将成为主导数字文旅消费的主要力量，这些数字原住民对"虚拟空间""虚拟自我"和"虚拟化身"等虚拟体验的态度与非互联网时代出生的人群有很大的不同，他们的数字文旅消费观念、结构等也有很大的区别，"元宇宙"相关技术的进步使得数字文旅消费与自然环境的消费体验更加相融，结合人口结构变迁，数字文旅消费主体的"原住民化"趋势更加明显。

数字文旅消费空间和消费场景的深度融合和消费空间的延拓。"元宇宙"将持续融合"计算机虚拟空间"与"物理空间"的边界，带动虚拟与现实世界的融合和消费空间的融合。"元宇宙"会进一步推动 VR、AR、MR 和 XR 等数字化消费空间的形成，数字文旅消费空间和场景将进一步融合化发展，虚拟场景的现实文旅消费、现实场景的虚拟文旅消费等多种融合的消费模式会不断地丰富和发展。同时，数字文旅消费将虚拟到现实的迭代式发展。数字消费和现实消费的空间边界将逐渐消失，元宇宙相关技术将引发现实的增强式发展，构建更多的虚拟化场景，场景的构建本身就是一种新的"空间生产"方式，"增强现实"体验场景会出现蓬勃式的增长。

2. 虚实相融的文旅沉浸式体验

元宇宙所构建的虚拟空间及其基本特征"沉浸式体验"与当前的文旅产业发展方向不谋而合。在 5G/6G、人工智能、大数据和云计算、区块链、XR 等技术的不断发展下，文旅产业向数字化转型是大势所趋，云旅游、云看展成为一种不可忽视的趋势，景区、博物馆等地也上马沉浸式演艺、沉浸式展览等项目，元宇宙可以看成是文旅产业数字化转型的进一步延伸。随着元宇宙各项技术和基础设施的发展完善，线上与线下将被彻底贯通，届时虚实相融的数字世界将进入人们的日常文旅消费中。

元宇宙赋能数字文旅体验，不是单纯停留在一些文字、图片和声光电等物理层面，也不是浏览网站视频或 VR 式的单机操作，它凭借新型的数字基础设施搭建、重构甚至创造出来的"数字文旅空间"将更突出用户体验过程中的共情，高速率、低延时的网络连接和其特有的经济和文化符号，将让用户拥有高度的参与感和更加真实的社交体验。

此外，元宇宙赋能的数字文旅发展将重塑文旅产业的模式和形态。数字空间与物理空间的深度融合让人们得以换一种方式模拟、感知、体验现实世界，刺激文旅行业加快数字化转型，升级数字文旅生态链，形成"元宇宙+"的新型文旅产业形态。

（四）总结与展望

毋庸置疑，元宇宙拥有广阔的未来前景。对于文旅行业，元宇宙是打破旅游时空观的媒介，一方面可以帮助景区更好地将园区的主题文化根植在用户心里，进而转化为文化产品；另一方面，也会激发和衍生出更多意想不到的文化产品，来满足人们多元化的文化和旅游的需求。

数字文旅元宇宙中的人和技术以协同、共享、自组织方式进行产品的生产将形成巨大的生产力，"元宇宙"时代更加具象化、可视化的虚拟世界得到快速积累和增长，数字文旅发展将面临更多的新机遇和新方向。

（执笔人：郝志成，北京联合大学旅游学院高级工程师）

二、ChatGPT 对旅游业影响的预测与展望

ChatGPT 是当下最流行的 IT 话题，其所带来的讨论热度在近几年的互联网行业非常少见，它标志着一度被更多新的概念（如元宇宙）所淹没的人工智能技术又以王者归来的气势回归大众视野。在经历 3 年疫情后的当下，在互联网和资本圈由于各种各样的原因普遍缺乏兴奋点之时，ChatGPT 成为一款现象级的消费端互联网产品。

GPT，全称为"生成预训练转换模型"（Generative Pre-trained Transformer），其目前已经迭代到 4.0 版本。而 ChatGPT 则是美国 OpenAI 公司于 2022 年 11 月推出的基于 GPT 模型的"生成式聊天机器人程序"。ChatGPT 除了可以用人类自然对话方式来交互，还可以用于甚为复杂的语言工作。例如，在自动文本生成方面，ChatGPT 可以根据用户输入的需求自动生成相应的文本（包括剧本、歌词、创意策划等）；在自动问答方面，ChatGPT 则可以根据输入的问题自动生成答案，还有编写和调试计算机程序的能力。其从 2022 年 11 月上线以来，月活跃用户规模达到 1 亿，是目前所有互联网应用达到亿级用户量最快的产品。这表明近几年人工智能技术在大模型方面的飞速发展带来了革命性变革，使得 AI 真正具备了通过图灵测试（机器可以以假乱真模仿人类）的能力。ChatGPT 非常直观地让用户感知到了其非同寻常的实用性和解决问题的成熟度，它突破了基于规则和决策树对话系统的传统的对话机器人模式，完全改变了以往语音助手时代生硬、刻板、复制式的播报，展现出惊人的开放式上下文理解能力，真正可实现智能化组合并形成接近人的思维能力的解决方案。其所带来的更多技术突破和互联网革命令人兴奋，众多互联网巨头也纷纷入局。

2023年3月15日，OpenAI发布了最新一代版本GPT-4，ChatGPT再次实现从大型语言模型到大型多模态模型的进化。GPT-4不仅展现了更加强大的语言理解能力，还能处理图像内容，支持以图像作为输入内容并生成对应的文字说明、分类和分析。从整个产业变革和升级的角度来讲，ChatGPT的出现将是一个颠覆性创新，接下来基本所有行业都会被刷新，甚至产生重塑。面对ChatGPT在整个互联网行业掀起的巨浪，旅游行业也不能独善其身。旅游业甚至还未充分完成数字化的改造，就可能面临新一波从数字化向智能化跃进的浪潮，而这种跃进貌似就在眼前。以下是笔者对ChatGPT对旅游业影响的十个基本预测和展望：

一是旅游信息服务形式将产生重大改变。ChatGPT通过简单易操作的对话方式，几乎能够满足使用者对各个领域的信息需求。可以预见的是，目前目的地主要的移动信息公共服务平台，如一机游、各类OTA、小程序、App等，未来在很大程度上会被ChatGPT或类似应用取代，线下AI旅游信息服务或将在不久后也能实现。旅游信息具有零散程度高、涉及领域广、形式多样化和时效性强等特点，横跨自然地理、历史文化、社会交通等多领域。因此，无论是更早的网站、目的地官网，还是目前盛行的各类手机App，包括小红书、抖音在内的最新内容平台，游客在其中甄别有价值的信息并做出旅游决策的成本依然不低，往往需要花费大量时间与精力。如果ChatGPT类应用真的可以用问答式的方法精准提供目的地旅游信息，这将极大地缩短游客的信息获取与旅游决策路径，对游客信息获取体验将产生颠覆性影响。此外，ChatGPT在提供线上旅游信息服务乃至未来线下服务的过程中，在用户体验方面展现出良好的场景感与交互性，远胜过传统检索式的旅游信息提供方式，智能化的旅游信息提供方式或将在未来成为主流。

二是导游等简单内容化服务将面临更为迫切的压力。现场解说能力和知识储备曾是导游职业群体的主要能力要求之一，但随着以ChatGPT为代表的通用型人工智能的快速发展，一部分以重复简单背导游词方式带团的导游可能首先面临冲击。未来初级知识和内容信息将变得廉价，对目的地的讲解介绍甚至是文化内涵的展示，ChatGPT不亚于一般导游，且带有交互和几乎无边界的知识，不受时间、空间、价格、语言等因素的限制，能为游客提供价格低廉、方便易得的多样化讲解服务。同时在人性化方面，相对于传统的固定冗长、有平静语气和风格的经典ChatGPT不同，目前的ChatGPT-4已经能够定制不同的AI对话风格甚至进行角色扮演，以特定人物的语气风格与用户进行对话，并表现出一定的人类幽默，未来更将与AI产生的数字人、虚拟人配合成为"数字人导游"。未来导游职业会更讲求个人魅力、情绪调动、审美调性等要素，导游可能会向着KOL（关键意见领袖）的方向发展。此外，这也对旅游人才的培养工作提出了更高要求，尤其是一些以培养讲解型技能人才为主的高职院校，其培养目标与课程体系应转向以培养学生的人际交往能力、综合计划能力、组织应变能力、服务与安全意识等为核心，更加注重培养学生的旅游服务与管理综合能力。因为尤其在ChatGPT

与语音技术相结合后，普通知识型导游被取代的趋势似乎已经不可逆转。

三是旅行社在信息差方面的价值将被极大削弱。目前旅行社存在的一个很大价值其实就是异地旅行过程中信息的不对称所产生的信息差价值，往往越是去往距离较远、不方便、未知因素多的目的地，旅行社的价值越大（如偏远游、出境游等），而这一价值在ChatGPT成熟后可能将被极大削弱。在ChatGPT类AI工具的辅助下，选择自助游的群体将进一步扩大；与此同时，旅行社的跟团游业务将受到更大程度的冲击。当然目前ChatGPT可能还只是作为信息查询的工具，未来则会形成基于ChatGPT类AI的信息服务模式，完全可能从线上走到线下提供无微不至的旅行服务，这点在基于搜索和推荐的移动互联网上已经被充分证明。旅游业是世界上以客户服务为导向的最主要行业之一，而旅行社在未来如何凸显自身价值，或许信息差已经不再是其核心优势，而是需要提供更加全面周到、具有人性关怀的旅行服务体验，从服务经济思维转向体验经济思维，才能避免被ChatGPT类的AI服务所替代。

四是基于AI的旅游私人助理将变为现实。目前的ChatGPT已经能够通过与用户对话的方式为其提供个性化旅行推荐与规划，并通过高度的上下文理解能力满足游客的多样化需求。早些年其实出现过若干款基于AI技术的自助游个人线路规划助手App（如妙计旅行等），希望通过人工智能线路规划平台实现定制旅游的自动化，而国外的Expedia也早就采用了AI技术进行个性化推荐，开发虚拟顾问程序。只是当年旅游行业数字化程度不高，市场接受程度也不够，整个市场还不相信这样的产品，多数消费者仍持观望态度。只有当ChatGPT这样的颠覆式应用发生在通用领域，用户才能真正接受在旅游行业用AI进行行程规划。随着消费者面对越来越多的旅游选择，人工智能可以极大地简化消费者的选择，并根据游客偏好优化旅行路线安排。可以预见的是，未来的AI旅游私人助理产品赛道将会再次成为"风口"。

五是将创造沉浸式旅游产品新纪元，为游客带来更加丰富的交互体验。未来的ChatGPT如果与元宇宙、数字人、VR/AR等技术结合后，或许能创造出完全崭新的旅游体验产品。正如已经发展接近成熟的沉浸式旅游产品一样，科技将不仅仅是出现在旅游场景内的辅助品，而是完全生成了一种能够给游客带来较强临场感和代入感的旅游体验产品。已有的沉浸式旅游产品是以VR/AR、智能光影、5D动感设施、实时传感等技术为基础，辅之以文化创意、IP植入、历史活化等元素跨界融合打造的能够让游客具有身临其境之感的新型旅游空间。但即使如此，传统的沉浸式旅游产品在与游客产生强互动上仍不是十分突出，已有的交互依然需要依靠演员或其他游客等的介入，ChatGPT对话式人工智能的出现则可能使这方面产生前所未有的突破，尤其是当ChatGPT与数字人技术结合后。搭载ChatGPT的数字人能够真正具备接近人类智慧的"大脑"与语言能力，从而应用到沉浸式旅游产品中。对话式人工智能与传统沉浸式旅游产品的结合将不仅依旧能够给游客带来丰富的感官体验，更能洞察游客需求，让游客真正实现与场景"对话"，并产生更强的互动体验与身临其境之感，这或许将成为继沉浸式旅游体验产品之后文旅产业的"下一个风口"。

六是旅游目的地营销的范式将被颠覆。试想，如果基于ChatGPT的应用用户量达到10亿量级，ChatGPT这样的AI模型成为互联网信息提供的基础服务模式，互联网信息搜索的逻辑将随之被颠覆。那么，目前基于搜索和智能化推荐的移动互联网广告模型也将被颠覆。ChatGPT技术在语言理解和内容生成方面的优势，将极大地有助于提高商品推荐和营销的精准度。当下的旅游目的地的营销工作主要转向小红书、抖音等生活社区进行内容营销，而随着ChatGPT等AI模型在互联网信息提供领域的崛起，旅游目的地未来的营销策略则需要更加适配ChatGPT所定义的一套推荐机制和信息检索方式，更精准的"货找人"模式将会实现：根据用户的需求和历史行为，AI将直接向用户推荐最符合其需求的旅游产品，甚至无须用户先浏览短视频或游记来启发灵感。此外，推荐的广告内容也将由AI自动生成，包括了文字、视频、图片以及采用VR技术和3D技术等新型呈现方式。因此，旅游目的地未来做营销的方式可能是基于ChatGPT的AI学习算法来设计标准的营销内容与信息外露方式，使其更好地被ChatGPT发现并推荐给用户，作为影响用户旅游决策的依据。因此，如何在公网上留下更多有价值、可获得、有特色的信息被ChatGPT捕获，也可能孕育一批新的数字营销企业。

七是旅游OTA的服务将被转变为如何适配或引入AI引擎。ChatGPT展现出了大语言模型在理解人类意图、内容生成方面的强能力，在旅游信息获取方面对传统检索式OTA产生巨大冲击，导致未来OTA很有可能丢失游客出行主要入口的角色。但另一方面，作为通用模型，ChatGPT在垂直领域的效果还无法完全满足多数场景的需要，尤其对于旅游领域，由于相关数据库的开放性限制，获取信息数据的壁垒就会更高，这就展现出了各大OTA的优势。一方面，其自身也会积极开发类ChatGPT的AI产品引擎，例如携程就已经宣布接入百度类ChatGPT服务"文心一言"，并透露双方在旅行智能规划、旅行内容渗透等多个领域展开深度合作，这也是对话式语言模型技术在国内在线旅游服务场景的首次着陆。未来，如何更好地适配AI引擎并借助人工智能技术提供更优质的旅游服务体验，将会成为各大OTA在激烈的市场竞争中脱颖而出的关键能力。另一方面，更可以想象的是，当通用AI在各个垂直领域表现足够成熟后，OTA将成为通用AI引擎（或消费互联网入口）的一部分，用户不仅能够从ChatGPT中快速简单地获取到想要的旅游信息，更可以直接在里面预订景区、酒店、机票等，实现旅游消费链的闭环，快速、简单地完成旅游决策、旅游消费的一站式操作。这也在OpenAI的最新动作中得到了验证，近期ChatGPT对开发者开放了插件功能，Expedia、KAYAK和Booking集团旗下餐饮预订品牌OpenTable等OTA已经成为第一批启用插件的平台。

八是旅游领域可能出现新的基于AI的数据共享模式。ChatGPT归根结底需要依赖已有的大量数据进行训练与检索，目前其训练数据集主要来自维基百科、书记、期刊、Reddit内容聚合社区、Common Crawl网络爬虫开放数据库以及其他代码和问答类数据集等公共开放数据，参数量达到千亿级别。未来如果想要做好旅游垂直类的AI智能助手,并非简单在旅游产品或旅游场景中加上人工智能就行。为保证其"旅游智能化"程度,则需要足够大且具有针对性的旅游数据库作为支撑,用专业旅游领域的语料对应用进行"投喂",而这些语料数据从哪里来、能获取多少,都将成为制约该旅游类 ChatGPT 应用发展的核心卡点。更重要的是,在新的 AI 海量数据需求背景下,政府、平台、景区如何规范数据的开放和共享方式,明确私人数据、共享数据,尤其是混合型数据的使用边界,才能在保证数据安全的基础上又保证一定的 AI 用户体验,是行业需要深度思考的问题。

九是旅游信息的高实时性会催生更多线下传感器的布设。ChatGPT 如果真被作为一个智能旅游助理出现在旅游场景中,可能将是旅游行业前所未有的一种革命。旅游作为一种动态性和在地性极强的产业活动,相关的信息数据是实时变化的,而旅游的线下属性决定了以问答的形式实时进行目的地数据同步几乎不可能做到。但可能更多会出现类似基于景区自身传感器的一些私域 ChatGPT 应用,而这些也有赖于更多线下传感器的布设和共享数据,基于此获得更多数据以及资源的沉淀,实则类似于今天区域或景区一机游的 ChatGPT 版本。此外,目前的 ChatGPT 在提供旅游信息与规划建议时仍然为静态的,换句话说,它提供的是一个没有当下时间与空间意义的行程。未来人工智能如果能够提供更具实际参考意义的旅游行程建议,则可能需要接入卫星定位数据,通过创建 ChatGPT + 地图导航类的应用,实现人工智能与地理定位的联结(Tripadvisor、谷歌等公司在这方面已经具备一定的基础),在真正意义上解决 AI 难以提供实时旅游信息服务的难题。

十是旅游管理与咨询行业也将产生变革。如今 ChatGPT 已经能够处理绝大部分的事实类问题,如信息查询与分析、文字归纳和代码开发,而对于创造类问题,ChatGPT 也展现了极强的能力。未来在可交互的模式下,ChatGPT 在 ToB 的场景下也大有可为,例如帮助旅游行业进行管理和咨询的初级工作;同时结合 DALL.E 人工智能绘图应用,也能够协助旅游目的地进行形象设计和营销策划等创造性工作。由此至少会对旅游智库人员、专家、咨询人员、策划人员和设计类人员等人才提出更高的要求,旅游规划、市场分析、目的地营销,乃至文创产品设计和旅游政策的制定等旅游领域常见工作任务,都可以先从 ChatGPT 获取基础性的意见和方向。可能到那时,如何更好地使用 ChatGPT 类 AI 工具来提高交付产品的速度和质量,并提高自己的效率和生产力,也是各类行业人才必备的技能。

当然,要实现以上几点还需要解决很多问题,既有技术方面的,更有现实数据共享的可行性问题。

第一,仍然无法避免的不可靠与偏差回答。ChatGPT 是在大型数据库的基础上进行训练的,其中可能包含有偏见或误导性的信息,从而导致生成一些看似正确的错误答案(人工智能幻觉),以及具有伦理道德偏差的回答,而即使是那些没有错误的答案也难以完美符合用户需求,仍需进一步的人工检查和优化。目前的 GPT-4 与 GPT-3.5 相比,其响应违规内容请求的可能性已经降低82%，产生事实响应的可能性提高了40%，但OpenAI承认GPT-4仍然不完全可靠，也有着与GPT-3.5类似的风险，如产生有害的建议、错误的代码或不准确的信息。面对游客对高精度的旅游信息的需求，通过何种方式强化对预训练数据的选择和过滤，减轻甚至消除"人工智能幻觉"的出现，从而为游客提供真实而可靠的旅游信息服务，将是未来类ChatGPT应用真正能够广泛与深入应用于旅游领域的主要障碍之一。

第二，封闭性数据库带来实时性缺失，流畅度也有待提升。如果与ChatGPT讨论过最近的事件，可以发现它提供的均为过时信息。ChatGPT作为一种语言模型，目前暂时无法连接互联网来查找最新信息，只能利用其数据库中已经存在的数据，而该数据库上次更新是在2021年底。实时更新这个巨大的数据集也是非常困难的，因为这需要大量的训练时间。而旅游则是长期动态发展的业态，景区人流量、交通状况、酒店的房间存量和价格等无时无刻不在发生变化，因此ChatGPT难以为游客的旅游活动和旅游企业的业务工作提供实时信息服务，或创建近期的热点营销内容。除此之外，目前ChatGPT中文回答也存在明显的卡顿和延迟，如果要成为真正实时性要求较高的旅游助手类应用，还任重道远。

第三，AIGC涉及知识产权的问题。ChatGPT作为OpenAI拥有的一种专有技术，它在旅游环境中的使用提出了对相关生成内容的所有权和控制的问题，如旅游线路、旅游攻略、目的地宣传口号，甚至未来能够输出的多模态信息如目的地形象LOGO、旅游图片、旅游短视频等。相对于人类创造的智力成果拥有明确的产权所有人，AIGC（人工智能生产内容，Artificial Intelligence Generated Content）的所有权、使用权是属于应用的开发运营商还是使用用户，并没有明确的法律法规做出规范。此外，AIGC是否完全真正来自人工智能生产？仍有待商榷。这与人工智能底层的机器学习逻辑有着密不可分的关系，AIGC从根本上来自ChatGPT等AI模型对人类现有知识和数据的学习，并不会思考创造出真正的"新东西"。2023年1月，美国多名艺术家向旧金山联邦法院提起诉讼，指责AI生成绘画是抄袭、拼接人类艺术家的画作，并指控一系列AI图像开发商"侵犯数百万艺术家的权利"。如何促进人工智能的长期可持续发展，并合理合法应用于旅游场景下，所涉及的知识产权是国家和行业需要重点思考和解决的问题。

第四，缺乏严格的监管机制。ChatGPT等AI应用在使用过程中主要为自主运作，没有直接的人类监督，如果输出中出现错误或偏差，难以明确责任主体，更缺乏相关监管机制。当类ChatGPT线上旅游助理甚至线下旅游服务机器人成为现实，同样也将出现回答错误与偏差等人工智能通病，而不准确信息和错误的引导或将造成游客的人身或财产损失，包括时间和精力成本的浪费或体验上的不愉快，那么这样的错误由谁来负责？人工智能的可归责主体问题也成为人工智能技术进一步应用于人类社会过程中颇具争论的一点。因此，从法律制度层面搭建人工智能治理框架，明确人工智能在生产活动中的责任主体，推动相关监管机制的制定与完善显得尤为必要。

第五，从文本向声音和形象的转变。目前的 ChatGPT 以文字形式与用户对话沟通，对于一些特殊旅游群体，如老年人、低学历水平人群来说，这仍具有一定的使用门槛。AI 旅游领域需要提供能够服务于全人群的便捷性产品，ChatGPT 未来可能以数字人的声音与用户开展对话沟通，同时结合输出形式的多样性，降低游客使用门槛，丰富游客的使用体验。当然，这也许是诸多困难里最容易克服的。

第六，超级 App 间的数据开放与共享问题。大数据时代背景下，各领域企业所沉淀的大量数据已经成为企业的核心资产。人工智能模型以海量训练数据为基础，对数据具有极强的依赖性，而数据在互联网巨头间的不可共享性，可能决定了未来 ChatGPT 作为旅游助手的角色也只能存在于产品内部。内容丰富、数据优势明显的平台具有更大的长处，公开数据的可流动性和数据本身的质量也是 AI 类应用未来发展潜力的一个决定性因素。而如何有效建立企业数据共享机制，打破数据壁垒，将成为未来推动人工智能应用向纵深发展所需要重点解决的问题。

第七，数据开放与隐私保护的悖论。人工智能的"智慧"从根本上来自大量的人类创造数据的训练，AI 旅游服务的发展则对数据共享开放的深度和广度提出了新要求。与此同时，新形势下个人隐私数据的泄露现象限制了许多用户信息的可用性，而 AI 旅游信息服务的提供却需要借鉴大量用户的实际体验感受数据。ChatGPT 究竟可以多大程度被用于旅游信息服务，数据开放与隐私保护两者之间不够清晰地确定边界可能成为最主要的决定因素。

人工智能技术在发展过程中虽有诸多问题有待深入思考和解决，但其在促进行业大幅度的降本增效、赋能大众美好生活方面的作用已经毋庸置疑，国内市场对于类 ChatGPT 的 AI 应用的需求也是巨大的。在百度"文心一言"发布会现场，李彦宏宣布已有 650 家机构决定加入"文心一言"生态。而截至 2023 年 3 月 17 日，申请"文心一言"API 调用服务测试的企业已达 7.6 万家，其中就包括多家文旅企业，如携程、中国旅游集团、中青旅等。此外，据不完全统计，2023 年已经有超过 100 家国内企业表示正在研发与 ChatGPT 相关的产品或应用，或计划将相关技术引入业务中。其中既包括一些技术实力强、研发资金充足的大公司（如华为盘古系列 AI 大模型、阿里中文多模态预训练模型 M6、腾讯混元 AI 大模型等），也包括在垂直细分领域深耕的领军企业（网易有道教育场景下类 ChatGPT 模型"子曰"、百融云创 ChatGPT 同源技术智能语音机器人、京东云零售和金融领域"ChatJD"）。可以看出，面对国外领先技术带来的持续冲击，国内头部企业已经展开诸多尝试，并取得了一定的成果，但多数产品仍处于初级阶段，功能尚未完善，想在短时间内追赶达到 ChatGPT 目前的成熟度，仍具有一定难度。因此，在"中国版 ChatGPT"的发展过程中，如果想要快速地将产品推向市场并实现商业化，垂直细分场景往往比大模型更能发挥作用，其中一个重要的，也是非常具有前景的分支场景就是旅游业。

对于旅游行业来说，数字化乃至智能化的步伐是紧迫的。目前的游客暂时还难以轻松使用ChatGPT来辅助自身旅游活动，而旅游企业同时也难以将ChatGPT引擎接入自身业务产品或生产活动，这就对目前国内人工智能技术水平提出更高要求，技术注定需要掌握在自己手中。因此，不管是接入大厂开发的通用AI引擎，还是自主研发旅游领域的专属AI模型，国内旅游行业都要紧跟国际技术革命新趋势，抢抓全球科技发展先机，从算力、算法、数据、场景四个关键要素入手，培养相关领域人才，强化行业经验、数据以及资源的沉淀，基于更多的国内数据、旅游领域数据训练出更适应于中文与国人思维的人工智能旅游产品，在人工智能领域做出新的突破，才是避免在全球快速更迭的技术浪潮中被淘汰的根本之道。

（执笔人：邓宁，北京第二外国语学院旅游科学学院副院长，教授，数字文旅研究中心主任；张玉洁，北京第二外国语学院旅游科学学院硕士研究生）

第二部分

中国文旅创新创业信心指数（2022—2024年）

第一章　中国文旅创新创业信心指数（2022年）

《"十四五"文化和旅游发展规划》中提出，把创新作为引领发展的第一动力，激发文旅创新创造活力，推动旅游业态、服务方式、消费模式和管理手段创新提升，发展智慧旅游。在连续5年推出2017—2021年《中国文旅创新创业信心指数报告》（以下简称报告）后，我们继续推出2022年报告。本报告沿用"专家意见调查法"，对文化旅游领域的部分头部企业、创新创业公司代表、投资机构、学界、政府及行业协会、民间机构智库等的52位专家进行访谈。报告在原有基础上增加了新冠疫情及新技术应用对创新创业信心的影响分析，比较分析了2017年至2022年信心指数的变化，从而对文旅"双创"的未来发展提出预期和判断。

一、2022年中国文旅创新创业信心指数

本报告仍然沿用2017年到2021年信心指数计算公式：

信心指数 = 资本 ×10 + 人才 ×10 + 政策 ×10 + 并购 ×10 + 成功率 ×20 + 前景 ×40

其中，具体的维度及权重设置可参考之前的报告，这里不再论述。计算结果如下：

信心指数 =（3.02×10+2.60×10+3.23×10+3.23×10+2.79×20+3.29×40）/5= 61.64

通过计算结果可以看出，2022年我国文旅整体"双创"信心指数为61.64，2021年我国文旅整体"双创"信心指数为66.82，同比下降了5.18。在文旅"双创"领域的资本、人才、政策、并购、成功率和前景信心指数的各个维度中，"前景"（3.29）的分值最高，说明专家对未来信心较高；"政策"和"并购"的分值相同（3.23），表明专家对政策层面及并购的信心也较高；但"成功率"（2.79）分值不高，可见专家的态度谨慎乐观；与2021年相比，"人才"（2.60）的分值下降得最多（见图2-1-1）。

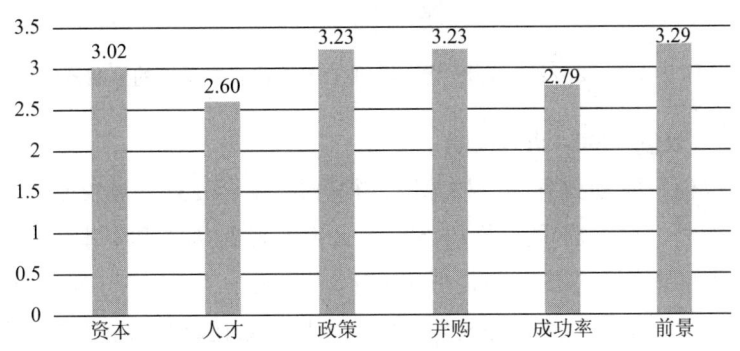

图2-1-1　2022年文旅"双创"信心指数

二、2022年中国文旅创新创业信心指数各子维度分析

（一）2022年文旅"双创"的业态与产品预期

2022年文旅"双创"的业态与产品模式最为突出的是大数据、人工智能、5G、区块链等数字文旅类（58%）；其次是乡村旅游与乡村振兴类（54%）；亲子与研学旅游类（42%）和微度假类（40%）紧随其后（见图2-1-2）。与2021年相比，医疗与健康旅游类（38%）的数值上升明显，专家们认为由于疫情的影响，促使大众对健康越来越重视，人们更加期待去生态良好、自然环境优美的地方旅游。值得关注的是，微度假旅游以其距离近、时间短、品质高的特点，成为游客出游的首选模式。《旅游绿皮书：2021—2022年中国旅游发展分析与预测》中指出，疫情以来，微度假等正在成为旅游业未来重要的发展模式以及游客消费趋势。

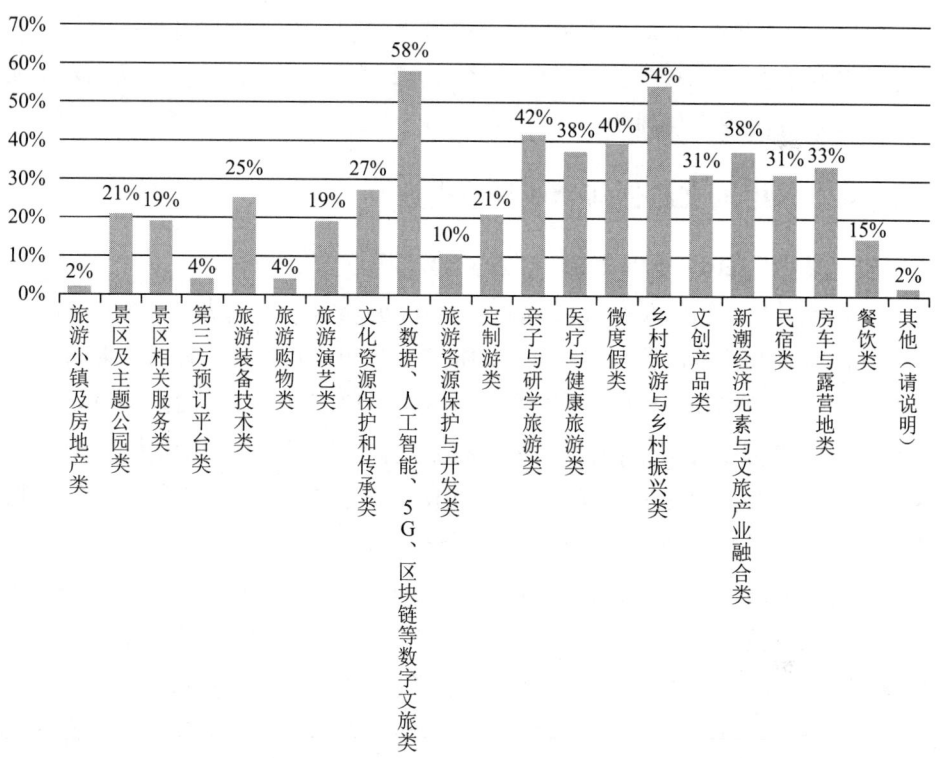

图2-1-2　2022年文旅"双创"业态与产品集中领域的预期分析

（二）文旅"双创"的驱动力预期

在文旅"双创"驱动力方面，技术因素得分最高（4.23），是文旅"双创"最主要的驱动力；其次是消费者需求因素（3.52）；政府与政策因素和资本因素的分值分别是2.38和2.02；市场竞争因素的分值最低（0.71）（见图2-1-3）。与2021年文旅"双创"驱动力相比，技术因素的上涨趋势最为明显，这与国家在政策层面对技术创新的重视有密切关系，《"十四五"文化和旅游发展规划》中提出文化与旅游的发展要顺应数字化、

网络化、智能化发展趋势，大力发挥科技创新对文化和旅游发展的赋能作用，积极发展智慧旅游。以云计算、物联网、人工智能、大数据等为代表的新一代信息技术为文化和旅游科技创新提供了不竭动力，这与专家对文旅"双创"业态的预期也是一致的。

消费者需求因素和政府与政策因素近几年的变化幅度不大。资本因素继2021年下跌后，今年有一定的反弹。可见，专家认为资本对文旅"双创"企业发展的驱动力有一定的提升。

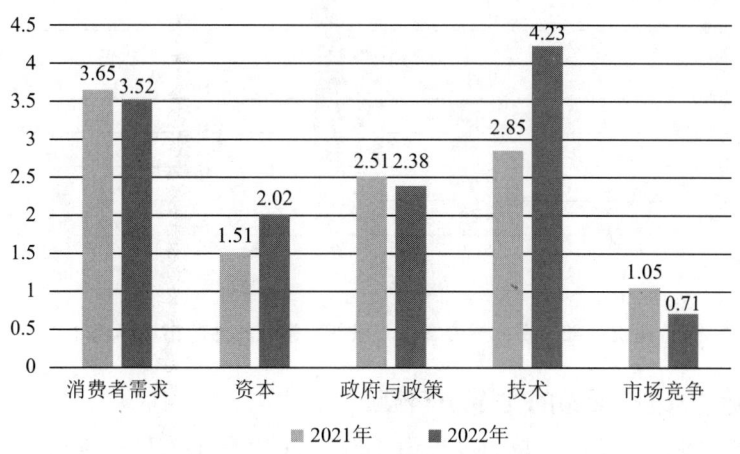

图 2-1-3　文旅"双创"的驱动力重要性分析

（三）资本投资文旅"双创"领域的市场前景预期

2022年资本对文旅"双创"市场的投资前景较2021年相比持续下降，受到疫情影响，资本市场对文旅投资前景态度更加谨慎。2022年"非常好"选项比2021年下降2%，"比较好"下降7%，二者占比加总仅为37%，而"非常不好"提高了6%（见图2-1-4）。

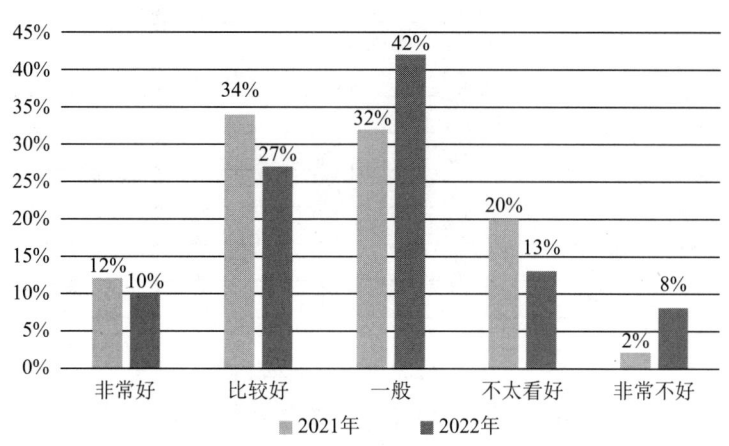

图 2-1-4　资本投资文旅"双创"领域的市场前景

（四）资本投资文旅"双创"领域的外部市场环境预期

在资本投资文旅"双创"的外部市场环境预期方面，数据也不乐观。其中"非常好"占比下降6%,"比较好"占比下降18%,二者占比合计仅为25%。虽然"不太看好"有小幅下降,但是首次出现了"非常不好",高达12%(见图2-1-5)。这与自2020年持续的新冠疫情有一定关系。

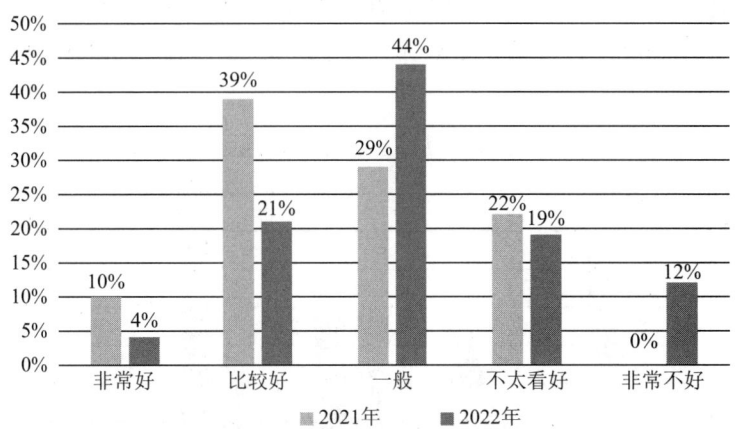

图2-1-5 资本投资文旅"双创"领域的外部市场环境

(五)文旅"双创"政策的支持力度预期

在文旅"双创"政策的支持力度方面,专家2022年的态度体现出明显的忧虑,虽然认为政策支持力度"比较大"的占比提高了3%,但"非常大"出现了11%的大幅下滑,而"不太大"显著提高了10%,也首次出现了"几乎没有"(6%)(见图2-1-6)。这说明文旅"双创"的政策支持力度得到了一部分专家的认可,但政策支持力度有持续下降趋势,政策红利逐渐减少。

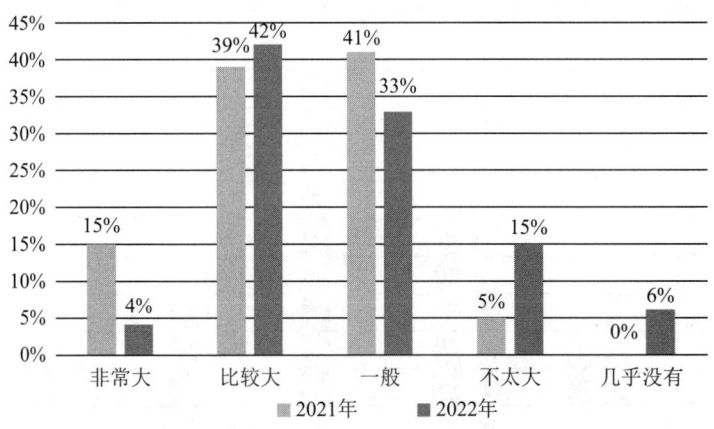

图2-1-6 文旅"双创"政策的支持力度

(六)进入文旅"双创"领域的人才趋势预期

在进入文旅"双创"领域的人才趋势方面,与2021年相比,2022年的数据也并不乐观。预期进入文旅"双创"领域的人才"非常多"和"比较多"的占比合计下降

12%,"不会有太大变化"占比下降14%,而认为"部分流失"的上涨8%,"流失较多"的上涨18%,二者合计占比高达46%(见图2-1-7)。可见,专家认为2022年文旅"双创"人才会出现较多流失。

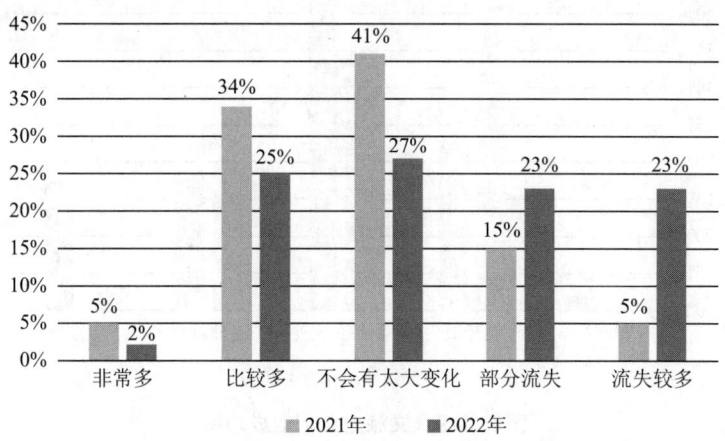

图2-1-7 进入文旅"双创"领域的人才趋势

(七)大型旅游企业收购中小创业企业的倾向预期

与2021年相比,在大型旅游企业收购中小创业企业方面,虽然收购意向"比较强"的占比下降了14%,但持"特别强"(4%)态度的又出现回升,持"比较小"态度的上升4%(见图2-1-8)。从总体上来看,2022年专家对大型旅游企业收购中小创业企业的预期虽有小幅回升,但总体而言还是不太乐观。

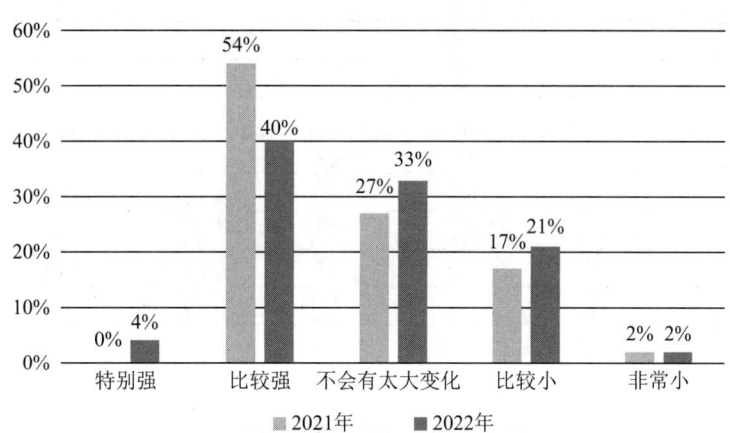

图2-1-8 大型旅游企业收购中小创业企业的倾向

(八)文旅企业创业成功率预期

在文旅企业创业成功率方面,专家的预期也不太乐观。2022年"比较高"的选项占比出现了18%的大幅下降,即预期创业成功率比较高的占比只有23%。而选择"非常低"的占比上升了9%,专家中有42%的比例认为成功率不会有太大变化(见图2-1-9)。

这说明，专家对于 2022 年的文旅企业创业成功率持观望态度，一部分专家认为创业成功率不高。

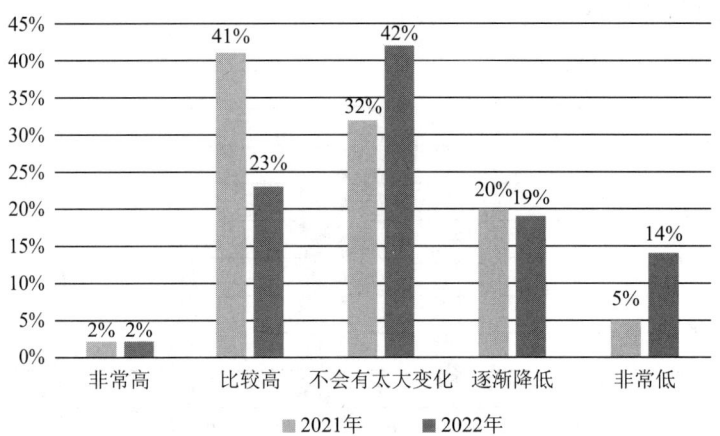

图 2-1-9　文旅企业创业成功率

（九）文旅企业创业前景预期

在文旅企业创业前景方面，2022 年"比较有信心"仍然占比最高，高达 42%；"信心很强"一项也与去年持平，这说明专家对文旅企业创业总体预期乐观的态度没有发生变化。但"没有信心"首次出现占比 8%，这说明虽然大部分专家对 2022 年文旅"双创"前景持乐观预期，但持审慎态度的专家比例在上升（见图 2-1-10）。

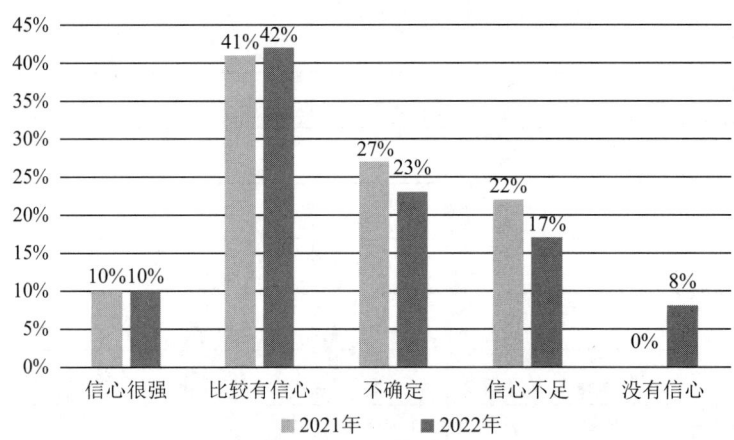

图 2-1-10　文旅企业创业前景

（十）新技术在文旅"双创"中的应用难度预期

考虑到新技术在文旅"双创"中的作用越来越大，2022 年增设了对新技术应用难度预期的项目。其中选择"比较大"的占比最高，占 50%，它和"非常大"选项的占比合计为 62%；选择难度"不太大"的占比为 15%（见图 2-1-11）。这说明专家普遍认为新技术与文旅"双创"的结合是有难度的。

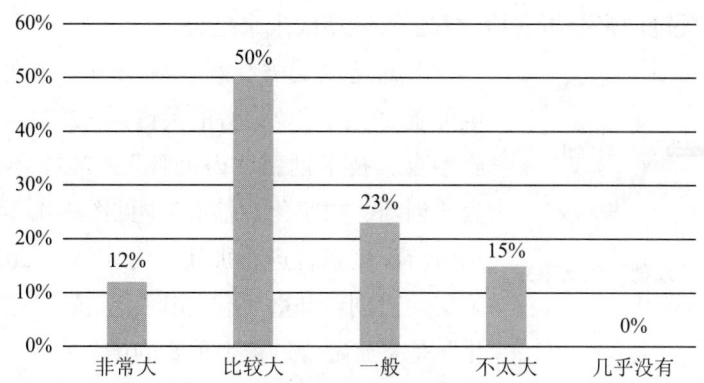

图 2-1-11　新技术在文旅"双创"中的应用难度

（十一）新冠疫情对 2022 年文旅"双创"的影响预期

在 2022 年的问卷中，还增加了新冠疫情对文旅"双创"的影响预期，专家中选择"非常大"的占比高达 52%，选择"比较大"的占比 40%，两项合计为 92%（见图 2-1-12）。

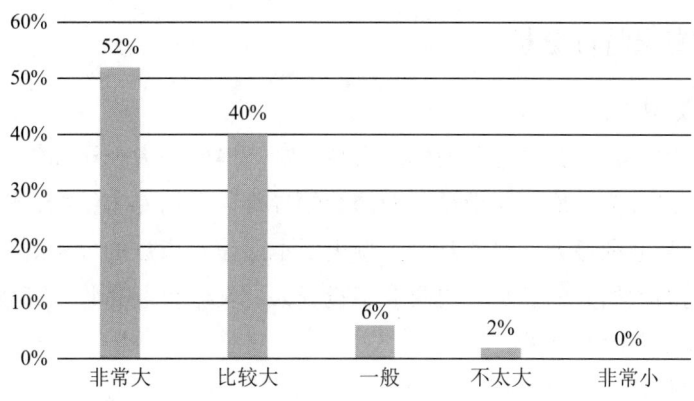

图 2-1-12　新冠疫情对文旅"双创"的影响预期

（十二）以关键词来分析提升 2022 年文旅"双创"的最重要的因素

本题让受访专家填写提升 2022 年文旅"双创"的最重要因素，这也是今年新增加的一道题目。专家给出的关键词为"政策、人才、创新"（见图 2-1-13）。可以看出，专家认为受新冠疫情的影响，文旅"双创"在发展过程中非常需要政策的支持；其次由于近两年旅游业人才流失严重，如何吸引和留住核心人才也是需要重点关注的内容。而"创新"也是近几年来大家关注度越来越高的一个因素，突出创新的核心地位，把创新作为引领发展的第一动力，全面推进模式创新、业态创新、产品创新，大力发挥科技创新对文化和旅游发展的赋能作用，全面塑造文化和旅游发展新优势。

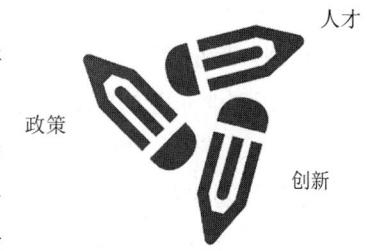

图 2-1-13　2022 年提升文旅"双创"的关键词分析

（十三）以关键词来分析文旅"双创"领域的未来趋势

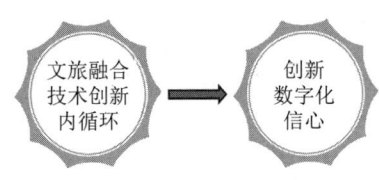

图 2-1-14 文旅"双创"领域未来趋势关键词

本题是让受访专家填写未来一年文旅"双创"领域可能发生的重要趋势的关键词。2021年关键词为"文旅融合、技术创新、内循环"，2022年预测的关键词为"创新、数字化、信心"（见图2-1-14）。随着文化和旅游深度融合进程加快，专家认为2022年从国家政策层面对创新和数字化都极为重视，"创新"和"数字化"是文旅融合过程中重要的增长点。

对于数字文化产业而言，发展新业态，能够提供丰富的个性化、定制化、品质化的数字文化产品供给。智慧旅游的发展也是以数字化、网络化、智能化为特征，定制、体验、智能、互动等消费领域，都有探索新模式发展的空间。虽然持续的新冠疫情全面影响了入境、出境和国内三大旅游市场，但随着新一轮纾困扶持政策措施的出台，以及实施精准防控的措施营造了鼓励消费、放心出游的社会环境，将会有效提振旅游市场信心。

三、受访专家特征分析

（一）身份类型

在本次调查中，44%为创业公司创始人与高管，14%为大公司高管，17%为高校教师与研究人员，15%为政府、事业单位及协会领导等。受访专家结构，以创新创业公司人员为主，兼顾其他利益方。这些身份类型表明本次信心指数的分析既考虑到了近半数的旅游创业公司的创始人的意见，也融合了投资人、文旅企业高管、高校教师与研究人员、协会领导等多方面的意见。

（二）受教育程度

受访专家的文化程度普遍集中在本科以上，尤其是本科学历占52%，研究生及以上学历占44%。

（三）海外受教育经历

受访专家中有67%无海外学习或工作的经历，占到一半以上，有海外学习或工作经历的则占33%。

（四）专业背景

创新创业企业的创始人学科背景分布较集中，其中旅游类背景较多，占31.2%，经管类（非旅游）占27.1%，理工类占20.8%，文史哲类占16.7%。

（五）创业者的创业次数

28%的创业者在此之前有过1次创业经历，有过2次和3次及以上创业经历的创业者均占24%，没有过创业经历的占24%。

（六）创业者创业前与文旅相关工作的经验年数

创业者创业前与文旅相关工作的经验年数为 6 年及以上的人数最多，占到 62%，工作经验 3~5 年的占到 13%，工作经验 1~2 年的人数较少为 3%，之前没有创业经验的占比同样也比较高，占 22%。

（七）创业者创业前的职业

创业者在创业前普遍任职于公司或者企业，占到 54%，创业前是公务员或者事业单位职员的比例为 20%，教师或研究人员的比例为 14%，军人占到了 8%，学生、其他的比例一样，均占 2%。

四、总结

近 6 年来，文旅"双创"信心指数呈现逐步下降趋势。2017 年、2018 年文旅创新创业领域蓬勃发展，在资本、市场、政策等多方因素看好下，"双创"企业如雨后春笋般发展，出现定制游爆发、同程和艺龙合并等大事件，但随着资本市场冷却、用户话语权提升、行业巨头显现等现象的出现，"双创"企业的生存不再"容易"，需不断深挖并满足用户需求，瞄准细分市场，才能在激烈的市场竞争中取得一席之地。突如其来的疫情更是带来了出人意料的机遇和挑战，文旅行业的"寒冬"或许还会持续。

综上，2022 年文旅"双创"信心指数整体继续呈下降趋势，专家表现出谨慎乐观的态度。同时，受疫情不确定性的影响，预期 2022 年文旅"双创"领域依然处于"低谷期"。具体来看，消费者需求及技术创新仍然是文旅"双创"领域的主要驱动力，在资本"寒冬"持续的情况下，技术创新和政策支持的驱动作用越来越凸显。在文旅"双创"产品与商业模式方面，微度假、乡村振兴和数字文旅类产品受到广泛关注，亲子研学和文创产品也与文旅融合的大势相符合。资本、人才、政策、并购、成功率和前景的乐观预期都出现不同程度的下降趋势。此外，专家对 2022 年文旅趋势的关键词为"创新、数字化、信心"，充分体现了疫情防控常态化背景下文旅发展面临的机遇和挑战。

2022 年 4 月，国家主席习近平在博鳌亚洲论坛 2022 年年会上说："'安危不贰其志，险易不革其心。'人类历史告诉我们，越是困难时刻，越要坚定信心。任何艰难曲折都不能阻挡历史前进的车轮。面对重重挑战，我们决不能丧失信心、犹疑退缩，而是要坚定信心、激流勇进。"

尽管预期不太乐观，全球疫情对文旅行业产生巨大冲击，文旅业"寒冬"仍在持续，但大家应充分认识到疫情时间及后疫情时代所带来的市场机遇，迅猛多变的市场环境与激烈的行业竞争倒逼企业不断转型升级、提质增效，加速业内优质资源的融合重塑。文旅企业更应该抓准时机苦练内功，认识到疫情后的新变局，拥抱变革，在文旅融合的新时代涅槃重生。

（执笔人：刘铮，北京联合大学旅游学院讲师；徐航、范新茹，北京联合大学旅游学院 2020 级旅游管理专业本科生）

附录

本次受访专家名单

（共 52 位）

注：名单以提交问卷先后为序。

文旅创新创业公司专家

序号	专家	单位	职位职务
1	刘建斌	上船吧	创始人
2	刘少军	皇家驿栈	董事长
3	郑天明	游侠客	创始人
4	陈长春	隐居乡里	创始人
5	罗 军	途家及斯维登集团	联合创始人
6	耿云鹏	旅行故事	创始人
7	戴 政	悦商集团	创始人
8	贾建强	6人游旅行网	创始人
9	崔连波	嗨 KING 野奢营地	创始人
10	蔡 韵	无二之旅	联合创始人
11	肖 迪	大连博涛文化科技	创始人
12	林忠益	吐鲁番欢乐盛典	董事长
13	郭 涌	知宿	联合创始人
14	肖述涛	大美儿童世界	创始人
15	齐春光	途牛旅游网	副总裁

文旅集团专家

序号	专家	单位	职位职务
1	杜丽芬	呼伦贝尔文旅投资集团	总经理
2	李国栋	北京博雅方略文旅集团	副总裁
3	徐道明	山东水发文旅投资集团	总经理
4	萧去疾	江苏畅行文旅集团	董事长
5	董艳丰	北京寒舍文旅集团	总裁
6	赵 佳	北京山海文旅集团	总裁
7	余学兵	浙江联众休闲产业集团	总裁

续表

序号	专家	单位	职位职务
8	盛永利	北京读道文旅集团	董事长
9	温晓敏	德胜（张北）实业集团	执行总经理
10	刘国平	江西旅游科技集团	COO

社团协会专家

序号	专家	单位	职位职务
1	武国樑	全联旅游业商会	秘书长
2	刘军萍	北京观光休闲农业行业协会	会长
3	张德欣	中关村智慧旅游创新协会	名誉会长
4	唐金福	亚太旅游联合会	秘书长
5	丁志刚	中国饭店协会	副会长
6	李健	北京导游协会	秘书长
7	秦兆祥	内蒙古旅游学会	会长
8	范光煜	全联旅游业商会文旅品牌建设分会 饭店采购联盟	常务副会长 会长

科研院所专家

序号	专家	单位	职位职务
1	厉新建	北京第二外国语学院旅游科学学院	教授、博导
2	姚延波	南开大学旅游与服务学院	副院长、教授、博导
3	卜希霆	中国传媒大学文化产业发展研究院	副院长
4	王琪延	中国人民大学休闲经济研究中心	主任、教授、博导
5	李仲广	中国旅游研究院	副院长
6	李彬	北京第二外国语学院旅游科学学院	副院长
7	方忠权	北京联合大学旅游学院 旅游管理专业硕士研究生（MTA）	教授 负责人

民间智库专家

序号	专家	单位	职位职务
1	郑敏庆	中国台湾省亚太休闲创意产业发展智库	执行长
2	叶一剑	方塘智库	创始人

续表

序号	专家	单位	职位职务
3	李 阳	新旅界	创始人
4	陈青松	青松智库	创始人
5	孙 晖	腾讯文旅产业研究院	秘书长

投资机构专家

序号	专家	单位	职位职务
1	刘 锋	华侨城旅游投资管理集团有限公司	董事长
2	马培瑞	紫荆花控股集团	董事长
3	杜长辉	中旅集团投资二部	发展总经理
4	何士祥	晨华创投	董事长
5	柳林静	安芙兰资本	投资总监
6	游磐基	逍遥资本	创始人
7	王笑宇	华侨城旅投集团	副总裁

第二章　中国文旅创新创业信心指数（2023年）

2022年12月，中共中央、国务院印发的《扩大内需战略规划纲要（2022—2035年）》（以下简称《纲要》）对外发布。《纲要》明确提出全面促进消费，加快消费提质升级，扩大文化和旅游消费。鼓励文化文物单位依托馆藏文化资源，开发各类文化创意产品，扩大优质文化产品和服务供给。大力发展度假休闲旅游，拓展多样化、个性化、定制化旅游产品和服务，加快培育海岛、邮轮、低空、沙漠等旅游业态。

在连续6年推出2017—2022年《中国文旅创新创业信心指数报告》（以下简称报告）后，我们继续推出2023年报告。本报告沿用"专家意见调查法"，对文化旅游领域的头部企业、创新创业公司、投资机构、学界、政府及行业协会、民间机构智库等的50位专家进行访谈。报告对新冠疫情及新技术应用对创新创业信心的影响进行剖析，比较分析了2017年至2023年信心指数的变化，从而对文旅"双创"的发展提出预期和判断。

一、2023年中国文旅创新创业信心指数

本报告仍然沿用2017年到2022年信心指数计算公式：

信心指数 = 资本×10 + 人才×10 + 政策×10 + 并购10 + 成功率×20 + 前景×40

其中，具体的维度及权重设置可参考之前的报告，这里不再论述。计算结果如下：

信心指数 = （3.71×10+3.41×10+3.88×10+3.49×10+3.37×20+3.98×40）/5=74.3

通过计算结果可以看出，2023年我国文旅"双创"信心指数为74.3，比2022年上涨了12.66，也是自2019年以来，信心指数最高的一年。信心指数中所涉及的资本、人才、政策、并购、成功率和前景等要素与2022年相比，有了全面上升（见图2-2-1）。其中"前景"（3.98）的分值最高，说明专家对未来充满信心。"政策"（3.88）的分值也较为突出，表明专家对政策信心充足。与2022年相比，"人才"（3.41）的分值上升幅度最大，"并购"（3.49）的分值上升幅度最低。

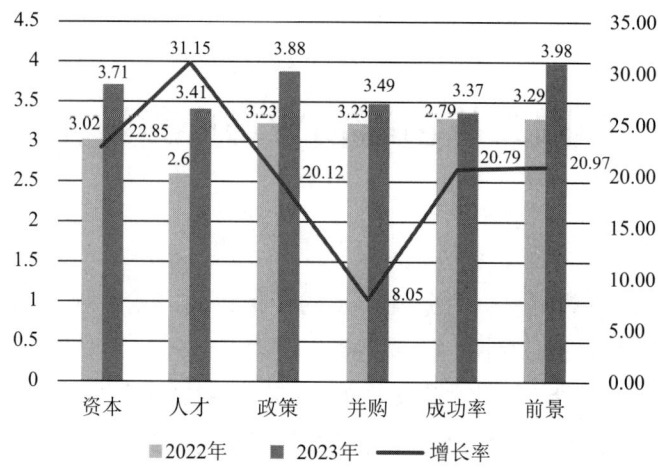

图 2-2-1　2022 年与 2023 年文旅"双创"信心指数要素对比

二、2023 年中国文旅创新创业信心指数各子维度分析

（一）2023 年文旅"双创"的业态与产品预期

专家认为 2023 年文旅"双创"的业态与产品模式最为突出的是乡村旅游与乡村振兴类（61%），其次是大数据、人工智能、5G、区块链等数字文旅类（59%）和亲子与研学旅游类（59%），房车与露营地类（55%）紧随其后（见图 2-2-2）。与 2022 年相比，大部分的预测数值有所上升，其中上升幅度显著的有旅游小镇及房地产类、旅游购物类、第三方预订平台类、景区及主题公园类，说明疫情对旅游的影响逐渐消除之后，一些传统的旅游业态及产品重新恢复活力。而医疗与健康旅游、文创产品类两类的数据相比 2022 年，呈下降趋势。

（二）文旅"双创"的驱动力预期

在文旅"双创"驱动力方面，消费者需求得分最高（4.51），是文旅"双创"最主要的驱动力；其次是技术（3.9）；政府与政策因素和资本因素的分值分别是 3.06 和 3；市场竞争因素的分值最低（1.67）（见图 2-2-3）。与 2022 年文旅"双创"驱动力相比，除技术因素有小幅下降之外，所有因素的分值都呈上升趋势，上升幅度最大的是资本和消费者需求。

资本因素自 2020 年开始呈下降趋势，从去年开始小幅回升，今年上涨的幅度是最高的。随着政策效应从需求向供给的传导，会有越来越多的旅游运营商和投资机构增强复苏信心，开始人员召回、产品研发和供应链重组等全面复业的准备。经历 3 年的疫情后，城市的旅游消费中心和市场基础支撑地位更加突出，都市休闲、周边和近程旅游成为旅游投资的基础支撑和创新创业的主引擎。

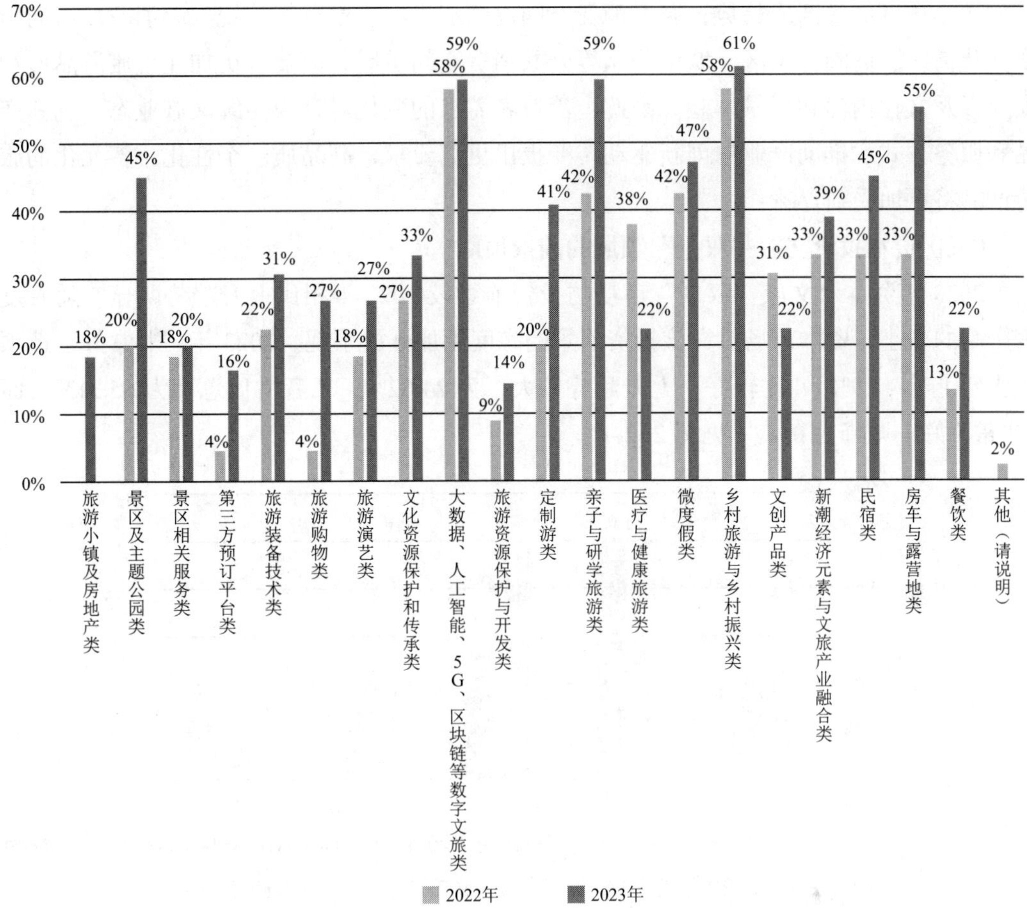

图 2-2-2 2022年与2023年文旅"双创"业态与产品集中领域的预期分析对比

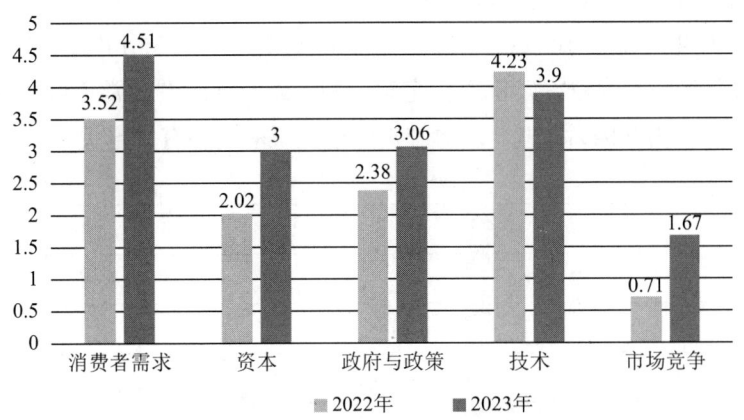

图 2-2-3 2022年与2023年文旅"双创"的驱动力重要性对比分析

消费者需求因素在历年的数据中都居于前列，今年又有明显上升。近几年来，消费者需求更趋细分化、个性化、定制化。疫情使国内游成为旅游业的主要内容，周边游、乡村游、微度假等渐成趋势，游客消费空间逐渐从景区、景点等传统旅游消费场所向历史文化街区、商圈休闲区、城市公园等公共消费空间扩展，消费者更加注重旅游品质和安全以及文化内涵和场景体验。因此，消费者需求的变化对升级传统文旅业态、创新产品和服务方式、推动产业向创新驱动转变提出更高要求，高品质、个性化、多元化的旅游产品将更加受到青睐。

（三）资本投资文旅"双创"领域的前景预期

2023年资本对文旅"双创"市场的投资前景较2022年相比上升趋势明显，随着疫情影响的减小，资本市场对文旅投资前景的态度更加开放乐观。2023年"非常好"选项比去年上升4.29%，"比较好"上升趋势较大，为24.02%，二者占比总和为65.31%，而"非常不好"则降为0%。（见图2-2-4）

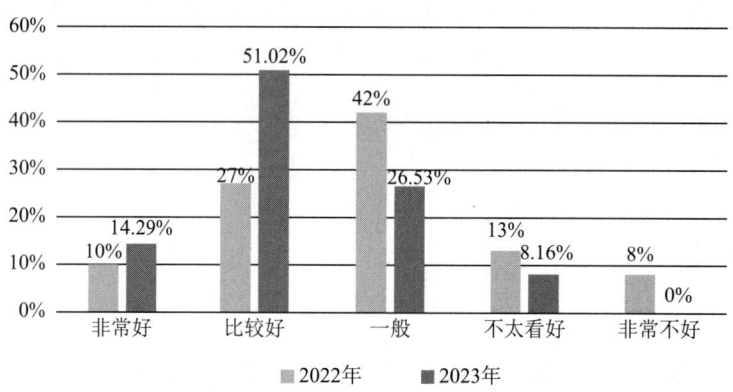

图2-2-4　2022年与2023年资本投资文旅"双创"的市场前景对比

（四）资本投资文旅"双创"领域的外部市场环境预期

在资本对文旅"双创"的外部环境预期方面，数据整体上也在变好。其中"非常好"占比上升4.16%，"比较好"占比上涨幅度较大，为36.14%，二者占比合计为65.3%，"一般"和"不太看好"都有一定幅度的下降，同时"非常不好"下降趋势也比较明显，2023年仅为2.04%，这与新冠肺炎疫情政策的调整有一定关系。（见图2-2-5）

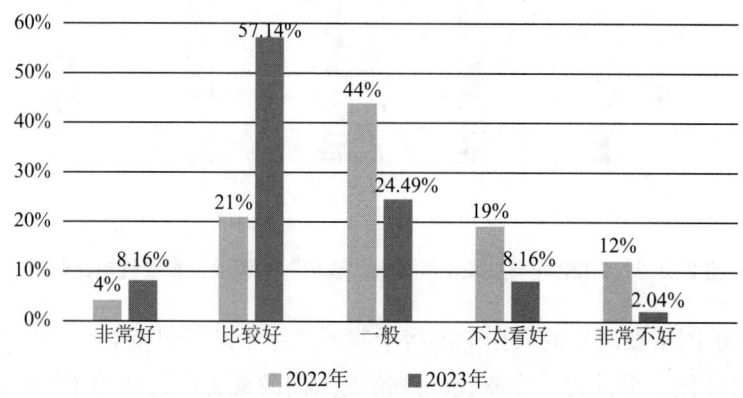

图2-2-5　2022年与2023年资本投资文旅"双创"领域的外部市场环境对比

（五）文旅"双创"政策的支持力度预期

在文旅"双创"政策的支持力度方面，专家今年的态度体现出明显的乐观，认为政策支持力度"非常大"的占比提高了18.45%，"比较大"也有4.94%的提升，同时"一般"和"不太大"分别出现了6.47%和10.92%的下降，而"几乎没有"也降为了0%。这说明，对文旅"双创"的政策支持力度得到了大部分专家的认可，政策支持力度有增加趋势，政策红利逐渐恢复。（见图2-2-6）

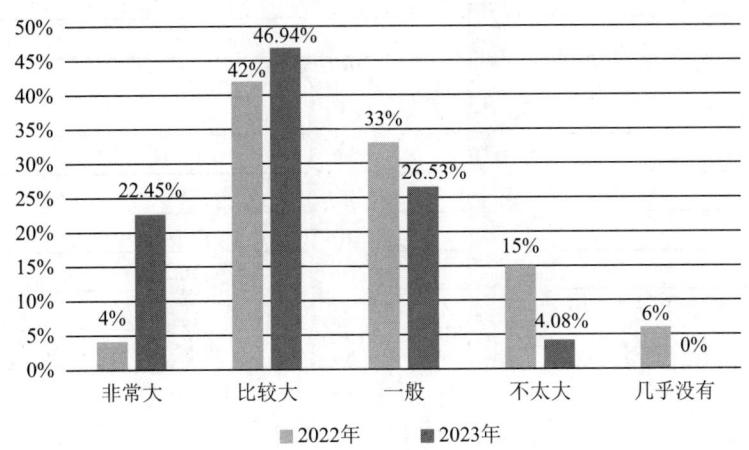

图2-2-6　2022年与2023年文旅"双创"政策的支持力度对比

（六）进入文旅"双创"领域的人才趋势预期

在进入文旅"双创"领域的人才趋势方面，与2022年相比，今年的数据也表现得较为乐观。预期进入文旅"双创"领域的人才"非常多"和"比较多"的占比合计上升26.06%，"不会有太大变化"的占比上升5.65%，而认为"部分流失"的下降12.8%，"流失较多"的下降最多，为18.92%，二者合计仅为14.28%。可见，专家认为2023年进入文旅"双创"领域的人才会有增多趋势。（见图2-2-7）

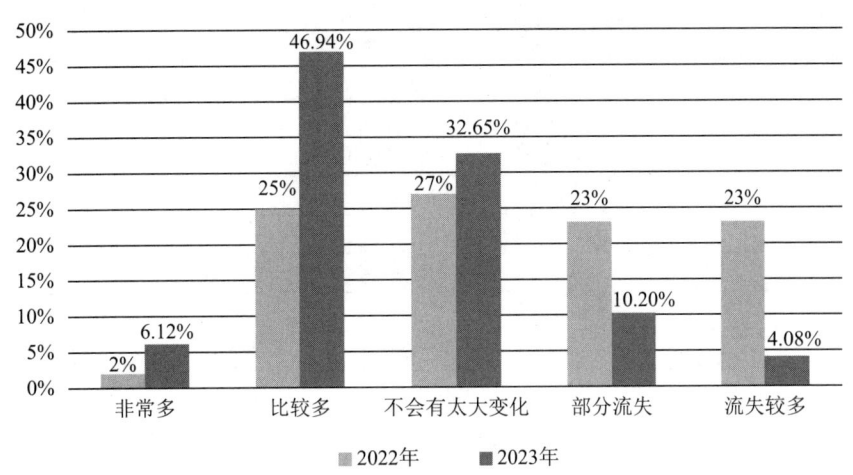

图2-2-7　2022年与2023年进入文旅"双创"领域的人才趋势对比

（七）大型旅游企业收购中小创业企业倾向预期

与2022年相比，在大型旅游企业收购中小创业企业方面，收购倾向"比较强"和"非常强"的共提高了9.06%，持"比较小"倾向的下降10.8%。从总体上来看，2023年专家对大型旅游企业收购中小创业企业的预期有一定幅度的回升，总体而言还是比较乐观的。（见图2-2-8）

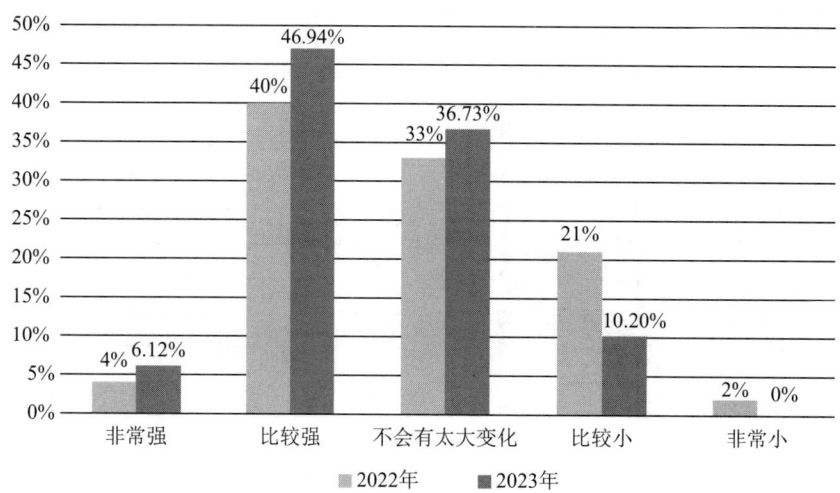

图2-2-8　2022年与2023年大型旅游企业收购中小创业企业的倾向对比

（八）文旅企业创业成功率预期

在文旅企业创业成功率方面，专家的预期也变得较为乐观，2023年"比较高"的选项占比出现了21.9%的大幅上涨，即预期创业成功率比较高的占比达到了44.9%。而预期"非常低"的占比下降了11.96%，专家中有42.86%的比例认为成功率不会有太大变化。从总体上看，专家对2023年的文旅企业创业成功率持较为乐观的态度。（见图2-2-9）

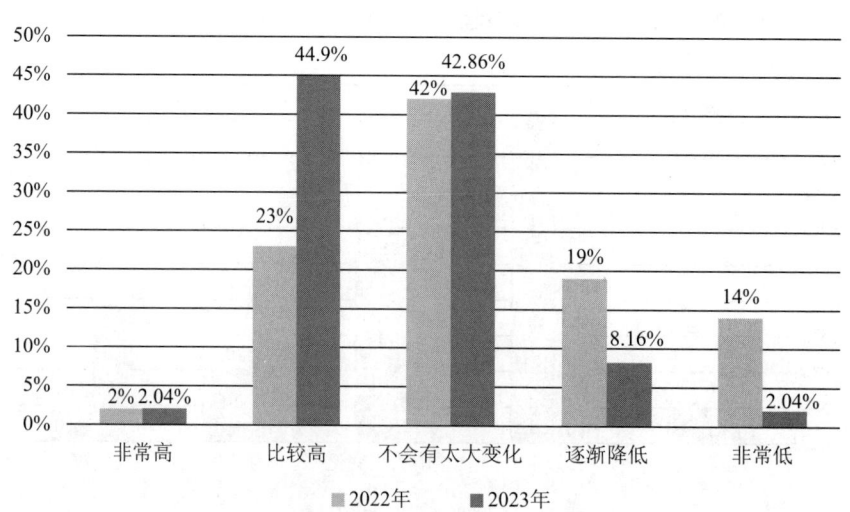

图2-2-9　2022年与2023年文旅企业创业成功率对比

（九）文旅企业创业前景预期

在文旅企业创业前景方面，2023 年"比较有信心"的仍然占比最高，高达 53.06%，"信心很强"一项也有较大幅度的提升，为 26.53%，"不确定""信心不足"的都出现了下降趋势，而"没有信心"的也下降到了 0%，这说明大部分专家对 2023 年文旅"双创"前景持较为乐观的预期。（见图 2-2-10）

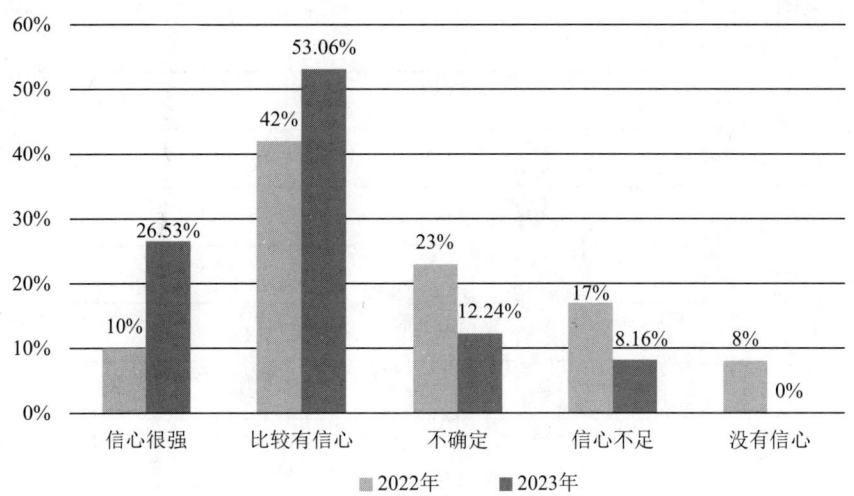

图 2-2-10　2022 年与 2023 年文旅企业创业前景对比

（十）新技术在文旅"双创"中的应用难度预期

考虑到新技术在文旅"双创"中的作用越来越大，2023 年延续使用了 2022 年增设的对新技术应用难度预期的题目。其中选择"比较大"的占比最高，占 37%，选择"一般"的占比次高，占 33%，选择"不太大"的占比 29%，这说明专家认为新技术与文旅"双创"的结合还是存在难度的。（见图 2-2-11）

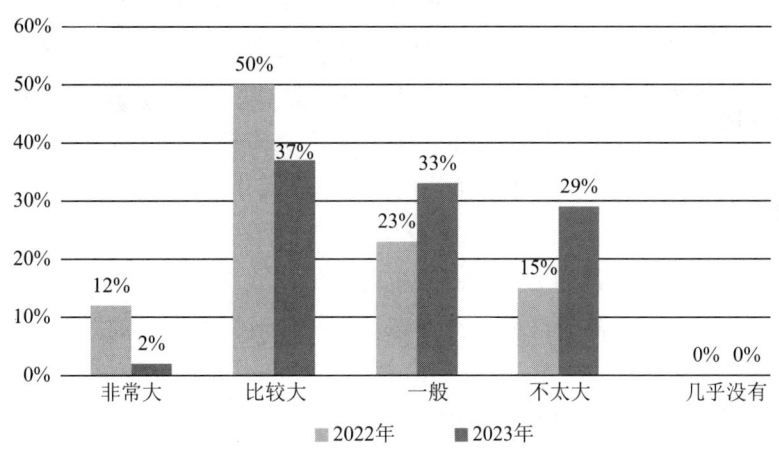

图 2-2-11　2022 年与 2023 年新技术的应用难度对比

（十一）新冠疫情的后续影响对 2023 年文旅"双创"的作用

在 2023 年的问卷中，面对新冠疫情的后续影响对 2023 年文旅"双创"的作用这一问题，专家中选择"比较大"的占比为 43%，选择"一般"的占比 24%，两项合计为 67.35%。虽然专家对 2023 年的旅游市场总体上持乐观态度，但人们对疫情的担心并没有完全消除，旅游产业供应链生态的恢复也需要一个缓冲期，因此专家的态度仍是比较审慎的。（见图 2-2-12）

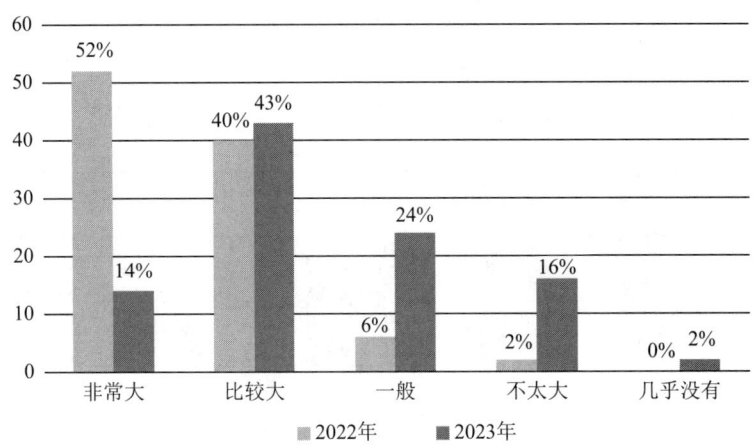

图 2-2-12　2022 年与 2023 年新冠肺炎疫情影响预期

（十二）以关键词来分析提升 2023 年文旅"双创"的最重要的因素

图 2-2-13　2023 年提升文旅"双创"的关键词分析

本题让受访专家填写提升 2023 年文旅"双创"的重要因素，专家给出的关键词为"政策、市场、资本"（见图 2-2-13）。

2023 年以来，旅游业进入疫情以来层级最高、力度最大的政策周期，政策包括纾困解难、推动旅游市场复苏和促进旅游产业发展三类，有力支撑了旅游产业复苏进程。在巨大的市场转型和产业变革面前，文旅企业需要适应与变革，即升级传统文旅业态、创新产品和服务方式、推动产业向创新驱动转变，推动大众市场的文旅消费需求逐渐从低层次朝着高品质和多样化方向转变。"资本"也是专家关注度较高的一个因素，从 2023 年开始，国内不少地区加大了重大文旅项目签约的力度，涵盖夜间文旅、城市更新、康养体育、冰雪温泉、研学旅行、乡村振兴、旅游景区等各类业态。今年各地文旅项目的投资金额也达新高，标志着资本投入逐渐复苏。

（十三）以关键词来分析文旅"双创"领域的未来趋势

本题是让受访专家填写对文旅"双创"领域未来趋势的关键词。2022 年预测的关键词为"创新、数字化、信心"，2023 年预测的关键词为"创新、科技、融合"（见图

2-2-14）。2023年出现的"融合"一词不仅体现在文化和旅游的深度融合发展，还体现在文化产业和旅游业与多行业、多领域融合发展的新趋势，拓展了"文旅＋康养""文旅＋教育""文旅＋工业"等跨界融合业态。在技术方面，与数字科技的融合发展持续深化，数字传播、虚拟交互等数字技术已经成为当前文旅市场推动产品迭代和产业创新的主动力。"文旅＋"的产业融合的趋势，使更多文旅产品融入生活、融入科技、融入心灵。

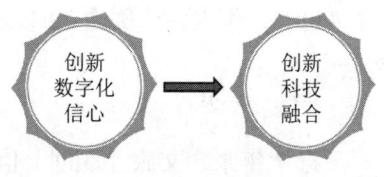

图2-2-14 文旅"双创"领域未来趋势关键词

三、受访专家特征分析

（一）身份类型

在本次调查中，53.06%为创业公司创始人与高管，12.24%为大公司高管，20.41%为高校教师与研究人员，10.2%为政府、事业单位及协会领导等。受访专家结构，以创新创业公司人员为主，兼顾其他利益方。这些身份类型也表明本次信心指数的分析既考虑到了近半数的旅游创业公司的创始人的意见，也融合了投资人、文旅企业高管、高校教师与研究人员、协会领导等多方面的意见。

（二）受教育程度

受访专家的文化程度普遍集中在本科以上，尤其是研究生及以上学历占48.98%，本科学历占44.9%。

（三）海外受教育经历

受访专家中有55.1%无海外学习或工作的经历，占到一半以上，有海外学习或工作经历的则占44.9%。

（四）专业背景

创新创业企业的创始人学科背景分布较集中，其中经管类（非旅游）背景较多，占34.69%，旅游类占26.53%，文史哲类占18.37%，理工类占14.29%。

（五）创业者的创业次数

32.65%的创业者在此之前有过1次创业经历，有过2次创业经历的创业者占22.45%，有过3次及以上创业经历的创业者占12.24%，没有过创业经历的占22.45%。

（六）创业者创业前与文旅相关工作的经验年数

创业者创业前与文旅相关工作的经验年数为6年及以上的人数最多，占到48.98%；之前没有文旅相关工作经验的占比也较高，占14.29%；工作经验3~5年的占到10.2%；工作经验1~2年的人数最少，占4.08%。

（七）创业者创业前的职业

创业者在创业前普遍任职于公司或者企业，占到40.82%，创业前是公务员或事业单位职员的比例为10.2%，教师或研究人员的比例为8.16%，学生和其他比例一样，占到了 4.08%,军人的比例为 2.04%。

四、总结

近 7 年来,文旅"双创"信心指数经历了从逐年下降到触底反弹的变化过程。全球疫情对文旅行业产生巨大冲击,文旅行业进入"寒冬"。面对疫情,众多文旅企业顽强拼搏,展现了自身发展的内生动力;同时,文旅行业的市场方式、产业形态、驱动方式也出现了新的变化趋势。随着疫情"乙类乙管"政策的施行,2023 年春节期间文旅市场呈现复苏趋势,文旅产业也将跟随经济发展的步伐开始进入新的发展周期。

党的二十大报告指出:"要坚持以文塑旅、以旅彰文,推动文化和旅游深度融合发展",这为新时代文旅产业高质量发展指明了方向。国务院发布的《扩大内需战略规划纲要(2022—2035 年)》中提出扩大文化和旅游消费。从国家到各省市区及部门颁布的政策均为文旅企业的复苏保驾护航。政策的利好,提振了文化旅游复苏信心,给沉寂的文化旅游行业带来希望和曙光。2023 年,包括北京、上海、广东、江苏、四川、海南、贵州等在内的全国多个省市相继发布了 2023 年重点(重大)文旅项目名单,多地百亿级、千亿级文旅项目密集亮相,重振文旅经济成为各地牵引消费的必要条件。

综上,2023 年我国文旅企业创新创业信心指数大幅上升,专家表现出乐观的态度,其中对于未来一年进入文旅企业的人才和资本尤为看好。同时,专家认为乡村旅游、数字文旅、亲子和研学旅游、房车与露营地将是未来一年文旅"双创"较为集中的领域;文旅企业创新创业的主要驱动力来源于消费者需求、技术和政府政策;提升文旅企业的最重要的因素是资本、政策和市场;未来发展的趋势是创新、科技和融合。

总体来看,2023 年对文旅行业来说是充满希望和令人振奋的一年,在国家及各级政府对文旅产业的大力支持下,在全面促进消费、加快消费提质升级的政策下,文旅产业逐渐恢复创新活力和投资信心,进入复苏向上的新通道。

(执笔人:刘铮,北京联合大学旅游学院讲师;王文瑞、邓闽南,

北京联合大学旅游学院 2021 级旅游管理专业本科生)

附录

受访专家名单(共计 50 位)

序号	专家姓名	单位	职位职务
文旗创新创业公司专家:15 位			
1	罗 军	途家及斯维登集团	联合创始人
2	齐春光	途牛旅游网	副总裁
3	贾建强	6 人游旅行网	创始人

续表

序号	专家姓名	单位	职位职务
4	蔡韵	无二之旅	联合创始人
5	刘少军	皇家驿栈	董事长
6	陈长春	隐居乡里	创始人
7	戴政	悦商集团	创始人
8	耿云鹏	旅行故事	创始人
9	刘建斌	上船吧	创始人
10	崔连波	嗨KING野奢营地	创始人
11	魏海滨	博涛文化联合	创始人
12	肖述涛	大美儿童世界	创始人
13	郭涌	知宿联合	创始人
14	郑天明	游侠客	创始人
15	张江霖	精彩旅图	创始人
文旅集团专家：10位			
1	李国栋	北京博雅方略文旅集团	副总裁
2	徐道明	山东水发文旅投资集团	总经理
3	萧去疾	江苏畅行文旅集团	董事长
4	董艳丰	北京寒舍文旅集团	总裁
5	赵佳	北京山海文旅集团	总裁
6	余学兵	浙江联众休闲产业集团	总裁
7	温晓敏	原德胜（张北）实业集团	执行总经理
8	林忠益	新疆吐鲁番欢乐盛典演艺集团	董事长
9	任国才	景域驴妈妈集团	副总裁
10	刘锋	巅峰智业	创始人
社团组织专家：7位			
1	张德欣	文旅创新创业研究院 世界研学旅游组织（WRTO）专家	执行院长
2	唐金福	亚太旅游联合会	秘书长
3	丁志刚	中国饭店协会	副会长
4	武国樑	全联旅游业商会	秘书长
5	刘军萍	中国国土经济学会	副理事长

续表

序号	专家姓名	单位	职位职务
6	秦兆祥	内蒙古旅游学会	会长
7	李　健	北京市旅游行业协会导游分会	副会长兼秘书长
科研院所专家：7位			
1	厉新建	北京第二外国语学院旅游科学学院	教授、博导
2	卜希霆	中国传媒大学文化产业管理学院	党总支书记
3	徐　虹	南开大学旅游与服务学院	院长、教授、博导
4	王琪延	中国人民大学	教授、博导
5	李仲广	中国旅游研究院	副院长
6	李　彬	北京第二外国语学院旅游科学学院	副院长、教授
7	方忠权	北京联合大学旅游学院	教授
民间智库专家：6位			
1	叶一剑	方塘智库	创始人
2	陈青松	青松智库	创始人
3	郑敏庆	中国台湾省亚太休闲创意产业发展智库	执行长
4	李　阳	新旅界	创始人、CEO
5	孔　晖	腾讯文旅产业研究院	秘书长
6	顾海洋	首旅集团培训中心	总培训师
投资机构专家：5位			
1	杜长辉	中国旅游集团投资发展二部	总经理
2	马培瑞	紫荆花控股集团	董事长
3	何士祥	晨华创投	董事长
4	柳林静	安芙兰资本基金	合伙人
5	张栋梁	允治资本	合伙人

第三章　中国文旅创新创业信心指数（2024年）

2023年11月，文化和旅游部印发《国内旅游提升计划（2023—2025年）》（以下简称《计划》）。《计划》明确，到2025年，国内旅游市场规模保持合理增长、品质进一步提升。虽然2023年国内旅游市场加速回暖，出入境旅游供应链逐步恢复，旅游经济保持了量的预期增长和质的有效提升，但旅游创业大环境复杂且纠结，旺盛的旅游热情与低迷的旅游消费并存。"井喷式"旅游需求暴露了一些结构性矛盾，表现为优质供给不足，尤其是契合新消费、新需求的有效供给不足，成为制约旅游消费进一步增长的"瓶颈"。

在连续7年推出2017—2023年《中国文旅创新创业信心指数报告》（以下简称报告）后，我们继续推出2024年报告。本报告沿用"专家意见调查法"，对文化旅游领域的头部企业、创新创业公司、投资机构、学界、政府及行业协会、民间机构智库等的50位专家进行访谈。报告对后疫情及新技术应用对创新创业信心的影响进行剖析，比较分析了2017年至2024年信心指数的变化，从而对文旅"双创"的发展提出预期和判断。

一、2024年中国文旅创新创业信心指数

本次报告仍然沿用2017年到2023年信心指数计算公式：

信心指数 = 资本 $\times 10$ + 人才 $\times 10$ + 政策 $\times 10$ + 并购 $\times 10$ + 成功率 $\times 20$ + 前景 $\times 40$

其中，具体的维度及权重设置可参考之前的报告，这里不再论述。计算结果如下：

信心指数 = $(3.39 \times 10 + 3.34 \times 10 + 3.74 \times 10 + 3.56 \times 10 + 3.3 \times 20 + 3.42 \times 40)/5 = 68.62$

通过计算结果可以看出，2024年我国文旅"双创"信心指数为68.62，比2023年的74.3下降了5.68。信心指数中所涉及的资本、人才、政策、并购、成功率和前景等要素与2023年相比，普遍下降（见图2-3-1）。其中"政策"（3.74）的分值最高，"并购"（3.56）的分值也较为突出。与2023年相比，并购（3.56）的分值上升幅度最大，"前景"（3.42）的分值下降幅度最高。

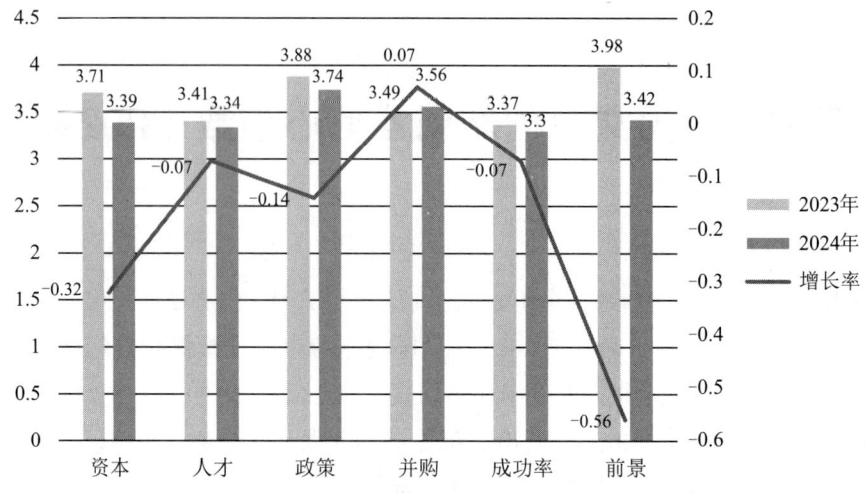

图 2-3-1　2023 年与 2024 年文旅"双创"信心指数要素对比

二、2024 年中国文旅创新创业信心指数各子维度分析

（一）2024 年文旅"双创"的业态与产品预期

专家认为 2024 年文旅"双创"的业态与产品模式最为突出的是大数据、人工智能、5G、区块链等数字文旅类（54%），其次是亲子与研学旅游类（50%）和新潮经济元素与文旅产业融合类（46%），旅游演艺类（44%）紧随其后（见图 2-3-2）。其中大数据、人工智能、5G、区块链等数字文旅类及亲子与研学旅游类延续了 2023 年预期排名领先的趋势，2023 年智慧旅游沉浸式体验新空间试点以及"5G+智慧旅游"应用试点项目等工作的推进以及暑期研学市场的火热，预示着与之相关的产品领域会被看好。与 2023 年相比，大部分的预测数值有所下降，其中下降幅度显著的有房车与露营地类、酒店及民宿类、旅游购物类、乡村旅游与乡村振兴类，这与消费者的出行由微度假转向中长线旅行有关。旅游演艺类、新潮经济元素与文旅产业融合类、医疗与健康旅游类、景区相关服务类这四类的产品预期高于 2023 年。专家对今年新加入的"旅游新媒体营销类"（30%）也有一定预期。

（二）文旅"双创"的驱动力预期

在文旅"双创"驱动力方面，"消费者需求"得分最高（4.54），是文旅"双创"最主要的驱动力，态势比 2023 年略高。"消费者需求"在历年的数据中都居于前列，越来越多的从业者认同旅游者定义旅游业，而不是旅游业定义旅游者的理念。新一代消费者消费需求的崛起，以及越来越多的游客对旅游质量和体验的重视，要求旅游的供给方要满足旅游需求的个性化和多样性。旅游在成为生活常态的过程中，旅游产品多层次供给将成为趋势。

其次是技术（新兴数字科技）所得分值为 4，资本因素和政府与政策因素的分值分别是 2.96 和 2.44（见图 2-3-3）。与 2023 年文旅"双创"驱动力相比，除资本因素和政府与政策因素有下降之外，所有因素的分值都呈上升趋势，上升幅度最大的是市场竞争因素，即专家认为2024年的文旅市场将继续保持繁荣，但竞争也将随之激烈，市场主体将在旅游资源、旅游产品、营销渠道以及品牌上展开竞争。

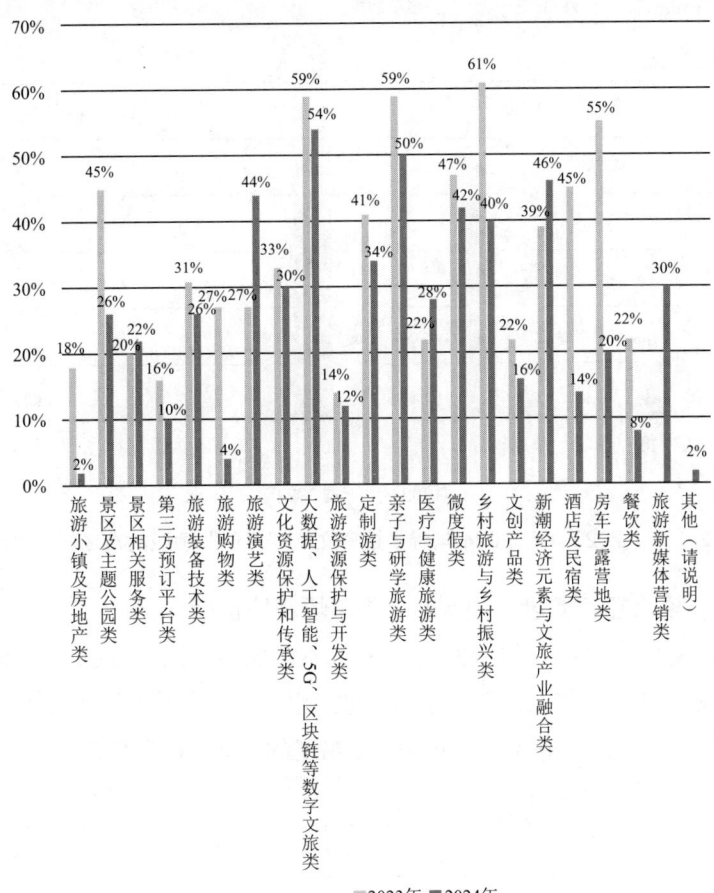

图2-3-2　2023年与2024年文旅"双创"业态与产品集中领域的预期对比分析

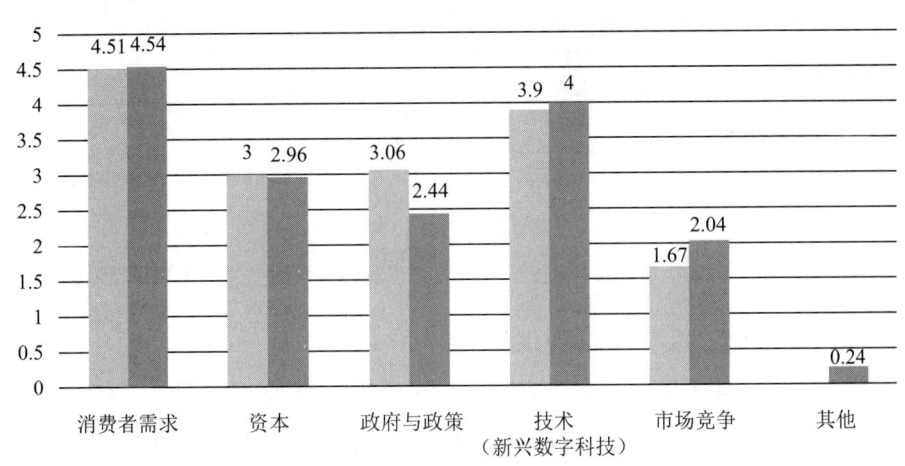

图2-3-3　2023年与2024年文旅"双创"的驱动力重要性对比分析

（三）资本投资文旅"双创"领域的市场前景预期

2024年资本对文旅"双创"领域的投资市场前景较2023年有所下降。2024年"非常好"选项比去年下降4.29%，"比较好"较去年下降11.02%，而"一般"则占比40%，较去年上升13.47%。（见图2-3-4）

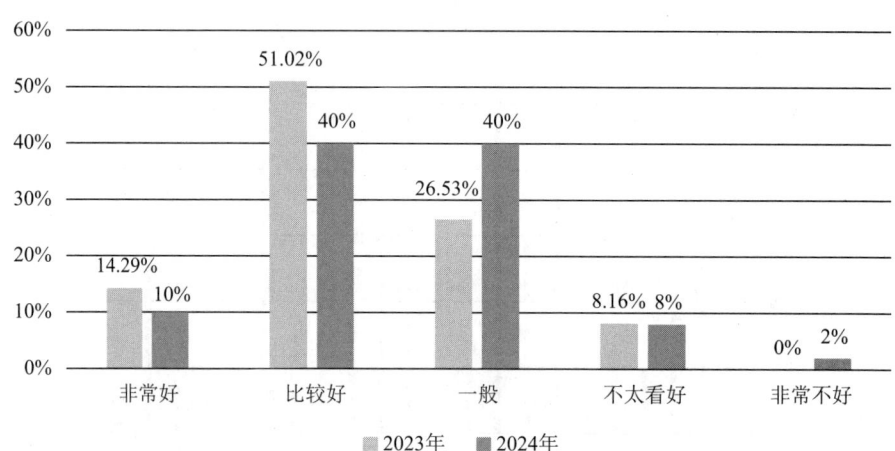

图2-3-4　2023年与2024年资本投资文旅"双创"领域的市场前景对比

（四）资本投资文旅"双创"领域的外部市场环境预期

在资本投资文旅"双创"领域的外部市场环境预期方面，数据整体不如2023年乐观。其中"一般"占比上升25.51%，上涨幅度较大，"不太看好"占比上升5.84%，"比较好"占比下降29.14%，"非常好"也有一定幅度的下降。（见图2-3-5）

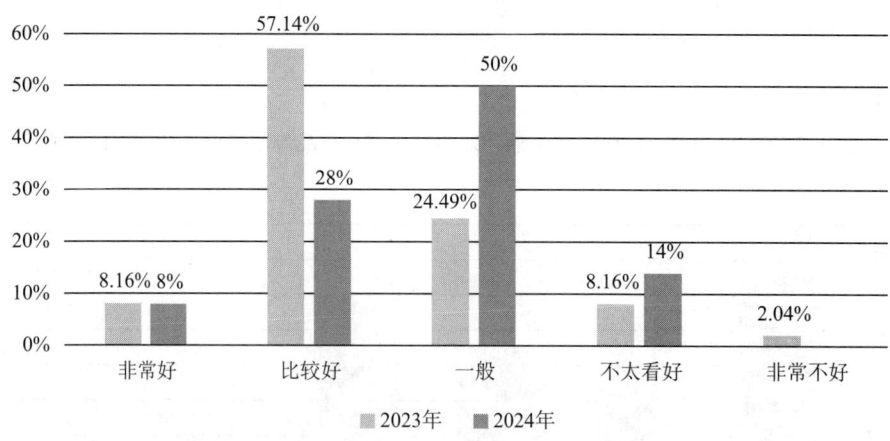

图2-3-5　2023年与2024年资本投资文旅"双创"领域的外部市场环境对比

（五）文旅"双创"政策的支持力度预期

在文旅"双创"政策的支持力度方面，专家今年的态度比较审慎，认为政策支持力度"非常大"的占比下降了6.45%，"比较大"也有4.94%的下降，而"一般"占比上升了15.47%。（见图2-3-6）

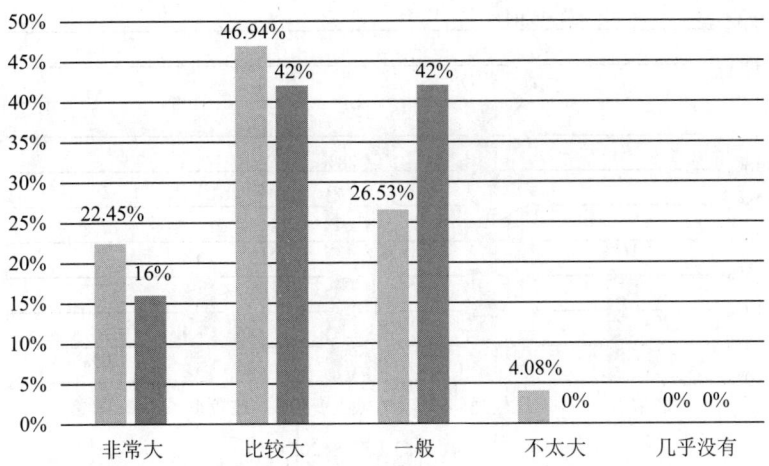

图 2-3-6　2023 年与 2024 年文旅"双创"政策的支持力度对比

（六）进入文旅"双创"领域的人才趋势预期

在进入文旅"双创"领域的人才趋势方面，2024 年的数据表现得不如去年乐观。预期进入文旅"双创"领域人才"特别多"和"比较多"的占比合计下降 13.06%，"不会有太大变化"的占比上升 19.35%，而认为"部分流失"的下降 4.2%，"流失较多"的下降 2.08%。（见图 2-3-7）

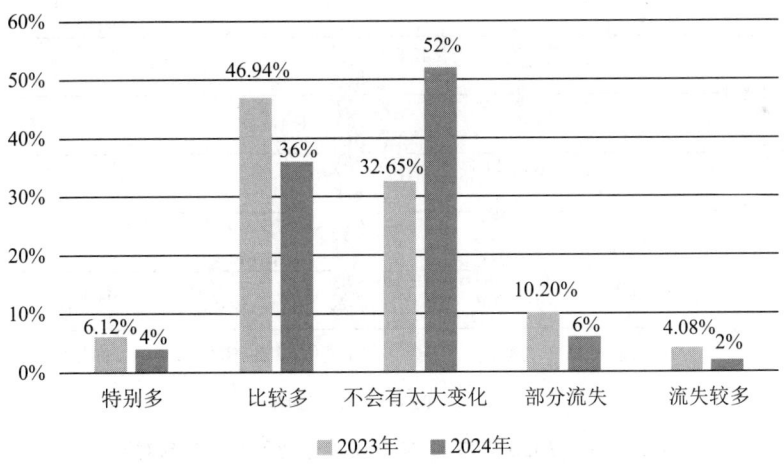

图 2-3-7　2023 年与 2024 年进入文旅"双创"领域的人才趋势对比

（七）大型旅游企业收购中小创业企业倾向预期

与 2023 年相比，在大型旅游企业收购中小创业企业倾向方面，收购倾向"非常强"地提高了 9.88%，持"比较强"和"不会有太大变化"倾向的共下降 15.67%，持"比较小"倾向的占比提高了 5.8%。（见图 2-3-8）

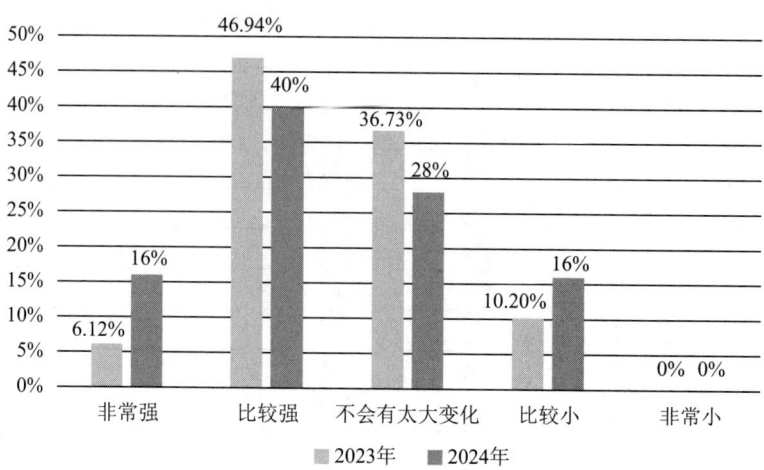

图 2-3-8 2023 年与 2024 年大型旅游企业收购中小创业企业的倾向对比

（八）文旅企业创业成功率预期

在文旅企业创业成功率方面，2024年"非常高"的选项占比出现了7.96%的上涨，而选择"比较高"的占比下降了20.9%，专家中有52%的比例认为成功率不会有太大变化。（见图2-3-9）

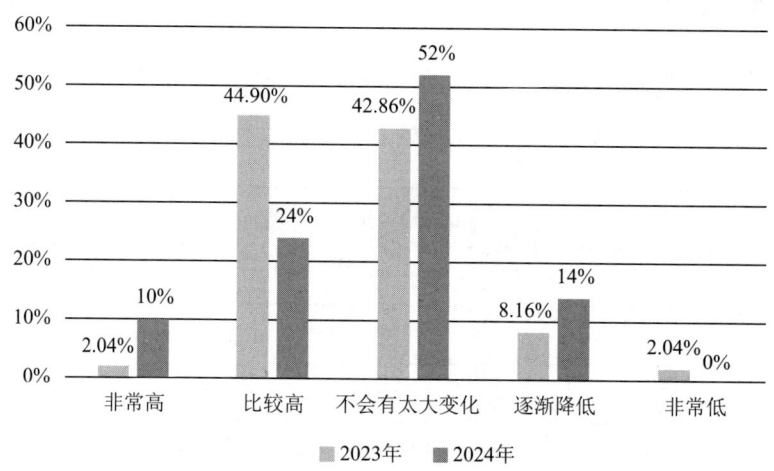

图 2-3-9 2023 年与 2024 年文旅企业创业成功率对比

（九）文旅企业创业前景预期

在文旅企业创业前景方面，2024年"比较有信心"的仍然占比最高，高达38%，"信心很强"一项却表现出小幅度的下降，为12%，"不确定""信心不足"的都出现了上升趋势，而"没有信心"的则继续保持0%，这说明大部分专家对2024年文旅"双创"前景持比较谨慎的态度。（见图2-3-10）

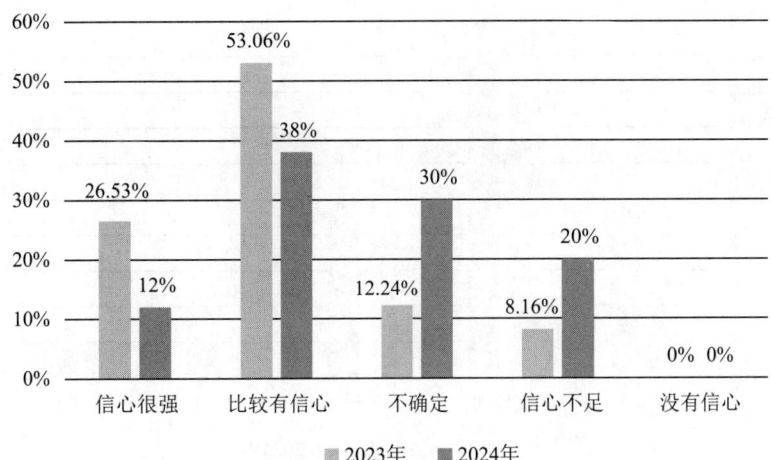

图 2-3-10　2023 年与 2024 年文旅企业创业前景对比

(十)新技术在文旅"双创"中的应用难度预期

考虑到新技术在文旅"双创"中的作用越来越大，2024 年延续使用 2023 年增设的对新技术应用难度预期的题目。其中选择"比较大"的占比最高，占 54%，选择"一般"的占比位居其次，占 32%，选择"不太大"的占 6%，这说明专家认为新技术与文旅"双创"结合还是存在难度的。（见图 2-3-11）

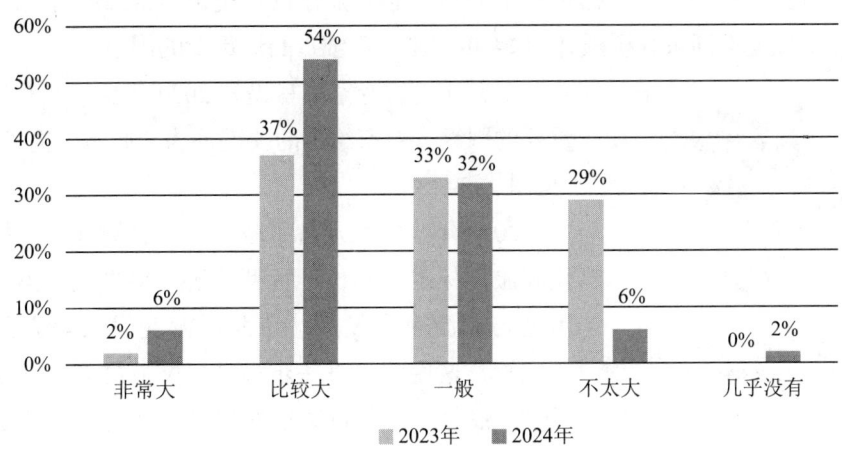

图 2-3-11　2023 年与 2024 年新技术的应用难度对比

(十一)新冠疫情的后续影响对 2024 年文旅"双创"的作用

在 2024 年的问卷中，面对新冠疫情的后续影响对 2024 年文旅"双创"的作用这一问题，专家中选择"非常大"的占比为 20%，"比较大"的占比为 46%，选择"一般"的占比 22%，三项合计为 88%。（见图 2-3-12）

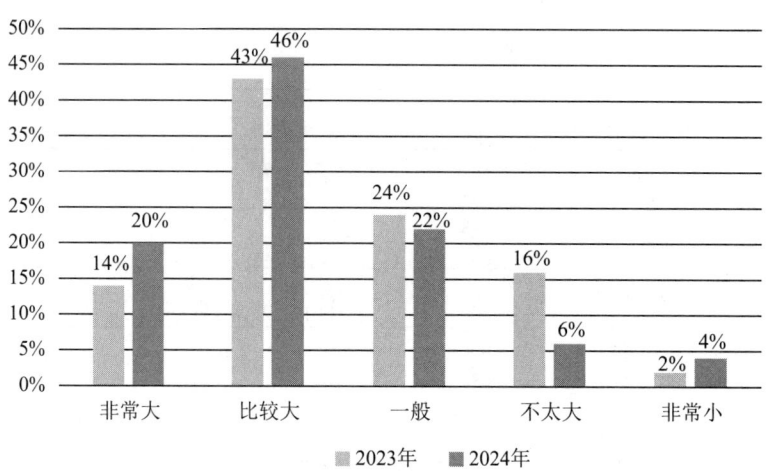

图 2-3-12　2023 年与 2024 年新冠肺炎疫情影响预期

疫情 3 年对旅游业产生了重大影响，后疫情的影响还将持续。疫情促使旅游市场进行重构，在这个过程中存在以下现象：疫情期间短途旅游明显增加，2023 年旅游恢复后，长线旅游高于短途旅游；游客越来越注重旅游场景的选择，场景打造得好的城市能吸引大量游客；越来越多的人开始重视养生，康养旅游逐渐全民化；新一代消费者对生活类方式的产品有特殊爱好，对住宿和饮食环境的要求要符合平时的生活习惯，"特种兵式旅游"也反映了年轻人的消费有所降级，但对旅游的期望仍然很高的特点。

（十二）以关键词来分析提升 2024 年文旅"双创"的最重要的因素

图 2-3-13　2024 年提升文旅"双创"的关键词分析

本题让受访专家填写提升 2024 年文旅"双创"的最重要的因素，专家给出的关键词为"政策、需求、信心"（见图 2-3-13）。

2023 年，国家及各级政府在文化赋能乡村振兴、文化和旅游标准化工作、智慧旅游、促进旅游消费、交通运输与旅游融合发展、东北旅游业发展等方面颁布多项政策，这些政策进一步推动了文旅融合，比如"旅游+""+旅游"消费新场景的建设、文化主题旅游路线的打造等。另外，政策也促进了智慧旅游、乡村旅游、生态康养旅游、冰雪旅游等业态的发展。

"需求"这个关键词的提出与前文提到的"消费者需求"是文旅"双创"最主要的驱动力是一致的。新一代消费者迅速崛起，他们对生活类方式的旅游产品有特殊爱好，新兴旅游产品，如露营、旅拍、赶海、音乐节等的爆发，让文旅消费变得更加日常，从郊野到商圈、从戏剧场到菜市场，日常生活场景都成了文旅休闲的新空间。从供给侧数据来看，游客热衷从 Citywalk、社交式看展、围炉煮茶，到赶庙会和市集，这种趋势标志着一个"人人都是游客，处处都是场景"的时代已经到来。

虽然今年文旅"双创"的信心指数低于2023年,但专家们仍然认为"信心"是提升文旅"双创"的重要关键词。正如中国旅游协会段强会长强调的"信心比黄金重要",没有信心就没有未来。2023年前三季度和2024年元旦的国内旅游数据同比均有增长,特别是2024年元旦,按可比口径较2019年同期增长9.4%,实现国内旅游收入797.3亿元,同比增长200.7%,较2019年同期增长5.6%。虽然受消费降级和企业生产能力下降的双重影响,收入增长与市场增长之间出现明显的不同步现象,旅游企业营收增长速度和增长规模远远落后于旅游市场的增长,但是旅游市场的快速复苏提振了旅游投资和旅游消费的信心。

(十三)以关键词来分析文旅"双创"领域的未来趋势

本题是让受访专家填写文旅"双创"领域未来发展趋势的关键词。2023年预测的关键词为"创新、科技、融合",2024年预测的关键词为"文化、融合、创新"(见图2-3-14)。其中"融合"与"创新"与2023年重合,而"文化"与"科技"也有很深的联系。

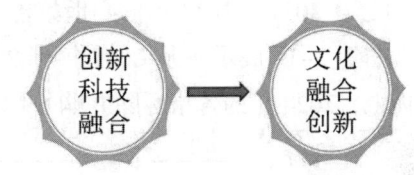

图2-3-14 文旅"双创"领域未来趋势关键词

文化和旅游在更深程度、更广范围、更高层次的融合发展过程中,还有功能融合、行业融合以及区域融合等,实现价值叠加、纵深融合,拓展文旅融合新场景。露营旅游、冰雪旅游、美食旅游、体育旅游、海洋旅游、旅游演艺,以及近郊休闲、城市漫游等业态的翻新迭代,推动人们的潜在旅游需求转变为有效旅游需求。

在融合中"创新"的作用也越来越突出,创新不仅指技术创新,也包括发展观念、模式的创新,以及数字化改造的软实力提升。与过去不同的是,资本、技术和创意驱动的新型市场主体将会获得更多的成长机会。随着以人工智能、先进制造、数字化为代表的新质生产力的广泛应用,文旅产业正在逐步走上"科技+人文"的融合之路。

三、2017—2024年中国文旅创新创业信心指数趋势分析

(一)2017—2024年总体信心指数变化趋势分析

纵观2017年到2024年信心指数(见图2-3-15),从2018年(76.06)到达峰值后,随即下降趋势明显,2023年(74.3)信心指数强势反弹后,2024年(68.62)的信心指数又呈下降趋势,但仍比疫情期间的2021年和2022年高。

我国旅游市场动能和居民出境游意愿增强,经文化和旅游部数据中心测算,预计2024年国内旅游出游人数、国内旅游收入将分别超过60亿人次和6万亿元,预测2024年出境旅游人数为1.3亿人次。专家预测2024年将是旅游业的恢复期,旅游业真正彻底地复苏,可能会在2025年以后出现。疫情之后的旅游大环境对于文旅创新创业而言,将具有更多的挑战。

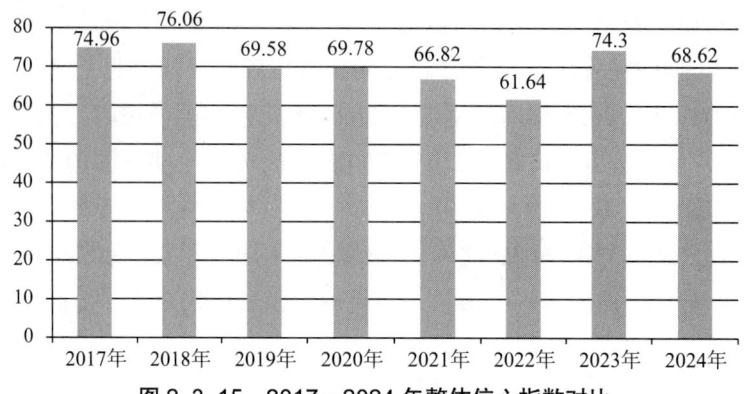

图 2-3-15 2017—2024 年整体信心指数对比

（二）2017—2024 年信心指数各子维度变化趋势分析

图 2-3-16 展示了从 2017 年到 2024 年文旅"双创"信心指数六个子维度的分值，总体上，2024 年的各指标除并购外均有所下降。

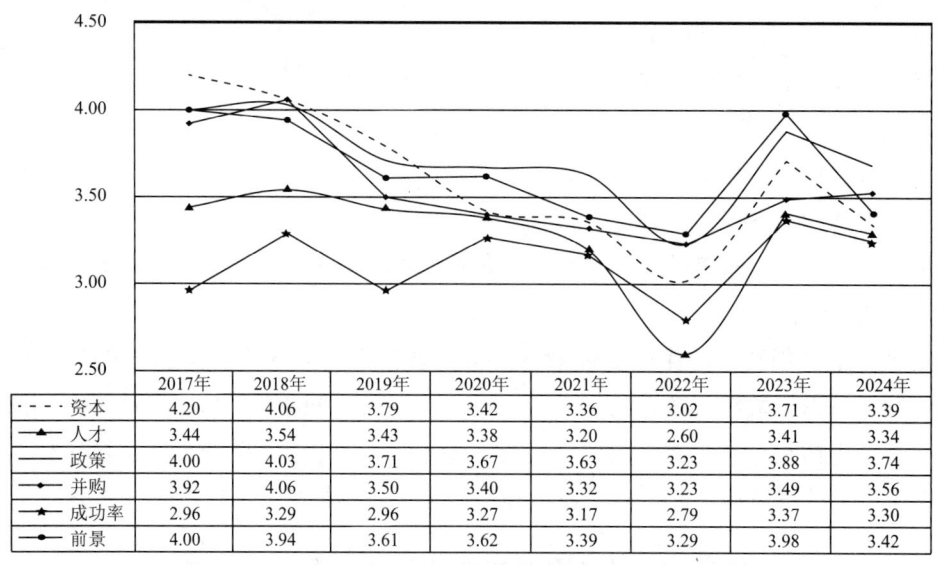

图 2-3-16 2017—2024 年信心指数各子维度对比分析

"资本"子维度在前 7 年的数据中下降趋势明显，其中 2022 年数值最低，2023 年的数值显著提升后，2024 年又有下降。2023 年，随着经济形势的变化，整个资本市场处于风险厌恶期，投融资活跃度下降超过 80%，所以专家对资本的预期也有所下降。

"人才"子维度历年的数据在六个子维度中分值都偏低，今年仍延续了这个趋势。疫情 3 年，旅游业经历了行业发展历程中最艰难的阶段，倒闭、注销、裁员、降薪成为主基调，旅游业人才流失严重。随着产业升级以及智慧旅游服务的不断成熟，很多基础服务岗位面临被淘汰的风险，对旅游人才的需求不仅体现在数量上，更体现在质量上。旅游业在复苏过程中，对人才体系的调整并非一朝一夕就能实现，复合型人才、智慧科技型人才的引入以及现有从业者及管理者的知识更新都是任重道远的工作。

"政策"子维度延续了在历年的子维度中分值排序高的趋势。回顾近几年的政策，旅游业作为国民经济战略性支柱产业的地位更加巩固。国务院办公厅发布《关于释放旅游消费潜力推动旅游业高质量发展的若干措施》，文化和旅游部推动实施"国内旅游提升计划""入境旅游促进计划"，各地召开旅游发展大会、扩大旅游投资、加大市场推广等举措，从供需两端发力，提振旅游投资信心和消费信心。

"并购"子维度的变化趋势持续上升。专家认为并购重组、资源整合仍是旅游业的重要推进力量。旅游业的头部企业和一线品牌将会投入更多的资源扩大市场占有率和产品创新力，旅游企业通过多元化的投资、并购和重组实现纵向一体化或横向一体化。

"成功率"子维度呈现比较明显的波动趋势，2024年的数值虽然有所下降，但在历年的数据中属于较高的水平。虽然疫情对旅游业有沉重的打击，但旅游已经不可逆转地进入了城乡居民的日常生活中，并成为全面建成小康社会以后人民群众的刚性需求，旅游市场的繁荣和旅游产业的高质量发展将是未来长期发展趋势，没有任何力量可以阻挡这个趋势。

"前景"子维度自2019年出现大幅下降后，2023年回升到一个高点，今年虽然有所下降，但在受疫情影响的近4年来，数值也比较高，说明专家对前景的预测态度谨慎，但仍然比较乐观。受疫情的影响，行业的复苏仍需要一个较长的缓冲期，并正在从流量时代正式走向品质时代，值得期待。

（三）2017年至2024年未来趋势关键词分析

2017年的关键词为"创新化、细分市场、技术革新"，2018年的关键词为"消费升级、创新化、细分市场和技术革新服务"，2019年的关键词为"用户体验、深度运营、苦练内功和服务"，2020年的关键词为"产品创新、跨界融合、品质升级"，2021年的关键词为"文旅融合、技术创新和内循环"，2022年的关键词为"创新化、数字化、信心"，2023年的关键词为"创新、科技、融合"，2024年的关键词为"创新、文化、融合"。（见图2-3-17）

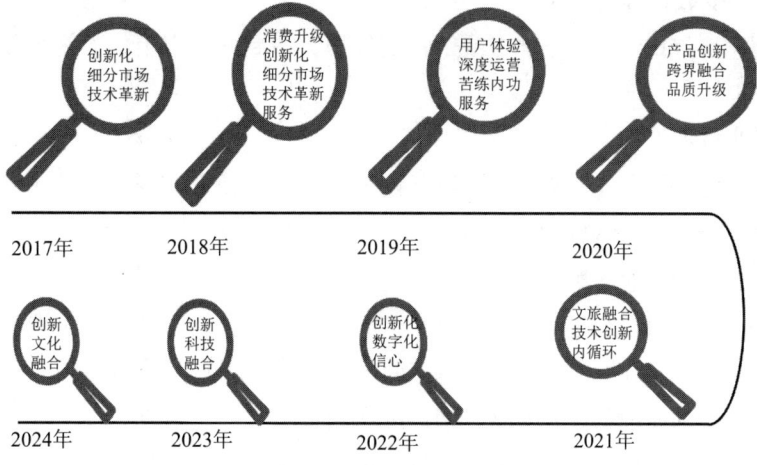

图2-3-17　文旅"双创"领域的重要趋势

回顾这 8 年的关键词，"创新"无疑占据了绝对的优势。这是因为"创新"对旅游业的战略发展具有重要意义，并且随着时间的推移，"创新"的内涵也在不断丰富。创新包含理念创新、发展模式创新、品牌体系创新、技术手段创新等。科技创新、文化创意等正在取代传统的自然、历史和人文资源，成为现代旅游业发展的新动能。2023 年的"特种兵旅游""村超"等旅游现象令人深思，2024 年会出现哪些新产品也十分令人期待。

另一个值得关注的关键词是"融合"，其在 8 年的关键词中也占有重要的位置，并且所包含的领域越来越广。2018 年以来，"文旅融合"成为行业内最大的课题，融合发展的新型业态对文化和旅游的带动作用越来越明显。正如前文所分析的，文化和旅游在更深程度、更广范围、更高层次的融合发展过程中，还有功能融合、行业融合以及区域融合等，实现价值叠加、纵深融合，拓展文旅融合新场景。随着 5G+、人工智能、扩展现实、物联网等技术的广泛应用，在智慧旅游中会包含对人文精髓的深刻理解，最终打造出文旅融合的新模式。

四、受访专家特征分析

（一）身份类型

在本次调查中，36% 为创业公司创始人与高管，18% 为大公司高管，18% 为高校教师与研究人员，12% 为政府、事业单位及协会领导等。受访专家结构，以创新创业公司人员为主，兼顾其他利益方。这些身份类型也表明本次信心指数的分析既考虑到了近半数的旅游创业公司的创始人意见，也融合了投资人、文旅企业高管、高校教师与研究人员、协会领导等多方面的意见。

（二）受教育程度

受访专家的文化程度大部分集中在本科以上，尤其是研究生及以上学历占 50%，本科学历占 46%。

（三）海外受教育经历

受访专家中有 56% 无海外学习或工作的经历，占到一半以上，有海外学习或工作经历的则占 44%。

（四）专业背景

创新创业企业的创始人学科背景分布较集中，其中经管类（非旅游）背景较多，占 34%，旅游类占 26%，文史哲类占 16%，理工类占 18%。

（五）创业者的创业次数

34% 的创业者在此之前有过 1 次创业经历，有过 2 次创业经历的创业者占 18%，有过 3 次及以上创业经历的创业者占 12%，没有过创业经历的占 36%。

（六）创业者创业前与文旅相关工作的经验年数

创业者创业前与文旅相关工作的经验年数为 6 年及以上的人数最多，占到 48%；之前没有文旅相关工作经验的占比较高，占 32%；工作经验 3~5 年的占到 14%；工作经验

1~2年的人数最少，占6%。

（七）创业者创业前的职业

创业者在创业前普遍任职于公司或者企业，占到36%，创业前是公务员或者事业单位职员的比例为12%，教师或科研人员的比例为18%，学生比例占到了8%，军人的比例占4%，工人的比例占2%，其他的比例占了20%。

五、总结

8年来，中国文化旅游创新创业信心指数的变化体现了旅游业从高速发展到受疫情影响遭受重创的过程。2023年，各地政府通过召开高规格的旅游发展大会，部署打造万亿产业，密集出台利好政策文件和提振消费、招商引资行政举措，有效地稳住了消费预期，有力地提振了消费信心。

2023年是旅游业疫后复苏的元年，国内旅游出游人次大幅回升，但人均旅游消费却明显下滑，消费降级和企业生产能力下降的双重影响，使旅游企业营收增长速度和增长规模远远落后于旅游市场增长。旅游创业公司拿到投融资的难度较大，旅游业人才在数量、质量和结构上的调整还需要较长时间，国家出台的利好政策在效应上也存在一定的时滞。

2024年我国文旅创新创业的信心指数有所下降，体现了专家理性审慎的态度。专家认为大数据、人工智能、5G、区块链等数字文旅类、亲子与研学旅游类和新潮经济元素与文旅产业融合类是未来一年文旅"双创"较为集中的领域，文旅企业创新创业的驱动力主要来源于消费者需求、技术和资本，提升文旅企业的最重要的因素是"政策、需求、信心"，未来发展的趋势是"文化、融合、创新"。

总体来看，专家认为旅游经济正在走出急剧衰退和深度萧条期，随着以人工智能、先进制造、数字化为代表的新质生产力的广泛应用，旅游业将迎来新一轮的发展机遇。露营、旅拍、Citywalk、反向旅游、沉浸式体验、网红城市火爆出圈等各种新的旅游形式和旅游现象，展现了中国人生活的变化轨迹，体现出旅游业从复苏到转型的过程，新的需求及市场增长点为旅游行业带来了新的动力和希望。

（执笔人：刘铮，北京联合大学旅游学院讲师；董帅康，北京联合大学旅游学院2022级旅游管理专业本科生）

附录

中国文旅创新创业信心指数（2024）受访专家名单

注：排名以填写顺序为准，不分先后。

受访专家名单（共计50位）

序号	姓名	单位	职务
文旅创新创业公司专家：15位			
1	罗 军	途家及斯维登集团	联合创始人
2	齐春光	途牛旅游网	副总裁
3	贾建强	6人游旅游网	创始人
4	蔡 韵	无二之旅	联合创始人
5	刘少军	皇家驿站	创始人
6	陈长春	隐居乡里	创始人
7	赵新宇	行程大师旅行网	创始人
8	刘建斌	上船吧	创始人
9	魏海滨	博涛文化	联合创始人
10	郑天明	游侠客	创始人
11	崔连波	嗨KING野奢营地	联合创始人
12	王海荣	非凡智旅	创始人
13	边 宇	游逗科技	创始人
14	贺双全	行者客栈联盟	创始人
15	田 飞	大理·匠志集大理民艺中心	主创人
文旅集团专家：9位			
1	刘 锋	巅峰智业	董事长
2	李国栋	博雅方略文旅集团	副总裁
3	任国才	景域驴妈妈集团	副总裁
4	徐道明	水发投资集团	董事长
5	余学兵	联众集团	董事长
6	董艳丰	中景恒基投资集团	副总裁
7	李正佐	童蒙雅正文旅集团	董事长
8	翟艳伟	八达岭文旅集团	副总经理
9	周永彪	湖北文旅集团	副总经理
社团组织专家：7位			
1	张德欣	中关村智慧旅游创新协会	名誉会长
2	丁志刚	中国饭店协会	副会长

续表

序号	姓名	单位	职务
3	武国樑	全联旅游业商会	秘书长
4	唐金福	亚太旅游联合会	秘书长
5	田志奇	世界研学旅游组织亚太区	COO
6	杨秀珍	中国红色文化研究会研学旅行工作委员会	秘书长
7	钟洪利	湖南省中小学研学实践协会	执行秘书长
\multicolumn{3}{科研院所专家：7位}	
1	徐 虹	南开大学旅游与服务学院	院长、教授、博导
2	王琪延	中国人民大学	教授、博导
3	厉新建	北京第二外国语学院旅游科学学院	教授、博导
4	李仲广	中国旅游研究院	副院长、研究员
5	谢韩武	华侨大学旅游学院	院长、教授、博导
6	卜希霆	中国传媒大学文化发展研究院	副院长
7	王 恒	北京联合大学旅游学院旅游管理系	副主任
\multicolumn{3}{民间智库专家：7位}	
1	叶一剑	方塘智库	创始人
2	陈青松	青松智库	创始人
3	郑敏庆	中国台湾省亚太休闲创意产业发展智库	理事长
4	李 阳	新旅界	创始人
5	孙 晖	腾讯文旅产业研究院	秘书长
6	顾海洋	首旅集团培训中心	总培训师
7	许 义	谱见文旅	创始人
\multicolumn{3}{投资机构专家：5位}	
1	杜长辉	中国旅游集团战略投资与研究部	总经理
2	何士祥	晨华投资	创始合伙人
3	柳林静	安芙兰资本基金	合伙人
4	张栋梁	允治投资	创始合伙人
5	洪 伟	旭辉资本	合伙人

第三部分

中国文旅企业创新创业案例分析

第一章 北京网红打卡地案例

一、新消费场景类：首创·郎园Station

消费场景是新商业时代下对线下消费模式的新探索，逐渐成为现代消费特征，即从居民的"衣食住行"等方面出发，打造特定场景下的消费体验，促进形成人与空间的多维交互、消费与体验相融合的商业发展新模式。近几年我国正在经历消费转型升级的阶段，消费者逐渐注重消费空间的美学、环境、情感等多方面特征。消费场景的崛起正改变着传统消费形态和城市生活方式，也在一定程度上重塑和影响着商业发展模式创新以及新产品打造。消费不再像以前一样，仅仅满足人们的基本生存需求，而是在不断地向享乐性和发展性需要延伸。

当"空间"逐渐成为"消费品"，人们的消费对象和消费习惯产生改变。消费需求发生变化，市场供给也随即进行反应。原来仅提供"住"的酒店逐渐探索空间创新，于是"剧本杀"等新玩法走进酒店，打造沉浸式的酒店体验与消费方式；富有现代感的麦当劳和咖啡店等走进传统乡村、历史街区，打造新旧交融碰撞消费场景，为消费者提供新消费体验。传统的商圈也逐渐引进和开创多元业态，改善原有场景布局，打造多层次体验，布局多元化消费场景，提升消费体验。

新消费的产生呼唤新供给的出现。在消费场景的导向下，传统商圈的发展面临着严峻的挑战，多元化消费场景打造逐渐走进商圈主理人和开发商的眼里。精细化消费人群需求、针对性打造消费场景、提升消费者的体验感，是新时代商业背景下的必然选择。首创·郎园Station便是紧跟时代发展、积极参与社会消费转变、创造新消费场景的良好案例。

（一）首创·郎园Station简介及发展历程

1. 郎园的前世与今生

首创·郎园Station位于北京市朝阳区东坝乡半截塔路53号，北临坝河，南临亮马河，西侧被将府公园包围，所在的（第四）使馆区文化购物商圈是继CBD、三里屯商圈之后朝阳区重点打造的又一国际化商圈。秉承"文化、国际化、大尺度绿化"区域发展理念，融合文化与商业，以滨水为特色，以文化为底色，以体验式消费为目标，定位滨水生态型文化消费小镇，打造集国际交往、文化体验、创意办公、夜间消费、生活休闲等于一体的7×24H城市复合空间。

首创·郎园Station的前身是北京纺织仓库（Beijing Textile Warehouse），始建于上世纪60—70年代，又因地处半截塔村，俗称"塔库"，是北京纺织工业系统的主要仓储基地，曾隶属于北京纺织局。其长期担任北京纺织工业系统原材料的计划、分配等工序，在计划经济时代统一供应军需物资，具有突出的时代意义和战略价值。

然而随着时间的推移与经济社会的发展，北京纺织仓库面临着转型升级、更新改造的问题，于是北京纺织仓库开始迎来了一个从内而外全面转型的全新阶段。

2. 工业遗产变身文化富矿

对郎园的改造主要出于以下原因：一是产业结构的变化。2000年后，随着北京纺织工业发生变化，仓库开始转存各类物资，2017年开始实施产业升级。二是城市化发展的要求。随着"城市更新"在我国城市发展中深入推进，我国城市发展由"增量"时代步入"存量"时代。在北京"疏解腾退促提升"的城市发展战略背景下，2018年，北京纺织仓库与首创·郎园合作转型，充分利用工业底蕴十足的库区存量空间，结合朝阳区的发展格局，充分利用所处的优越的地理区位，通过引进文化、影视、设计、艺术、科技研发等新业态，打造成为满足产业、文化、城市公共服务等多重功能的7×24H一站式的城市复合空间，将昔日作为仓储使用的北京纺织仓库改造成为国际文化交往及消费中心。

三横两纵。"三横"即中央站台文化消费广场、坝河畔国际美食港以及设计师聚落，"两纵"即中轴创意艺术商街和森林创意步行西街。在整体设计和布局上，郎园改造的项目由国际知名建筑事务所［西班牙Cano Lasso建筑事务所、维拓时代建筑设计院、英斯特（北京）建筑设计咨询有限公司、渐境建筑设计咨询有限公司］担纲设计，秉承"无边界，共生进化"的改造理念，原本依铁轨而建的30多个纺织仓库如今被划分为不同的主题街区。在纺织仓库原有的基础上打造"三横两纵"规划布局，串联优越自然资源，全面激活空间活力。从地理方位上看，东侧是中轴创意展示商业街，沿街的库房被改造为设计、展示、消费一体化空间；西侧衔接将府公园，被打造为公园森林创意步行街；南侧形成设计师聚落；北侧沿坝河建滨河休闲娱乐区；中间则是中央站台国际潮流文化商业综合体。

新旧共生。园区的更新改造过程尊重历史建筑的原真性，以"新旧共生"为改造原则，最大限度保留库区空间气质，保留原有站台、库房的红砖墙、山形屋脊、水泥饰面等工业符号和文化记忆，设计师们在这里共同探索未来城市生活的多样可能。

鱼塘生态。在园区的更新改造过程中，通过重塑空间脉络，结合首创·郎园的文化运营模式，植入新的文化基因属性，打造创新产业的"鱼塘生态"，让工业遗产变身文化富矿，实现产业升级，为工业建筑改造提供一个不同的思路和样本。

从北京纺织仓库到首创·郎园Station，从工业仓库转变成为网红打卡地，郎园的改造体现了从工业化到后工业化的发展、由增量发展到存量发展时代背景要求下的城市更新发展新面貌、新气象，成为衔接北京工业时代历史与现代都市生活文明的重要城市记忆。郎园的更新改造为城市更新中的工业遗产可持续发展、创造消费新场景等提供了一个良好的思路和样本。

（二）商业模式

1. to B 模式

郎园 Station 是首创·郎园旗下品牌，首创·郎园作为北京文创园运营的佼佼者，擅长以文化运营驱动城市旧改活化，隶属于北京首都创业集团有限公司（简称"首创集团"），这是一家由北京市国资委直接管理的特大型国有集团公司，作为北京市乃至全国具有一定影响力和带动力的企业，首创集团以其卓越的管理能力和强大的综合实力，不断推动着城市的发展与进步。

郎园 Station 以优越的地理位置和独具特色并舒适优美的办公环境，吸引了一大批商户入驻，其既能够利用场地实现土地增值，增加收入，也能够为 B 端商户们提供良好的办公环境和服务，可谓一举两得。到目前为止，郎园 Station 入驻的品牌商家已经超过 100 家，首创·郎园总经理赵春燕女士称园区内的商户可通过梯队层次进行划分。其中第一梯队是已经孵化出来的首店，并且是已经全国化发展的品牌；第二梯队的是首店开在郎园，正在酝酿全国化发展；第三梯队是其挑选孵化的、更有特色的独立单店。随着园区的不断发展与运营能力、服务能力的提升，入驻商家也不断在增多，如图 3-1-1 所示。

图 3-1-1　园区品牌持续更新中

2. to C 模式

从人的需求出发、以人为本是园区不断追求与坚持落地的出发点。从人的需求出发，围绕吃喝玩乐住来构筑人生活需要的场景。依靠园区丰富、多元且优质的商业品牌，郎园 Station 有意识地差异化引导三大商业集聚区的核心功能，通过丰富文化消费业态、提供多元的商品供给来满足多元化客群的不同消费需求。通过举办类型丰富、形式新颖的活动，营造城市网红打卡地和城市消费新场景形象，吸引了大批消费客群尤其是年轻群体的目光，在郎园打卡拍照、参与活动、放松身心、享受生活已经逐渐成为周边消费人群的选择。

（三）运营管理模式

郎园在对旗下相关品牌如郎园 Vintage、郎园 Station、郎园 Park 等的改造运营过程当中也逐渐形成了属于自身的"郎园模式"。

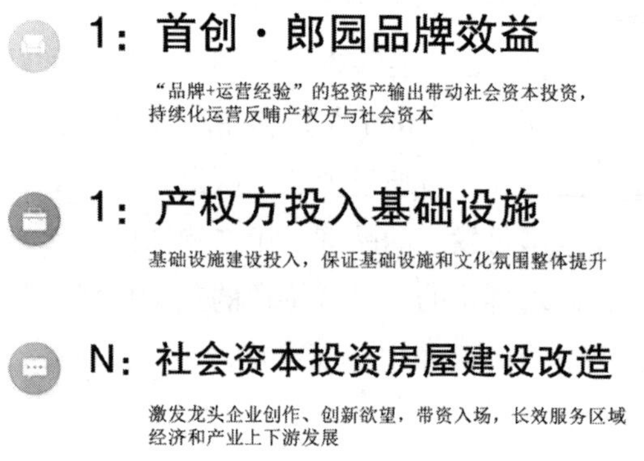

1：首创·郎园品牌效益
"品牌+运营经验"的轻资产输出带动社会资本投资，持续化运营反哺产权方与社会资本

1：产权方投入基础设施
基础设施建设投入，保证基础设施和文化氛围整体提升

N：社会资本投资房屋建设改造
激发龙头企业创作、创新欲望，带资入场，长效服务区域经济和产业上下游发展

图 3-1-2　郎园 1+1+N 模式

"1+1+N"的投资模式。第一个"1"是指依靠郎园的品牌效益。从本质上来说，郎园是国企。通过"品牌+运营经验"的轻资产输出，吸引带动产权方领投。第二个"1"则指的是"产权方投入基础设施"，通过国企品牌引领产权方对基础设施进行投入，提升基础设施建设、改善园区基本条件，保证基础设施和文化氛围的整体提升。"N"则是指"社会资本投资房屋建设改造"，在国企品牌的加持以及基础设施改善的基础上，吸引社会资本进入、龙头企业带薪入场。通过"1+1+N"的模式形成了一个"多元共建，风险共担"的投入机制，解决了城市更新类项目"资金短缺不能改"的首要问题。

鱼塘生态的运营模式，招租与招税并重。郎园的运营模式不是简单的二房东，追求房租收益的最大化，而是通过打造多元主体共生发展的鱼塘生态运营模式，为园区和政府培育可持续增长的营收和税收，就像是一个共同体，促进园区和政府的可持续发展。

文化在地与社区服务模式。郎园在依托园区场地的同时也反哺服务属地社区。将商业化运营融入文化情感，少一些商业冷感，多一些情感温暖。郎园 Station 在运营过程中孵化出成为"社区文化管家"的 90 后社区服务小团队，在北京地区进行社会服务。如在石景山，依托郎园 Park 服务老山街道和鲁谷；在朝阳，依托郎园 Station 服务东坝乡，以公益惠民文化和东坝悦读小镇助力公共文化服务体系建设。"以文化为抓手，在地化运营"提升百姓幸福感，建设理想社区，为城市生活注入温度与力量，为城市居民带来便利与幸福。

首创·郎园 Station 的操盘思路为"文化驱动，运营前置，边改造边招商边运营"，将文化运营前置，发挥郎园品牌的文化运营优势，以不间断的文化盛宴打造北京新生代的生态型文化潮流地标；已陆续举办一系列国际文化交流活动，其中连续四届的"舌尖上的一带一路"美食文化嘉年华人气爆棚。通过运营文化活动为老旧库区注入新鲜活力,在北京市及朝阳区引起广泛关注。

(四)未来发展趋势

1. 呼应城市更新,进行融合发展

近几年来,我国的城市化发展已经由增量时代进入存量发展时代,大规模建设的时期在消逝,正在迎来的是在原有基础上精雕细琢的城市更新时代。不同于 CBD 国际消费商圈的商务社交和三里屯时尚购物街区的潮流娱乐这两种不同的方式,郎园 Station 所处的使馆区文化购物商圈则兼容国际高尚生活、文创产业集群、时尚年轻社群三重属性,区域产业融合转化迅速,工作、生活边界模糊,高消青年群体聚集。郎园 Station 依靠这种独特的地理优势和文化优势,辅以优秀的更新团队,迅速反应,通过对旧厂房进行改造,实现了旧物新用,打造了新的经济增长点,并且以优秀的建筑改造和更新理念获得多项荣誉。园区的更新既是建筑的更新、环境的更新,也是运营理念的更新、文化的更新。产品和理念不断更新与变化的郎园 Station 将迎来新发展前景。

2. 面向城市休闲,打造文化地标

随着我国城市的发展,加之受疫情影响,城市里的生活方式也正在产生新的变化。由于疫情带来的一系列反应,跨省游、出境游成本高昂、困难重重,此种情况下使得"微度假""城市休闲""本地游"逐渐成为大众娱乐放松的选择。重新发现城市、挖掘新玩法也逐渐在各大 OTA、旅游平台成为搜索的关键内容。郎园 Station 以其丰富的业态,打造了既可以是阅读空间也可以是舞台场景、展览载体的良阅城市书房,吸引了设计师、艺术家、生活创想家等相关职业人员组成设计师聚落,与中国国家地理-营地合作,在都市商圈再现山河美景。在重现中国之美的同时,唤醒国人对自然的亲近与热爱,全方位助力首创·郎园 Station 开启城市消费升级新场景、探寻城市自然生活新模式。同时引入丰富的高端文化艺术活动,打造具有鲜明铁轨和站台特色的城市文化地标,为本地居民的休闲生活提供多样化选择。

表 3-1-1　郎园 Station 2022 年相关事项一览表

相关事项	活动内容
新店入驻业态丰富	探店系列:春日探店 -Station 新店;关于女孩们的私藏好店 -STATION 逛园攻略;郎园 Station 十月新店合集,秋天第一手打卡 特色店铺介绍:人间及风味、美食即相逢;7 大主题 55 家宝藏店铺;TALK 下一站丨在沉浸式露营咖啡厅 Say:Yep!
活动集锦	城市音乐周:9 场音乐会,一次音乐风格衍化史的快速浏览,向观众讲述艺术家们对音乐的情愫 北京国际舞蹈影像季:用电影语言打开现场舞蹈的无限张力;良阅城市书房小小主理人:以招募良阅书房小小主理人的形式提升参与度和知名度 30 种户外人生:连续 5 场盛大的都市户外派对营造着城市生活该有的品质和仪式感 戛纳 XR 影展:持续一个月的沉浸影像展 第四届"一带一路"美食嘉年华:横跨多个国家的舌尖上的盛宴

续表

相关事项	活动内容
展览与回忆	RooF 展览 | 女孩与花 Garden For Her 面包掰开了人 The Flow | STATION 新展 家 | 人 Family Members | STATION 新展 线上逛展·狂山浮景 MIRAGESCAPE | STATION 新展 双群展 ERROR·重启 x 寓言与电波 | STATION EXHIBITION
奖项荣誉	World Architechture Festival 2022 2022 卷宗 WALLPAPER* 设计大奖最佳室内设计

3. 立足消费升级，提升产品品质

随着我国社会发展的加快，我国居民消费处于转型升级时期，消费观念逐渐转换，消费内容渐趋多元化和品质化。消费市场细分逐渐凸显，Z世代追求精致、新奇；亲子消费逐渐兴起；老年人有钱有闲，消费潜力巨大。位于CBD的郎园周围也存在着众多城市新中产阶层、年轻人消费群体。受疫情的影响，消费环境的安全与卫生逐渐成为消费者们考虑的重要因素。面对消费需求不同、多元化的消费群体，郎园坚持"以点带面"渐进式更新的业态引进方式：以公共文化休闲中心、复合式剧场、城市书房、图书馆、创新办公、综合文化 IP 场景体验、设计师聚落、体育文化、青少年教育、设计师酒店等业态为核心，辅以特色国际餐饮、文化消费等，形成业态丰富的文化生态系统，为消费者提供多样化的选择。丰富产品内容形式、研究细分市场、提升产品品质与吸引力、瞄准高端市场、积极面对市场变化、提升客户体验，抓住消费升级与转型为郎园发展带来的重要机遇。

目前，园区致力于打造"国际潮流文化消费地标"，通过丰富多彩的活动、新店入驻、展览市集等，多处发力，不断推陈出新，给予消费者不一样的视觉、味觉、情感盛宴，助力消费品质的提升。目前郎园已经是北京市继国贸、三里屯之后的第三个商圈"滨水文化消费商圈"的重要组成部分，成为北京市的微文旅消费目的地。

（五）结语

城市在社会发展中占据了重要的角色，虽然生活在城市中的人难免会向往卢梭那般返璞归真、亲近自然的生活，但是格莱泽在他的专著《城市的胜利》（*Triumph of the City*）中指出"城市是人类最伟大的发明与最美好的希望"。究其原因是城市具有更高的人口密度，这样的情形之下促进了共享、匹配和交流，城市居民能够获得更优质、更多样的公共服务，也更容易结交朋友、彼此学习、得到情感满足。维持人的活力并非因循守旧是城市通向可持续发展道路的关键。

郎园 Station 就像是一个有机生命体一样"在奔跑中调整姿态"，不断持续进行着新陈代谢，保持良性发展，为城市居民提供了一处富有活力的生活剧场，打造出了有情感、有温度的城市文化地标，在谋求自身创新发展的同时，也在不断提升周边居民生活的幸福指数，为城市的可持续发展、城市居民的美好生活提供新的方案与选择、注入新的血液与活力,让城市留得住记忆,人们记得住乡愁。

梁思成说:建筑改造,不是要返老还童,而是要延年益寿;不是要雕梁画栋,而是要有血有肉。郎园 Station 在自身的改造和发展中正在积极实践梁思成的这一说法。

(执笔人:罗宏伟,北京联合大学旅游学院 2019 级旅游管理专业本科生)

二、新消费场景类:修德谷传统文化体验基地

(一)企业发展历程

1. 初创期——大山里寻找精神世界

修德谷的建立始于天普集团董事长李先航。李先航出生在吕后故里山东单县,将天普集团发展壮大后,故乡孝文化基因的影响推动着他去思考如何把传统文化融入企业和百姓家,思考后他决定建立一个集吃、住、游、学于一体的中国传统教育培训基地。2007 年,李先航数次到房山考察,最后选定风景优美、文化底蕴深厚,又紧邻石花洞风景区的河北镇半壁店村。在基地建设过程中,天普集团邀请荷兰专家进行规划设计,结合天普集团在新能源领域 20 多年的实践和探索,两年内便将修德谷建设成为绿色低碳及进行新能源应用的度假园区。初期,修德谷的目标受众是邻村居民,从外地聘请讲课老师并自费印刷《弟子规》《道德经》《了凡四训》给村民讲课,但效果并不如愿,村民对修德谷的课程持怀疑态度,前往听课的村民只有十余人。为此,李先航到邻村百姓家中逐家做工作,并且承担听课学习人员的午餐。不出半年,前往修德谷学习听课的人越来越多,天普集团每月都要组织上百名职工轮流到修德谷学习培训。2009 年至 2015 年,修德谷为外来参访者提供免费食宿与传统文化公益课程,接待将近 8 万人。

2. 发展期——荣誉加身,文旅融合实现新发展

2015 年,修德谷开始举办定制文化体验活动,接待群体由各地来访者逐渐转变为北京地区的游客。2017 年,修德谷重新装修,接待能力进一步提升。2018 年,修德谷引入古琴、香事等非遗项目,丰富课程内容,文创中心启动。2019 年 5 月,修德谷全面开放文旅模式,实行预订房间与免费体验活动打包销售战略,深度探索文旅融合发展模式,探寻新发展之道。之后,凭借高质量的体验活动,修德谷发展迅速。

修德谷在发展过程中不断获得各类荣誉,为其拓展目标群体提供了稳固支持。2014 年,中国孔子基金会授予修德谷"孔子学堂"的称号,团中央授予"中国青少年成长教育基地"称号。2018 年 6 月 2 日,修德谷举行了"国家开放大学实验学院社会实践基地"的签约暨揭牌仪式,促进修德谷与国家开放大学实验学院深度合作,为双方搭建一个教学与实践紧密结合的平台。2018 年 12 月 1 日至 2 日,修德谷接待北京法国国际学校老师及家属 10 余人。2019 年 5 月 14 日至 15 日,来自"一带一路"上 21 个国家的朋友抵达修德谷体验中华传统文化,这两次接待为修德谷正式被授权成为在华留学生第二课堂奠定了基础。2019 年 7 月 1 日,经房山区教育委员会批准,修德谷成为房山区中小学生社会大课堂资源单位。除此之外,修德谷还是中华民族团结进步协会国学教育基地、朝

阳区企业家协会党建活动基地、中国妇女老年大学教育基地、北京市中小学校外大课堂资源单位和北京市初中生社会实践课中标单位。2019年10月30日，为进一步推进河北镇新型农民培训基地建设，满足居民终身学习需求，修德谷成为房山区市民终身学习服务基地。2019年12月13日，修德谷受邀参加北京市老龄产业协会承办的北京市老年旅游工作总结会，会上被评定为"北京市老年人文化旅游接待基地服务规范单位"。2021年7月6日，修德谷被评为2020年北京市终身学习品牌项目。2021年12月6日，修德谷位列2021北京市网红打卡地推荐榜单。此外，修德谷还被授予市文化旅游体验基地、市中医药文化旅游示范基地、2022年市十大京郊农业休闲打卡地和2023年武当武术推广中心。

（二）商业模式

修德谷传统文化体验基地以传统文化为核心，提供传统文化体验活动、公益讲堂、研学旅行、团队定制等多种体验模式，并联合经销商进行文创产品开发与销售。

修德谷以传统文化为切入点，对文化传播形式进行创造性转化、创新性发展，秉持"修身为本，以和为贵"的思想设计出"衣食住行"四方面的文化体验活动，包含书法、古琴、扎染、茶道等文化形式，融合非遗传承，为游客营造全方位体验空间，提供沉浸式旅游体验。在体验传统文化的基础上，修德谷面向不同人群，基于人群需求开发出不同的文化体验模式，散客可通过文化体验活动及深度体验课程感受传统文化，学生群体可通过研学旅行深入学习传统文化。修德谷也面向各类游客提供公益讲座。除此之外，修德谷还高效利用谷内资源，向公司、企业提供文化团建活动定制，受众广泛，不仅扩大了传统文化的传播范围，还通过多种体验模式有效降低了大众接触传统文化的门槛。

除文化体验活动外，修德谷还与23位非遗传承人、10余家工作室、40余家经销商共同进行有机食品、中式服饰、有机洗护、书籍等相关文创产品的开发与销售，将谷内优秀的传统文化资源转换成具象的高附加值产品，并开展非遗扶贫活动，在进行文化传承与传播的同时实现修德谷的多元化经营。

（三）运营管理模式

1. 商业联盟助力稳固发展

修德谷内目前有8家常驻工作室，主要负责开展传统文化相关的体验活动，分别为心开琴社、正祺德旗袍工作室、雅韵华章汉服文化工作室、"汉服TV稷阳学宫"工作室、偶得雕版印刷工坊、修德斫琴坊、修德馨香坊、师莫武道院；同时，还有合作非物质文化遗产代表性传承人11位和中医药专业山河志愿者团队。除此之外，修德谷还与10余家工作室保持合作关系。心开琴社主要负责修德谷内古琴相关的体验活动，将社会主义核心价值观和《论语》《道德经》等经典典籍与中华古琴相结合，致力于推动中华古琴文化走进千家万户。正祺德旗袍工作室主要负责旗袍制作等相关体验活动，其创始人是房山区级非遗项目旗袍制作技艺的代表性传承人柳万连。汉服文化工作室包含主打汉服设计与制作的雅韵华章汉服工作室和主打礼仪的华夏礼仪工作室，主要负责游客的衣着和礼仪教学。偶得雕版印刷工坊致力于传承和发展雕版印刷技术，在谷内主要负责雕版印刷相关体验活动。这些工作室内汇聚了大量不同文化形式的优秀人才，由他们来负责谷内相关活动的开展，一方面能推出更为专业的文化体验活动，根据文化特色找到最适合的文化呈现形式，让游客能更好地感受传统文化，获得更出色的文化体验；另一方面与专业工作室合作有利于推动传统文化的活态传承和保护，借助文化传承人的力量激发传统文化的生命力。

2. 动员社会力量

2019年，为培育和践行社会主义核心价值观，弘扬优秀传统文化，传承中华传统美德，修德谷启动文化传承志愿者初级志愿讲师培训计划，向社会招募文化传承志愿讲师。符合招募要求的志愿者添加人事微信号报名，根据发放的简历模板投递简历，通过简历审核后会接受培训。培训共有3期，每一期培训后另有一次考核，对志愿者进行层层筛选，其中第一期培训课程内容包含正祺德古法手工旗袍、香道－篆香、扎染、泥塑等。

目前修德谷已有文化传承志愿者100余人，有一支可提供外文服务的文化传承志愿者团队，有效增强了修德谷的国际传播能力。志愿讲师培训计划让北京优秀的青年人才加入弘扬文化的队伍中来，共同向世界讲述中国故事。该计划既给对传统文化感兴趣的志愿者提供了公益的培训，使其有机会深入了解、学习中华传统文化，又给志愿者提供了一个锻炼和成长的平台，为传统文化的普及和推广贡献自己的力量。有一位中医药文化传承志愿者曾言："中华传统文化是中华民族的根和魂，而中医药学是一座宝藏，既滋养着中华民族的根，又护佑着中华民族的魂。我们做中医药文化的宣扬、展示，是职责与荣幸之所在。"

（四）核心竞争优势

1. 彰显非遗特色，文旅深度融合

在修德谷的发展过程中，传统文化与非遗两个标签始终如影随形。地处历史悠久的西山永定河文化带的修德谷自成立以来一直将传承传统文化作为发展核心，致力于让传统文化走入千家万户的日常生活。修德谷与23位非遗传承人合作开展了20项文化体验活动，强化了非遗传承人的作用，充分利用非遗中可感知的质地、颜色、气味设计出能引发游客感官反应的高质量旅游产品，让游客亲身体验活态的非物质文化遗产，增强游客的参与感，在体验中深化对非遗的认知。

修德谷为游客提供的文化活动十分丰富，大致分为中草药系列、非遗系列、汉服系列、木作系列、古琴系列、香事系列、碳中和环保科技系列、节气农耕系列、地质学系列、传统武当武术等100余项，如中草药古法香囊、中草药贴画、二十四节气农耕、环保酵素、中草药润肺棒棒糖、二十四节气美食、竹编、古琴、篆香、木作、植物扎染、古法造纸、拓印、书法、太阳能小花、制作空气车、手摇发电机、石头的秘密、石头手绳的编制、八段锦、五禽戏、太极九式、武当七星剑、武当三十式太极拳、中药的简单炮制、中草药养生锤、中药痱子粉、金银花花露水、中药蓝晒书签、初探艾灸、中药足浴包、中药代茶饮等。非遗相关文化体验活动主要包含于养生静心系列。修德谷深入挖掘不同文化的特色，主要以手工制作、亲身参与的形式让游客近距离接触传统文化，避免了传统的说教式体验，既提升了游客的学习兴趣，又充分彰显了非物质文化遗产的文化底蕴和特色。

2.借力新媒体，提升知名度

修德谷发展初期，其主要的宣传方式是周边村民的口口相传，随着修德谷的逐步对外开放，其宣传方式也逐渐多样。首先值得关注的是北京卫视《我的桃花源》对修德谷的宣传，该节目与修德谷的宣传词"修身养性的世外桃源"相关性极高，节目中也着重突出了修德谷世外桃源这一特性，充分展示修德谷的秀丽风景与文化底蕴，让观众在观看节目后不由得对修德谷心生向往，由节目观众转变为修德谷的游客。同样的宣传方式还有房山电视台《文化纪事》栏目，该节目主要着眼于修德谷中的非物质文化遗产，突出了修德谷致力于保护传统文化的道德责任感，为修德谷树立了良好的企业形象。除电视宣传外，修德谷还有效利用社交媒体平台，在使用人数众多的抖音开通了账号，通过短视频的形式来展现修德谷的魅力，吸引游客。在微信平台上修德谷也开通了公众号，在宣传的同时为游客提供便利的预订流程，最大限度地将观众转化为游客，提升游客的复游率。

3.一站式旅游满足游客需求

修德谷占地2000余亩，谷内设有齐贤书店、吉祥精舍乡村酒店、爱地球农场和爱地球农场餐厅、巾帼爱家手工艺坊、太阳能主题公园、凤凰山自然教育营地7大品牌。有风格各异的文化体验空间20余处，可容纳300人食宿，在修德谷，游客无须远行即可满足食住行游购娱6项需求。以无污染的生态环境为背景，吉祥精舍乡村酒店和遍吉祥禅意养生民宿满足游客的住宿需求；200平方米的不二商店陈列着改良的中式服饰及精心挑选的日用品，满足游客的购物需求；爱地球农场让游客体验农耕的乐趣，也为游客提供原生态美食，满足游客的饮食需求；丰富多彩的文化体验活动和书店、汉服馆、武道院、练功房等场地设施满足游客的游玩及娱乐需求；同时谷内还拥有大小会议室、教室10个，设备齐全，最大的会议堂阳光大厅忠孝堂可满足200人的会议需求，还有面积500平方米、高6米的阳光大厅，配备有40平方米的LED屏幕及配套灯光音响设备，可同时承接400人的公司年会、企业培训等活动。修德谷谷内全面的旅游设施能够满足游客不同层次的需求，给游客带来耳目一新的个性化旅游方式，让游客享受到世外桃源般的独特体验。

4.定位精准，符合时代发展潮流

近年来，非遗旅游成为人们休闲旅游的热门方向。伴随着旅游市场的蓬勃发展，游客需求的个性化、异质性特征凸显，旅游需求逐渐由传统的观光游转向休闲游、体验游，旅游已不再是以物理外形为核心去满足人们感官上的享乐需求，而是以文化为核心,借助艺术与技术创新,实现人们感官、思维、情感等内在心理和精神上的不断追求与满足。修德谷传统文化体验基地定位精准,将传承中国文化、缔造幸福家园作为宗旨,以文化为核心,以体验为呈现形式,以非遗为发展重点,将中国儒释道哲学中共同提倡的"静以修身,俭以养德,虚怀若谷,以和为贵"的思想融入谷内的生活空间、公益讲堂及体验活动中,通过中华优秀传统文化体验活动分享给各年龄段的游客,提供满足游客需求的产品,实现游客需求与市场供给的匹配。

5. 国内外共同发力,向世界讲述中国故事

2019年6月4日,修德谷经共青团中央正式授权成为在华留学生第二课堂,至今已接待美国、俄罗斯、法国、韩国、波兰等超过40个国家的海外友人千余人,合作项目主要包括商务部"一带一路"项目留学生、团中央国际部外事活动、人民大学经管学院留学生、北京青年研学学院留学生,具有强大的国际传播能力,能让国际游客充分感受文化熏陶,聆听中国故事,感悟中国智慧。

（五）创始人及团队介绍

李先航,北京修德谷文化传播有限公司董事长,北京源升太阳能科技有限公司董事长、总裁,北京天普太阳能现代农业观光示范园有限公司、天津天普太阳能集热管有限公司、北京大汉村建筑有限公司、海华一源升农业科技有限公司、上海清洁源热能新技术有限公司等公司法定代表人,北京汇通德融投资咨询有限公司股东,曾担任山东省菏泽市十九届人大代表。

李成诚,北京修德谷文化传播有限公司总经理及负责人、北京遍吉祥文化传播有限公司执行董事、北京修德谷生态农业有限公司执行董事、北京特普森索太阳能科技有限公司监事、北京遍吉祥商贸有限公司总经理、伦敦政治经济学院经济学学士、伦敦帝国理工学院金融学硕士、北京市房山区青联委员、北京市房山区河北镇妇联名誉副主席、巾帼爱家项目创始人。热衷于公益事业,与河北镇妇联共同发起"巾帼爱家手工艺坊"公益项目。作为修德谷传统文化体验基地的负责人,其带领修德谷85%的女性,将修德谷改造成中国人向往的山中世外桃源和弘扬中国文化的开放式学校。

商红珊,北京修德谷文化传播有限公司副总经理。曾任北京首旅集团股份有限公司酒店及公寓项目市场总监,凭借酒店管理专业知识及丰富的国际酒店品牌市场销售管理经验,持续将"以人为本"的理念融入酒店管理工作,带领团队不断探索与创新,使酒店收益日益剧增,超额完成年度预算目标,经营业绩连创历史新高。现任房山区成人教育学会理事、房山区成人教育学会传统文化教育工作委员会主任,在基地每年开设全面优质的传统文化课程体系和公益体验课程。

（六）疫情应对措施

面对2020年突如其来的疫情,修德谷于2020年1月24日宣布暂时停业,2020年5月22日恢复营业。暂停营业的时间里,修德谷对谷内进行了修缮调整,等待重新开业后为游客提供更好的体验。首先是齐贤书店的开业,书店内提供修身书籍、儿童书籍、

文创商品等产品，为游客的休闲体验提供新的选择，也为修德谷创造新的收益来源。其次，谷内遍吉祥禅意养生民宿进行了重新装修。除对硬件设施进行调整外，修德谷还在"五一"期间为半壁店村居民举办了公益亲子体验活动。

恢复营业后，修德谷严格管控疫情防控，遵循信息必验、身份必录、体温必测、消毒必做、突发必处的"五必"要求，实施预约制度，游客可通过微信公众号或电话进行预约，便于疫情期间流量管控。修德谷还根据活动规模划定了明确的功能分区，做好线路指引，有效控制人流和人员活动间距，在落实好各项常态化疫情防控措施的基础上有效开展旅游体验活动。

修德谷将科学防控与古法防疫相结合，客房内熏艾，以驱蚊杀菌，驱邪避秽。还在客房内放置含有柏木香、公丁香、檀香、甘草等10多种中药材的合香，以预防流感和呼吸道感染，净化空气，增强游客免疫力。除防疫外，修德谷还借此机会以香囊和中医药贴画为媒介传播中医药文化，如将"连花清瘟"中的中草药组合成一幅中草药贴画、推出中药防疫香囊等。紧跟时事更新课程内容，为修德谷开发新的收入来源。

（七）未来发展规划

1. 完善新能源设施建设

修德谷计划将国学文化中心、千年文化山、石花洞景区紧密融合，三部分主要内容均作为太阳能主题公园的一部分。在太阳能公园内，布置4处太阳能知识展区，充分利用场地绿化带及周边空地布置太阳能展示各类模型、图片长廊，搭设模拟、配套提供各类太阳房模型、太阳能热水器、太阳灶等，搭设新产品展示活动推广平台。

具体计划为：一、太阳能热利用设备科普长廊。搭建主题科普画廊，设立太阳能科普展板，定期举办主题科普展。室内搭建"太阳模型""风力发电模型"等景观，展出《太阳演变》、《探秘太阳》科普展、《太阳·奥运》、《太阳·印象》、《太阳·艺术》系列图片。二、搭建"太阳探索教室""多媒体科普教室"。通过引进太阳能"光学""热学""物理学""化学"等相关的基础原理展陈互动品，让参观者全方位学习相关知识。建设"多媒体科普教室"，配备相应的教学、多媒体设备，举办"太阳能主题科普电影展"。同时进行太阳能科技培训，结合电教室的VR引入，让老师可以进一步地将知识深入地讲解和传授，并把课件"电子化"，利用从电子"图书馆"查到的最前沿信息，在课堂里向学生传授知识，以加强科普的深度和广度，使不同人群对未来新能源有更深的认识。三、安装太阳能草坪灯、路灯。在主题公园主要道路每隔8米设太阳能路灯1盏，共需要太阳能路灯100盏。主题公园范围内绿地中设太阳能草坪灯305盏与太阳能景观灯150盏。

2. 建立巾帼爱家手工艺坊

修德谷计划为巧娘提供更宽阔的活动场所，建立妇女之家，并将其打造成集培训学习与参观休闲于一体的文化空间。按照已有的培训计划，每周进行两次日常培训，一年将举办144次，培训人数达4000多人次。另外，修德谷还将扩大培训规模和培训范围，提高巧娘的综合素质，复制培训讲师和授课志愿者模式，增加讲座频次和培训点数量，多点开花，壮大巧娘队伍，提高精品巧娘数量。增大商品的产能和销售数量，提高农民家庭收入，增强家庭稳固性，凝聚巾帼智慧、贡献巾帼力量，形成品牌化的公益项目，带动巧娘自尊自信自立自强，努力彰显巾帼之美。

3. 进一步发展已有系列课程

在已有的系列课程中，修德谷将深耕中草药系列科普课程，建立中草药教室，利用得天独厚的地理优势，挖掘更多中草药资源，优化中草药系列课程内容，展现祖国博大精深的中医药文化，促进中医药文化的传承与传播。对于地质科考系列课程内容，修德谷地处历史悠久的北京大西山永定河文化带，毗邻房山区石花洞国家地质公园，该公园有着独特的地质构造，凭借该地理优势，修德谷将研发寓教于乐的课程，普及地质相关知识内容，建立地质科普站点。对于非遗系列科普课程，虽然本系列课程相对成熟，但修德谷仍致力于发掘其发展空间，计划将植物扎染、古法造纸、拓印、泥塑等从原材料的制作到作品的完善都研发、设计进课程里，让游客既能亲身体验原材料的来之不易、过程之艰难、古人技艺的精湛，又能充分享受手工制作的成就感。对于农耕系列课程，未来修德谷将在爱地球农场设置农业展区，用检测设备检测出不同土壤的参数，对其进行科学的展示与讲解，优化自然农法体验内容。完善中草药种植技术，对接中草药系列课程。推进、扩大环保酵素肥料的制作，将更多有科技价值、文化价值的内容研发进课程，普及农业知识，助力农民增收，惠及更多农民。

（执笔人：何哲源，北京联合大学旅游学院2020级旅游管理专业本科生）

三、夜间经济类：良业科技集团股份有限公司

（一）企业发展历程

1. 初创期

良业科技集团股份有限公司创始于1996年，是中交集团成员企业，1996—2008年专业打造城市（室内外）照明，是集照明产品研发、城市照明节能管理服务和国家重点项目照明工程业务于一体的照明企业。在国家重点项目照明工程领域，良业照明在国家体育场、国家体育馆、国家会议中心、北京奥体中心、奥林匹克公园中心区演播塔、国家大剧院、人民大会堂、广州新白云国际机场、广州珠江两岸、昆明世博会等数十个国家重点项目照明上留下自己坚实的步履。

2. 发展期

2008—2016年专业塑造城市智慧光环境；2017—2020年全面转型夜间文化旅游；2021—2022年以创意光影及夜游文旅为主；2023年至未来，推出新品牌"良业夜游"，继续引领夜间经济高质量发展。良业致力于用光讲好城市故事，打造了包括国家大剧院、鸟巢、中国尊、深圳平安金融中心等在内的600多项经典光影案例。良业是行业内第一家成功转型夜间文化和旅游的企业，以投资、建设、运营一体化商业模式，成功开

发了《延安颂》《瓯江夜游》《塘河夜画》《夜上黄鹤楼》《大地》实景电影、黄果树夜游等一系列具有首创意义的夜游产品，帮助政府和景区系统规划打造夜间经济业态，促进文化和旅游消费。

（二）商业模式

良业以"光科技服务商"为战略定位，坚持文化引领、科技赋能、专业化运营，共同助力文化旅游高质量发展。产品以文化为魂，以光影为媒，以科技和创意及精细化运营为手段，为城市、景区和家庭提供光科技产品及解决方案，以投资、建设、运营一体化商业模式，致力于促进中国夜经济和新基建的发展与繁荣，聚焦发展三个方向的业务。

1.夜经济领域，提供智慧光影产品及解决方案服务

运营夜间消费型产品，专注夜间经济与光影创意作品相结合的业态投资建设，为中国城市及景区空间创造全新价值，引领中国夜间经济创新实践。2016年，良业实施了中国*城市夜游建设运营一体化项目《延安颂》，创造出景区夜间光科技应用新范本。2018年和2019年相继投入运营的温州《瓯江夜游》《塘河夜画》，是助力夜间经济发展的新典范。

2.新基建领域，提供智慧城市照明产品及解决方案服务

发展以智慧城市照明ENER平台及智慧杆产品为核心的智慧城市业务，结合5G技术布局城市级智能互联，赋能城市大脑，助力智慧城市、数字城市的建设。技术创新、产品研发经数年积累，已开发出先进的智慧杆产品及解决方案并成功试点，正在国内诸多重要市场大力开发落地。

3.智慧家居光科技产品及解决方案

让科技与艺术浸入生活，打造有情感、健康的光科技家居产品，为家庭客户带来智慧生活新体验。良业深耕于光科技服务行业，实施完成了500余项重大经典项目，服务对象（项目）包括：中南海、人民大会堂、钓鱼台国宾馆、北京奥运会（鸟巢及奥林匹克公园中心区）、G20杭州峰会、北京APEC峰会、北京"一带一路"峰会、国庆70周年庆典（核心区建筑景观）等。

（三）运营管理体系

1.产品系列

（1）滨水系列产品

建设运营光影游船、水上行进式夜游演出、光影码头、岸线商业等业态，打造"滨水夜经济综合体"。水岸互动构建多维度的沉浸式体验空间，模块化产化产品、轻量投入、快速收益满足文商旅多种需求，引导夜间消费崭新体验。滨水系列产品已成功打造温州瓯江夜游、温州塘河夜画、北京亮马河国际风情水岸、巴中恩阳船说、杭州如梦上塘、南京夜泊秦淮、佛山里水船说等。

（2）文化系列产品

建设运营光影艺术节、沉浸式展览等产品，通过文化、艺术、科技协同创新，打造

文化旅游消费新产品、新场景。文化系列产品已成功打造南京心印中华门、北京张灯结彩——故宫博物院藏宫廷灯具珍品展、北京圆明园拾光买卖街、南京白鹭追光灯影迷宫等。

（3）景区系列

在景区空间基于原有景观和文化进行二次创造，打造地标式"光影文旅 IP"，完善"白+黑"游览模式，丰富经营业态。景区系列产品已成功打造陕西延安颂、"一带一路"国际合作高峰论坛北京雁栖湖景区、北京奥林匹克公园北中轴线、武汉夜上黄鹤楼、贵州夜游黄果树、张掖阿兰拉格达、北京八达岭长城文化街、宜昌长江夜游等。

2. 亮马河夜游项目简介

（1）亮马河介绍

亮马河国际风情水岸位于北京市朝阳区"一核两带五片区"的"国际风情带"，是大型都市行进式水岸夜游项目。作为首批国家级夜间文化和旅游消费集聚区的核心项目，亮马河风情游船集游船观光、灯光表演、都市休闲为一体，是北京国际化水上商务、休闲会客厅的代表项目。作为流动的风景线，串联起三里屯、燕莎、蓝色港湾三大商业区，是实现朝阳区作为北京国际消费中心城市主承载区的重要组成部分。同时游线串联朝阳公园、红领巾公园两大城市公园，打造了北京市四环内最大的绿色核心区，成为北京市民休闲生活的优质选择，有效地推动了绿色朝阳、宜居朝阳的建设。"北京网红打卡地""TIME OUT 年度打卡地专业之选""2022 年度文化消费力品牌金榜"等一系列殊荣的获得，为朝阳区文旅建设提供了有效的助力，逐步成为北京优秀的文旅名片。亮马河可以用"亮南亮北亮东西，马奔马跑马蹄疾，河弯河曲河道畅，美轮美奂美出奇"这首诗来生动诠释。夜晚的亮马河灯光水色交融、国际风情尽显，一条媲美"塞纳河"的滨河夜景廊道已成为夜游北京的"金名片"。

（2）航线情况

全程航线 6 公里，其中一期航线 2 公里。游船于燕莎码头、蓝港码头双向对开，全程 45 分钟，串联亮马河至蓝港水域的"命运共同体、铂宫船闸、贝壳剧场"等 10 个创意观景点，是集游船体验、光影桥体、两岸文化空间提升、主题灯光演绎等项目于一体的"文商旅＋科技"综合夜游项目。项目毗邻第二和第三使馆区、三里屯商业区、燕莎商城、昆仑饭店、凯宾斯基饭店、四季酒店、二十一世纪饭店、蓝色港湾、朝阳公园等大型商业项目和城市公共空间，周边业态高端且丰富。二期连通了朝阳公园和红领巾公园两大公园，设有碧沙码头、郡王府码头、红领巾码头，实现三环至红领巾湖 6 公里通船。一期航线是极具科技感、时尚感的"华彩之旅"，二期航线是极具休闲感、静谧感的"风情之旅"。整个航线包括"1 河 2 湖 24 桥 18 景"，以河道复兴带动两岸的城市更新，让亮马河的名片更加靓丽。亮马河国际风情水岸融合了文化、娱乐、休闲等多种功能，不仅给首都市民增添了游玩新去处，还进一步提升了夜间经济与区域消费活力，为北京建设国际消费中心城市提供了有效助力。

（3）经营业态

亮马河国际风情水岸以游船观光游览体验为主，同时覆盖河岸商业活动、广告经营和文创产品研发及销售。

①游船观光游览每年接待游客约7万人次，为游客提供游船观光体验、夜间灯光秀表演。项目拥有5种船型、18艘游船，2024年内再次增加游船投入，达到总游船数量约26艘。多样化船型能够满足多元化需求，除日常面向大众游客售票，也为游客个性化需求提供包船定制服务。不断开发定制类游船产品，如定制化婚庆旅拍、定制化派对空间、定制化船餐，实现游船增值服务，打造功能场景产品。

②开展河岸商业活动，持续不断引领时尚潮流。将不同维度的潮流时尚与亮马河河岸的生活方式进行关联，呈现水岸生活新标签，夯实亮马河潮流文化中心的地位，令亮马河这一城市会客厅的标签更深入人心。2021年"亮马国际风情音乐节"、2022年"国际人才周暨亮马河畔咖啡文化节"、2022年"亮马河国际风情水岸时尚秀典"等大型活动及2022年"北京夜经济启动仪式""长城好汉线下活动"等活动纷纷落地亮马河，使亮马河成为朝阳区夜经济消费最为活跃的地区。

③充分利用友谊桥绳幕、游船LED、船体涂装等媒介进行广告销售，实现多元化的经营方式，增加经营收益。2022年成功投放茅台、麦当劳、蓝色港湾等品牌广告。

④文创产品研发方面，2022年推出亮马河文创雪糕和文创徽章，打造了亮马河文创衍生品。

（4）标准化运营管理

亮马河采用旅游服务标准化方式开展经营管理，建立服务保障标准体系17项、服务提供标准体系20项，包含环境标准、能源标准、安全与应急标准、职业健康安全标准、信息标准、财务管理标准、设施设备及用品标准、人力资源标准、合同管理标准、服务规范标准、服务提供规范标准、服务质量控制规范标准、运行管理规范标准、服务评价与改进标准。

3.光科技馆简介

光科技馆由国家高新技术企业良业科技集团股份有限公司投资建造，专注于光科技产品及解决方案在智慧光影、智慧城市、智慧家居领域的应用。光科技馆不仅是光科技知识普及教育和光科技产业应用创新展示平台，也让更多的人能够了解光、理解光、用好光。光科技馆自2019年6月18日开馆以来，累计接待企事业单位、社会公众等7000余场，接待人数达100 000余人次，并荣获了北京科学中心-特色体验中心、北京市科普基地、海淀区科普基地、海淀区青少年校外活动基地等多项行业专业资质认可。

光科技馆总建筑面积近3万平方米，是一家以光为主题，集知识性、艺术性、科技性和文化性于一体的综合性科技馆，目前，光科技馆建有不同主题的8大场馆以及拾光书店·咖啡、光影餐厅、光元谷茶室三大配套服务，通过系列场景的沉浸式体验系统展示、传递光科技的能量。光科技馆展现了中国的光科技在全球的领先水平。2022年12

月，光科技馆入选了首批全国科普教育基地，开馆至今已举办了多场科普活动。以光科普馆为例，在这里使用了声、光、电的技术，将人们带入了光的历史长廊，大家可以深入了解光的历史，探索光的起源，体验光的应用。

1号馆以"光科普"为主题，建筑面积约5159平方米，是海淀区光科技普及教育基地。在这里，在光的历史长廊之中，探寻光的历史、光与空间的联系、光在城市的实际应用，感受光的无穷奥秘。2022年6月上新的「看见·光科普展」获得诸多好评，未来还将陆续推出更多关于元宇宙的相关展览和主题研学活动。

2号馆以"光智慧"为主题，建筑面积约2630平方米。在技术上，应用了全球领先的仿自然光技术、自然光导入技术等；在内容上，研发了党史党建、文创、研学等主题课程，可提供标准化、套餐式的展览、教学和讲座服务。其中，党史党建主题展，通过多媒体展示和专家深度讲授，用光影技术生动再现了中国共产党的百年奋斗征程和伟大成就。

3号馆以"光文化"为主题，建筑面积约1830平方米，是用光影科技手段打造的集文化艺术展览、书店·咖啡空间、特色文创产品于一体的综合性文化休闲场所。目前与故宫联合打造的《张灯结彩－故宫博物院藏宫廷灯具珍品展》正在馆内展出，该展览通过光影技术与真人演绎相结合的方式，将文物活化，展现百年宫灯之美，展出以来，已吸引超过8万人次的观众，还重点接待了多家企业单位、教育研学机构、社会团体等。基于宫灯展的文物展品、空间展陈以及光影技术等优势，丰富光文化馆开展线下活动的内容与形式，满足了社会各界对文化体验的需求，充分发挥了光文化馆更多元的社会价值。

4号馆以"光时空"为主题，占地面积约6000平方米，是用光科技打造的"时空穿越"宇宙主题沉浸式户外光影秀。在这里，参观者可以"搭乘"时空之舰，遨游浩瀚宇宙，探索光的语言。

5号馆以"光家居"为主题，建筑面积约590平方米。该场馆以风雅灵动的东方神韵为底色，以健康舒适为设计理念，融合极简艺术风格，将最前沿的智能家居产品系统融入空间设计中，打造出集文化艺术、智能体验、绿色健康、智慧光环境为一体的新型舒适智慧家居空间。在这里，光与智能的完美融合，展现了光影雕刻下更美好的未来生活。

6号馆以"光艺术"为主题，建筑面积约1280平方米，是光影技术手段与艺术作品结合打造的创新艺术空间。在这里，新的艺术形式与传统艺术完美结合，在光与艺术的交融中，感知艺术之美，聆听心灵回音。

7号馆以"城市更新多元赋能"为主题，建筑面积约3300平方米，通过数字化光影科技直观生动地呈现城市更新解决方案的全链条服务，展示城市更新在当前时代城市发展及空间活力提升中的重要作用。

8号馆建筑面积约985平方米。光以无形给人类文明以启示，金属以有形给科技发展以支持，光金属主题展以光与金属对人类文明发展的重要作用为主线，通过知识科普、交互体验、虚实交融共同演绎光与金属的交响曲。

拾光书店·咖啡以"拾光"之名，意在用光影汇集各界品质之光，在一方四合之间，提供复合化体验空间，咖啡休闲、图书文创、西式简餐、定制茶歇等定制化服务在这里可随心选择。

光影餐厅是全息光影沉浸式餐厅，拥有 360 度全视角裸眼 3D 沉浸体验，在这里可穿越四季与千年，置身于千里江山之中，感受高科技与美食的碰撞。光影餐厅以美味与形色兼顾的温州菜肴为特色，在光影交错间，传递美食背后人与自然的故事。

光元谷·茶室集商务茶空间、艺术展览、文创展示、清吧休闲、活动策划、沙龙雅集、会议会晤服务于一体，提供高品质的综合服务。

（四）核心竞争力

创新是良业科技不断发展的强大动力和生命力，将传统文化与现代科技融合，对于优秀历史文化遗迹的保护和传承是一种创新的手段。良业始终秉承"用光讲好城市故事，用光讲好中国故事"的使命，在尊重历史和文化的前提下，依托光影技术，通过文化和科技融合的方式，为游客带来新鲜生动的感官体验、酣畅淋漓的文化享受。良业坚持"文化引领"，深入挖掘城市文化内核，以文带旅，以旅彰文，以科技为手段，使文旅融合项目成为城市发展的战略抓手，全力推动中华文化走向世界。

（五）创始人及团队

梁毅，男，良业科技集团创始人，中国节能协会副理事长、中国照明学会特邀副理事长、中国旅游协会休闲度假分会副会长。1996 年 7 月至 2000 年 11 月任北京新文行灯饰有限公司总经理，2000 年 12 月至 2016 年 2 月历任北京良业照明工程有限公司执行董事、总经理、董事长。2016 年 3 月至今任良业科技集团股份有限公司董事长、总裁。主要负责制定企业中长期发展战略和企业发展目标，带领团队创新灯光与文旅相结合的"灯光工程＋文旅运营一体化"的新的运营模式。

杜晓明，男，1978 年出生，2002 年 8 月参加工作，2016 年 9 月加入中国共产党，研究生学历，工商管理硕士学位，高级会计师，现任北京碧水源科技股份有限公司董事、财务总监。2002 年 8 月先后在第一公路工程局第一工程公司、中交路桥华北工程有限公司、中交投资有限公司、中交路桥技术有限公司工作；2014 年 6 月任中交路桥技术有限公司财务部总经理；2017 年 12 月任中交基础设施养护集团有限公司财务部总经理、共享中心主任；2018 年 5 月任中交基础设施养护集团有限公司财务部总经理、共享中心主任，中国城乡控股集团有限公司筹备工作组财务资金组组长；2018 年 8 月起至 2020 年 9 月先后任中国城乡控股集团有限公司财务资金部（金融管理部）总经理，中交城乡能源有限责任公司董事、北京分公司财务总监；2020 年 9 月起任北京碧水源科技股份有限公司董事、财务总监。

李争争，男，研究生学历，香港浸会大学工商管理学（财务）学士、香港浸会大学理学（绿色科技）硕士，具备证券从业资格、基金从业资格。现任北京碧水源科技股份有限公司董事会办公室副主任。2013年9月入职北京碧水源科技股份有限公司；2019年1月至2020年9月任公司证券部副经理，2020年10月至2021年12月任公司董事会办公室证券部经理，2022年1月起至2022年3月任公司董事会办公室副主任，2022年4月起至今兼任良业科技集团股份有限公司董事、董事会秘书。

唐雪文，男，现任良业科技集团执行总裁，2004年8月至2005年12月任金诚国际信用管理有限公司征信助理；2006年1月至2008年8月历任中国电线电缆进出口公司子公司综合部部长，巴基斯坦代表处财务经理、总经理助理；2008年9月至2009年9月任北京雪上飞商贸有限公司副总经理；2009年10月至2014年12月任北京良业照明工程有限公司董事长助理；2015年1月起历任良业科技集团总经理助理，海外照明事业部总经理、副总裁、执行总裁。

龙利民，男，1968年出生，重庆大学机械制造专业学士，曾在清华大学MBA进修班学习，现任北京碧水源科技股份有限公司副总经理。1991年至2000年任北京市水暖器材一厂副厂长，2001年至2010年任清华同方人工环境有限公司副总经理，2011年至2012年任北京碧水源科技股份有限公司运营总监兼计划采购部经理，2013年至2014年任山东雅士股份有限公司总经理，2015年至2016年任北京碧水源科技股份有限公司询价采购部总监，2017年至2018年2月任北京碧水源科技股份有限公司经营计划中心总监，2018年3月至2020年9月任北京碧水源科技股份有限公司董事、副总经理，2020年10月起任北京碧水源科技股份有限公司副总经理。

戴日成，男，清华大学环境工程系工学博士、高级工程师、科技部专家库专家，长期从事水污染治理方面的研究和工程应用工作，曾任中国水污染研究中心副主任等职务，2012年加入碧水源，目前担任公司总经理。在碧水源，他作为最高管理层成员之一，带领公司颁布并实施了各项规章管理制度和运行机制，保证公司高效运转，在人才管理、研发管理、市场管理和产业项目推广上做出了突出贡献。

张达，女，1990年9月出生，北京工业大学市政工程专业硕士，具有中级工程师（给水排水专业）职称证书、二级建造师（市政公用工程专业）资格证书等。现任北京碧水源科技股份有限公司经营计划部部门经理。2014年2月入职北京碧水源科技股份有限公司，2019年12月至2021年7月任公司经营计划部副经理，2021年8月起至今任公司经营计划部部门经理。

（六）疫情应对措施

第一，良业科技集团股份有限公司研究各个层面的需求，包括国家层面的需求和消费端的需求。从国家层面看，这几年国家提出了双循环，促进消费，包括国家部署的城市更新、乡村振兴等一系列政策。紧跟国家发展的步伐，像国家文化公园，围绕国家文化公园做了一系列的项目，比如最近开放的杭州运河夜游项目。面对旅游所呈现的高端化、个性化、休闲化趋势，夜游产品的开发也要符合市民游客的需求，做一些创新性产品的研发。

第二，作为中交集团控股子公司，良业科技集团股份有限公司充分发挥了自己的优势。中交集团在渠道和投融资方面给了良业科技集团股份有限公司很多帮助，良业科技集团股份有限公司利用自己灵活的机制，充分结合了双方优势。这是良业科技集团股份有限公司针对文旅市场做出的部署。

第三，良业科技集团股份有限公司坚定地向文化旅游行业转型。良业科技集团股份有限公司充分认识到行业所需的各方面能力，包括投融资能力、创意策划能力、数字化转型等，组建了数字研究院，搭建从产品策划到后期运营的全链式工作体系。这是良业科技集团股份有限公司根据市场变化做出的又一部署。

（七）未来发展预期

1. 数字赋能，科技助力，持续拓展"科技+旅游"文旅产品体系

高质量的文旅惠民依旧是2024年从业者的工作要点，重心则是扩大优质的文旅产品和服务供给。有关报告提出，2024年将"推进公共文化数字化建设，促进基层文化设施布局和资源共享，扩大优质文化产品和服务供给"。这是文化事业和旅游事业被时代赋予的新使命。在全域旅游的观念下，传统的旅游六要素"吃、住、行、游、购、娱"，正在向"商、养、学、闲、情、奇"新六要素方向拓展。适应以人为本的市场环境，适应个性化、品质化、特色化的消费需求，是文旅产业不变的发展之道。同时，有关报告还强调将"提升科技创新能力，实施基础研究十年规划，加强长期稳定支持"。数字赋能，科技助力，技术加持，相信未来"科技+旅游"将留给从业者更广阔的发展空间。

2. 精耕传统文化，运用智慧科技助力保护传承非遗薪火

良业对非遗的解读有着深刻的含义，非遗不仅是保护对象，也是发展夜间旅游、促进文旅融合的重要资源之一。一方面，非遗为旅游业注入更加优质、更富吸引力的地域文化；另一方面，旅游也为非遗的薪火传承插上了"翅膀"。良业借助前沿科技手段，不断赋予非遗现代表达形式，形成了"科技+文旅""数字+非遗"的良业解决方案。从温州"塘河夜画"的瓯越情结，到杭州"如梦上塘"的运河古韵；从南京"心印中华门"的穿越之旅，到圆明园"拾光买卖街"的宫廷文脉，这些都是数字科技赋能非遗文化的佳作。今后良业还将会更多地展示非遗、传承非遗，把夜游景区打造成为非遗和旅游融合的标杆和旗舰。

良业不断通过技术创新，向全球展示中国光科技的重大研发成果和突出应用案例，坚持用光讲好城市故事，塑造"科技+旅游"的典范。2022年，良业打造的"里水船说"夜游项目，通过光影科技和演艺手段呈现饱含岭南水乡特色的沉浸式夜游，以高标准的创意策划，为游客展现舞龙舞狮、河畔粤剧等岭南特色文化。该项目结合国家4A级旅游景区梦里水乡IP，延展优质文旅服务供给，吸引了媒体争相报道，社交平台流量持续关注。良业通过以点带面促进广东夜间文旅产品质量提升，解锁文化赋能的更多可能，用旗舰级硬实力，在珠三角注入产业新活力。未来，良业将继续深入践行"文化引领，科技支撑"的理念,在文化方面,将结合国家四大文化公园的规划打造一系列产品;在科技方面,良业计划打造夜间旅游产品和技术实验室。通过这些工作,更好地为人民群众美好的夜间生活服务,更好地用我们的产品向世界讲述中国故事,传播中国文化。

（执笔人：赵凤梨，北京联合大学应用科技学院2022级职业技术教育专业硕士研究生）

四、科技创新和数字经济类：北京市朝阳规划艺术馆

（一）企业发展历程

1. 初创——破旧到利用，改造赋新能

2004年，燕山燃气用具厂依据朝阳公园北园规划建设要求，整体迁出，留下了一处20世纪60年代建造而成的3座老厂房。2008年，老厂房因紧邻北京奥运会沙滩排球主赛场，作为了奥运会附属用房使用，成为奥运官员、运动员、媒体记者休憩办公的场所。奥运会结束后，经朝阳区区委、区政府研究决定，这一处老房子将改造为北京市朝阳规划艺术馆（以下简称"规划馆"）。因此，规划馆成了首都一处工业遗存及奥运遗产"双遗产"改造利用项目。2009年4月，老房子破土动工，遵循"修旧如旧，建新如故"的改造原则，完整保留了老旧厂房建筑风貌和空间格局，历经半年时间改造建设完成，并于当年在第10届北京CBD国际商务节开幕式上亮相，吸引了社会各界的广泛关注。2010年3月16日，规划馆正式对公众开放。

2. 发展——讲述新故事，紧跟新需求

规划馆主动融入国家发展大局，为社会发展做出贡献。

贴近群众生活的游览场所。规划馆面向海内外参观者免费开放。自规划馆开馆至今，先后接待了国务院前副总理韩正、市委前书记蔡奇等领导调研及社会公众参观共计30万余人次。它也是市爱国主义教育基地、市终身学习示范基地、市科普教育基地及科普之旅开放单位、市红色旅游景区、团市委示范社区青年汇，并入选北京文化创意产业展示中心百强展示企业定点场馆。

为众多活动举办提供场所。规划馆曾承接外交部"老厂房的新故事"外国驻京记者主题采访等国家外宣活动。为京津冀文化产业协同发展中心、华语青年影像论坛展映实训中心及朝阳海外学人俱乐部活动基地挂牌场所。为中央宣传部、中央文化与旅游管理干部学院、全国文联干部培训定点参观的学习基地。

为老厂房改造提供经验。规划馆策划成立了全国老旧厂房保护利用与城市文化发展联盟及北京城市规划学会工业遗产保护利用专业委员会，探索首都城市更新进程中老旧厂房保护利用新模式，把首都老旧厂房转型文创园区实践经验推广至全国。

（二）运营管理模式

规划馆从保护利用作为工业遗存和奥运遗产的3座老厂房开始起步，创造性地将公益性展览接待与自主性文创活动结合，将文化与科技相融合，坚持"文化、创意、科

技"融合发展的多元创新之路。

规划馆与高校、科研院所和行业协会合作，打造产业化协作平台，探索将老旧厂房转型为"城市+"文化体验中心，在传统的"展览展示"功能基础上融合了"活动策划""创意设计"和"数字技术"，为社会与公众提供形式多样、内容丰富的公共文化产品。通过策划多元主题活动、发布年度数字创意新技术清单、推出数字创意原创产品、制作"朝阳故事"IP系列原创内容，进行文化单位的数字化转型。规划馆通过谋划并推动成立全国老旧厂房保护利用与城市文化发展联盟以及北京城市规划学会工业遗产保护利用专业委员会，实现产学研融合发展，使自身成为朝阳区对外交流展示的载体、具有朝阳特色的公共文化服务平台和老厂房转型利用的新地标。

（三）核心竞争优势

1. 公共文化服务和文创产业活动的新地标

规划馆承办文创活动，打造文化创意活动集聚地和公共文化服务体系的重要载体。规划馆将公益性规划展览接待与自主策划文创活动相结合，不断诠释和丰富"窗口职能"内涵，从市场需求出发，提供多元化的定制公共文化产品，以服务于不同人群及更多企业为出发点，自主策划并组织了一系列主题活动，涉及电影、汽车、科技、时尚、艺术等广泛领域，逐步形成了"以承办CBD商务节为标志的论坛活动、以群众文化活动为主体的公益活动、以新品发布为主题的时尚活动、以建设国内首家3D体验中心为目标的文化创意活动和以装置雕塑新媒体作品为特色的艺术策展活动"5大板块活动，打造了"中国3D技术与创意博览会"〔现更名为"中国数字创意与技术博览会（2010—2021）"〕、"北京国际中老年模特大赛（2010—2021）"等一系列拥有自主文化品牌的活动。

2. 创新性地把科技与文化融合

规划馆遵循"用最新科技讲述朝阳故事"的办馆宗旨，紧抓数字经济，探索科技和文化相融合，初步形成发展数字经济的理念。

（1）大数据助推场馆升级

规划馆2009年策划开发出国内首创数字沙盘，推出了首个基于GIS系统和虚拟现实技术的交互展示产品。2010年，规划馆建成国内首家场景体验式展馆。2016年，规划馆在数字沙盘基础上，推出国内首家以城市大数据展示中心"融合共建"为特征的数据应用平台——朝阳·大数据展示中心，将数据应用于城市治理、规划、文化、产业等领域，助推朝阳区经济内涵式发展。

（2）数字技术促进文化与科技融合

规划馆2010年创设"中国3D技术与创意博览会"〔现更名为"中国数字创意与技术博览会（2010—2021）"〕，作为科技交流和应用协作平台，发布年度数字创意新技术清单（2016—2021），推出行业应用解决方案，完成对数字技术的引进、展示与应用落地，创造出以最新数字技术应用为导向的数字创意产品和"朝阳故事"系列原创内容，以及"3R（VR、AR、MR）体验中心"和"大数据展示中心"等核心项目，促进文化与科技相融合。

（3）专业知识为展馆赋能

规划馆在2017年与北京电影学院联合挂牌成立"北京电影学院数字媒体学院实践基地"和"微软数字化卡通与动画北京电影学院实验室朝阳实验中心"，促进先进数字技术的成果转化落地，探索数字展馆建设与运营。

3. 打造出全国老旧厂房保护利用的交流合作平台

（1）以联盟的力量保护利用老旧厂房

规划馆担任全国老旧厂房协同发展联盟的秘书长单位，并负责联盟日常运营工作。目前联盟成员单位覆盖全国19个省市区、26个城市（城区），共计116家园区。联盟已成为城市老旧厂房保护利用交流和合作的"大平台"。联盟自2018年成立以来，积极促进城市和园区间的经验分享和交流合作，连续举办了2018年、2019年、2020年3届年会活动，组建行业专家智库，推进联盟合作伙伴计划，推出全国首个老旧厂房政策汇编"服务包"（2019年、2020年、2021年），牵头组织完成了由文旅部产业发展司委托的课题《全国老旧厂房改造利用年度发展报告》（2019年、2020年），推动城市利用存量资源拓展文化空间，促进产业转型升级和城市更新，服务于首都全国文化中心建设和京津冀一体化。

（2）通过专委会进行工业遗产保护

2020年10月31日，北京城市规划学会依托规划馆成立工业遗产保护利用专业委员会，探索首都工业遗产保护利用与城市文化融合发展新思路、新路径、新模式。工业遗产保护利用专业委员会围绕学术交流、政策研究、科普宣传等多个维度开展具体工作，逐渐形成完整的学术研究体系、融汇全面的政策知识图谱、提供多元的技术解决方案、建立智慧的数据支持档案、选择优秀的示范项目案例。

（四）科技创新与数字经济发展举措

1. 从国内首家3D体验中心到第四代数字展馆

紧跟时代潮流进行展馆布置升级。围绕3D体验中心的建设宗旨，推动规划馆从体验展馆向数字展馆再向智慧展馆进行演变。第一代、第二代展馆是以传统的图文展板结合简单的多媒体构成。2009年，伴随着体验经济的发展，规划馆打造了由"场景体验"和"活动体验"构成的第三代体验展馆。"场景体验"包括全国首创数字沙盘、3D大剧场、4D动感影院以及交互多媒体展项，共同营造沉浸式交互体验环境；"活动体验"通过自主策划举办的一系列多元主题文创活动，让参观者来到规划馆除了可以看展览、听解说，还可以通过亲身参与多元活动感知与触碰朝阳的文化魅力。2016年，随着数字经济的发展，规划馆将展馆升级为第四代数字展馆，核心内容包括数字化展陈、打造IP与IP授权、O2O与社交媒体传播、大数据运营，把过去静态的展陈升级为数字展陈，把5年、10年的展陈更新周期升级为实时更新。数字展馆在"文化+科技"的创新融合驱动下,为参观者提供更为丰富的文化体验。数字展馆由三方面构成:一是数字技术与创意设计和O2O社交媒体传播的三者融合应用,由营造沉浸式体验场景、交互呈现以及三维影像数据与大数据可视化共同构成;实现线上线下深度融合与社交媒体运营;二是原创故事与打造IP,基于地域文化提炼与打造文化形象、文化符号与文化品牌,持续推出基于IP的系列内容、设计与文创衍生品;三是大数据思维与运营,基于GIS系统建立专题数据库,基于大数据再造运营流程。

2. 打造行业交流平台——中国3D技术与创意博览会(2010—2021)

在北京市文博会组委会办公室指导下,规划馆于2010年自主策划并创设"中国3D技术与创意博览会"(以下简称"3D博览会")。作为文博会的主要创意活动,3D博览会已连续举办12届,搭建了数字创意产业的国际化、专业化、市场化的公共服务会展平台,促进战略性新兴产业以数字技术为核心、以创意设计为依托,实现更快更好发展。3D博览会为行业搭建了一个公共服务平台,这个公共服务平台可以从两个层面理解:一是数字技术、产品、创新应用的展示、交流和合作的会展平台;二是公共产业协作平台。12年来,3D博览会以"一直不断探索、尝试中国数字创意产业发展的新动力、新模式"为目标,走过了引进、盘点、对话、联盟、3D生态圈、行业融合、技术链·新格局、数字创意、赋能文旅融合的理念路径。

3D博览会是规划馆定位于文创机构的有效杠杆,是规划馆在开馆之初种下的一枚"科技金种子",12年来这枚金种子不断发芽结果,为规划馆用科技讲述朝阳故事提供了源源不断的能量与养分。依托于3D博览会的平台,规划馆得以突破单一的展览展示职能,定位于文创,将公益性的社会教育职能与自主策划的文创活动相结合,从多元主题活动的角度诠释区域的发展理念、地域文化和人文精神,吸引更多的人来到规划馆参观体验,为规划馆发展注入活力;同时,规划馆基于3D博览会完成对数字技术的引进、展示与合作,整合行业内产业链上下游资源,持续孵化出数字创意产品及"朝阳故事"系列原创内容。

3. 打造数字创意产品及"朝阳故事"系列原创内容

聚焦数字创意产业,进行产品创新。规划馆积极跟踪和引进国内外先进技术,探索出大数据、倾斜摄影、GIS等最新数字科技在数字城市、数字文化遗产、展览展示等领域的创新应用,促进馆内展陈更新工作的完成,推出数字沙盘(2009)等数字创意产品以及《朝阳最美24小时》(2014)、《印象·朝阳》(2017)等"朝阳故事"系列原创内容。规划馆也建立起用最新科技对展陈进行实时更新的长效机制,完成了由国内首家3D体验中心向数字展馆的发展演变,用数字技术改造展馆,用大数据运营展馆。

(五)疫情应对措施及未来发展方向

1. 紧跟疫情防控大局

规划馆积极配合疫情防控工作,是北京疫情防控的重要参与者。2020年4月,提供规划馆2号馆作为武汉返京人员转运核酸检测场馆,累计完成武汉返京人员26批次共计2500余人次的核酸检测工作；6月，规划馆提供2号馆作为朝阳区核酸检测场馆，配合相关部门保障完成10万余人的核酸检测工作。2021年1月至5月，规划馆承担朝阳区新冠疫苗接种场地保障任务，同时也作为市内唯一的驻华使团人员集中接种点，保障完成了来自使馆和国际组织的使团人员及外国媒体记者和家属的新冠疫苗接种工作。规划馆还圆满完成31家境外媒体47名记者赴规划馆开展"北京市有序开展新冠疫苗接种工作"境外媒体集体采访保障工作。

2. 未来发展方向

规划馆既是一座展馆，却不止于展馆。开馆12年来，规划馆倡导用最新科技传播区域发展理念、地域文化和人文精神，科技和创新早已融入规划馆和团队的DNA里。未来，规划馆还将继续坚持定位理念创新和技术应用创新，更好地引入以5G及AI为代表的下一代信息技术，讲好朝阳故事、奥运故事、中国故事。

（作者：北京市朝阳规划艺术馆　杨军　康燕雪）

特别说明：本文章全部文字内容版权由朝阳规划艺术馆所有，仅限于《中国文旅企业创新创业发展报告（2021—2023）》编纂使用，未经许可，不得他用。

五、酒店及精品民宿类："大城小苑"精品民宿

（一）企业简介及发展历程

2021年11月6日，"2021北京网红打卡地推荐榜单"正式发布，其中酒店及精品民宿类13个，"大城小苑"精品民宿应该是其中最为特殊的。"大城小苑"精品民宿地处距离京冀边界不远处，藏在群山掩映的村落里。它由参与国字号工程的获鲁班奖的大师操刀，北京新机场、世园会场馆建设团队修建，专业级酒店团队负责管理运营，开业当天即被新华社、中央电视台、《北京日报》等重要媒体争相报道，然而它却位于"空心村"下栅子村。它孕育自北京市"一企一村"扶贫政策。

2018年5月23日，北京城建集团与密云区大城子镇下栅子村签订《北京市属国企精准帮扶低收入村"一企一村"结对帮扶协议》。经过多轮的实地调研和工程论证，企村双方确立了以建设旅游休闲产业示范点带动村子增效、农户增收的帮扶思路。2018年9月26日，由8个院落、16间房屋组成的精品民宿群改造工程正式开工，仅历时两个月就实现了主体结构封顶。2019年4月24日，"大城小苑"正式揭幕。凭借优良的软硬件设施、精细化的运营，"大城小苑"不仅成为"一企一村"精准帮扶的典型，更成为客人京郊休憩的绝佳场所，并入选《世界旅游扶贫联盟旅游减贫案例》、北京网红打卡地推荐名单。

1. 初创期——小我的院子，大爱的城建

小我的院子，大爱的城建，这就是"大城小苑"的由来。

彼时的下栅子村是有名的"空心村"，坐落于北京密云区东部山区，总面积11.94平方公里，山多地少，山势陡峭，村内可耕用土地300余亩，因地理位置偏僻、自然环

境较差导致土地效益不高，旅游资源条件也较为匮乏。村里的房屋，除了留守老人居住的以外，其余的都因长期闲置而破败不堪。全村368户，下辖11个自然村，农户总人口991人，其中残疾人91人，低保户87人，全村低收入户19户42人。村里的主要农产品是红肖梨和少量核桃、栗子，而把这些运出去又摊薄了村民的收入。村内支出主要靠区、镇财政拨付，这里的年轻人只得被迫外出找生计。

2018年，习近平总书记在全国范围内发起了精准脱贫攻坚战，北京市因地制宜提出了"一企一村"扶贫政策。时间不等人，5月23日，北京城建集团与下栅子村签订《北京市属国企精准帮扶低收入村"一企一村"结对帮扶协议》，下栅子村的命运开始改变。

北京城建集团是北京市建筑业的龙头企业，集团囊括从前期投资规划至后期服务运营的诸多产业，现有总资产超过3300亿元，营业收入超过1400亿元。帮扶主体北苑大酒店隶属于北京城建集团，是高端五星级品质酒店，获得过北京市"北京市区十佳会议酒店"等荣誉，拥有先进的酒店管理能力。

经过多轮调研，双方确定共识，下栅子村山多地少、位置偏僻，发展传统的农业、工业均不适宜，当然这也为下栅子村留下了自然美景和新鲜空气，考虑到北京都市人群庞大的休闲需求，也许旅游是一条路。而北京城建集团是北京市建筑业的龙头企业，建造了诸多国字号工程，设计、施工能力毋庸置疑。北京城建集团也在经营自己的物业，五星级酒店北苑大酒店就是其中的佼佼者，拥有诸多酒店管理精英人才。思路定了，发挥集团全产业链优势，以样板引路、建设民宿旅游示范点为抓手，带动全村低收入者脱贫。

定好了方向，下栅子村、北京城建集团便开始了强势推进。村民们配合地从民宿改造所涉及区域搬迁，北京城建集团也不让村民吃一点儿亏，对相关的宅基地以及地上建筑，甚至山上自然生长的果树等进行了赔偿。北京城建集团的设计、施工能力发挥得淋漓尽致，参与国字号工程的获鲁班奖的大师操刀，北京新机场、世园会场馆建设团队修建，仅仅两个月，"大城小苑"便实现了主体结构封顶，这一成绩在北京市管企业"一企一村"帮扶工作中名列前茅。

也正是这极具创新性的扶贫方式、飞快的实践速度，使得"大城小苑"备受关注。2019年4月18日，"大城小苑"迎来的第一批客人包括中央和市属媒体的记者，媒体纷纷点赞"大城小苑"。"大城小苑"源于伟大的扶贫事业，这个小小的院子中孕育着大爱，这是"大城小苑"的底色，也是"大城小苑"运营的基本逻辑。

2. 发展期——精细化运营，"输血"变"造血"

"大城小苑"源自一个崇高的事业，但它也处在一个竞争激烈的市场中，引航者是北京城建集团旗下的北苑大酒店。

虽然是住宿业的领先团队，但是帮扶小组依然明白星级酒店与民宿是有差异，甚至是完全不同的。在设计之初，帮扶小组便跑遍了北京周边的知名民宿，尽可能了解真实的市场需求，并将其准确地融入设计、建设和经营定位中，按照五星级标准进行运营管理。

在日常经营中，帮扶小组总结出了"五有"：节日有主题、渠道有内容、群体有抓手、团队有活动和衍生有产品。在节日方面，"大城小苑"结合节日推出相关主题活动，如九九重阳敬老、清明踏青亲子游等；在渠道方面，"大城小苑"入驻了携程网、大众点评等OTA预订平台，不受时空限制地接触顾客；在群体方面，"大城小苑"探索出了不同的影响方式，如针对小学生群体的校车公司广告；在团队方面，"大城小苑"开发出了众多活动，如采摘、种植、观星等，这些活动让团队在"大城小苑"有事可做待得下来；除此之外，"大城小苑"还充分整合下栅子村的资源，开发住宿之外的衍生品，如山木耳、山核桃、土鸡蛋和红肖梨等。为了实现"五有"目标，帮扶小组进行了一系列努力：加大新媒体和传统媒体的宣传，加大自有资源的利用，建立健全运营团队全员销售的奖励政策，组建一支优秀的活动策划团队。终于，帮扶小组收到了市场的良好回应，2019年5月1日开业，趁着开业宣传的东风，赶上小长假的红利，4天收入10万元；即便是2020年新冠疫情暴发，停业半年的"大城小苑"也年收入100万元。要知道，这些经营利润都是下栅子村村民集体生产性收入，而2018年这个收入的唯一来源是区、镇财政拨付。

而这还不够，授人以鱼不如授人以渔，这一思想贯穿始终。所以在建设施工过程中，城建集团便优先雇用当地劳动力，177名村民参与了民宿改造施工过程，领取了390余万元劳务费。同时双方还约定，两年后"大城小苑"整体移交给下栅子村，而这要求下栅子村拥有经营管理能力。帮扶团队则带薪培训了5名下栅子村村民，形成"吸收就业—培训人员—反哺村内生产—再吸收就业"的长效机制，既"输血"又"造血"。

（二）商业模式

"大城小苑"整合了下栅子村土地和人力资源、北京城建集团设计和施工能力及其旗下北苑大酒店住宿管理能力，以古长城遗址、龙潭、梨花顶等景点为吸引物，为游客提供了乡野生活的住宿场所。游客可在此进行住宿、吃饭、会议等活动，在此期间的消费大都由"大城小苑"提供，少部分外溢至当地社区。凭借先进的酒店管理能力，"大城小苑"经营团队能够降低成本，提高效率，提供高附加值的产品及服务，利润则来源于高附加值。除此之外，"大城小苑"也探索了"民宿+"，如"民宿+特产"，开辟了山木耳、山核桃、土鸡蛋和红肖梨等农产品销售渠道，凭借绿色、新鲜等优势，消费者愿意购买；还有"民宿+活动"，"大城小苑"积极整合当地资源，结合当地的果树种植业，组织游客采摘、种植；还结合当地空气污染小，能见度高，"大城小苑"组织游客参与观星活动，这些极大地增强了游客体验，同时也拓宽了营收范围。

在营销方面，"大城小苑"开通了电话销售。"同时，大城小苑"积极拥抱互联网，入驻了携程网、大众点评等OTA平台，开通了微信公众号等自媒体营销渠道，从而不受时空限制地接触顾客。

（三）运营管理模式

1. 村企共建，携手同行

"大城小苑"是北京城建集团和下栅子村结对帮扶的产物，从规划设计、建筑施工到运营管理，双方均互相沟通、深度参与。

2018年5月23日，北京城建集团与下栅子村签订《北京市属国企精准帮扶低收入村"一企一村"结对帮扶协议》，双方迅速沟通交流，下栅子村梳理总结村庄的资源优势，城建集团则动员集团力量积极参与，最终确定通过特色民宿打造美丽乡村旅游点，对当地进行产业扶贫和就业扶贫。定好方向后，城建集团组织集团力量付诸行动，勘测、设计团队选定了"大城小苑"的建造地址，设计过国字号工程的公共建筑设计师与天安门花坛的园林设计师携手合作，精心打造了"大城小苑"设计方案。下栅子村也积极跟进，成立农宅合作社，劝说搬迁涉及区域村民搬迁并将宅基地收归集体，同时做好各种赔偿工作，绝不让百姓吃亏。

2018年9月26日，"大城小苑"正式开工，城建集团派出的是参加过北京大兴国际机场、中国国学中心等工程建设的精兵强将，并雇用100余名村民参与民宿改造，村企共同为"大城小苑"添砖加瓦。

当然，民宿不仅要建好，更要运营好。而当时的下栅子村没有经营管理能力，村企决定继续携手同行，双方约定，由城建集团旗下的北苑大酒店代为经营"大城小苑"，两年后再整体移交给下栅子村；同时也选派村民到北苑大酒店带薪培训，帮助其培养酒店经营能力。如今，"大城小苑"的经营管理团队依然是城建集团派驻的帮扶团队和当地村民，双方携手同行，北苑大酒店不仅在发挥"大城小苑"的价值，也在积极向下栅子村村民传授经营管理知识，兑现最初的目标：授之以鱼不如授之以渔，变"输血"为"造血"。

2. 关注细节，用心服务

"大城小苑"帮扶主体是五星级酒店北苑大酒店，他们对五星级酒店的运营管理驾轻就熟，却对这小小的民宿犯了怵，因为他们深知五星级酒店与民宿是不一样的，但他们最终找到了解决方法：关注细节，用心服务。

走进"大城小苑"，你会发现每个房间的窗户都是不同的。一般来说，北方民居考虑到避寒会将窗户设计得很小，然而游客不会考虑到这一实用功能，不能让窗外的美景浪费了。工作组创新性地把窗户都设计成高大通透的效果，而由此引发的避寒问题则通过保温性好的双层中空玻璃窗来解决，通过这一设计，游客坐在室内便可将对面的山景一览无余，同时也能保证冬天室内的温暖。"大城小苑"的一砖一瓦都能体现这些关注细节的设计。比如民宿餐厅外面的长廊，"大城小苑"定位于服务城市休闲人群，他们希望来此放松、观景、社交，长廊便提供了这一功能，游客既可在此闲聊，也能远眺山景。营业伊始，长廊便成了名副其实的民宿广场，大受欢迎。开放式明档设计的厨房也体现了这一思想，让客人能够直接看到厨师操作，这是"大城小苑"对菜肴制作的自信,也是对卫生条件的自信。而在服务方面,"大城小苑"暂由五星级酒店北苑大酒店代为经营,职工也包括部分村民,这不仅为游客提供了五星级的专业服务,也带来了农民的朴实、扶贫的温情,以及对于民宿至关重要的用心。

3. "民宿+"

在筹建"大城小苑"之初,村企便确立了"通过特色民宿打造美丽乡村旅游点,对当地进行产业扶贫和就业扶贫"这一思路,这意味着"大城小苑"不仅仅是民宿,还是一个平台,经营团队在实践中探索了成功的"民宿+"。

"民宿+活动"便是一个成功的实践。下栅子村地处偏远,周边古长城遗址、龙潭、梨花顶等景点虽然美丽,但仅能提供观光功能,半天即可逛完,许多客人处于无事可做的尴尬境地。经营团队意识到了这一问题,决定帮助客人找事做。想到当地大片的山核桃、红肖梨等,"大城小苑"与当地村民合作划定了采摘园,组织客人前往采摘、种植;结合当地空气污染小、能见度高,"大城小苑"组织客人进行观星活动,普及天文知识。这些活动极大地满足了客人的好奇心,增强了他们的体验感,同时也开辟了更多的营收渠道。与此类似的还有"民宿+节日",针对传统节日,"大城小苑"组织了九九重阳敬老、清明踏青亲子游等活动,在此期间民宿的装饰、饮食等都会按照节日进行安排,让民宿不仅仅是住宿。

"民宿+产品"是另一项有力措施。"大城小苑"的建设对于下栅子村虽然是雪中送炭,但是对于大部分村民却是杯水车薪,他们依旧靠传统的农业和种植为生。下栅子村拥有不少山间特产,比如红肖梨、核桃、栗子等,但是村里缺乏资金进行深加工及宣发,所以村民只能挣个辛苦钱。北京城建集团通过深加工农产品、优化产品包装、搭建产销平台等措施进行帮扶,"大城小苑"就是重要的销售渠道。客人在此了解下栅子村,感受村里的山水人文,品尝村里的美食,临走则带走新鲜绿色的农特产品,度过美好的"大城小苑"之旅。

在未来,"大城小苑"将继续探索"民宿+",以民宿为平台,整合发掘下栅子村资源,促进乡村振兴,走向共同富裕。

(四)核心竞争力

相比于其他民宿,"大城小苑"的核心竞争力来源于两方面:北京城建集团和下栅子村。

"大城小苑"源于北京城建集团和下栅子村"一企一村"结对帮扶。以此为依托,北京城建集团将自己的设计、施工能力强势注入,仅仅两个月便完成了主体结构封顶,同时委托旗下五星级酒店北苑大酒店代为运营,对村民进行技能培训,使得"大城小苑"拥有高品质的软硬件。当然"大城小苑"也依托于下栅子村,工程筹建之初,下栅子村便成立农宅合作社梳理土地资源,后续提供采摘、种植活动场所以及整合红肖梨、核桃、栗子等农特产品,总的来说,下栅子村高度重视村企合作,愿意并能够提供村庄资源。北京城建集团和下栅子村通力协作,成就了如今的"大城小苑"。

而在未来,双方的资源以及合作意愿对于"大城小苑"依然很重要。充分利用北京城建集团专业的市场能力,整合下栅子村优势资源,将是"大城小苑"未来获得成功的关键。

(五)疫情应对措施

2019年12月以来,全球新冠疫情大暴发,为了应对此次疫情,社会组织号召"非必要不外出、非必要不聚集",而外出和聚集恰恰是旅游的本质特点,为此文旅业遭受巨大打击,至今依然在阴霾中。作为直接接待顾客的经营主体,"大城小苑"也受到波及,2020年选择停业半年。

当然"大城小苑"没有坐以待毙,而是积极自救。考虑到疫情时期出境游近乎暂停,跨省游受到抑制,这部分旅游需求转移至周边,"大城小苑"积极呼应这部分旅游需求。"大城小苑"积极入驻携程网、大众点评等OTA平台,开通了微信公众号等自媒体营销渠道,不受时空限制地接触顾客,解答顾客疑问。在宣传上重点推介了五星级酒店的服务标准、明厨亮灶等,打消顾客疫情期间对卫生条件的顾虑。同时下栅子村积极配合,拒绝过度防疫,降低游客出行成本。一系列的措施,使"大城小苑"终于于年中开业,半年收入100万元。

如今,"大城小苑"已经正常营业,面对疫情防控常态化,"大城小苑"继续了解用户需求,调整经营策略,发挥出最大的价值。

(六)未来发展预期

北京城建集团和下栅子村早在2018年便定下了脱贫思路,即通过特色民宿打造美丽乡村旅游点,对当地进行产业扶贫和就业扶贫。"大城小苑"一直在践行这一思路,培训、雇用当地村民,精细化运营民宿,将民宿作为红肖梨、核桃、栗子等农特产品的销售渠道。"大城小苑"是成功的,圆满完成了市委、市政府交办的任务,全村低收入户全部脱低。

在未来乡村振兴的征途中,"大城小苑"将继续坚持这一思路,结合两年的实践经验以及北京城建集团和下栅子村的大力支持,"大城小苑"将走得更加从容。

(执笔人:侯宇轩,北京联合大学旅游学院2020级旅游管理专业硕士研究生)

六、餐饮及创新零售类:同仁堂知嘛健康旗舰店

(一)发展历程

同仁堂品牌始创于1669年(清康熙八年),自1723年(清雍正元年)为清宫供御药,历经8代皇帝,长达188年。"同修仁德,济世养生"是同仁堂创立的初心,"全心全意为人民健康服务"是同仁堂不变的宗旨。同仁堂将"修合无人见,存心有天知""炮制虽繁必不敢省人工,品味虽贵必不敢减物力""但愿世间人无病,哪怕架上药生尘"等古训内化为企业行为准则,造就了同仁堂"配方独特,选料上乘,工艺精湛,疗效显著"的制药特色,奠定了同仁堂良好质量和诚信文化的根基。

基于坚守的工匠精神，同仁堂传承创新，薪火相续。1949年中华人民共和国成立，使饱经沧桑的同仁堂获得了新生。1992年，中国北京同仁堂集团公司组建。目前，集团拥有7个子集团，其中北京同仁堂健康药业股份有限公司是同仁堂集团七大二级集团之一。为传承中华养生文化，为用户提供覆盖养生、保健、诊断、治疗的服务，同仁堂健康药业公司于2018年创建了"知嘛健康"品牌作为新零售转型业务的子品牌，定位于开拓年轻化的健康消费市场，积极探索在大健康新零售的场景下的健康生活方式。在大健康新零售场景下，打造健康生活理念，同时融入了时代创新的元素，展现出了"健康新玩法，科技驱动世界"的时代精神，提升以中医为基础的健康理念在年轻消费者心中的影响力。

知嘛健康依托着全新的知嘛健康超级概念店，彻底颠覆传统的沉浸式购物体验。老字号开始以更年轻、更时髦、更包容的方式卖实力，从此，知嘛健康就是大众的城市新据点。知嘛健康的空间全案设计师陪同仁堂走过了整整5年时间，从提出战略转型到大型零号店正式开业，同仁堂的变革路上有太多故事。

2019—2021年，同仁堂健康药业开设并成功运营了符合互联网模式的知嘛健康零号店和知嘛健康壹号店两家互联网新零售概念店。在此基础上，同仁堂健康药业继续深化新零售转型业务模式的探索，将新零售转型与传统业务升级进行了有效的结合，针对传统渠道线下门店产品、服务、客群等方面进行升级和赋能，并借此接连开设了知嘛健康骏豪店、知嘛健康环球度假区站店、知嘛健康北京apm悦活力主题店、知嘛健康上海前滩太古里店，未来还会向全国推广同仁堂知嘛健康这一新零售模式。

其中，同仁堂知嘛健康零号店是同仁堂健康药业历时4年打造出的向大健康升级的超级概念店，是该公司在北京最大的旗舰店。店铺设计将东方传统艺术与现代生活理念相结合，熔古铸今。该店上下共3层，营业面积4700平方米。零号店中的"零"寓意着从无到有、从0到1的过程。

同仁堂知嘛健康零号店位于被称为"中国药谷"的大兴生物医药产业基地，横跨象、食、养、医四大产品与服务，覆盖多元化购物休闲场景，是打通线上线下场景消费的一站式健康生活体验店。区别于传统零售商店，同仁堂知嘛健康零号店拥有多元化的购物休闲场景，以尖端科技和前沿思维赋能，为消费者提供了个性化和精准化的健康服务。

（二）商业模式

同仁堂知嘛健康零号店升级新零售商业模式，旨在构建全新的多元化、智能化、精准化、一体化的服务场景，开拓企业的新市场，使传统老字号企业发挥作用的空间逐渐增大，赢得消费市场的认可，服务更多的人群。零号店拥有数字化工厂，可实现大规模的定制生产，为渠道及终端提供小批量、多批次的柔性供应解决方案，紧扣关键工序智能化、生产过程管控及过程优化，着力打造数字化生产供应网络平台，实现渠道端、制造端信息和数据互通互联，建立具有行业竞争力的产供销一体化生态圈。

零号店目前已实现"所见即所买",其线下展现的所有商品、服务全部与线上的 App 以及小程序打通,同步实现查询与购买,称之为"现场电商"。即使商家在线下开了一个知嘛健康小微店,只要装上"现场电商",通过线上触点 App、小程序、微信公众号等端口,就可以享受无限数量的产品售卖,有效解决实体店租金贵、人员成本高的问题。

知嘛健康零号店以数字化能力为基础,重塑供应链体系,重构人货场,搭建新的商业模式。而新商业模式下的核心业务内容就是抗衰老管理。抗衰老是以中医理论为基础,以现代医学为手段,运用整合医学的概念,为用户提供整体的抗衰解决方案。通过检测、评估,从养(食品、保健食品)、颜(高效配方精华油)、动(运动处方)、能(能量医学)四大要素,为用户制定皮肤、体态、身体机能的一人一方。同时还实现了抗衰线上线下一体化管理,通过"健康知我"小程序,可以研究肌肉均衡指数、肥胖深入分析、深度皮肤检测结果、节段脂肪等检测数据,为用户提供全方位的、由内而外的抗衰解决方案。

1."养"生有道　潜能立见

食品和保健食品以药食同源为研发核心,由专业营养顾问和名医团队提供营养评估、综合膳食营养建议与定制化营养处方,调节营养不均衡,改善基础营养。并通过现代健康数据分析,针对用户的多样需求,做到更精确地理解与评估,量身解决用户的个性化需求。

2."颜"驻青春　逆时焕彩

高效配方产品突破性研发抗衰产品——"360D 全效精华油",其作用于表皮、真皮及皮下循环系统,有效成分可精准直达骨骼基层,改善皮肤循环,强化皮肤免疫功能,促进细胞再生能力,针对肌肤衰老性问题,由内而外进行改善。

3."动"有新法　万人万方

运动建议根据不同人群,制定个性化的运动处方,塑造形体,改善亚健康,降低运动风险;针对运动中出现的运动损伤,提供相对应的康复治疗方法。除以上定制化解决方案之外,零号店还研发了一套适用于所有人的面部抗衰保健操,通过专业训练,达到去皱紧肤的功效。

4."能"量科技　精准抗老

"能量医学"是一种无药求本的实用医学,基于传统,中西结合,全方位运用人体内外部的能量,有机地结合在一起,以调理身体能量。通过改善身体细胞、整体运动活力状态,提高生命体的免疫力和自然治愈力,从而达到防治慢性病、抗衰老和助美容的功效。

知嘛健康零号店借助知嘛健康网络平台,实现了线下由上千家传统门店以及 60 名国医大师、上千位名老中医、46 万名注册中医、上百万名注册营养师组成的中医精准健康管理体系的资源共享,为顾客提供养生、保健、诊断、治疗、抗衰老、中医药慢性病健康管理等健康服务。

知嘛健康零号店依托同仁堂知嘛健康药食同源研究院,结合市场需求和行业发展趋势开展3项核心业务:产品孵化,从饮品现场鲜制,到健康烘焙;从"药膳同源坊"到国风新医馆,逐渐完成"味效俱佳"的产品及"疗养结合"的服务的迭代升级;创建国风新医馆新生态,以知嘛健康正大医馆为起点,做国内第一家药食同源(医馆)会员中心。通过3项核心业务建立药食同源产品认证体系,树立企业担当,逐渐建立行业规范。

同仁堂健康药业大兴生产基地作为公司产供销一体化生态圈的落地支撑,充分利用现有稀缺土地资源,实现效能最大化,既承担着同仁堂健康药业未来主要的生产制造任务,搭建了以《中国制造2025》为标准的精益制造智能化工厂和现代化的仓储物流,同时作为同仁堂健康文化的对外交流中心,融合了体验店、企业、大学、研发中心等,进行健康管理生态圈和产学研一体化生态圈业务能力和功能的孵化。

(三)运营管理模式

同仁堂知嘛健康零号店采用了线下线上互联互通的运营模式,将线下体验与线上商品售卖结合,实现商品与服务的所见即所买,5700个SKU(SKU全称为Stock Keeping Unit,一般指最小存货单位),24小时不打烊。知嘛健康旗舰店将构建OMO(Online-Merge-Offline,行业平台型商业模式)线上线下融合生态圈,即线上构建大健康入口级流量平台及社交新零售平台,线下以零号店验证商业模式,构建线下新零售终端形象超级IP,继而实现全面裂变。同仁堂健康药业股份有限公司首席资本运营官胡红希望,在集团未来的发展中,向战略合作轻模式的方向发展。一方面,各方资本要进入自带优势的传统行业;另一方面,要有新的模式介入进行全新的运作。要适应商业模式的迭代,更要进行创新和融合。

在同仁堂知嘛健康店内,除拥有丰富的健康产品和服务场景外,运营团队还通过现代科技技术,对门店服务进行全面的赋能,从智慧导购和线上下单,到自助结账和订单配送,到运用AI/大数据实现远程服务等,全面实现线上线下消费场景的融合,将门店打造成符合时代潮流的大健康新零售数字化门店。

另外,同仁堂知嘛健康旗舰店的员工素质和形象以及旗舰店的购物环境,也都具有特色并与其地位相匹配。为了打造时尚和个性化的品牌形象,该旗舰店营造出充满人文情怀的购物环境,并在装修、规模、风格等方面都十分强烈地吸引人们的注意,让顾客在不知不觉中感到自己在这里领略了美、享受了美,使其在不知不觉中感受着同仁堂的品牌文化,进而体验一种全新的生活理念。

(四)核心竞争优势

同仁堂知嘛健康旗舰店(零号店)是在互联网和物联网的背景下,由同仁堂健康药业打造出的向大健康升级的超级概念店。这里有42个全新的小V体验场景,这些场景也是我们进行研发的模块。这里不仅是首家超级概念店,同时也承载着"知嘛健康"这个超级 IP 的全新灵魂。

1. 新科技

知嘛学院集合当前最前沿的思维和尖端科技，为大健康领域注入新鲜血液。ELO 屏、人脸识别、热成像检测、太空舱、智能魔镜、间接性低氧治疗仪、AI 面诊以及 24 小时的自动售药机等前沿科技设备，让健康体验告别传统印象，成为一种新风尚。

2. 新生态

知嘛学院提供一站式精准健康解决方案，从"象、食、养、医"的四大刚性需求，到各类"健康+"的融合业态，实现用户健康生活方式的全面提升，打造未来健康新生态。知嘛学院作为同仁堂健康药业的新零售研究基地，将持续以人、货、场等多元化维度为核心不断创新，打造大健康产业世界级新零售标杆。

3. 不可替代性

"春种、夏耕、秋收、冬藏"的八字箴言是同仁堂知嘛健康旗舰店遵循自然规律，以二十四节气等传统养生思想为核心打造出现代化健康解决方案平台的理念基础。同仁堂知嘛健康旗舰店（零号店）中打造了"象、食、养、医"四大要素，横跨了"象"——全面检测、"食"——食疗食补、"养"——养生调理、"医"——中医诊疗多个领域。同时针对中医九大体质、现代医学十大慢性病与十二种亚健康人群，围绕客户自身体质诊断信息，构建了以客户为中心的一站式健康体验服务平台。

4. 稀缺性

知嘛健康旗舰店里最出名的就是"24H 不打烊"无人售药机，全球仅有 10 台，零号店拥有的是亚洲最大的一台，能够容纳 9000 个 SKU，机器分拣准确度可达 99.8%，单次出药时间在 1 分钟以内。这台无人售药机是知嘛健康旗舰店 7×24H 服务不打烊运营模式的线下用户触点之一，未来通过 App、小程序等多个用户触点，知嘛健康旗舰店要做到的是打通线上线下，满足全时域、全场景、全健康需求，为客户提供服务。这也就是我们目前的 OMO 商业模式的一个场景——线下推流线上，再从线上融合线下的用户，资源互联。

5. 难以模仿性

零号店设有 9 间亚健康理疗诊室，设备分别来自美国、法国、意大利、韩国及中国本国，这些独具特色及功能各异的设备能够为消费者带来不一样的治疗效果，保持健康状态。理疗诊室覆盖纤体美容、睡眠调理、量子降脂、脊柱专科、疼痛专科、经络调理、心理治疗、体重管理以及检测专科。其他同行业内的竞争对手难以同时拥有如此之多的亚健康理疗诊室，给知嘛健康零号旗舰店带来独特的竞争优势。

（五）产品与服务

1. 健康产品及服务

同仁堂健康药业遍寻全球，遵循"中药材的道地原则"及其原生和野生的生长方式，确保采收年限符合国家药典规定与要求，并在最适宜的采收时令采摘，以达到原材料最佳的效果。

同仁堂知嘛健康旗舰店（零号店）集滋补养生品、天然草本、营养保健品、茶产品、健康饮品等多品类产品的研发、生产、物流、销售于一体，拥有冬虫夏草、燕窝、海参、石斛、西洋参、伍味方胶囊等高品质健康佳品，以及"总统"、悦活力、悦元素等众多优质子品牌。

茶饮坊、咖啡坊、红酒坊和健康酒坊均为健康解决方案中重要的日常饮品坊。茶饮坊致力于打造健康新茶饮，同仁堂健康药业的有机原生茶系列包含10种传统茶产品，比如祁门红茶、西湖龙井和云南的普洱。咖啡具有解酒护肝的效用，在补肝养血的健康方案模块中扮演着重要角色。零号店的咖啡与市面上最大的不同就是在传统咖啡的基础上，加入同仁堂自有草本饮片，打造草本咖啡，零添加，品质优良，调气养生。还有健康酒和红酒也对人身体健康有着很大的帮助作用，可以延年益寿、美容养颜。

烘焙坊作为食疗健康解决方案的出品方之一，让客户在日常休闲中也能时时贯彻健康生活的理念。烘焙坊内的产品是由大厨独立研发，采用有机食材，融入了同仁堂自己的产品元素，比如有机坚果、蜂蜜、谷物、枸杞等。烘焙坊是基于中西方两种文化结合的特色食养区。烘焙坊产品有三大特色：零添加，草本烘焙，根据二十四节气设计、研发产品。古膳坊分为西味厨房、植本厨房、樽养厨房和四季厨房。古膳坊承担着知嘛健康旗舰店健康解决方案中餐食疗养的功能。

同仁堂知嘛健康旗舰店拥有"象食养医"及"养颜动能"八大业务场景，覆盖各类商业业态，利用先进的设备、大数据分析和人工智能，在检测、追踪、治疗等多个环节重新诠释对"治未病"的理解，为用户提供多元化的个性体验以及定制化的精准健康服务方案。

108套亚健康一体化解决方案产品组合包括血脂调理、血糖调理、肠道健康、孕期关爱、养血驻颜、骨骼健康、疲劳缓解、纤体减肥、壮阳护肾、养肝明目、解酒护肝、养胃祛酸等，针对36种亚健康人群，每一种都分别由同仁堂健康药业特别邀请国医大师或国家级名老中医给予健康的一体化解决方案。其特点是方案易执行，产品服用方便，大部分为药食同源的产品，安全，无副作用；为传统滋补药材＋现代工艺剂型，中西合璧，动、植物滋补结合，协同起效。针对常见的亚健康病症，结合同仁堂健康药业的10大品类药物，包括中成药及未来形成的买手机制，为消费者遴选出更全面、广泛的、有品质保障的亚健康调理产品。柜台上面的数字化大屏可以轮流显示每一个亚健康人群的具体健康方案，大屏上面有一排结合人脸识别技术的摄像头，可以实时捕捉从柜台旁边走过的会员客户的面部信息，结合可穿戴设备、IOT、数字化应用、人工干预等精准追踪手段，在后台形成该会员客户的个体化专属健康方案。

2. 全国名医聚集地，构建基于亚健康和慢病管理的健康生态平台

同仁堂知嘛健康旗舰店（零号店）不是仅仅重塑了传统医馆，更建立了一个中医医疗生态，未来这个生态会整合全国60名国医大师、上千名名老中医、46万名注册中医

师、百万名注册营养师、8 万个分布在全国的体检机构以及 10 万个中医馆，共同为消费者构建基于亚健康和慢病管理的健康生态平台。零号店设有 4 间标准化的专家诊室，主要提供 10 个专业中医科室的服务，分别为：中医内科、中医外科、中医妇科、中医儿科、中医肿瘤科、中医骨伤科、中医针灸理疗科、中医不孕不育科、中医皮肤科和中医美容科。每个专科都会邀请中医大师坐诊，提供专业的健康医疗服务。在诊室的旁边，设有一间标准化的化验室，化验室采用的是德国和日本原装进口的化验设备，并且和国内资深权威检验机构合作，客户在这里不仅能进行常规的检查、化验服务，还能进行生化检测、基因检测、量子检测等高端检测项目。

3. 全球最大的中药调剂秀台

同仁堂知嘛健康旗舰店（零号店）3 层拥有全球最大的中药调剂秀台，双面展示，可以容纳 1000 多种精致饮片，为消费者提供全面的、有品质保障的中药服务。同时还设有煎药室，目前煎药室里有市面上比较先进的煎药设备，包括两台多功能自动煎药机、一台汤药包装机、两台膏方机、一台膏方包装机。患者看病后可以提供代煎药服务，一个多小时即可完成，而且减少有效成分的损耗，药效强，汤汁浓，方便、卫生，还能为客户配送到家。

4. 无人工厂

同仁堂知嘛健康旗舰店的数字化工厂采用了欧洲、德国和意大利最新的科技设备，在提高产能的同时，也大大减少了人力成本，将传统工厂的几百名工人缩减到只需要 20 多名工人，是目前智能制造的前沿技术。数字化工厂的全程无人自动化模式，也被称为"黑灯工厂"。在全球，世界级灯塔仅有 9 个，而同仁堂健康药业已经在逐步申请第 10 个灯塔。

（六）科技创新

同仁堂健康药业设立了健康研究院，拥有国家级工程研究中心及国家 CNAS 实验室等科研平台，承担了 5 项国家"863"计划项目，保健食品发明专利数、注册批件数以及新产品研发能力名列前茅。2020 年 8 月，同仁堂健康药业通过了工信部"中医药产品智能制造新模式应用"项目验收，实现中医药产品的智能工厂集成创新与数字化管理赋能，具备了国家级项目承担能力，树立了中医药智能制造模式标杆，满足了消费者全方位的健康需求。

健康研究院拥有先进的仪器设备、完整的分析方法和检测能力及可靠的质控管理流程，具有食品、药品一站式质量研究、标准制定、分析检测的能力。

健康研究院承担并完成科技部"863"计划、北京市科技创新、北京市十病十药等科研课题近 20 项，研究成果申请专利 50 余项。以智能制造 4.0 项目为核心的"中医药产品智能制造新模式应用"入选工信部"2016 年智能制造综合标准化与新模式应用项目"。获得国家食品药品监督管理总局（2018 年并入国家市场监督管理总局）颁发的保健食品批准证书 130 余项，50 项保健食品批件审批中，保健食品注册批件数以及新产品开发能力均持续保持全国第一的领先地位。

（执笔人：刘可婷，北京联合大学旅游学院2021级旅游管理专业本科生）

七、阅读空间类：角楼图书馆

（一）发展历程

角楼图书馆是位于北京的一座图书馆。其前身是左安门角楼，是老北京古城地标之一。北京的城门有"内九外七皇城四"之称，左安门就是"外七门"之一，始建于明嘉靖三十二年（1553），距今已有400多年历史。左安门角楼于20世纪二三十年代自然坍塌，城墙于1957年后拆除。经过两年时间的修复，左安门角楼在原址复建，复建后的角楼经过多方调研，最终确定化身为公共图书馆，打造成为充满京味的文化景观和城市名片。在传承、保护老北京地标性建筑原有风貌的前提下，稳固内外结构，升级装饰环境，完善设施条件，打造成代表北京历史文化的特色图书馆——角楼图书馆，成为为市民提供阅读文化的场所，让重展新颜的角楼飘进了书香味。

2017年10月28日，左安门角楼以图书馆的身份重张，对广大市民免费开放。角楼图书馆除了向市民提供阅览服务以外，还开展丰富的阅读文化推广活动。截至2017年10月29日，角楼图书馆是东城区第二图书馆分馆，以政府购买服务的方式委托专业文化公司来运营。

角楼图书馆在已形成的"最北京"特色及良好社会口碑的基础上，不断突破创新，拓展和整合各方资源。通过开展活动、新媒体传播、社群建设、互联共建等创新形式，进一步强化角楼图书馆作为北京文化新地标的品牌形象，不断提升角楼图书馆作为公共文化服务示范项目在群众心目中的地位。

2020年11月18日，上榜由北京市文化和旅游局、北京市商务局、北京市委网信办、北京广播电视台指导，北京市旅游行业协会、北京市演出行业协会、北京市动漫游戏产业协会主办的"首届北京网红打卡地阅读空间类"名单。

（二）运营管理模式

1. 实践立体阅读，形成良好阅读生态

立体阅读是将阅读的内容从平面的状态转变为动态的、纵向的、充满画面感的、参与式的、融入情节中的、多元的、超维度的阅读方式。角楼图书馆推出"阅读北京"特色活动，包括"书香九三"读书会、老舍读书会以及"魅力北京，大美中轴"系列讲座等，充分调动读者的阅读积极性，使他们对阅读的内容有了充分的体验、了解和认识。

2. 激发社群力量，构建互联文化社区

角楼图书馆注重与有一定社群流量基础的读书社团、机构、领读人开展合作，搭建了一个开放、共创、共享的社会化运营平台，让诸多机构和个人通过这个平台建立联系，共建一个阅读生态圈，实现资源共享、运营众包、内容众创和价值提升，通过社群融合、裂变的力量，让更多人达到同频共振，让更多资源快速聚集，提升公共文化服务的效率、效能，提升阅读服务的质量。比如其成功举办的"北京会客厅"活动，4年来共举办100场文化讲座，邀请各界文化名人、学者做客主讲，深入传播北京历史文化。

3.激发情感共鸣，唤起北京怀旧记忆

角楼图书馆举办的品牌特色活动分为阅读北京、聆听北京、艺术北京、品味北京4大板块，其中品味北京活动内容有北京风情人物画展、年味儿和京味儿画展、民俗体验活动、北京老物件展、北京小吃制作体验，市民们通过参与其中，能够深切感受到独具北京味儿的艺术文化和生活气息，凝聚"乡愁"回忆。很多远郊市民也来这里寻找关于老北京的记忆。另外，这里有北京地方文献图书7000册、纸质报纸30余种、期刊100余种，有着非常齐全的老北京历史文化特色书籍。书架上的书籍选择也特别突出了京味文化，文学区摆放着两排老舍文集和京剧传统剧本汇编，而历史类则有《北京地方志》《北京史》等多种讲述北京及各区县历史、文化、风俗的图书。

4.多元传播通道，扩展阅读推广媒介

随着社会的发展，图书馆不再是单一提供书籍借阅服务的主体，而是向知识服务者转变。角楼图书馆顺势而为，打通线下和线上的交互，利用多种渠道、多种媒介，进行立体化的阅读推广。一方面，围绕馆藏书籍的内容，组织相关主题的活动，如"北京会客厅""非遗52日"等，把延伸阅读、实物展示、分享交流与互动体验相结合，用一种立体化的阅读推广方式去强化读者对北京文化的认知；另一方面，利用微博、微信公众号、头条号、直播等多种新媒体手段和渠道，生产、组织、包装、传播与角楼图书馆书籍有关的内容，如"角图悦读""角图荐书"等栏目，并将内容特色化、主题化、标签化，形成一定的品牌识别度，即利用社会性网络进行深度的阅读推广。

5.形成数据支撑，构建高效反馈机制

运营团队基于互联网工具和平台，将运营工作细分、拆解，已形成标准化、流程化、规范化的工作机制，并通过技术手段，获取每一场文化活动多维度的基础数据，通过数据分析，可以及时对活动效果、内容运营、参与者偏好、读者体验等进行全面评估，形成科学、高效的结果反馈机制，有助于运营团队在工作过程中进行及时调整，不断优化服务质量。

（三）核心优势

"位于左安门的北京外城东南角楼，过去可算是老北京的地标性建筑之一，过去来京城的人，远远地看到角楼，就知道京城要到了。"东城第二图书馆馆长左堃这样说。为深入推动文化事业和文化产业的发展，完善公共文化服务体系，深入实施文化惠民工程，丰富群众性文化活动等，在东城区委、区政府的指导下，东城区文化委实施北京外城东南角楼的复建工程，并主持调研、论证工作，经多方调研、案例分析、方案比对，决定将其建设成为一座公共图书馆。同时，将图书馆定位为"最北京"的图书馆，彰显北京地域文化特色，传播北京传统与现代文化。经过两年时间，角楼得以复建，被打造成代表北京历史文化特色的角楼图书馆，并发展成为北京文化地标。

在精准的定位、定调下，角楼图书馆的软硬件达到天然协调的效果，给人以新颖、和谐之感，给大众创造了一个具有文化特质的公共场域。同时在内容运营、活动运营、品牌运营等各方面，也紧紧围绕"最北京"这个定位广泛而深入地展开，不断彰显和持续强化这一文化 IP。

（四）运营发展创新举措

角楼图书馆被赋予了"公共文化服务中心""阅读生活体验中心""文化社群交流中心""北京文化传播中心"四大功能定位，其运营采取的是"图书馆+"的创新理念，在传统图书馆的基础设施和软性服务的基础上，还植入了社群建设、新媒体运营、生活方式体验等诸多新理念、新思维、新做法，通过资源聚集、内容导入、社群活动、品牌传播，紧紧围绕老北京文化主题和特色，构建创新性、品牌化、专业化的"图书馆+"运营体系。

（五）疫情应对措施及未来发展方向

在新冠疫情防控情境下，角楼图书馆积极开展线上活动，通过微信公众号定期发表主题系列推文。公共号目前主要有"角图有展"、北京会客厅、非遗52日和"悦读"板块。"角图有展"系列推文以介绍角楼图书馆定期承办的展览活动为主，线上介绍与线下观展相结合，使大众在了解展览大致内容的情况下根据自身需要选择线下观展；同时在闭馆之时，也能推出"数字展览"，满足大众观展需求。"悦读"板块的精彩系列文章聚焦"北京生活"，有对影视作品或文学作品中表现的北京文化的挖掘，也有实用的北京生活指南。同时该板块还有数字图书、数字连环画和角图简笔画三个部分，基本囊括了角楼图书馆所有的线下书籍，角图简笔画还可以充分满足小读者对于简笔画动态学习和临摹学习的需要。同时角楼图书馆积极推出系列直播活动，采取公众号发布直播预告、微博进行直播的方式，邀请各领域专家作为直播讲师，丰富大众知识，满足大众需求。未来角楼图书馆将继续探索多渠道的传播方式，提升其知名度和影响力，积极探索跨界联合，提升品牌附加值。

（执笔人：王璇，北京联合大学旅游学院2019级旅游管理专业本科生）

八、文化艺术类："燕京八绝"博物馆

（一）发展历程

在北京市石景山区模式口大街，有一座承恩寺。此寺为明代古建，四进院落，始建于明正德五年（1510），落成于正德八年（1513）。承恩寺自明代以来即有"三不之谜"：不开庙门、不受香火、不设道场，所以又被称作"北京最神秘的寺庙"。寺门上有"敕赐承恩寺"的匾额，赐匾之人正是明武宗朱厚照。承恩寺在建成之后，朱厚照下旨派兵进驻，使得周边百姓不得进入承恩寺开庙门、进香火、做道场，自此承恩寺便成为百姓眼中的"神秘寺庙"。而寺门上的牌匾时至今日仍在诉说着旧时与皇家的联系。

到了清康熙初年，朝廷设立内务府造办处，并从全国各地选拔最优秀的工匠进入宫

廷服务皇家。清王朝覆灭后，造办处的工匠流落民间，在北京地区形成了包括金漆镶嵌、花丝镶嵌、景泰蓝、牙雕、玉雕、雕漆、京绣和宫毯在内的代表当时手工技艺最高水平的八项绝技，史称"燕京八绝"。

承恩寺与"燕京八绝"在天时、地利、人和之下结缘。2008年，北京奥运会成功举办，中国大国形象广为传播。那时作为清宫造办处第六代传人的柏群便开始思考可否提供一个全新平台，让"燕京八绝"融合为一、一体展示。但"燕京八绝"各具特色，融合发展谈何容易。于是他把当时"燕京八绝"的国家级传承人与工艺美术大师的二代传人召集在一起商量此事。最终，这群心怀志向、富有热情的年轻人一拍即合，决心共同努力推动提升"燕京八绝"的品牌知名度。2010年，北京"燕京八绝"文化发展有限公司成立。同一年，北京"燕京八绝"艺术馆在承恩寺落地。宫廷的建筑与皇家的艺术"走"到了一起，顺理成章，又相得益彰。

在柏群的带领和推动之下，从2017年起，"燕京八绝"艺术馆逐渐向博物馆发展运营模式转变，于是艺术馆所有的软硬件条件都朝着博物馆方向调整升级。直到2021年7月，随着北京"燕京八绝"博物馆的正式开放，承恩寺这座百年古刹也向公众揭开了神秘的面纱。随着博物馆的开放，博物馆展品也吸引着大众的目光。馆内收藏包括金漆镶嵌、花丝镶嵌、景泰蓝、牙雕、玉雕、雕漆、京绣、宫毯在内的"燕京八绝"工艺作品及古代木雕、根雕、石雕等工艺藏品数百件（套），是石景山区第一家正式经市文物局和市民政局备案审批的非国有博物馆，是北京市第一家在全国重点文物保护单位中设立的非遗主题博物馆，是北京市第一家将展示宫廷艺术和体验宫廷技艺相融合的多元博物馆，是中国第一家由近百位工艺美术大师和非遗传承人历时10年携手打造的匠心博物馆。博物馆展出的不仅仅是"燕京八绝"的技艺，也同时展示了过去的老物件、当代大师的作品。市民可以通过博物馆徜徉古今，既能够看到过去的"燕京八绝"艺术精品，也可以感受当代人传承的技艺。博物馆内数百件（套）凝结工匠心血与技艺的传世工艺品，与皇家古刹相互辉映。

（二）商业模式

不同国家、不同地域、不同类型的博物馆拥有不同的运营模式，但是大体上来看，欧洲博物馆多为政府支持，美国多为基金会支持。基金会支持模式是指相关基金会通过自筹、接受捐助、接受委托等方式获得资金和展品，并运用会中理事的社会资源，通过游说政府等方式获取其他必要支持，以此达到自我营销、建立品牌的效果与目的。国内基金会支持的博物馆项目较少，更多的则是企业进驻支持博物馆发展。

"燕京八绝"的传承人和工艺美术大师取得共识之后，2010年，北京"燕京八绝"文化发展有限公司成立，该公司是由"燕京八绝"传承单位、国家级非物质文化遗产传承人和工艺美术大师共同筹组成立的一家旨在抢救、挖掘、传承、发展国粹"燕京八绝"的文化创意型企业。2015年，北京"燕京八绝"协会成立，聚集了近100位工艺美术大师和非遗传承人。2020年，经过10年的努力，北京"燕京八绝"艺术馆正式升级成为北京"燕京八绝"博物馆。总体上来看,北京"燕京八绝"博物馆采取民营企业运营为主、政府支持为辅的模式,接受市场资本,在提升博物馆活力、转化博物馆发展方式、提升博物馆发展的多重效应等方面具有重要意义。

另外,从"燕京八绝"现有的发展状况可以看出,"燕京八绝"的商业模式实际上还是传统的生产制造型企业。其商业收入主要包括以下几个方面:①门票收入。"燕京八绝"博物馆通过门票销售实现商业收益。顾客根据需求选择适合自己的门票,如普通门票、优惠票、团队票等。不同类型的门票价格不同,在客群覆盖面上能够起到良好作用。②文创产品销售。在新的经济发展环境下,居民文化消费提高,文创产品得到了极大发展,给博物馆带来了更高经济收益。2022年1月24日,"燕京八绝"博物馆开展以"虎年贺岁,冰雪之约"为主题的活动,首次发行文创商品,运用非遗工艺,制作出金漆镶嵌螺钿新工艺手表,进行限量发售。之后博物馆也是通过设计、制作和销售各种文创产品,进一步推广和宣传"燕京八绝"传统文化,在增加收入的同时也能够满足消费者的精神消费需求。③活动承办。"燕京八绝"博物馆还通过举办各种文化活动来传扬非遗文化并招商引资。比如举办燕京文化主题展览、古代手工艺品展示、传统文化体验活动等,吸引更多游客前来参观和体验,同时也为博物馆带来更多的商业机会。

"燕京八绝"博物馆馆长柏群介绍,北京"燕京八绝"博物馆是对外交流推广的平台,让人们在文艺的殿堂中走近"燕京八绝",提升"燕京八绝"的知名度和影响力。这背后是北京"燕京八绝"协会近百位工艺美术大师和非遗传承人的文化支撑。"燕京八绝"公司则负责进行市场化运作,让传统手工艺作品更好地融入当代生活。三位一体,共同开拓"燕京八绝"非遗文化在当代的价值和意义。

(三)运营管理模式

1. 活动多元,助力非遗文化传播

政府支持意味着可以拿到更加优质的资源、质量更高的场地以及政府集中力量办大事的优势。在政府支持运营模式之下,"燕京八绝"协会自进驻承恩寺以来,已经举办过多场活动,不仅仅为古刹的更新发展提供了活力,也成为传承人对非遗项目的活态传承和活态保护的一种践行。柏群说:"我们在2016年举办了40场的主题活动,2017年是70场,2018年是127场,2019年是141场。这里面很多活动是在承恩寺举办的,虽然现在这里还没有完全对社会开放,但实际上已经体现出了它的文化价值。通过'燕京八绝'的入驻,把这里打造成了一个既是国家级非物质文化遗产高端的展示窗口,又是宫廷皇家文化惠民的平台,将物质文化遗产与非物质文化遗产进行充分融合。"

依托北京"燕京八绝"博物馆,北京"燕京八绝"协会至今已举办了超过500场主题文化交流活动,活动不仅在博物馆内举办,还走进了学校、机关、社区、军营等,在最广阔的范围宣传以"燕京八绝"为代表的中华优秀传统文化。柏群说:"在走进校园的时候,我们会让广大青少年近距离地感受传统手工艺。我们还在大运河文化带、长江经济带上的主要城市进行作品展示和公益展演。我们还走进了粤港澳大湾区,也走出了国门,在加拿大、俄罗斯、美国、法国、德国等国家,留下了我们弘扬中华优秀传统文化的足迹。我们这样做既是在传播华夏五千年的灿烂文明,也是在助力中华优秀传统文化在当下这种各美其美、美人之美、美美与共的发展环境下发挥其更大的作用。"

表 3-1-2 相关主题活动一览表

主题活动	时间	主题	内容	意义
主题文化活动	2022年1月24日	虎年贺岁 冰雪之约	"燕京八绝"首次发行文创商品,运用非遗工艺,制作出金漆镶嵌螺钿创新工艺手表	将文化创意与相关产物相结合,使传统文化的精神和含义从实物中体现,帮助人们理解以及更好地传播文化
	2022年11月8日	促进国际文化交流 添彩"2022北京白塔文化周"	非遗传承人在现场进行文化交流互动与技艺展演,加强国际文化交流	促进了中尼两国文化的交融共享,展现了中华优秀传统文化
	2023年2月4日	北京市人民检察院第十二检察部检察官一行参观考察北京"燕京八绝"博物馆	通过"'燕京八绝'承恩文化传习大讲堂"平台,为大家介绍了"燕京八绝"的传承创新发展历程	活动可以直观感受和体会中华优秀传统文化的学习实践,既体现了匠心传承,也精准地诠释出了"工匠精神"的内涵和价值
	2020年10月31日	非遗项目走进课堂 金漆镶嵌传承开讲	高校师生走进北京金漆镶嵌有限责任公司,实地开展了"走进非遗体验课——金漆镶嵌"主题参观和体验活动	鼓励同学们认真学习非遗文化知识,自觉承担起非遗保护、传承、发展的重任
	2022年3月8日	礼行天下 仪见倾心——承恩文化传习大讲堂走进东城区司法局	"燕京八绝"承恩文化传习大讲堂在东城区司法局精彩开讲	为推动建设国际一流和谐宜居之都贡献力量,以优异的成绩迎接党的二十大胜利召开
技艺展演	2020年11月30日	非遗技艺走进北大附中 学子体验"点蓝"技艺	"匠心传承——北京'燕京八绝'工艺体验之旅走进校园"系列活动在北大附中石景山学校举办	非遗技艺进校园对于学生来讲是很珍贵的学习机会,通过体验非遗技艺,感受匠人的传承与创新
	2020年10月31日	工艺体验之旅走进五里坨街道 市民品鉴景泰蓝制作技艺	陈方程作为传承人介绍了景泰蓝技艺的特点和制作流程,并表示作为新时期非遗传承人,将继续发扬工匠精神	向社区街坊展现非遗工艺,让非遗工艺走向大众,得到传播
技艺展演	2020年10月31日	捉刀代笔传承盛世红,大国工匠承恩展演正酣	秉承"高端普惠"的文化理念,北京"燕京八绝"文化发展有限公司发起了"'燕京八绝'传承大师技艺展演"系列活动	通过活动拉近传统工艺与当代社会、市民百姓的距离,让老手艺获得新生,让新的时代因传统手工艺作品而洋溢温情

2. 模式多元化，助力价值创造

（1）客户细分和价值主张

在区域实现"融合山水谋发展，建设首都西大门"的总体发展思路上，形成"构建高端普惠的文化生活体系"战略思想。在这种战略思想的指导之下，"燕京八绝"的主要客户群体是高端用户，同时兼顾低端消费者，打造不同的旅游纪念品，其价值主张是塑造新的文化生活体系。另外，为了让非遗走向大众生活，满足大众消费群体的需求，"燕京八绝"博物馆开始围绕着自己的优势开发一些文创产品，陆续推出了使用金漆镶嵌、京绣、景泰蓝等工艺的绣花手绢以及木制家具、化妆盒、生活用品等，物美价廉。还和服装公司合作进入时尚界，设计、创造出了融合"燕京八绝"相关元素的服饰、手包，不仅降低了消费者的购买门槛，而且也有利于提高消费者对"燕京八绝"的认知度。其产品表现形式不再只是宫廷艺术，而是与时俱进展现了时代特征。

（2）销售渠道的融合与拓展

"燕京八绝"博物馆采用线上与线下相结合的方式进行产品售卖与宣传。线下采用实体销售，通过销售人员的客户关系以及在市场上形成的口碑，逐渐扩大客户群体的网状销售。线上主要借助于微商的平台销售，客户可以通过"'燕京八绝'博物馆"的官方公众号进入线上商城，里面对于商品有着详细的分类以及介绍。另外，通过各种国内外博览会、社区展会的形式，不仅宣传了产品和品牌，也为潜在客户群体提供了合作、购买的机会。

（3）锤炼核心资源与能力

"燕京八绝"作为传统工艺美术的重要代表，其中的"匠人精神"是品牌的重要内涵。"燕京八绝"中追求极致的工艺技法便是"匠人精神"很好的表现。在"掐丝"环节需要匠人对丰富多样的图案造型有着深入的理解和总体把握，因为在同一件作品上，有些图案是规律重复的，这就要求工匠将每一个图案都做得一模一样，规格、造型达到一致。北京工艺美术大师黄小群指着一件景泰蓝器皿作品说："这件作品上面有几千个'回字纹'，匠人在'掐丝'时，要做到每一个'回字纹'的每一笔、每个结构都相同，要把每个这样的图案都做得精致本身就是一绝。"不仅仅是这一项技艺需要传承人精湛的手艺，其他技艺也是如此。通过一件件产品我们可以窥探到非遗传承人的心血与付出。

除了苦练基本功，使技艺炉火纯青之外，还要不断地在作品的题材、立意、内涵上下功夫、花心思，让作品在承载、体现中华优秀传统文化的同时也散发出灵感的光芒。为了让更多的人消费得起制作耗时耗力、价格高昂的雕漆器，"燕京八绝"的雕漆技艺北京工艺美术大师刘博闻尝试对雕漆的制作工艺进行诸多改革，比如改变漆的配方，生产出不同柔韧性、坚固程度和质地的漆，同时改变工艺，既保有传统手工工艺也采用机器雕刻技术，从而制作出不同成本、不同使用场景的作品，以满足不同的市场需求。

"燕京八绝"产品使用的都是上好的原料，配上独具匠心的设计与雕琢，加上手工艺人经年积累的精湛技艺，呈现出的作品自然是巧夺天工般的绝世佳作，每一件都是精品。据悉，非遗传承人柏德元15岁进入原北京金漆镶嵌厂全面学习髹漆技艺，1983年与师傅王珍共同研发雕填类断纹产品取得成功，恢复了失传的绝技。在此基础上，他不断创新，如今已71岁依然坚守在生产一线，坚守传承和发展，带徒传艺，真正体现了"工匠精神"。

3. 非遗传承

（1）非遗传承中"人"的关切

在非遗传承中，人才的培养是重要的一环，"燕京八绝"也不例外。"燕京八绝"非遗传承要求制作者技艺高超，这种技艺不是一蹴而就的，而是需要长年累月积累训练出来的，同时也要求传承人要有兴趣、有毅力、有天赋，还要耐得住寂寞。为此，为了让"燕京八绝"非遗技艺得到传承发展，"燕京八绝"博物馆馆长柏群努力整合了八种技艺，积极打造品牌平台，吸引那些喜爱"燕京八绝"的人们。2017年，在《关于实施中华优秀传统文化传承发展工程的意见》引领下，馆长柏群提出要恢复北京宫廷绝技，提出"当代造办处"的概念，力图再度扩大展示平台，提升非遗技艺的知名度和美誉度。博物馆面向社会进行招聘，从而更好地发掘、网罗人才，使其加入非遗传承的队伍之中。创立品牌平台的举动不仅仅宣传了非遗文化，同时也能够起到引进人才的作用。

除去社会招聘，提前签订合作协议也是招募和培养非遗人才的一种尝试。北京金漆镶嵌有限责任公司与北京市工艺美术高级技工学校签订校企合作协议，实行非遗传承人的"科班培养制"。通过派遣传统工艺大师及高级技工赴校授课，开设金漆镶嵌专业班，实行"毕业即就业"的制度，让在学校学满两年基础知识的学生直接下厂实习，为金漆镶嵌提供了人才培养的"绿色通道"。人招进来了，如何培养也是关键。通过派遣每个进入公司的新员工下到生产车间去锻炼，让他们在各车间轮岗学习，从而发现自身兴趣及优势之所在。此举措，一方面可以发掘出优秀人才，让脱颖而出者得以拜师，进入谱系；另一方面，也可以让老师因材施教，提高效率。

另外，柏群还提高青少年学徒的工资待遇，为他们免费提供宿舍，还在企业内部引入绩效考核机制，帮助青年技工增产创收。这在一定程度上起到了保留青年人才、储备后续力量的作用。

（2）打好组合拳，助力非遗传承与创新

为了进一步促进非遗扩大影响力、提升效益，博物馆在展览规划、传承创新、官网传播等方面进行了努力。首先，在展览规划方面，"燕京八绝"博物馆在展览区域，将其典型的文化产品、制作工艺、历史渊源等呈现出来，并通过展示精美的手工艺品，向公众介绍非遗文化的魅力和价值。还邀请专家学者对"燕京八绝"文化进行深度解读和分析，并开展演讲、座谈等活动。其次，在传承创新方面，"燕京八绝"博物馆设立非遗手工制作工作室，邀请具有代表性的非遗传承人亲自示范制作过程，让更多的年轻人接触到非遗文化,从而传承创新这些珍贵的传统技艺。最后,"燕京八绝"博物馆也充分利用好互联网优势,积极丰富官网非遗内容。"燕京八绝"博物馆不断丰富官网的板块与内容,现如今的官网上,我们可以清楚地了解非遗工艺、欣赏非遗作品等,这对于非遗文化的传承和保护起到了重要作用。

(四)运营团队介绍

柏群,男,1974年7月出生,研究生学历。清宫造办处第六代传人,国家级非物质文化遗产金漆镶嵌髹饰技艺代表性传承人,民建中央文化委员会委员,北京市石景山区人大代表,北京"燕京八绝"协会会长,北京金漆镶嵌有限责任公司董事长兼总经理,北京"燕京八绝"文化发展有限公司董事长,北京"燕京八绝"博物馆馆长,北京中小企业国际合作协会会长,北京市石景山区文化创意产业联盟常务副理事长,同时兼任民建北京市委文化委员会委员、民建石景山区工委副主任委员等职务。

2017年,柏群荣获"北京榜样"月榜人物称号和提名奖;2018年,被文化和旅游部评为"全国非物质文化遗产保护工作先进个人";2019年,荣获年度"北京扶贫协作奖"——爱心奉献奖;2020年,荣获"第七届首都道德模范"提名奖和"民建全国优秀会员"称号;被北京市认定为"北京老字号工匠",并全票当选为新一届北京"燕京八绝"协会会长;2021年,荣获北京市石景山区第一批景贤计划"顶尖人才"。

(五)未来展望

1. 融入博物馆之城规划,助力全国文化中心建设

《北京城市总体规划(2016—2035年)》确定了"一核一主一副、两轴多点一区"的城市空间布局,依据首都城市建设的顶层设计,北京文化旅游的发展确定了"一轴三带"的总纲目标;与此同时,《北京市"十四五"时期文物博物馆事业发展规划》也将做好首都文物工作,高质量推进"一轴一城、两园三带、一区一中心"建设作为新发展格局下的重点任务。具体而言,"一轴"指中轴线,"三带"指大运河文化带、长城文化带、西山永定河文化带。两个关乎首都发展的重要规划同时提及博物馆在首都文化与旅游建设中的重要地位,于是建设博物馆之城成为首都旅游良性发展的源泉。

北京多地区、多部门积极响应北京博物馆之城建设,纷纷推出相关政策助力地区博物馆建设发展。"燕京八绝"博物馆地处石景山模式口街区,可乘政策东风,借力西山永定河文化带的战略定位,不断提升自身实力,凭借自身的京味儿特色,以及非遗特性和市场化的运作方式,构建以"燕京八绝"为中心、以北京特色非遗为基础、联动全国各地优秀非遗的发展模式,打造成为西山永定河文化带新地标,既在发展中提升自身效益、丰富文化内涵,同时也能够积极融入北京博物馆之城规划,为博物馆之城建设发展注入新动能。

2. 精准识别市场,优化细分市场营销

新中产阶级市场的选择。尽管博物馆的宗旨是向公众开放,并力求对每个阶层、每种人群都友好,但从全球经验来看,受过良好教育的中产阶级才是博物馆的主要受众。

一是因为中产阶级具备"集中在大城市生活,重视子女教育,重视参与子女生活,有一定爱好和追求"等特征,是博物馆的典型受众。二是我国中产阶级正在不断壮大,不断丰富、更新、具有特色的博物馆也将在未来的中产阶级休闲生活中扮演着重要角色。相关数据显示(见图3-1-3),博物馆的受众群体正在不断年轻化。所以"燕京八绝"博物馆在未来市场的定位与消费者人群的选择上,应当注重中产阶级,了解其休闲偏好、消费习惯与倾向,研究相关信息对博物馆自身的发展具有重要意义。

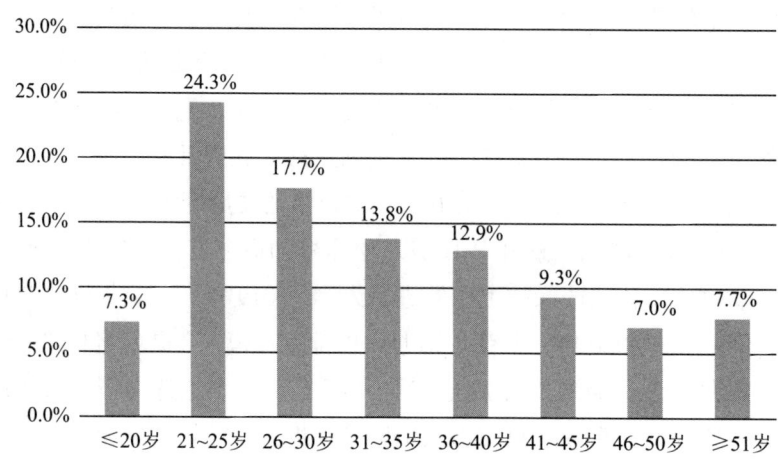

图3-1-3　博物馆的核心消费人群年龄结构

注　数据来源：同程旅行,《中国博物馆主题游报告2020》,笔者整理

研学旅游市场的发力。随着我国经济社会的发展,旅游消费逐渐成为居民们消费的常选项。我国旅游市场随着发展在不断地进行细分,多类型的旅游现象出现,房车旅游、露营、自驾游、周边游等逐渐兴起。研学旅游凭借可以接触自然与科学、了解人文与历史、在游玩中学习与成长等特性逐渐成为市场上的紧俏产品。越来越多的家长和学校也愿意选择与相关机构合作,举办研学旅游活动。"燕京八绝"博物馆地处京郊,依靠承恩寺古刹文化场所与模式口历史文化街区,具有鲜明的历史文化特色与相关历史文化景点的吸引力。且"燕京八绝"非遗较多,需要学生动手和动脑,能够亲身体验与学习相关非遗技艺,在趣味性、体验性、历史性、文化性等方面具有显著竞争力。所以与研学机构、学校进行洽谈合作,发力研学旅游市场,既可以丰富客源、创造经济效益,也能够提供非遗文化技艺展示平台,培养学生非遗传承意识,提升其非遗传承兴趣,助力"燕京八绝"潜在传承群体的培育。

3.注重非遗传承人培育,助力"燕京八绝"可持续发展

如何推动非遗技艺传承是大多数非遗传承人所面对的现实问题。由于技艺复杂、经济效益低、公众了解不够、传承意识淡薄等原因,非遗技艺传承正遭遇多重问题,甚至有些非遗技艺出现后继无人的局面。"燕京八绝"也是如此。作为源自宫廷的"皇家专攻","燕京八绝"追求极致的工艺技法与设计理念。以金漆镶嵌工艺为例,它包括金漆彩绘、镶嵌、雕填、刻灰、断纹等不同工序，其中仅金漆彩绘就需要以各种色漆和金银粉为颜料，使用特制的画笔在制作好的各类漆胎上进行描漆、搜金、贴金等，最终形成交错繁复、绚烂大气的图案。据"燕京八绝"博物馆馆内工作人员介绍，一具使用传统金漆镶嵌工艺做成的屏风，需要由几位匠人共同合作，历时三四年才能完成。如此繁复的工序让不少人望而却步。"燕京八绝"协会的会员们也注意到这个问题，不断通过各种方式促进"燕京八绝"非遗技艺的传承。所以在未来的发展中，"燕京八绝"博物馆既要坚持正在做的非遗传承相关策略，同时也应不断创新非遗传承方式，即引入市场化手段，与企业合作，提升非遗价值，拓宽销售渠道等。也可以创新宣传营销方式，通过举办非遗活动和与其他场馆进行跨界联合提升知名度和曝光度。或者与中小学合作，让非遗走进校园，让孩子们较早接触非遗、了解非遗并产生一定的兴趣，从小培养下一代非遗传承人。同时也应当关心非遗传人的生活情况与价值获取，为非遗传承人争取到实实在在的经济效益，助力"燕京八绝"的可持续发展。

4. 数字赋能博物馆建设，IP 凸显非遗特色

互联网技术在最近几年的发展使人眼前一亮，其在提高生产力、提升效率、降低企业成本等方面得到多方认可。但是人工智能等新兴技术也引起了许多人的担忧与怀疑，尤其是最近由 Open AI 推出的人工智能 Chat GPT 及相关产品既叫好又使人担忧。但是无论怎样，归根结底，科技是把双刃剑，在把握好尺度与规则的情况下可以利国利民。尤其在新型冠状病毒疫情的影响之下，多数公共场所选择关闭，博物馆也选择将展览方式从线上转到线下，并取得了新的发展与良好效果。3 年疫情之后的线上展览仍然存在，并且不断创新展览方式，在整体营销塑造、引流消费等方面发挥了重要的作用。"燕京八绝"博物馆也应当紧跟数字化发展的时代趋势，抓住数字化发展的时代红利，创新博物馆的营销宣传方式，转变发展思路，抓市场机遇。

一是展览方式数字化。这里主要是指通过数字化技术，包括 AI 技术、VR 技术、影像技术对博物馆的场景进行虚拟化或三维图像化，实现在线便可通过网络游览博物馆，尤其是展览品的数字化虚拟展示。"燕京八绝"博物馆的主要展览品是"千万文华"的非遗技艺。精湛非遗技艺与非遗精品。虽然"燕京八绝"博物馆做了一些相关尝试，但是仍然存在着技术程度较低、展览方式以图片和视频为主、较为传统等问题，难以展现非遗艺术品的精美与细腻。Google 公司设计了 Google Arts & Culture 程序，将全球 70 多个国家的 1000 多家博物馆通过 VR 技术汇聚到应用程序之中，展示了博物馆的艺术画作、古器物、工艺品等馆藏精品，不再仅仅是静态的图片方式，而是 VR 虚拟实体感的展览方式，让用户用一部手机便能浏览全球著名博物馆的艺术品并近距离地欣赏馆藏精品的细腻之处。"燕京八绝"博物馆也应不断创新展览方式，以 3D 立体等方式为公众带来欣赏非遗新模式。但是因为线上展览多为免费的形式，所以不排除看完线上展览不去线下消费的情况，所以也需要平衡成本与收益之间的关系。

二是沉浸式场景与体验的塑造。近几年"沉浸式体验"是一个热词，越来越多的目

的地景区、商业酒店、主题公园、剧本杀线下实体店等均布局"沉浸式"业态，以期取得更好的消费体验。沉浸式更多的是指线下沉浸体验，通过VR等数字技术增强消费者的视觉和感官体验，带给消费者不一样的感受。沉浸式体验不仅仅局限于数字化的技术，可以通过现代技术构建新的场景，也可以使用非技术手段打造不同于现实的异质体验。尤其是对于"燕京八绝"博物馆来说，更多涉及的是非遗技艺的展现与体验。基于此，可以通过让体验者穿相关的传统服装进行非遗的制作，虽然并没有涉及数字化沉浸，却已经可以为消费者提供不一样的沉浸式体验。另外，在展览方式上，可以打造相关非遗制作场景或者前世今生的故事讲述等，并可以设置知识内容交互环节，如大唐不夜城近期火出圈的"盛唐密盒"等相关形式，将知识获取、沉浸体验和愉悦获得等相融合，丰富并提升观众体验。

三是非遗特色IP的构建。不同的博物馆、不同的馆藏品类展现着博物馆的不同特色。故宫作为中国博物馆界的顶流，其成功原因可归结为多个方面，但是故宫IP的打造功不可没。无论是调皮的皇帝还是故宫的雪景，每一个都成了大众的热点。故宫逐渐从一个遥不可及的皇家紫禁城转化为活跃在大众身边的"网红"形象。所以在未来，"燕京八绝"博物馆也可以通过多种方式进行属于自身博物馆IP的打造，在打造的同时可以借鉴其他博物馆的成功经验，尤其要注意应当打造具有本馆特色的非遗IP，提升市场区分度与辨识度。可以通过影视化IP打造非遗传承人与非遗技艺的相关纪录片、设计"燕京八绝"非遗IP形象等方式，构建属于自身的IP帝国，讲好"燕京八绝"非遗故事，提升公众关注度。正如故宫轻资产运营发展模式，故宫的轻资产的运营是基于数以万件的后资产，不仅仅是藏品的数量，更是悠久历史的深刻内涵。与之相似，"燕京八绝"博物馆既有历史的厚度，也有自身的特色与魅力，以期后续由重资产运营转向轻资产运营，基于IP衍生出多元化、特色化、体验化的文创产品，延长产业链，丰富发展内涵。

（六）结语

近几年，随着国家对于文化休闲和公共文化服务体系构建的重视与推广、大众休闲的兴起与新中产阶级的扩大，民众的文化消费需求逐渐增加，参观博物馆正成为越来越多人的选择。但是随着参观博物馆人数的增多、访客需求的多元与多变，博物馆也面临着新的挑战。挑战往往伴随着机遇与成长，"燕京八绝"博物馆作为京味儿文化突出的特色博物馆，应当抓住时代机遇，在营销方式、运营模式、品牌塑造以及数字化发展方面推陈出新，积极融入北京文旅发展格局，推动北京市博物馆之城的建设。以北京培育建设国际消费中心城市为契机，持续打造文旅新消费品牌，进一步释放文旅消费潜力，成为展示北京城市魅力和时尚消费的新标志，为市民和游客提供一份高品质的北京文旅消费的新指南。同时，也应让传统手工艺品更好地融入当代生活，积极探索让非遗融入市场、激发文化潜力的道路，激活传统非遗的现代价值，让"燕京八绝"从"皇家专供"进入"寻常百姓家"，让非遗文化拥抱时代，积极融入社会生活，推动"燕京八绝"创造性转化、创新性发展。

物质文化遗产承载灿烂文明、传承历史文化、彰显民族精神，是老祖宗留下的宝贵遗产，也是展现国家优秀传统文化的窗口与平台。促进"燕京八绝"的活化利用与传播发展具有深刻意义。自从"燕京八绝"博物馆成立以来，柏群更加坚定了传承非遗文化的思想，他表示"中国文化的魅力和影响力已经传播到世界范围，非遗传承人更要'以器载道'，用丰富广博的传统文化知识打动观众"。

（执笔人：罗宏伟，北京联合大学旅游学院 2019 级旅游管理专业本科生；
王烨萱，北京联合大学旅游学院 2022 级旅游管理专业本科生）

第二章　文旅"双创"企业案例

一、大连博涛文化科技股份有限公司

(一)企业简介及发展历程

"做地标,找博涛!"这是来自17岁博涛文化的自信。2005年,大连博涛文化科技股份有限公司(以下简称"博涛文化")成立,正式进军动漫软件行业。在文旅融合的大背景下,博涛文化已经成长为国内一流的游乐创意落地集成解决方案供应商,并在东京、悉尼、奥兰多设有分公司/合作代理机构,正在向"中国旅游景区高科技娱乐开发第一品牌"迈进!

1. 初创期——爱"折腾",爱极致

爱"折腾",爱极致——这是博涛文化创始人肖迪(肖将军)带给博涛文化的印记。

肖迪爱"折腾",热爱美术的肖迪原本立志报考美术学院,但因为某些原因报考了理工科专业。毕业后的肖迪仍放不下那个美术梦,于是选择了继续攻读美术学研究生。因为成绩优异,肖迪获得了留校任教的机会,是别人眼中成功的人。然而教了8年书,肖迪却觉得太安稳、太枯燥、太规律了,于是选择了辞职。

当然肖迪也爱极致,肖迪从小便热爱变形金刚、高达、大闹天宫等天马行空的东西,这些荧屏中活灵活现的东西启发他将雕塑与机械结合,"让雕塑能动起来,这不是很好玩吗"。而且他拥有扎实的机械与雕塑理论和实践知识,行动似乎不困难。2004年,肖迪跟随政府考察团前往日本,考察了东京迪士尼和日本环球影城,那儿拥有大量高科技和艺术设计融合的游乐项目,而彼时的中国市场还是空白,肖迪认定这将是他未来"主攻"的方向。

然而当时市场并不成熟,博涛文化只得专做内容生产与设计,尚未涉及文旅。当然,肖迪带给博涛文化的印记——爱"折腾",爱极致,以及成立博涛文化的初心并没有变,这为日后博涛文化搭上文旅的东风打下坚实的基础。

2. 发展期——拥抱文旅,水到渠成

"传统旅游项目普遍存在三大痛点:景区缺内容,文化缺载体,游客缺体验。"肖迪总结道。其实许多传统景区也意识到了这一问题,球幕影院就是解决这一问题的利器。作为一种新式影院系统,球幕影院以裸眼3D效果,以及独特的视觉冲击力、环绕立体声效让观众有强烈的沉浸感,可以极大提升游客体验。然而,球幕影院相关技术均为国外厂商所有,而且引进动辄亿元起,于是博涛文化找到了能证明自己实力的切口。"大型球幕影院这类产品在中国市场是有大吞吐量的,当我们把这款动辄亿元起的产品变成千万元级别的产品,中国市场就为博涛文化'洞开'了。"肖迪表示。

因为相关技术均为国外厂商所有,博涛文化只能一步步摸索,软件、硬件、结构乃至内容开发,博涛文化都需要从零到一蹚过去。经过3年的奋战,博涛文化终于拥有了有自主知识产权的巨型球幕影院产品,更令人惊叹的是,这款动辄亿元起的产品现在只要100多万美元。肖迪不忘调侃曾经的国外商家:"没错,我们中国人做到了,就是100多万美元,如果外国人嫌自己的产品太贵,欢迎来买我们的!"直至今日,球幕影院依旧是博涛文化的拳头产品,爱"折腾",爱极致的博涛文化将之进化成了360极限飞球。360极限飞球不仅受到消费者的喜爱,也得到了挑剔的景区和主题公园的赞许,因为"当年规划,当年建设,当年落地,当年运营,当年盈利"的特性更是被誉为景区的"二消明星",并荣获文化部"一带一路"文化贸易与投资重点项目。

博涛文化也在发展期步入了文旅规划设计领域,他们可以为客户提供天马行空般精彩的创意策划,还可以通过扎实可行的技术将创意落地。如今博涛文化团队已经在全国范围内的100多个城市设计、打造了创新型游乐项目,其客户包括海昌、万达、融创、长隆、华侨城等。

中国市场不仅为博涛文化"洞开"了,而且是"大开"了!

3. 成熟期——中华巨兽,领航文旅

2015年,博涛文化挂牌新三板,经过10年的长跑,博涛文化已经是高科技娱乐体验产品及多媒体工程方案解决商和内容提供商。凭借文旅融合的东风,博涛文化不仅在产品市场上大获成功,也在资本市场上大受欢迎,先后获得央企(中青旅控股股份有限公司)和地方省级旅游集团(陕西旅游产业投资基金合伙企业)的关注。在发展期,博涛文化通过球幕产品,全国布点,以点带线,以点带面,推出"球+N"模式,逐步发展成一球、一馆、一街。成熟期的博涛文化更加从容,也更爱"折腾",爱极致。

"让雕塑能动起来,这不是很好玩吗",肖迪从未忘记自己这句话。而成熟期就是最好的时候,通过这个"能动的雕塑",吸引巨大流量,从而激活一球、一馆、一街等商业模式。2016年,博涛文化开始了重型机械动力驱动机器人研发,肖迪在央视《逐梦年代》节目中曾回忆过这段经历:"博涛文化团队大概花了3年的时间进行研发,超过1000个零部件,全部是从零开始设计,全过程我们画出了3000多张图纸。"2019年,由博涛文化团队打造的中国全自主知识产权研发的大型高科技巡游表演机器马——中华巨马在开封清明上河园正式亮相。这一作品不仅开创了博涛文化中华巨兽系列,更填补了国内文旅产业大型高端仿生巡游表演巨兽的空白。凭借巨大的轰动效应,2021年央视节目组邀请博涛文化创作了5头金色巨牛,这5头金色巨牛走上了华人最盛大的舞台——央视春晚。

"作为文旅企业,我们不能被动迎合趋势,要始终领先一步。"肖迪说道。也许这是过去17年博涛文化取得巨大成功的最好注脚,也是博涛文化面对未来瞬息万变的基本策略。文旅行业,游客的需求一直在变化,供给也一直在追逐乃至引领这一变化,博涛文化也一直参与其中,积极探索"国潮+科技"、数字文旅、创新等议题的可能性。

爱"折腾",爱极致,博涛文化一直在路上。

(二)商业模式

博涛文化当前的定位是高科技娱乐体验产品及多媒体工程方案解决商和内容提供商。

博涛文化当前拥有一批艺术家和工程师,拥有整合内容制作和高科技体验技术,具有较强的文化创意能力和整体规划、执行能力,并能够通过计算机图形图像学、软件系统开发和系统硬件集成等方式满足客户定制化需求。

主要客户包括各大文旅集团、景区、主题乐园、电影公司、游戏公司。

针对文旅集团、旅游景区、主题乐园,博涛文化主要为其提供高科技文旅工程项目的设计与实施,此项目由销售部门直接与客户沟通洽谈,根据客户的需求定制一体化解决方案并落地实施。其中商业模式较为成熟的"360极限飞球"部分采取与景区合作经营、收益分成的方式,从而开辟了新的盈利点。针对日本、欧美等国家和地区的动漫外包服务,主要由日本子公司在日本当地承接项目,由公司总部进行开发制作。

凭借集成度极高的球幕产品,博涛文化打造具有多元互动体验的一站式创新型文商旅相结合的城市地标项目,而中华巨兽系列则作为流量引擎,激活一球、一馆、一街,带动消费。

经过17年的历程,博涛文化在商业模式上无论是纵向还是横向都得到了发展,无论是需求端还是供给端都得到了深化。毫无疑问的是,博涛文化的商业模式将会继续发展、变化,但更有底气、更有信心。

(三)运营管理模式

1. 艺术与工程交织,用科技激活文旅

博涛文化创始人肖迪认为未来的文旅项目应该朝着更科技化、更讲究沉浸式体验的方向发展。

拥有工程和艺术教育背景的肖迪竖起了这一大旗,博涛文化集合了大批艺术家与工程师,既能动用艺术家的头脑策划出天马行空般精彩的创意,又能充分利用工程师的思维将这一创意落地实施,以"创意+艺术+科技=极致体验=商业成功"的思维逻辑,打造高品质、创新性的文旅产品,如公司两大明星产品:360极限飞球和巨型机械艺术装置。

360极限飞球是博涛文化的拳头产品。其重要部分球幕影院相关技术原本为国外厂商所垄断,采购价动辄上亿元,让有引进意向的景区叫苦不迭。博涛文化经过3年的工程技术攻关,最终拥有了有自主知识产权的巨型球幕影院产品,更难得的是,购买此产品现在只要100多万美元。在这一基础上,博涛文化对球幕影院继续精进,集球幕影院、飞行影院、动感影院、过山车等主流特种影院和游乐设备于一身,研发出360极限飞球这一产品。同时博涛文化结合不同景区的特点,量体裁衣,设计不同的外型,将其打造成景区专属360极限飞球。360极限飞球是博涛文化工程与艺术集合的最佳典范,深受游客喜爱,被誉为景区"二消明星"。

巨型机械艺术装置是博涛文化的后起之秀。高度8.4米、重达47吨的中华巨马是该系列的开山之作,其庞大的身躯、优美的线条、斑斓的色彩足够让人震撼。更难得的是,中华巨马可以实现张嘴、眨眼、喷雾等动作,是国内完全拥有自主知识产权的仿生巨兽。中华巨马是博涛文化艺术与工程融合的巨作,其外观、结构均需要天马行空的艺术想象,而它的建成,又与工程机械规律密不可分。3年的时间,需要超过1000个零部件,经历3000余张图纸的精心设计,获得25项全自主知识产权,博涛文化为文旅带来了新想象。

2. 合作共赢,共创辉煌

商业社会是不同产业链所组成的,对于置身其中的企业而言,明确自身的供给侧、需求侧并与之保持良好的关系非常重要。在需求侧,肖迪始终站在企业发展的第一线指挥"作战",甚至身先士卒,并且已有了判断,未来的文旅发展应该朝着更科技化、更讲究沉浸式体验的方向发展。而在供给侧,博涛文化也是一位优秀的合作者。

走进上海海昌海洋公园,你便可以看到一座全息天幕影院《时空之海》,凭借精美绝伦的影片,《时空之海》被业内誉为"中国特种影院发展历程中具有里程碑意义的项目"。这是博涛文化与其战略合作伙伴海昌集团共同完成的。作为合作多年的甲方、乙方,海昌集团充分信任博涛文化,让其自由把控项目的形式、主题和内容。博涛文化也珍惜这份信任,提出了"体验创新"这一概念。《时空之海》的研发制作周期约一年时间,最终为游客带来了极致的视听盛宴。

不仅是海昌集团,伴随着文旅融合的深度发展,博涛文化也收获了央企(中青旅控股股份有限公司)和地方省级旅游集团(陕西旅游产业投资基金合伙企业)的投资。中青旅和陕旅产业基金产业布局更接近消费者,凭借这一合作,博涛文化得以更靠近需求,同时也能更好地满足供给,从而实现产业链的利益最大化。

3. 生命不息,创新不止

作为一家创意公司,博涛文化一直在创新的路上。

创立初期,博涛文化只是一家以多媒体内容开发为主的企业。乘着文旅发展的东风,博涛文化实现自身的转型,不仅为文旅业创作数字内容,更拓宽了创意边界,为文旅业进行规划设计。凭借创新能力,博涛文化打破了国外商家对球幕影院的垄断,将其动辄上亿元的出售价格降低至100多万美元,使游客接触球幕影院的成本大大降低,并进一步将球幕影院、飞行影院、动感影院、过山车等主流特种影院和游乐设备进行集成,创作出"二消明星"360极限飞球。而其创作的中华巨兽系列,也成为国内完全拥有自主知识产权的仿生巨兽,其中25项全自主知识产权均由博涛文化从零到一创造出来。这些成功的巨型装置地标的设计实践被创始人肖迪凝练为"尖叫美学"理论，并进一步与联合国世界旅游组织（UNWTO）专家贾云峰共同著述首部"尖叫美学"图书《草图》，为文旅设计同行递上了一支精彩的画笔。

凭借这些重磅的产品，博涛文化也创新了不同的商业模式，其以360极限飞球为中心推出"球+N"模式，如今已有一球、一馆、一街。而仿生巨兽则是流量黑洞，吸引大量人群激活一球、一馆、一街，形成完整商业闭环业态。"一街"是博涛文化新的创意，2021年建成的大连熊洞街揭开了这一序幕。熊洞街整体设计风格将蒸汽朋克与赛博朋克两大主题完美融合，其主人是一只集工业机械与未来美学于一体的巨型北极熊，游客则是它的客人，它将为游客带来它世界里的饕餮盛宴，包括"特色捕食区""超级游乐园区"和"幻世夜场区"，为游客创造了一个远离压力、尽享欢乐的异世界。从多媒体内容开发商到现实异世界的创造者，博涛文化唯一没有变化的就是创新。

而关于VR、数字文旅等这些创新性文旅项目，博涛文化也一直在参与，因为创新是一家创意公司的本能。

（四）核心竞争力

博涛文化的核心竞争力即策划、创意、实施能力。

博涛文化原是一家以多媒体内容开发为主的企业，创意是其根本，练就了将天马行空的想法搬至荧屏的能力。随着文旅行业的发展，博涛文化开始为文旅业提供多媒体产品，拓宽了创意边界并为文旅业进行策划。同时博涛文化也注重实践能力，将天马行空般精彩的创意策划实施落地，凭借多年的实战经验和资源积累，已成为业界为数不多"以落地"为导向的创意策划公司。

如今，博涛文化正在向中国旅游景区高科技娱乐开发第一品牌迈进，策划、创意、实施等核心竞争力依然是其实现目标的利器。

（五）创始人及团队

肖迪，博涛文化/木牛流马公司创始人。肖迪的教育背景跨度很大，他拥有英语、动力工程双学士学位，因为爱好，又去读了美术学硕士，毕业后留校任教。8年后，不爱稳定爱折腾的肖迪辞职创业，创建了博涛文化。在博涛文化，肖迪既是大连博涛的创始人和董事长，又是公司的创意总监，甚至每个创意策划的草图，他都会亲自参与绘制。作为艺术家，肖迪创新性地将动力机械与科技艺术完美结合，创作出一系列巨型机械仿生装置，同时也开创了独家美学体系"尖叫美学"。作为公司的领头羊，肖迪召集了一批艺术家与工程师，不仅能够策划天马行空般精彩的创意，更能通过扎实可行的方案进行落地。

除了博涛文化/木牛流马公司创始人这一身份，肖迪的身份还有中国"尖叫美学"理论创立者、浙江大学MBA研究生导师、东北财经大学客座教授、国内著名文旅项目策划专家和巨型机械装置艺术家。其获得以下社会荣誉和职务：全国青联委员；国家"万人计划"科技创业领军人才;中共中央组织部、人力资源和社会保障部国家高层次人才特殊支持计划领军人才,国家科技部创新人才,中国游艺机游乐园协会常务理事;中国旅游景区协会理事;中国VR产业协会常务理事;国际主题乐园协会(TEA)理事等。

(六)疫情应对措施

2019年12月以来,全球新冠疫情大暴发,为了应对此次疫情,社会组织号召"非必要不外出,非必要不聚集",而外出和聚集恰恰是旅游的本质特点,由此文旅业遭受巨大打击,至今依然在阴霾中。虽然博涛文化并不直接服务游客,然而作为文旅产业链的一分子,博涛文化也受到了一定的影响。因为文旅需求面急速缩窄,主题公园等减少了多媒体产品的采购,博涛文化新增业务减少。另外,已成交业务由于疫情影响无法按计划建设交付,对于企业现金流也造成了一定影响。

然而,博涛文化并没有坐以待毙,而是勇探新路积极自救,其中最亮眼的莫过于巨兽系列。2019年,巨兽系列第一款作品中华巨马在开封清明上河园正式亮相,博涛文化为此花费了3年的时间,绘制了3000多张图纸,从零开始设计超过1000个零部件,中华巨马最终不负众望,一举填补了国内文旅产业大型高端仿生巡游表演巨兽的空白,吸引了众多游客的目光。更为重要的是,中华巨马为高科技沉浸式游乐带来了新的可能性,成为景区、旅游目的地孵化和运营IP的有力抓手。此外,博涛文化也积极拥抱国潮文化,如十二生肖系列、中华神兽系列,将传统文化通过炫酷科技表现出来。因为疫情原因,远距离出行受到抑制,而城市休闲受到了重视,博涛文化将吸睛的巨兽系列充分融入,策划并参与投资运营了中国首个机械巨兽主题文旅娱乐综合体项目——"熊洞街","熊洞街"有望成为大连的文化娱乐新地标。

博涛文化一系列措施收获了市场的良好回应。从2020年下半年至今,博涛文化业绩便一路攀升,仿生机械产品成为公司新的增长点。2021年,大型高科技文旅仿生机器人研发入选全国文化和旅游装备技术提升优秀案例,入选中国旅游研究院"旅游科技创新项目","金色巨牛"更是荣登2021年央视春晚。在文旅行业一众阴霾中,这样的成绩难能可贵,博涛文化为文旅同行带来了希望与启发:勇探新路,积极自救。

(七)未来发展预期

对于可预见的未来,博涛文化致力于成为中国旅游景区高科技娱乐开发第一品牌。

在需求侧,博涛文化致力于高科技娱乐,其明星产品360极限飞球已经成为景区文化科技体验升级的重要产品;巨型机械艺术装置则充分融合艺术与科技,讲述中国故事,其每一次的呈现都备受百万粉丝关注。事实证明,博涛文化通过高科技娱乐满足旅游消费需求是有效的。而在供给侧,博涛文化集合了大批艺术家与工程师,既能够为客户提供天马行空般精彩的创意策划,又能够通过扎实可行的技术方案和工程团队将其实施落地,锻造出了策划、创意、实施等核心能力。同时博涛文化也注重合作,与海昌集团结成战略合作伙伴,央企和地方省级旅游集团也对博涛文化进行了投资,利益共同体的形成帮助博涛文化持续探索、打造更多独特的系列文旅体验产品，玩转文旅新业态。总的来说，博涛文化已经具备了先进的旅游景区高科技娱乐开发的能力，并与业界领先力量形成同盟。

凭借上述原因，相信在不远的一天，中国旅游景区高科技娱乐开发知名品牌将花落博涛文化！

（执笔人：侯宇轩，北京联合大学旅游学院2020级旅游管理专业硕士生）

二、日光域（北京）生态科技有限公司

（一）企业简介及发展历程

日光域（北京）生态科技有限公司（日光域集团）主张"Back to Nature 复得返自然"的生活方式，为中国家庭在大自然中创建第二个家，旨在让中国家庭拥有更多自然度假空间和美好休闲时光，回归自然，回归家庭，回归生活，从而让更多家庭更快乐、更幸福。

1. 初创期——准确定位

日光域（北京）生态科技有限公司（日光域集团）成立于2016年，定位于以露营地为基础的户外休闲一站式综合服务商，下辖露营行业综合媒体事业域、日光系自然度假营地乐园、房车租赁线路旅行事业域、露营行业大数据云平台四大板块，通过对产业链上下游资源的整合及跨界行业资源的融合，以"让自游更自由"为企业使命，致力于成为国内露营全产业链生态圈的领航企业，不断延伸露营产业链上的配套服务，全力打造营地风景道产品，形成"露营地+"综合性服务体系，从而提升全产业链一站式服务的能力。

2. 发展期——稳扎稳打，多方布局

有了明确的企业定位，便要逐步开始明确的战略布局。日光域集团用超强的执行力实现战略布局，2018年1月20日，在北京北辰酒店成功举办2017年中国露营行业年度盛典，涉及话题深入，谈论充分，为行业带来新启发。2018年3月，日光湖畔项目立项，选址在湖南益阳鱼形湖，旨在为游客带来世外桃源般的自然生活。2018年5月，北京密云日光山谷正式开门迎客，以露营地为入口，打造休闲度假综合体。2018年11月，中国露营行业公开课在天津成功举办。2019年7月，日光盒子开业，通过精妙的设计，形成人与空间、人与自然以及人与人的社交互动；同时期日光里品牌创立，旨在打造精品民宿酒店。2019年9月，日光乐园项目遍地开花，营地乐园旗舰项目——日光山谷的运营趋于成熟，这一成熟、成功的经验被日光复刻，以期孵化出更多有趣好玩营地乐园项目。2020年1月，日光合伙人商业模式成型。5月，日光山谷2.0升级版焕新开业。7月，日光里·中国福院儿开业。8月，日光庄园开业，日光里全新上线。回望日光域集团的发展历程，可以发现该企业从未停止不前，不仅多方布局项目，而且对产品不断更新升级。可见，日光域集团的成功是必然结果。

3. 成熟期——资本赋能，助力日光域品牌发展

疫情的冲击对文旅行业的发展既是挑战又是机遇，有的企业则选择离场，而有的企业则选择迎难而上，把风险转化为机遇，谋定而后动，日光域集团便是后者。2020年，在全民抗"疫"的大背景下，日光域集团的发展极其不凡，取得了令人欣喜的成绩。集团总裁办公会梳理日光域现有的公司及人员，根据公司新阶段的发展需要，发挥战略引领作用，加强战略管理，对集团业务板块和组织架构进行重组。2022年，在经历了嘉德资本和善邻物业等资方的两轮投资后，日光域集团旗下文旅度假综合体运营商日光旅文在2022年的冬天获得了来自携程的投资，正式开启日光旅文的B+轮融资。2022年12月22日，日光域集团2023品牌全线升级发布会成功举办。发布会上，日光域集团全新品牌升级亮相。品牌升级后的日光域主张"Back to Nature复得返自然"的生活方式，致力于成为国内领先的自然度假综合体的开发及运营管理品牌，以成为"中国家庭自然度假的首选"为企业愿景，以"打造用心、有爱的家庭度假时光，让每一位家庭成员拥有更多的陪伴和快乐"为顾客服务理念。2023年，日光山谷将实现6.0版全面升级，正在以高标准引领露营行业创新发展。

（二）商业模式

1. 盈利模式

日光域集团部门"产研中心＋营销中心＋建设中心＋运营中心"四大中心强强联手，产研中心负责创新体验，营销中心负责引爆客群，建设中心负责建设打造良品，运营中心负责赋能利润，共同打造运营赋能、产业升级的盈利模式。

2. 业务模式

（1）O-EPC-S文旅项目全产业链

2020年，日光域集团深耕文旅项目开发及运营，根据多年经验，借助国家大力发展乡村振兴的东风，开创O-EPC-S文旅开发运营项目，集运营前置、项目顶层策划、设计、施工、采购、销售于一体，与政府、开发商互通有无，做文旅资产的运营合伙人。2020年，集团紧跟国家乡村振兴发展步伐，成功中标内蒙古日光草原·大河湾滑雪场、集宁区"十四五"规划城市品牌、乌兰察布李老虎村民宿改造等多个文旅项目，同时完成长三角、珠三角等多个乡村振兴项目落地。

（2）日光域加盟模式

日光域营地加盟乐园分为品牌特许加盟、新建营地加盟两种加盟方式。日光域着力打造"营地＋度假村＋自然乐园"的一站式家庭自然度假目的地Sunarea Park和"营地＋风景道＋户外休闲"的家庭自驾集散地Sunarea Camp。Sunarea Park产品分为五花营地、四花营地、三花营地，选址定位一线、新一线等超大、特大城市。Sunarea Camp产品分为三花营地、二花营地、一花营地，保证自驾1.5小时及以内车程可到达。

（3）乡村振兴共生模式

日光域集团在运营日光山谷的过程中，逐步摸索出了一套完善的乡村振兴共生模

式,通过租金、股金、创业、就业、文创收入等多维度运营获取收益,带动周边农业农村经济发展,通过互联网思维打造特色自然度假田园旅居综合体,成为北京乡村振兴样板。

(4)创业妈妈计划

创业妈妈计划旨在为有创业梦想又渴望兼顾家庭的妈妈群体带来自然、优质的创业土壤,创造边创业、边带娃、边度假的机会,成为日光的共生合伙人。合伙人拥有丰富多样、即时激励的分红机制。即时激励:客户下单,资金分成立即到达临时钱包;投资分成:标准化托管,享受高达40%的民宿营收分成;推广分成:销售自己或其他业主的房间,立得10%分成;消费分成:客户在项目上的餐饮、娱乐等消费都有10%分成;"收益+计划":与山谷工作人员一起进行创意研发,收获1%贡献收益;承诺租金:无忧保障为资金护航,享受每年"8.9万+"承诺租金。

(三)运营管理模式

日光域集团专注于精细化运营模式,拥有丰富的露营地运营经验,并以乡村共生理念,发展乡村旅游,"解决乡村振兴战略的'最后一公里',真正推动共同富裕"。精细化运营实现了最优投资回报率。以旗舰项目北京日光山谷单个项目测算,运营过程中不断优化收入结构,让日光山谷突破行业天花板,带来了收入的高速增长。2021年,日光山谷全年经营实现高转化率、高客单价、高复客率、高黏性的"四高"成绩。2022年"五一"假期期间,日光山谷9大精致露营地面向游客开放,在疫情影响下,日光山谷为游客提供深度游园体验和精致露营的各种配套服务,总收入比2021年"五一"增加20%。2022年服务了10万家庭用户,过去5年沉淀了30万高端家庭会员。

(四)核心竞争力

1. 日光系 O-EPC-S 运营前置模式

日光域集团首创日光系 O-EPC-S 运营前置模式,"O"代表运营管理,"E"代表策划、规划、设计,"P"代表采购管理,"C"代表施工管理,"S"代表销售管理。"O+E"的组合,可以让设计更加精准;"O+P"的组合,可以让投资更加精准;"O+C"的组合,可以让建设更加精准;"O+S"的组合,可以让销售更加精准。这一模式能够多维度、多层次带动乡村致富,同时保证投资回报,促使投资效率最大化。

2. 客户定位精准的项目策划

日光域集团从客户选定、产品升级到产品效应,无不体现其强大的项目策划能力。"对目标客群外的用户勇敢地说不,不需要面面俱到满足多元客群需要。"这是日光域集团董事长孙建东的原话。我们拿日光域集团成功中标的张北养老地产项目举例。项目背景:养老地产项目之前有高尔夫球场赋能土地价值,17年后球场被政府取缔。该项目初始定位是服务宽泛的养老客群,涵盖整个养老市场,经营效益差。日光域集团在客群选定上做市场细分,重新定位客群为退休前后两三年的家庭客群,为该客群提供精准化服务。客群年龄段控制在5年以内。在产品升级方面,该项目将50万元一套的房子重新定价为80万元，配套一辆房车和房车营位。周边旅游度假产品整合，并承诺3年内免费游玩。由此产生的效应为，由一套房的固定场所转化为一个区域的循环场所，客群心理预期由一套房变成对未来美好生活的向往。

3. 强大的市场能力和营销体系

日光域集团拥有强大的市场能力和营销体系。日光系借助自身平台，利用现有的存量客户给其发放福利和产品体验，这些客户在体验产品后在个人社交平台上分享广告，这一行为会引发那些没有体验过的客户关注，通过裂变从而给企业带来新的增量，开拓客户源源不断的市场。日光域集团深知产品本身是最好的营销，设立用户需求中心而非营销中心。在产品设计上，日光系从"公共、社群、自我、家庭"多层次需求出发，每个层次都延伸出不同类型的产品，打造满足用户需求的产品服务体系。公司借助马蜂窝、小红书、大众点评等互联网工具营销，进行日光山谷大促活动，经过全渠道发力和消费者大规模转发，口碑营销成果显著，包括"累计订房突破7000+间夜""最高达17次复购""创造了一天卖出一年客房间夜量的行业奇迹"等。

（五）创始人及团队

1. 汤兆，日光域集团创始人和执行总裁

汤兆，日光域集团创始人和执行总裁，洛桑酒店管理学院管理学硕士，中欧工商管理学院工商管理硕士，清华大学五道口金融学院文创金融领袖二期班学员，国际营地协会认证高级营地主任，工商联房车露营专委会理事长，乡创联盟发起人，新型文旅度假项目日光营地乐园总策划。其有12年项目创业操盘经验，前后创建不同车镇房车租赁品牌、露营天下及SGP日光自然度假营地乐园连锁品牌。

2. 孙建东，日光域集团董事长

孙建东，日光域集团董事长，知名露营行业专家，苏州科技大学旅游管理本科，中欧创业营第八期学员，房车露营地行业深度跨界融合发展的实践者。

从业10余年，先后参与中信房车集团、奇瑞途居露营连锁等企业，并参与评估、指导山东星河露营地连锁、甘肃公航旅营地连锁、中航爱游客营地连锁、内蒙古征途营地连锁。乡创联盟联合发起人，中国汽车媒体记者协会房车露营传媒专业会副理事长，中国自驾游线路评审委员会专家委员。现任日光域集团总裁，露营天下创始人，日光营地乐园总架构师，国家《关于促进自驾车、旅居车旅游发展的若干意见》[旅发148号]的参与起草者，首份省级汽车露营地标准（云南省）起草者。其具备丰富的露营地规划设计及建设经验。

3. 祖春琪，日光域集团常务副总裁 运营管理中心总经理

复旦大学研究生、管理学硕士。研究员级高级工程师。中国饭店协会常务理事、深圳市饭店协会副会长。曾获中国饭店业经营管理大师称号、中国饭店业优秀女总经理称号。其从事酒店行业30余年，历任深圳北方大酒店、北京北方温泉会议中心、广州国泰大酒店、成都银河王朝大酒店等多家酒店董事、总经理，北京北方易尚酒店管理公司

总经理、董事长。

4. 徐亮亮，合伙人 营销力中心总经理

合肥工业大学本科毕业，汽车行业从业15年。其曾任职于新能源汽车领军品牌比亚迪汽车和汽车行业第一垂直媒体"汽车之家"，负责品牌经销商销售管理、汽车品牌互联网营销、汽车电商模式创新与运营、汽车金融等工作，具备丰富的经营管理和互联网营销经验。

（六）疫情应对措施

1. 抓住乡村振兴政策的风口，探索出了乡村振兴落地实践模式

乡村振兴落地实践模式是项目运营过程的结晶，包括2大顶层思维：长期运营思维和环境保护思维；1大精准定位：精准定位达到精准营销，形成精准投资；4个共生：与自然共生，与农民共生，与农村共生和与社群共生；4大带动：带动老百姓就业，带动老百姓创业，带动老百姓升级农业，带动城市青年到乡村做产业；5大收益：建设投资，资金入股，租金回报，收益分红和文创产品。日光山谷抓住政策风口，利用这一模式，不仅自身实现了逆势增长，而且还带动周边5公里200+家民宿实现营收，产值达3000万元。此外，日光山谷还发挥其社会价值，间接带动就业1300人，带动老百姓增收每家5万~15万元，带动本地农产品品牌化，带动村里房租收入从3万元增加到10万元，带动30家IP入驻乡村发展乡村产业。

2. 精致露营模式与精细化运营强强联合

日光山谷对标全球星级营地，配套完善5个露营生活服务区，满足不同露营区不同客人的特色需求，并且在"吃、玩、购"要素上进行内容的增值；同时利用周边丰富的旅游资源，完善家庭周边游项目，真正做到了外在设施设备的升级和内在服务内容的提升，让露营变得更精致。日光山谷打造精细化运营，完善和优化消费结构，实现了营收的多元化和多样化。具体体现在，用轻资产模式快速投放产品，用创新手段不断对产品进行优化调整，并以市场潮流为导向，更新迭代产品，随时满足不同代际用户的需求；通过运营SOP，输出标准服务内容，给用户带来便捷、贴心的体验感；关注细节，考虑周全，让用户在不经意间收获惊喜，留下难忘回忆；活动增值，内容加持；借助活动找到文旅项目中的"他山之石"，形成差异化内容经营，给用户提供更丰富的产品体验。

3. 推出创业合伙人共生共建模式

疫情对文旅行业带来巨大冲击，住宿业几乎停摆。日光域集团创新推出创业合伙人共生共建模式，对符合选址标准的文旅休闲资产进行升级改造，一方面通过区块链技术建立信任体系，打通利益关联方的价值链；另一方面将合伙人视为旗下业主，帮助其做分账、做社交、做推广、做管理体系，分享利益，共担资产。利用朋友圈、社群等私域流量，共同渡过难关，实现增收共赢。目前日光山谷项目已经拥有500+共生合伙人。

4. 建立SaaS系统

日光域集团改变依赖平台输送客流，建设自有化管理平台。2020年8月，日光域集

团旗下日光聚合营地管理系统正式上线,用数字化的手段重构商业生态。日光聚盒是日光旅文推出的家庭休闲度假产品的线上预订与互动小程序平台,旨在为客户提供便捷、全面的日光系营地乐园信息和一站式体验日光系营地乐园吃、住、玩、购多项功能,轻松拥有美好假期。日光聚盒围绕吃、住、玩、购四大板块为客人提供日光系所有营地乐园的预订服务。

5. 借势发展,逆境生存

作为文旅度假行业的一员,日光旅文旗下营地乐园项目日光山谷,也在不断的变化中积极找寻自己的位置,持续为游客提供更多优质服务。自2021年闭园升级开始,日光山谷在时刻关注市场变化,结合行业发展做园区更新。近两年兴起的露营产业,深受消费者的欢迎。针对消费者对露营需求的上升,日光旅文就从露营地视角切入亲子度假领域的日光山谷,紧跟行业风向标,完善了自有的露营板块。全新打造的日光山谷5.0版本,将"Glamping"精致露营融入了园区主旋律。在露营服务方面,日光山谷增设4个露营综合服务中心,为游客提供露营所需的基础配套服务。除露营板块外,日光山谷5.0版本秉持"自然、运动、艺术"的理念,持续输出丰富有趣、具有自然教育意义的活动内容。这一系列的措施,使得日光山谷在2022年清明假期,也就是更新升级后的开园日,入园人数较2021年同期有明显增长,住宿收入比去年同期增长近1.2倍,清明假期期间住宿单元全部满房,过夜营位实现较去年同期100%的增长。

(七)未来发展预期

日光域集团深耕乡村振兴发展,在与执惠集团的深度合作中倡导发起了"百村振兴计划"并得到了携程的赋能支持。大家对"百村振兴计划"战略的发展寄予期待,希望联合行业力量,共同推动乡村振兴战略实施,为文旅度假产业新阶段的发展注入更多力量。

事实上,作为文旅行业精细化运营标杆项目,日光域集团营地乐园中的日光山谷在2018年入选密云区乡村旅游"十百千"精品旅游重点工程,成为北京乡村振兴样板示范基地。接下来,日光域集团将更加深耕行业,联合各方资源,发挥日光域品牌力量助力乡村振兴战略。

(执笔人:范亚静,北京联合大学旅游学院2022级MTA学生)

三、游侠客旅行

(一)企业发展历程

游侠客是国内第一家以"旅游+社交"的模式运作的主题旅行平台,由旅行达人郑天明和林末末创立于2009年。游侠客总部位于杭州,全国设置20个分站,通过互联网模式,现已发展成为国内首屈一指的旅游创意玩法、线路设计的领军品牌。游侠客不仅是一家在线创意旅游服务公司,也是中国社交旅游的领先品牌,旗下拥有自己的旅行社、旅游开发公司、酒店管理公司,并在全国各地设有特色民宿及主题营地。其子网站游侠客摄影（www.YouXiaKe.net）是目前国内最大的摄影旅游网站。游侠客旅游网在"百度口碑"中旅游者的好评率达到91%，并且在互联网周刊"2015中国最佳旅游互联网公司评选"中得票第一，目前拥有千万级的用户。

经过近13年的市场检验，游侠客已经形成了自身独特的竞争力，在社交旅游、旅游摄影、户外运动、亲子教育等方面持续发力。如2009—2012年，游侠客先后成立了游侠客旅游网、游侠客旅行社区、游侠客旅行社、游侠客摄影网等。游侠客拥有精准的市场定位和目标客户群体，即市场定位是融社交、摄影、户外运动于一体的交互式定制旅游，旨在创新出一种在旅行社跟团游和旅游者的自助游之间的新出游方式。这种方式取得了良好的成果，2013—2014年，游侠客旅游网注册用户突破100万人次，参加活动人次超过30万人次，并创建游女郎品牌、设计吉祥物等。游侠客被评为2014年国内最具创新力网站旅游10强、最具投资价值的旅游电子商务网站。2015—2019年，游侠客拓展体育版图，接受A轮5000万元，注册用户突破1000万人次。在目标客户中，80后和90后追求体验感和新鲜感、消费观念先进，是游侠客的消费主力军。

（二）商业模式

游侠客之名来源于王维奇异壮丽的边塞诗句"长安少年游侠客，夜上戍楼看太白"。正如少年的纯粹一般，做"真正的旅游"是游侠客始终坚持的信念。游侠客特色的"社交网络＋旅游电子商务平台"，以及"旅游＋交友"的模式，目标是在跟团游和自助游之间创建全新的出游方式。这种出行方式搭配游侠客特有的领队文化碰撞出了独属于游侠客的企业文化。游侠客提供精心准备的旅游产品，让游客游得开心、玩得痛快，这是"游"代表的一种人生的旅行；游侠客的领队团队深耕旅游领域，是最懂旅游者的人，领队将旅游团氛围暖热，形成和谐友爱的旅游氛围，这是"侠"代表的一种侠义互助情怀；游侠客坚持做人少景美的独家线路，坚持从旅游者的体验出发，独家线路少了一份过度商业化的喧嚣，重视体验多了一份只关注旅游的纯粹，这是"客"代表的一种体验而不打扰的过客精神。

1. 游侠客发展的三驾马车

游侠客的商业版图不断扩张，涉及领域也逐渐广阔。但从本质上来说，依然是围绕"旅游＋交友"模式的纵深探索。游侠客旅游网于2009年上线并在2010年全面运营，企业运行至今不断壮大，离不开较完善的商业模式。目前游侠客已经形成了以"旅游＋社交"为核心，以"主题旅行""互联网""目的地营销"为驱动的三驾马车。游侠客也从这三个方向探索出自身独特的发展道路。

游侠客的市场定位是"旅游者的社交网络，国内最大的深度旅游、摄影旅游公司，超级户外运动俱乐部"，是我国第一家针对旅游者的"社交网络＋旅游电子商务平台"。主题旅游是游侠客的主打产品，游侠客深耕主题旅游的各个细分品类，包含户外运动、摄影旅拍、亲子研学、深度人文、休闲度假、体育赛事、瑜伽静修等，依靠旗下旅游开发公司进行线上线下资源整合，在跟团游和自助游之间创建了全新的出游方式，但本质仍是企业产品和服务的网上直销。

游侠客网络中心耕耘多年互联网领域，在"互联网+旅游"方面有着长足的经验。目前游侠客网络中心集开发、设计、运营为一体。对企业内部而言，网络中心为游侠客的业务系统、财务系统、用户系统、领队系统、数据系统、品控系统提供技术支撑、更新迭代，同时运营游侠客 PC 端网站、移动端的 App 以及小程序；对外部而言，自疫情后，游侠客已经开始承接外部开发，包括但不限于文旅产品预订平台、商城小程序、侠客 OMS（OTA 渠道订单管理系统）、SaaS 系统。

游侠客目的地营销业务板块包含景区规划设计、线路设计、活动策划、赛事策划（体育赛事、摄影大赛等）、场景搭建、网红 IP 打造、新媒体运营、电商代运营等。游侠客通过景区规划设计、线路设计、新媒体运营等方式实现盈利方式的创新。

2. "旅游+摄影+交友"模式

如上文所言，游侠客子网站游侠客摄影（www.YouXiaKe.net），是目前国内最大的摄影旅游网站摄影旅游、商业约拍、图片分享、技术交流平台，分为风光摄影、人像摄影、商业摄影、摄影培训及写真旅拍服务。旅游中，专业的摄影师能够提供增值摄影服务，使消费者产生满足感。

游侠客目标客户群体大多是消费观念先进、追求体验感和新鲜刺激的 80 后和 90 后，他们是新型的消费主力军。

游侠客经营模式是"旅游+摄影+交友"，创新出一种在旅行社跟团游和旅游者的自助游之间的新出游方式。盈利模式主要是把旅游者进行分类并按照旅游者需求，设计个性化体验式主题旅游线路并吸引旅游者参加旅游活动；建立线下的民宿露营地并在网站吸引旅游者购买，线上线下联动获取利益；通过与航空票务代理商合作取得回扣；同时举办摄影大赛等吸引人气；以及获得广告植入的广告费用等。

游侠客的商业模式，本质是企业产品和服务的网上直销。与传统企业资源的差异主要体现在价值链和营销推广的方式上。就价值链而言，游侠客旅游网拥有比较完整的线上线下体系，较为完整的价值链为其导入了大量的资金流。就营销推广方式而言，游侠客有多个端口为其推广营销。其旗下的旅行社、摄影网站、特色民宿等都可营销，推出一系列产品，在经营上形成了一个较完整的生态圈。从盈利模式的封闭性来看，游侠客的盈利模式可以构成一个比较完整的闭环。其顾客的消费可以较完整地转化为企业的营业收入。随着网站规模的扩大和业务量的增加，完整的盈利模式在一定程度上会推动商务模式的进一步发展。另外，从企业信息沟通的及时性来看，沟通层次较多。而从游侠客的沟通来看，上下游企业间的沟通会导致服务的延迟，降低了信息传递的速度和质量。这在一定程度上会影响顾客满意度和网站的运营效率。最后，从对市场规模的依赖程度分析，游侠客有传统企业资源的依托，盈利方式多样，因此对于市场规模的依赖程度较低。

3. 以产品为中心

精心打造独具特色的、有市场竞争力的旅游产品是游侠客成功的重要因素。

第一，进行充分的市场调研，通过旅游大数据的分析，确定产品的定位。同时产品经理及时跟进，根据掌握的第一手资料开发相关产品和服务。

第二，进行产品创意和设计。通过策划、打造激动人心的产品，来吸引用户。游侠客平台上的产品，90%以上为原创策划。游侠客产品，主要分成6大类：户外运动、摄影旅拍、亲子研学、体育赛事、深度人文、休闲度假。

第三，需求导向，精准定位。针对疫情之下消费者小团化出游和自驾游比较火爆的新趋势，游客出行半径大都缩短至省内游、市内游、本地游的现状，游侠客组合多种产品，从大巴团到小车团，从定制游到家庭游、户外游、野奢露营、骑行越野、健康出行等，围绕主题旅游开发了"向野房车"等个性化体验的品牌，带给大家自由、美学、灵感、即兴的新生活方式。

第四，主题游产品标准化设计。从一开始产品的创意和开发阶段，游侠客就十分重视细化产品标准和产品的标准化设计，整合产品的标准化的设计流程，以提高可复制性，迅速形成产品矩阵，形成产品标准要素，保持产品调性，确保产品把控能力。

第五，打造主题旅游产品IP。根据品牌定位与产品定位进行视觉VI设计，形成极具吸引力的整体视觉设计效果。

（三）运营管理模式

游侠客深耕主题旅游的各个细分品类，为不同群体设计、开发了户外运动、摄影旅拍、瑜伽静修、休闲度假、亲子研学、深度人文、体育赛事等覆盖面广的多个主题的旅游产品。疫情之下，基于宠物旅游、高端饮食、房车旅游、可持续生态旅游等品类，游侠客又做了专门的品牌以及垂直化的团队产品运营和用户的运营。

通过主题，游侠客将拥有共同兴趣爱好的"跟团游"用户聚集起来，以"旅游+交友"的模式，在跟团游和自助游之间创建了全新的出游方式。

游侠客将主题旅游定义为"旅游+圈层+跨界"，认为主题游的核心在于社交，只有基于主题和特定圈层的社交才是更有效的社交。通过游侠客遇见、视频、攻略、社区、公众号以及目的地系为用户提供丰富的PGC和UGC信息，打造出完善的旅游社区生态体系。

（四）核心竞争优势

1. 品牌建设的精准定位（营销优势）

游侠客关注个性化深度游和旅游社群建设，针对的消费者群体拥有一定的独特性，包括喜爱摄影的人群和热爱户外运动的人群以及追求个性化高端定制的人群。游侠客依靠敏锐的市场嗅觉、扎实的市场调研、忠实的客户群体、差异化的营销方式做出了高端度假品牌"野奢邦"、个性化体验的品牌"向野房车"、专注于乡野特色的"四季会"、共创可持续创新旅游品牌"绿洲世界"……这些品牌满足了大部分消费观念先进、追求个性化体验和重视旅游目的地生态的 80 后、90 后甚至 00 后的新型消费主力军。游侠客通过"社交+旅游+电商"模式对旅游者偏好进行精准分析，使目标客户群体的旅游产品选择更加切合心意。

精准化、个性化的市场细分、目标市场选择、市场定位有利于中小型旅游电商企业在大型旅游电商企业强大的竞争压力下找到一片属于自己的蓝海。同时差异化的品牌战略也让游侠客更好地发挥消费群体个性化的创造能力，而消费领域的价值共创正是如今游侠客所重视的。在互联网经济背景下，传统的企业－消费者关系发生了变化，消费者从交换关系中的被动接受者变成了主动参与者和价值共创者。消费者参与设计和生产能够对传统旅游行业产生积极影响，具有一定的竞争优势。从"消费"转化成"共创"，也正是游侠客作为旅游企业积极承担社会责任的发力点，倡导大家作为世界公民，通过保育生态、保育文化，共创城市和乡村社区。

2. 疫情常态化背景下的深度城市周边游（战略优势）

疫情背景下，我国坚持"动态清零"的方针不动摇，跨区域旅游受到政策性限制。但居民的旅游热情并没有减少，因此城市周边游成为新的旅游消费者的青睐对象，尤其是城市休闲、乡村度假、亲子微度假等主题产品。城市周边游市场呈现出品质化、个性化、多元化、场景化、高频化等新特点。城市周边游的战略地位随之提高，从过去的薄利的红海，转而成为目的地、旅游企业纷纷布局的蓝海。在疫情常态化的关键时期，可以说哪些中小旅游企业把握住了城市周边游的先机，哪些中小旅游企业就有了生存下去并壮大发展的底气。

游侠客正是这种具备战略优势的企业，早在 10 年前，游侠客便涉足城市周边游领域，并在全国范围内一线城市深度布局周边游。在 2021 年 4 月 1 日，时任浙江省副省长的成岳冲一行视察游侠客杭州总部时，游侠客联合创始人林未末表示，游侠客很幸运，过去 10 年一直在做全国一线城市的周边游布局，疫情导致跨省游关闭后，游侠客各站点正好如火如荼地开展周边游业务，才得以在文旅行业最黑暗的 2020 年，安然度过危机。对于游侠客而言，长期深度布局城市周边游的发展战略是相比其他旅游企业的战略竞争优势。

3. 以"互联网＋旅游"为中心的多元化业务（产业链优势）

旅游业是一个涉及"食、住、行、游、购、娱"等多方面的综合性产业。相比其他中小旅游企业，游侠客拥有更加多元的业务，首先是涉及各个细分品类主题旅游（包含且不限于户外运动、摄影旅拍、亲子研学、瑜伽静修等），并依靠旗下旅游开发公司进行线上线下资源整合，依靠创新的出行方式取得佣金收益等。

其次，游侠客能够通过网络中心团队承接包含且不限于文旅产品预订平台、商城小程序等数字化产品，在疫情盛行、旅游行业受到打击的情况下，该业务反而是较为稳定的盈利点。

最后，游侠客还拥有目的地营销业务，内容包含景区规划设计、线路设计、活动策划、赛事策划（体育赛事、摄影大赛等）、场景搭建、网红 IP 打造、新媒体运营、电商代运营等。业务系统的多元化有利于增加中小旅游电商企业的综合实力以及对旅游者的吸引力，分散中小旅游电商企业的经营风险。多元化业务也使企业盈利渠道多元化，游侠客利用涉及业务产业的协同性形成自身竞争优势，增强自身的可持续发展能力及抗压能力。

4. 社交化旅游、个性化产品（旅游产品优势）

随着经济社会的发展，我国居民收入水平提高、闲暇时间增多，对旅游产品和服务的品质及个性化的要求逐步提升。在这种情况下，定制旅游和个性化主题线路越来越受到游客的青睐。个性化、定制化的小而精的旅游产品更适合中小旅游电商企业做特色化产品和服务。

游侠客的旅游产品坚持从旅游者的体验出发、坚持做人少景美的独家线路、坚持做纯玩无购物的行程、坚持让产品经理全球踩点、坚持用企业培训出来的人员带团、坚持把旅游和交友结合起来。这些企业长久以来就有的坚持以及游侠客自身严苛的品控系统为产品质量提供保障。

游侠客通过创建社交旅游电商平台提高旅游者的参与度和依赖度，增强对游侠客的信任度和购买旅游产品的意愿。旅游业以服务为本，好的服务可以带来旅游产品的增值。游侠客通过建立社交旅游电商平台以及为旅游者提供符合需求的个性化服务来达到服务水平的提高，有利于培养回头客并形成良好的口碑效应。

5. 不断发展的企业文化（软实力优势）

游侠客的商业模式与管理制度构成了游侠客的骨骼与血肉，但使游侠客真正鲜活起来的是企业文化——游侠客的灵魂。游侠客自建立起就重视企业文化建设，游侠客认为每个人心中都有一个大侠梦，渴望拥有大侠范儿。

在较早时期，游侠客肩负的使命是改变城市人的生活方式，并提出口号：真正的旅游，重要的不是去哪里，而是和谁一起去。游侠客奉行的理念是产品情怀、领队文化，其愿景是做全球创意旅游领导品牌，拥有的企业价值观：做负责任的旅游、有态度的探索。

后来随着规模的扩大、品牌的升级，在 2020 年 1 月 1 日，游侠客公布了新的企业文化。游侠客将自身定位为好玩的主题旅游平台，肩负的使命转变为：让旅游充满想象。口号仍是：真正的旅游，重要的不是去哪里，而是和谁一起去。企业愿景转变为：创造旅游生活新场景，坚持负责任的旅游，改变城市人的生活方式。企业价值观也随之发展为：创新、服务至上、负责任、相互成就、激情。这 5 个企业价值观被归纳为"游侠五义"，分别对应侠智、侠行、侠骨、侠气、侠情。正如游侠客所言："企业文化就是游侠客的 DNA，无论环境如何改变，我们对使命的坚持不会变、对愿景的坚信不会变、对价值观的坚守不会变。"游侠客对使命的坚持是企业文化最好的注脚。

游侠客还拥有 3 种特殊的文化群体 / 符号，分别是"游女郎""游小侠""游飞侠"。

三种文化群体/符号对游侠客营销建设、品牌建设、内容建设起到了相当重要的作用。游女郎，是游侠客摄影网旗下模特品牌。是一群爱旅游、爱摄影、爱打扮的青春模特，担当游侠客摄影网环境人像模特和旅游线路体验师，活跃在百万游侠客会员之中。游女郎品牌不只是一个游侠客时尚美女外貌的展示平台，还是发掘草根、麻豆的星场，也体现了一种当下私人生活方式对网络围观群众的志愿式展示，对游侠客的营销宣传起到重要作用。游小侠是游侠客的吉祥物，诞生于2013年12月。其拉风斗篷和酷帅的假面彰显了游侠客的活力与朝气。游小侠诞生以来，一直备受会员们喜爱，这个可爱的"小毛头"融入了游侠们的工作、生活和旅游。会员之间发生的爆笑、友爱的趣事也会通过游小侠漫画连载来呈现，让游小侠作为一个载体，拉近游侠们的距离。游小侠使游侠客的形象拟人化，其亲切、酷帅的外表形象，活力朝气的精神状态，有趣友爱的内核，推动着游侠客的品牌建设。游飞侠是一群爱旅游并乐于将旅游用图文、视频等形式记录成精彩游记分享给他人的旅游传播者，正如游飞侠的口号："为一切旅游者，推荐你所知的小世界。"游飞侠为游侠客社区提供了时新的攻略、有趣的旅游分享，是游侠客社区的内容重要建设者。

（五）创始人及团队

个性化、定制化、小众化的深度游已经成为越来越多游客的新需求。不同爱好、不同年龄群组的游客对出行的诉求也越来越细分。如何打造出新奇玩法的旅游产品并适应不同群组的用户成了如今旅行社关注的焦点。疫情之下，很多旅行社面临歇业的困境，然而有一家叫作"游侠客"的旅行社，通过其独特的产品服务和运营模式，成为疫情之下少数能够化危为机的旅游服务商。

边塞诗人王维的《陇头吟》，描绘了一个凄清而又荒凉的西北边关。时序更替，沧海桑田，如今的西部壮美而旖旎，早已成为国内户外爱好者的天堂。出于对《陇头吟》的喜爱，2008年的那个创业者郑天明豪情万丈地将自己的项目命名为——游侠客。

郑天明在西湖边长大，从小对户外运动有着天然的迷恋。14岁骑行到绍兴，到黄山。18岁徒步登临了五岳。出于对西北风光的向往，高三毕业后他与同学搭车去西安，专走丝绸之路。所以，他骨子里就是个"游侠客"。那时候的他，见山是山，见水是水，属于"侠之小者，为友为邻"。在中国这块广袤的天地间执酒仗剑走天涯的时候，郑天明邂逅了另一位游侠客——林末末。她是一位设计师、摄影爱好者，喜欢通过攻略分享、实地踩点来挖掘杭州周边小众且好玩的路线，然后在工作之余邀约线上结识的驴友（她称之为玩家）同行同往。在某一次旅行中，两个玩家碰出了爱的火花，于是郑、林二人结为了秦晋之好，然后以家庭的形式继续行走天涯，直到他们有一天决定注册"游侠客"，闯进旅游行业，试图把美好的个人旅游体验发扬光大。正所谓"侠之大者，为国为民"，两个旅游行业的外行，探索起了"旅游者"的事业。

2009年，游侠客品牌正式创立，有着非常与众不同的定位——旅游者的社交网络。这对资深国内旅行家夫妻，最初想做一个帮助大家出游的旅游社区。可惜，美好的梦想总要遭遇各种打击。由于网站开发并不成功，很快第一笔100万元就烧完了。社区没做起来，游侠客陷入困境。在朋友们的鼓励下，又投入300多万元，并转型做个性化主题旅游，因为这才是旅行侠侣内心的真爱与梦想。他们善于策划线路，组织活动，更有大量的激情去开发原创旅行产品。走对路，迈开了流星大步，2011年至2013年，每年业绩都翻一番；2015年，营业额突破亿元大关。创业的果实终究还是甜蜜的，10年的创业历程，也让这对旅途中结识的亲密爱人享受到了改革开放带给创业者的红利。

从两个人的默默奋斗，到一群人的理想梦工厂，游侠客团队尤其注重个性化旅游线路的打磨，以"旅游+交友"的模式，在跟团游和自助游之间创建出了一种全新的出游模式。截止到2018年底，已有北京、上海、苏州、南京、广州、武汉、成都、重庆、兰州、乌鲁木齐、贵阳、昆明、丽江、深圳、泰国、厦门16家子公司，注册用户突破650万人次，拥有500多名员工，遍布全球的领队超过2000人。

（六）疫情应对措施及未来发展方向

1. 出境业务全面升级

由于疫情的影响，出境业务遭受前所未有的打击。游侠客及时从出境业务转战到国内主题性赛道。虽然自疫情以来，出境业务整体停摆，但游侠客团队没有自怨自艾，而是自主创新，成立多个项目组转战国内，取得了不俗的成绩。游侠客经历了疫情的危机，但敏锐地察觉到"危中见机"，果断止损进行业务升级，取得了不错的效果。

2. 创新主题周边游

疫情虽然重创了文旅行业，但也带来新的转变与机遇——让国内的旅游爱好者更加向往祖国的山河，于是，游侠客的"野奢露营"应运而生。此外，"宝藏小城"专注挖掘小城惊喜体验，颠覆人们对小城的固有印象，通过小城的人文碎片和特色体验，拼凑小城最真实又最意外的模样。西部地区受疫情影响较少，游侠客着力西部大开发，旅游项目"越野派"专注打造越野车主题产品，穿越无人秘境，实现终极挑战，让公路激情与旅行度假并存。游侠客专注创新主题周边游，提升旅游产品质量，用更好的旅游体验提高竞争优势，面对疫情汹涌，用品质说话。

3. 顺应全民健康运动潮流

疫情期间，部分被隔离在家中的居民有着强烈的运动需求，同时人们更加关注自身身体健康。游侠客主题品类中的体育板块和文化板块能够为消费者解决这部分需求。乡村也同样是受疫情影响较小的旅游目的地，打造深度人文旅行，专注乡村和旅游不分家。深度人文产品也是游侠客主题产品中的一大品类，游侠客旗下YOGAGO瑜伽行品牌便是代表之一。通过瑜伽和旅行结合的方式，帮助社会大众找到适合自己的健康主题旅行，在探索世界的同时更是内心的发现之旅，领悟到"旅行即修行"。一年一度的捕梦营——国际身心艺术露营节，是一个同频人相聚的盛会，旅游者们一起亲近自然、探索内在，让乡野充满人的灵动与光芒。

4. 致力打造互联网数字化文旅

人才就是最好的生产力，游侠客关注企业内的互联网专业化人才，游侠客的 App、小程序均为自建团队研发。浙江省是互联网大省、数字大省，这些都为游侠客腾飞助力。前 10 年，技术团队主要服务内部系统，疫情以来，已经开始承接外部开发。

5. 提振信心，开拓新增长业务

在 2020 年，游侠客除原有的主题旅行、互联网板块外，还开拓出了第二增长曲线——目的地营销板块。利用游侠客的策划优势、内容优势、输送用户优势来承接业务，目前已有了一定的成绩。此外还做了一系列的跨界合作，比如和中石化联名品牌自驾游等。虽然疫情目前仍在反弹，给文旅行业再添冰霜，但全体游侠人一直坚信，疫情终将过去，曙光终会到来。

（执笔人：乔清坡，北京联合大学旅游学院 2020 级旅游管理专业本科生）

四、北京乐多港发展有限公司

（一）发展历程

1. 初创期——聚合业态抢市场

北京乐多港发展有限公司（以下简称乐多港公司）是北京能源集团有限责任公司（以下简称京能集团）旗下的国有控股子公司，主要负责北京市大型旅游商业文化综合体——乐多港假日广场（以下简称项目）的开发建设、运营管理和品牌建设，是京能集团以承债收购方式成立的一家景区运营管理企业。项目由商业、酒店、游乐三个业态组成，旨在打造京北一站式微度假新地标。为推动企业可持续高质量发展，京能集团采取了一系列措施，历经两次吸收并购和六次增资，企业注册资本金由最初的 0.5 亿元增加至 28.37 亿元，乐多港公司的管理权限也划归至京能集团文旅板块平台企业。

项目紧紧围绕中央"京津冀协同发展"规划和北京"四个中心"功能定位，依托文化古都丰富的旅游资源和深厚的文化底蕴，立足北京"三个文化带"战略布局，以满足人民群众对美好生活日益向往的需求为使命和愿景，统筹区域丰富的商业、文化、旅游、教育、科技、体育、农业、社区等资源，是集吃、住、游、娱、购为一体的旅游商业文化产业集群。项目辐射环京区域消费人群，整合逾亿客源市场，不但填补了京北大型旅游商业文化综合体项目的空白，而且作为"首都特色旅游线"的启动工程，对整合域内优质的文化旅游资源、推动北京市休闲旅游产业和文化创意产业升级具有巨大的作用。

作为京能集团在文旅行业的"试金石"，项目在运营管理模式上进行了大胆的探索和创新，如为实现工程建设、招商筹备与运营管理有效衔接，乐多港公司按照专业化管理、市场化经营的原则，通过多方接洽和市场调研，确定了"两委托、一自营"的运营管理模式，即委托国际知名商业管理公司以商业分公司为载体，对商业业态（奥特莱斯购物中心）进行管理；委托万豪国际酒店集团以酒店分公司为载体，对酒店业态（万豪酒店）进行管理；成立文化旅游分公司，通过自主运营管理的模式对游乐业态（高科技奇幻乐园）进行日常经营管理。

"两委托、一自营"的运营管理模式为项目招商筹备、顺利投运奠定了坚实的基础。2016年8月，乐多港奥特莱斯、奇幻乐园相继投运；2018年7月，乐多港万豪酒店正式开业，项目多业态组合优势全面确立。

2. 发展期——商业项目奠基石

在"互联网＋物联网＋人工智能"时代，电子商务对传统百货业的冲击有目共睹，而毗邻乐多港的"八达岭奥莱"从品牌招商到市场反应却势头正盛，对乐多港形成挑战和冲击。如何深入推进新零售业与传统品牌百货业的深度融合，探索差异化经营策略，打造乐多港特色IP，培育新的消费增长极，实现区域同类项目对比"弯道超车"，是乐多港必然要面对、必须去思考、必定要攻克的难题。乐多港公司通过广泛的市场调研，深刻认识到传统百货业框架下的奥特莱斯已不符合现代商业发展趋势，也不能有效发挥乐多港"三位一体"业态组合优势，传统商业运作模式也不符合乐多港项目"亲子、休闲、微度假"的市场定位，因此，必须对商业经营结构、经营方式进行转型、创新、升级，建设融体验、休闲、购物于一体的综合商业中心。

乐多港公司通过一系列调研、论证、推演、测算、谈判，最终与万达商管集团合作，以租赁经营模式对乐多港奥特莱斯进行调改升级。2020年12月，乐多港万达广场盛大开业，商业业态也成为项目客流量最大、营业收入贡献最多的经营业态，树立了区域商业新地标。

3. 成熟期——文旅项目谋转型

游乐业态是乐多港文旅商"三位一体"的重要组成部分，在很大程度上承担着商业、酒店业态的产品和服务延伸以及导流功能，也正因为游乐业态在商业综合体中的独特存在，让乐多港项目与国内其他项目相比较，具有鲜明的特色优势。

为进一步提升游乐业态盈利能力，在总结商业业态调改成功经验的基础上，乐多港公司将游乐业态的升级、改造列上了日程，先后考察了多家具有市场竞争力的大型集团及其在营项目，最终确定与华侨城文旅科技集团合作经营游乐业态，引入独家航空航天IP。2022年6月，游乐业态完成一期改造并投入运营，获评"年度主题公园最佳体验项目及优秀演艺项目"，全新推出的国际大马戏、冰雪场馆极具市场号召力，暑期推出的"乐多港卡乐不夜城"活动，让乐多港再次成为昌平区网红打卡地。

4. 现阶段——三位一体拓优势

通过对商业、游乐业态的经营管理模式的调整，在国内首创了"两万一城"品牌联盟，乐多港公司及项目无论是经济效益还是品牌价值，以及市场号召力和市场占有率都有了质的飞跃。乐多港公司通过前期试水，多方探索，总结经验，充分利用自身优势，紧紧围绕中央"京津冀协同发展"规划和北京"四个中心"功能定位，在深耕景区运营的同时，发展壮大了乐多港自主品牌体系，提升了市场核心竞争力，在激烈的市场竞争中占据了一席之地。在委托经营管理过程中，乐多港公司也充分借鉴合作伙伴成功经验，发现问题，弥补不足。利用"万豪"的品牌优势和影响力，构建客源网络，打造销售队伍，在网站上展现乐多港的品牌形象和企业文化，吸引更多的国际一线品牌进驻其他业态。在与华侨城文旅科技集团合作过程中，发挥和借鉴华侨城文旅科技集团的运营能力、盈利能力、科技创新能力和风险防控能力，进一步探索和打造全新经营模式。在商业业态租赁经营过程中，乐多港公司加强经营监管，从预算控制、成本管控、资源整合、政府协调等方面进行管扶，三位一体优势得到充分发挥。乐多港项目形成了各经营业态间互学互鉴、互联互助、互惠互促的融合发展新局面，成为昌平区乃至京北地区文旅商融合典范。

（二）运营管理模式

乐多港项目建设复合型企业，融合高品质购物中心、温泉酒店、高科技奇幻乐园三种业态，拥有较高的专业门槛。一方面业态市场化程度较高、竞争激烈，另一方面三者协同经营的战略效应具有创新性，这需要三种业态在经营管理的各个方面都得到高度的专业化支持。因此，乐多港项目的运营管理只有实现业态发展、业态整合、业态管理的专业化，才能保障运营业绩。

1. 从委托经营到租赁经营

（1）委托经营背景

商业业态作为经营面积规模最大、受众面最广，吸客引客、盈利创效能力最强的核心资产，对乐多港公司整体营收和发展具有举足轻重的影响。在商业业态规划之初，招商市场已由业主方主导的甲方市场转变为由品牌方主导的乙方市场，商业项目对品牌入驻的争夺战十分激烈。品牌方对项目的选择更加挑剔、开店策略更加谨慎、入驻要求更加苛刻，不仅对项目的硬件方面有严格要求，而且对项目的软件方面特别是管理团队的专业水平和从业经历有较高要求。由于乐多港公司乃至京能集团当时缺少商业地产运作的成功经验和专业人才，因而在吸引品牌入驻上缺乏说服力和影响力，这成为乐多港公司直接操盘乐多港项目商业板块最大的障碍。乐多港公司经过广泛的市场调研和考察，最终选择了由具有良好商业从业经验人员组建而成的商业运作公司，委托其经营管理乐多港商业奥莱项目，同时在委托中找到适合自己的运营方式，并且利用合作企业的品牌资源优势，借鉴其成功的经营管理方式，补齐乐多港商业业态运营过程中的短板，带动企业整体发展。

（2）委托经营遇到的困难

商业业态投运后，由于乐多港公司专业经营监管人才相对紧缺，虽以授权委托书方式对监管事项加以明确，但实际操作过程中对委托经营的有效管控手段相对单一，如继续采取委托经营方式，在成本管控、体制机制、风险防范、效益提升等方面没有有效的管控机制，很难实现公司经营效益最大化。在收回委托方经营管理权后，自主经营短期内虽创造了不俗成绩，但长期专业人才不足以支撑如此庞大的综合商业项目运营，风险管控难度极大，更不具备商业品牌资源掌控力，自主经营也无法保证公司经营效益最大化，长期增收创效难以保证。

（3）租赁经营破难题

在改革发展的重要关口，乐多港公司审慎研判、科学决策，探索选择适合自身发展的经营管控模式，激发企业活力，应对市场挑战。经过广泛市场调研、优质资源接洽、科学严谨论证、翔实数据分析，乐多港公司积极做出调整和改变，与商业运作能力、盈利能力和风险防控能力都处于国内顶尖水平的万达商管集团合作，采取"保底+分成"的租赁经营方式合作运营乐多港商业项目。做出上述调整与改变，既可实现收益最大化，又可弥补商业运营经验的不足，有效抵御市场风险。

2. 从自主运营到合作运营

（1）自主经营的背景

游乐项目立项之时，乐多港公司拥有一支年富力强、敢打敢拼、技术过硬的人才队伍，在项目建设期对各类设备设施较为了解，因此自主经营游乐业态不仅可以全班底实现工程建设和项目运营的无缝衔接，而且还可节省不菲的委托经营管理费用。

（2）自主经营的发展瓶颈

单纯从游乐业态角度出发，奇幻乐园与国内其他主题公园相比，存在不可忽视的短板。一方面占地面积小，功能布局紧凑，主题IP不突出，这些"先天不足"导致游乐业态与欢乐谷、环球影城北京度假区相比缺乏市场竞争力。另一方面，乐园经过几年运营，其游乐影片、机械设备、主题包装等陆续进入调改期，必须进行升级改造，才能保证常玩常新的市场吸引力，但升级改造费用过亿元。乐多港奇幻乐园经过几年摸爬滚打，面对种种挑战，经营提质举步维艰。

从项目整体出发，自有资金率始终处在低位，且三个业态均属于劳动密集型产业，人工成本支出压力巨大。项目整体进入运营阶段后，各项资产转固，公司折旧摊销、房产土地税收大幅增加，贷款余额逐年递增，财务费用、成本压力也随之大增。引入全方位战略合作方，最大限度减少游乐业态改造投入，推动管理创新，打造国企转型发展新业务增长点的全新引擎，是科学、合理、可行的选择。因此，大刀阔斧进行管理创新，牢牢抓住新发展机遇，充分有效发挥项目三位一体优势，确保国有资产保值增值，增收创效，寻求新的经营管理运作模式势在必行。

（3）合作经营闯出新天地

经过广泛调研，华侨城文旅科技集团进入了乐多港公司的合作视野。一是其在文旅运营综合实力方面更具有市场竞争力、资源掌控力、科技实力和品牌优势，拥有航空航天独家授权IP，已形成产业化、规模化和连锁化。二是从已开业运营的文旅项目来看，其团队运营能力、盈利能力、科技创新能力和风险防控能力都更胜一筹，年平均销售利润率超过40%。三是乐园建设时期，华侨城文旅科技集团参与了乐园项目大部分场馆设备和影片的设计、制作及安装等工作，对乐园较为熟悉。最终，乐多港公司与华侨城文旅科技集团以"包亏+分成"模式签订了合作经营合同，从华侨城引入航空航天IP，投资改造成为航天主题乐园，并由华侨城负责园区升级改造、运营、招商、对外租赁等相关日常经营管理工作。航空航天的IP版权使得乐多港在众多游乐项目中更具优势。

3. 创新管理模式的红利

（1）可观的经济收益

商业业态调整后，乐多港公司在合作期内商业业态平均每年可增加6000余万元租赁保底收入，且人工、能耗、销售等成本投入也大幅减少，在甩掉原有运营亏损包袱的同时，一举实现了扭亏增收，大大降低了运营成本和经营风险。乐多港项目地块商业价值水涨船高，万达广场商业招商中期阶段，即出现了一铺难求局面，商业业态整体租金收入较委托经营期间大幅提升，经营场所平均租金从原委托经营期间的1.5元/平方米/天增长至约5.5元/平方米/天。游乐业态转变经营方式后，实现了投运当年即减少经营成本、资产折旧费用3100万元，新增公允价值约2700万元，一举扭转了游乐业态长期亏损局面，将原来的"经营短板"蓄势为后期的利润增长极。

（2）庞大的客流群体

在商业业态调改后的第一个重要节假日2021年春节假期期间，乐多港假日广场以前3天接待18万人次的接待量，成为春节假期间北京市游客接待量排名第三的文旅度假区，全国排名第五，7天共接待游客56.58万人次，收入同比疫情前的2019年增长99.75%，约占昌平区文旅收入的67%。在此后的重要节假日期间，项目游客接待量始终稳居北京市属景区前10，经营收入占昌平区文旅收入的60%以上。

（3）巨大的品牌价值

创新发展过程中，乐多港公司充分借鉴合作方的市场运作经验，在融合三方资源的同时，统筹域内优质人文、历史、景观等资源，完善亲子、会议、团队游3条产品链，增强产品市场竞争力，扩展产品外延。同时积极与项目周边研学资源接洽，在产品供给端持续靶向发力，丰富了产品内涵。自主开发的营地和市集两个品牌，已成为公司新的业务增长极和利润增长点，深化了乐多港体系下的"品牌、产品、资源"3个优势联盟，品牌影响力不断放大，品牌忠诚度显著提高。培育、壮大项目的同时做强、做响了乐多港品牌，为后续品牌输出和管理输出积累了宝贵的可复制经验。项目与紧邻的八达岭奥莱形成了年消费近50亿元的文化旅游商业经济圈，成为昌平区乃至京北地区实至名归的文旅商新地标。

（三）核心优势

1. 地缘、文化优势

地理位置优越。位于十三陵门户景区，毗邻八达岭、居庸关等景区，利于项目与各知名景区产生联动经济效益。交通便利。项目南依京藏高速，东临京新高速，西托京张高铁，地缘优势得天独厚，是京北黄金旅游线路上的重要中转站，方便市内及北京周边游客前往。国企背景。乐多港公司作为新时代首都国企，是京能集团文旅板块的排头兵，有高度的政治自觉去引领、统筹域内文旅商体农资源，打造新商圈，促进区域经济发展。

2."两万一城"品牌联盟优势

乐多港公司以国内一流景区运营管理平台为发展目标，经过一系列创新、融合、改革，引入了万豪、万达、华侨城等顶尖品牌，整合各方优质资源，首创国内"两万一城"品牌资源战略联盟。在这种模式的加持下，彻底改变了商业和游乐业态低迷的情况，利于夯实混合所有制，盘活国有资产的存量，不断追加新的资本来扩充增量资本，扩大资本规模，也彻底扭转了企业长期经营不利局面，更有利于发挥项目本部和业态间"1+3"四位一体经营管理模式优势，通过顶层设计，本部与业态间的监管、帮服联系更加紧密，持续提升项目获客和盈利能力。借助万达、万豪、华侨城的品牌优势，乐多港能更好地对外展现品牌形象和企业文化，吸引国内外游客。同时，万豪品牌的加持，使得乐多港符合北京市昌平区政府的要求以及旅游产业发展的规划，从而获得政府的优惠政策扶持和补贴。万达的优势为游乐业态带来了可观的客流，万豪的品牌优势也有效促进了乐多港项目商业业态招商，华侨城亦可吸引更多的国际一线品牌进驻，形成了各业态互惠互促的融合发展新局面。

3.独特的航空航天IP

乐多港·卡乐星球由华侨城文旅科技集团策划、设计、制作、管理，是北京全新的将科技与娱乐、休闲与教育、航天知识与太空真实体验结合在一起的"航天"主题项目，以中国航天文化下的优质IP内容为旅游产业赋能，满足休闲度假、旅游观光和研学拓展等多种体验需求。

乐多港·卡乐星球通过"创新文旅+科技产品"的植入，结合"航天"大IP，打造开放式主题综合体，既是体验中心又是娱乐中心，满足了不同人群需求，既有适合时尚年轻一族参与体验的极速狂飙"夺宝时速"、犹如身临其境的"星港发布会"，又有适合儿童体验的拟人卡通化"爱宠大冒险"，还有适合全家老少的写实、冒险、科幻风格的"星际护卫队"和惊险刺激的"星港飞越"，寓教于乐，使游客在惊险刺激和视听震撼中，充分感受中国航天文化。除了精彩纷呈的日场活动，乐多港·卡乐星球还为广大游客贴心打造了全新夜场活动——2022乐多港·卡乐星球奇妙夜。

乐多港·卡乐星球的成功投运，通过打造航天文旅融合，定制中国航天文化下的优质IP内容，形成动漫网红IP集群，用文化为旅游产业赋能，成为文旅融合、研学教育、休闲娱乐先行示范标杆项目，有望助推旅游业成长为昌平战略性支柱产业，创造全域经济增长点，培育全新昌平形象，成为全国闻名的"航天文化IP乐园"。相信乐多港凭借这样的势头发展下去，定会有更好的未来。

4.文旅业务的人才高地

在不断发展变化的环境中，面对无论是市场带来的风险还是疫情带来的危机，乐多港总能及时应对，计划得到有条不紊的执行，安然度过一个又一个危机，始终保持稳步上升的发展态势,这得益于乐多港拥有一支精干、高效的管理人才队伍。正是因为这一高素质的人才队伍的存在,保证了乐多港坚定的执行力、良好的战斗力和强劲的驱动力,这也是企业的核心优势之一。乐多港公司成了京能集团名副其实的人才高地,近两年,已向集团系统内输送了各类复合型人才20余名,并且都在全新的岗位上体现出了专业价值。

5. 先进的管理模式

乐多港公司建立起了一套完整的、符合国际标准的管理体系及相应的规章制度,利于提高企业的生命力,提升企业的管理质量和水平。本部作为乐多港项目的资产主体,是战略管理中心,对公司进行战略管控,对各分公司的重大决策、关键经营活动、关键资源进行集中管控与管理;各分公司是运营中心、成本中心,承担和具体履行各业态的经营管理工作,进行具体的业务经营规划及执行、运营与业绩管理,对各业态收益负有专业经营责任。

(四)运营管理创新举措

1. 大胆尝试"两委托、一自营"

在乐多港公司发展前期,由于公司成立时间较为短暂,发展经验不足,且市场竞争激烈,品牌方要求严苛,这就需要其具备雄厚的经营管理能力和设计能力。在当时没有商业地产运作经验和缺少专业人才的情势下,乐多港公司结合自身情况,开创了"两委托、一自营"的运营管理模式,委托其他公司进行运营和管理,使得企业较为平稳地度过初创期,为今后的发展奠定了坚实基础。

2. 确立"一委托、一租赁、一自营"

度过初创期后,原有经营管理模式所带来的弊端也逐步显现,乐多港公司牢牢抓住新发展机遇,充分有效发挥项目三位一体优势,开创了"一委托、一租赁、一自营"的运营管理模式,既可减少大量的经营性成本投入,实现收益最大化,又可有效规避经营风险,在获取固定租金、甩掉经营包袱、稳定收益的基础上,还可能获得超预期的浮动分成收入,确保国有资产保值增值,增收创效。

3. "保底+分成"的经营模式

乐多港公司在收取固定租金的同时,还按一定比例分配利润,获取浮动收益,实现了单一业态扭亏为盈。这种模式不仅能让更多资金流入企业,盘活企业,还能在合作过程中带动企业改善内部经营管理,提高市场竞争力。

4. "包亏+分成"的经营模式

在"包亏+分成"的经营模式下,游乐业态实现了当年"止血"。游乐业态的华丽转型不仅标志着乐多港项目"两万一城"知名文旅商品牌联盟的正式亮相,也标志着乐多港景区运营管理平台建设取得了阶段性成效,项目三位一体优势进一步显现。

(五)疫情应对措施及未来发展方向

1. 应对措施

在疫情刚刚暴发时,乐多港积极响应国家和地方政策,关闭景点,减少人流量,并承接了前后8次的隔离人员接待任务,牺牲了大量的经济效益,为防疫贡献出自己的一份力量,展现出作为国企的责任担当。在疫情防控常态化时期,乐多港积极探索应对策略,明确了"一手抓经济发展,一手抓疫情防控"的思路。一方面,减免疫情期间万达租金;另一方面,紧跟政策方向,统筹业态资源,深挖国家级夜间文化和旅游消费集聚区的市场影响力和消费潜力,聚焦夜游、夜购、夜宿、夜娱、夜味、夜赏,打造全方位夜间特色消费场景。同时,延伸本部防疫职能,从业态执行监督出发,兼顾服务。

2. 发展策略建议

第一,通过线上直播、线上游玩等方式吸引更多顾客,同时利用短视频传播速度快、范围广、受众多的特点,宣传特色项目。在网络直播带货时,邀请名人、明星、网红进行直播宣传,扩大市场影响力。

第二,打造企业的核心价值观。企业核心价值观不仅是精神支柱,也是行动向导,有利于提高企业的凝聚力、向心力、战斗力,有利于聚合企业的文化力,形成企业竞争力,有利于规范企业和员工的思想和行为,构建良好的企业内部环境。

第三,对企业价值进行深层次挖掘,推出彰显企业特色、蕴含企业文化的吉祥物,构建文创产业链。吉祥物通常能有效吸引青少年顾客。从消费心理来说,吉祥物能促使青少年对吉祥物产生兴趣,进一步感知企业产品和服务,从而产生强烈的感性认同。

第四,考虑与深受大众欢迎的动漫游戏IP合作开展主题活动,开店售卖周边商品,借助大众游戏的知名度来抢占市场先机,吸引不同的目标顾客,精准定位目标群体的需求。

(执笔人:孙康,北京联合大学旅游学院2021级会展经济与管理专业本科生)

五、成都中科大旗软件股份有限公司

(一)企业简介及发展历程

成都中科大旗软件股份有限公司(以下简称"中科大旗")创始于2004年,公司总部位于成都市高新区AI创新中心B区,下辖10多个分公司和办事处,拥有覆盖全国的市场营销服务体系及高效的本地化服务能力。现有近300名员工(其中216名是具有中高级职称的专业技术人才和文旅行业专家),是工信部认定的"国家级专精特新'小巨人'企业"。

中科大旗专注国内数字文旅领域19年,已形成并具备了"咨询规划、技术研发、建设实施、运维运营"的综合业务能力,是覆盖数字文旅全产业链的国家高新技术企业,在国内数字文旅领域具有领先地位。

1. 初创期

2004—2006 年，中科大旗全面参与四川省旅游局"三网一库"旅游信息化建设；确立以旅游信息化建设与服务为公司主要业务与发展方向；自主研发"旅游电子政务集群"，形成省—市（州）—县（区）三级一体的电子政务集群体系，并在全省推广。2007—2009 年，"三网一库"项目经过多年稳定运行，获得"四川省科技进步二等奖"；通过"软件企业"认定。2010 年，获得科技部科技型中小企业技术创新基金项目立项，成功研发"旅游全球分销系统（GDS）"；成立"成都集客宝电子商务有限公司"，布局旅游电子商务业务，旅游互联网平台初成。

2. 发展期

2011—2012 年，中科大旗荣获成都"2010 年度优秀成长创新企业"称号。2013 年，中科大旗中标并成功建设"四川旅游运行监管及安全应急管理联动指挥平台"，确立了其为国内智慧旅游的核心基础工程，获得国家旅游局主要领导的充分肯定，并先后接待 29 个省级旅游管理部门参观学习；通过"高新技术企业"认定。2014 年，中科大旗制定 5 年发展规划（2015—2020），提出"十省百城千景区万酒店"的市场推进战略，成立了 8 个办事处，全面拓展国内市场；成立"成都网传文化传播有限公司"，进一步夯实旅游互联网平台，布局"文化+旅游"业务（补链）。2015 年，中科大旗提出"个十百千万"技术研发战略，全面推进"项目产品化，产品平台化（云化）"，技术研发再上台阶；与成都电子科技大学成立"智慧旅游大数据联合实验室"，与成都信息工程大学成立"智慧旅游应用联合实验室"。2016 年，中科大旗"智慧旅游云数据中心及旅游公共服务平台""慧政云""浩景云"获得省经信委科技成果评价：国内行业领先。

3. 成熟期

经过多年行业积累和技术沉淀，中科大旗构建的文旅行业专属云——"大旗云"平台，包括了面向文旅管理部门、多级一体的"慧政云"，打造的以景区等为核心生态圈、面向文旅企事业单位的"浩景云"，促进文旅融合、共建共享、面向公众的"文创云"；是全面涵盖管理、营销、服务、体验的数字文旅全业务链。公司走完了"项目产品化，产品平台化，平台云化"的现代软件产品发展之路，已成功为文化和旅游部、28 个省份、上百个市县级文旅主管部门及上万家景区、博物馆等文旅企事业单位提供了覆盖数字文旅产业链的数字化解决方案和服务。

公司技术中心通过"自主研发+产学研合作"（北京大学、四川大学、成都电子科技大学等）的模式，组建了省内行业唯一一家四川省文化和旅游大数据工程技术研究中心，创新实现了大数据深度挖掘与分析技术、北斗与全球卫星导航系统（GPS）兼容接入中间件技术、分布式异构数据交换中间件技术以及云计算应用技术等多项国内领先技术，其中"基于大数据的旅游产业运行监测平台"经评定为国际先进水平，入选工信部"国家第一批民生领域大数据示范试点企业"，市场占有率保持在 40% 以上，全国排名第一。

（二）商业模式

在商业模式方面，中科大旗按照政府购买服务模式，帮助旅游目的地对所属文旅企事业单位实现监管；通过B端用户购买云服务方式参与到中科大旗应用集群中，通过这种模式，帮助中科大旗连续数年实现营收增长。

（三）运营管理模式

1. 立思想：坚持"智慧文旅产业生态链建设者、创新者、引领者"的主体定位

中科大旗基于18年专注智慧文旅领域的行业经验和技术积淀，坚守智慧文旅领域不动摇，这是公司确立并始终坚持的核心思想。中科大旗依托10多年经验，结合市场需求和行业发展，按照"智能、便捷、可运营"的产品发展思路，通过"建链、延链、补链、强链"，依托"文旅产业操作系统"，创新构建"智慧文旅产业生态共同体"，不断完善和提升公司市场、技术、产品、运营、品牌等能力，实现公司创新和引领目标。

2. 建底座：构建开放协同、共生共赢的"文旅产业操作系统"

中科大旗站在基于文旅产业的技术性底座，以研发面向文旅行业的关键共性技术及集成（"产业中台"）为核心，以行业信息化系统开发和应用为重点，构建面向文旅产业的"云+中台+应用"的开放协同、共生共赢的"文旅产业操作系统"，推动文旅产业数字化转型。"文旅产业操作系统"开展新技术、新模式、新业态融合创新的场景实测，推动"科技+文化+旅游"深度融合发展；坚持"微创新"，着力研发面向文化和旅游场景化的"轻应用"，形成丰富的文旅场景化、信息化应用体系，积极探索线上服务新模式，激活消费新市场。通过试点示范验证商业模式，有效促进文旅产业数字化、网络化、智能化发展，不断提升文旅行业数字化治理水平，壮大实体经济新动能，提高公众（游客）的满意度。

"文旅产业操作系统"由1个文旅"产业中台"、N个应用子系统组成。它基于云计算、大数据、物联网和移动互联网（5G）及人工智能等新一代计算机技术，以面向文旅行业领域的关键共性技术能力建设为核心（面向文旅的"产业中台"），以文旅行业信息化应用为重点，培育文旅行业的应用开发生态和运营生态，形成"云+中台+应用"的新型的、开放协同的、共生共赢的智慧文旅生态系统。

"文旅产业操作系统"可总结为"个十百千万"的系统工程。其中，"个"，即一个开放的面向文旅产业的"中台"，包括数据中台、技术中台和业务中台，形成文旅产业的"技术底座"。"十"，结合中台能力，着力研发大数据、AI、边缘计算、物联网和移动互联网（5G）等关键共性技术，形成10大开放创新能力；结合中台能力，一方面为我们自己的业务应用提供技术支撑，另一方面可开放出来给第三方应用提供技术能力。"百"，即面向文旅管理部门、文旅企事业单位、公众的上百个应用系统，以低成本、高质量为用户提供信息化应用。"千"，即围绕政府端、企业端、公共服务端的上千个应用场景（如预订/订票、验票等）提供"小前台"的场景化应用。"万"，即通过开放中台引入上万个生态伙伴，包括云计算生态、文旅应用开发生态和运营生态。

3. 构联盟：打造"1+1+N"的区域性文旅综合服务生态运营模式

只有合作，才能做大做强。中科大旗基于"文旅产业操作系统"这个行业级技术底座，积极合作，签署各类战略协议，形成一张以智慧文旅为核心的合作网。中科大旗围绕"百城百亿"市场运营目标，积极打造"1+1+N"的区域性文旅综合服务生态运营模式，以数字化技术为基础，形成生态联盟。"1+1+N"是指"1个开放服务平台、1个当地文旅龙头企业、N个生态服务商"。"1+1+N"的区域性文旅综合服务生态运营模式进一步形成了文旅产业生态，形成了基于旅游目的地的区域性生态聚集、市场主导、共生共赢，集中旅游目的地各类优质文旅资源的智慧文旅运营生态，为构建文旅产业大运营格局打下坚实基础，同时也反过来推动公司"百城百亿"运营目标的实现。目前，公司与阿里、腾讯、华为、浪潮、携程等国内著名企业达成战略合作伙伴关系，利用新技术催生智慧文旅产业创新应用，共同推进国内智慧文旅建设，促进智慧文旅发展。

4. 重科研：着力建立"产学研用"交流合作

中科大旗秉承"取长补短，优势互补，共享发展"的原则，重视与高校、科研院所和文旅企事业单位开展"产学研用"交流合作，积极探索文旅行业未来发展趋势及技术变革方向。与北京大学数字中国研究院联合成立了"智慧旅游研究院"；与四川大学旅游学院联合共建"旅游大数据专业学位研究生实践基地"；与四川大学、成都电子科技大学、成都信息工程大学和四川旅游学院等知名高校分别成立了多个专业技术领域的实验室，如"文旅大数据实验室""文旅人工智能实验室""文旅区块链实验室"，研究新技术在文旅行业的创新应用与实践。

公司与四川大学旅游学院开展面向文旅产业的关键共性技术研究，由中科大旗牵头，四川大学旅游学院、成都云数智链科技有限公司和都江堰－青城山景区联合参与的"智慧旅游云数据中心及旅游公共服务平台"在2017年通过了四川省经济和信息化委员会组织的科技成果鉴定，结论为"国内领先"，获得了2020年四川省科技进步奖三等奖。2021年公司研发的"数字文旅服务平台关键技术及应用"被张景中院士评价为"国内领先"水平，2022年公司研发的"大旗文旅云"平台被专家组评价为"国内领先"水平。

通过校企战略合作的不断深入，中科大旗逐步构建了完整的产教融合示范智慧文旅产业生态链，形成一站式的智慧文旅产业综合创新服务能力，服务文化和旅游产业，培养产教融合人才。

（四）核心竞争力

1. 产品优势：拥有面向政府端、企业端、公众端的多端产品服务体系

中科大旗通过多年的行业积累和沉淀，构建了多级一体的智慧文旅管理体系，打造了慧政云、浩景云、文创云三朵云产品体系，实现了涵盖智慧文旅管理、智慧文旅营销、智慧文旅服务、智慧文旅体验的全业务链的业务能力。

（1）慧政云

面向文旅管理部门构建的多级一体的智慧文旅管理服务体系。主要包含大数据中心

平台、舆情监测分析系统、产业运行监测平台、综合业务管理平台、大数据分析系统、资源普查系统、大数据治理平台、掌上管系统等。产品能有效解决文化和旅游行业管理中的监管缺手段、营销缺数据等问题，促进行业管理由被动、事后向全程、实时转变。

（2）浩景云

面向景区、文博场馆等文旅企事业单位的全业务链产品体系，打造以景区、文博场馆为核心的智慧文旅生态圈。主要包含景区综合管控平台、景区公共服务平台、景区数据中心、产品分销系统、大数据分析系统、电子商务系统、景区指挥调度系统、景区一图游系统、景区客流管控系统、景区票务管理系统、多通道高密度客流量监测系统等。产品能解决文旅企事业单位精准营销难、精细管理难、创新服务难等问题，促使文旅企事业单位实现内外管理可视化、资源运营智能化、公共服务多元化。

（3）文创云

面向公众打造的共创、共建、共享的智慧文旅融合平台。包含金牌解说、微营销系统、非遗商品营销系统、非遗产业数据中心、文创数据中心、文创内容管理系统等。产品能提升区域文化旅游内涵和体验，促进文化旅游事业融合发展。

2. 技术优势：建立基于新一代信息技术的文旅产业中台

面向文旅产业的"中台"是基于云服务模式的基础性云平台，是面向文旅产业的技术服务"公共品"。它通过构建关键共性技术能力，为文旅行业提供基础性的技术支撑与技术能力，行业内主体均可通过"上云"方式，利用基础云平台完成工作业务。"中台"具备文旅产业技术平台的开放性，能为产业链上的企业进行技术赋能，使文旅产业生态中的中小微企业、"龙尾"企业享受到企业成长所需的技术"公共品"服务，促进企业实现低成本的数字化转型升级。

面向文旅产业的创新服务中台是中科大旗的技术重点，可实现数字文旅共性技术的研发，并形成技术能力开放给应用开发者。这是支撑业务应用创新的基石，它为应用开发者（包括第三方应用开发者）提供一站式 DevOps 平台服务，支持基于微服务的应用开发、治理、部署及运维监控的全生命周期管理，并提供大规模容器集群管理及中间件服务等平台能力，帮助用户快速构建云分布式应用，以基础、共性技术研发为抓手，减少开发量，提高开发效率，促成更多协作与创新。

3. 成果优势：取得了一系列高价值知识产权成果与科研成果

中科大旗自成立以来，一直以研发文旅行业新技术、新产品为宗旨，积极开展各项创新工作。中科大旗依据《企业知识产权管理规范》（GB/T 29490—2013），结合本公司的特点及实际，遵行"可行、实效、系统、准确、简明"的原则，建立了知识产权管理体系，设立了知识产权管理机构，并配备了多名专职知识产权工作人员。公司设立了知识产权工作专项经费，形成从预算到使用的经费使用记录，并对经费的使用进行监督和管理。通过积极建立创新机制、搭建创新平台、出台多项激励政策，激发广大员工的积极性，鼓励他们立足本职，思考实践，在节能降耗、技术创新、管理创新等方面不断开拓，营造出"比、学、赶、帮、超"的良好氛围；不断深化与国内知名高校的合作，推动创新发展。通过不断地研发创新，现已取得授权专利62项，其中发明专利44项，实用新型专利6项，外观专利12项。取得软件著作权189项、注册商标9项。此外，中科大旗的子公司还取得美国发明专利授权1项。

公司始终立足于文旅行业，致力于做智慧文旅行业的引领者，积极投身于国家标准、行业标准、地方标准的制定。截止到2022年12月，公司主持、参与制定国家标准9项、地方标准4项、团体标准1项。同时，中科大旗积极参与科学研究，承担国家级科研课题和示范工程6项，创新产品获得四川省科技进步二等奖2项、三等奖1项，国内领先及以上重大技术创新成果8项。

4. 营销优势：打造数据融合的旅游产品供销/分销系统

中科大旗在营销方面积极利用软件开发的优势，研发了数据融合的旅游产品供销/分销系统（以下简称"集客宝"电商系统）。该系统是典型的文旅营销系统，已成为四川地区最有影响力的目的地旅游产品分销平台，在乡村振兴中发挥了积极作用。系统参与制定国家电子商务技术标准2项（GB/T 36302—2018），荣获四川省科学技术进步三等奖（2020-J-3136-D02）。在疫情期间为中小微文旅企业加快了上云的进程，协助其打造线上全员营销模式，为加快疫情防控常态下的文旅经济复苏做出了巨大贡献。

通过不断研究，该平台完善形成了以旅游产品分销、电商系统、供销为核心的产品技术服务体系，在疫情期间加大力度提升文旅企业电商营销服务水平，以解决涉文旅企业面临的实际问题为出发点，帮助文旅企业实现智慧营销。目前平台已服务超1000家景区景点、酒店民宿、乡村旅游点、文旅农特等文旅商家，打通了数百家OTA、MTA等文旅互联网平台（如飞猪、携程、去哪儿、驴妈妈、同程、途牛、美团、有赞等），为超过15 000家文旅分销商提供服务，平台年交易规模超过3亿元。

该系统强化产品整合、渠道拓展、智能管理等能力，帮助涉文旅企业打造高效、便捷的一站式产品服务平台。

（五）创始人及团队

中科大旗软件股份有限公司创始人周道华，于2004年创办公司，现任公司董事长兼总裁，是公司的首席架构师。周道华秉承"建设智慧文旅行业领军企业"的宏图伟志，在文旅信息化的规划咨询、产品研发、项目建设和文旅电子商务运营等领域有较高的理论造诣和丰富的项目实践经验，是国内智慧文旅行业的开拓者、探索者和实践者。他在不断的探索和实践中，带领公司经历了"项目产品化、产品平台化、平台云化"的逐步过渡，完成从传统软件供应商向"互联网+"创新企业的转变。

2004—2017年，周道华作为公司首席架构师，研判旅游市场需求，主持布局和研发了多个系列智慧旅游产品线，并在全国上百个省市县实施应用。产品在旅游营销和电子商务方面包括：全域旅游微营销云平台、全域旅游目的地营销平台、旅游全球分销系统等；在旅游大数据方面包括：智慧旅游云数据中心管理系统、旅游大数据分析平台等。2015年，首次在企业中提出了"个十百千万"工程，实现项目产品化、产品标准化、标准云化的战略，为2017年企业获得国内顶级创投公司的青睐打下坚实的基础。

2017年获得A轮融资后，周道华亲自主导公司成立党支部，并明确了"扛红旗、强引领，推动智慧文旅产业健康发展"的党建目标，全面辅助、支持党支部书记又快又好地推动公司党建工作。现在，公司员工在市场拓展、需求调研等方面，都自觉坚持把客户需求放在第一位，积极围绕项目中客户需求，主动沟通，及时反馈，不断提高产品质量和技术能力，保证公司产品满足客户需求，保证公司技术保持行业领先，引领文旅产业创新发展。通过党组织建设，充分发挥党的政治引领作用，真正实现企业发展和党建加强"双翼"齐飞。

2018年，基于四川省经信厅授予称号的"企业技术中心"，周道华带领技术团队成立了文化和旅游大数据实验室，经过一年的努力，做出了卓越的成效，2019年，企业获得四川省科技厅授予的"文化和旅游大数据工程技术研究中心"称号，标志着企业的技术创新再上台阶。同年底，周道华获得四川省人民政府授予的"四川省优秀民营企业家"称号、成都市人民政府授予的"蓉贝人才技术带头人"称号。

2019年，公司承建了四川省文化和旅游厅"智游天府"项目，该项目作为国内第一个文旅融合项目，四川省委省政府高度关注，公司和党支部明确了由党员高管作为项目负责人，对项目建设和开发进行总把关；组织相关党员队伍，对项目各个环节进行具体负责，保证项目符合客户要求。截止到2022年，该项目正有序推进，进行第三期的建设。该项目于2022年入选文化和旅游部"文化和旅游数字化创新实践案例"；同年入选四川省第三届数字四川创新大赛（2022）数字政府赛道十佳案例；2021年纳入《国家数字经济创新发展试创区（四川省2021年重点工作任务清单）》；2020年入选《中国旅游报》"2020年度数字文旅创新发展案例"；同年，依托"智游天府"平台《基于大数据的文化和旅游公共服务云平台研究及示范》项目被推荐为科技部文化和旅游领域"科技助力经济2020"重点专项项目。

凭借优秀的创业创新能力，周道华荣获"首批四川省优秀科技人才创业典型""2017年做出突出贡献企业家""2017年中国经济新领军人物""2017年四川省大数据产业年度创新人物""2018年新经济百名优秀人才""2018年四川省优秀民营企业家""2018年四川十大创新企业家""2020年成都市大数据领军人才""改革开放40周年四川旅游界创新突出贡献人物"等称号，并于2018年入选四川省"天府万人计划"名单、2019年入选"蓉贝"软件人才技术领衔人、2021年荣获成都市高新区"金熊猫成就奖"。作为第一发明人，其先后获得了25项专利授权，其中17项发明专利、5项实用新型专利、2项外观设计专利，公开发表了3篇论文。

在创始人周道华的带领下，公司逐步形成了以技术为核心的创新团队，包含专职研发技术人员162人，其中，高级工程师4人、博士4人、高级项目经理22人。同时，团队还与四川大学、成都电子科技大学、西南交通大学、成都信息工程大学等省内各大知名高校建立了长期合作关系，聘请16名高级专家、教授作为外部专家团队成员。创新团队人员在智慧文旅、软件工程、中间件、大数据、云计算等领域积累了丰富的理论和实践经验，具有极强的创新意识，已完成了多项新产品、新技术的研究开发，取得了多项高质量成果。比如，针对旅游管理部门的智慧旅游云平台（"慧政云"）、针对涉文旅企业的智慧旅游云平台（"浩景云"）、智慧旅游云数据中心及旅游公共服务平台、旅游运行监管及安全应急管理联动指挥平台均获得四川省新产品"国内领先"的鉴定，旅游运行监管及安全应急管理联动指挥平台、智慧旅游云数据中心及旅游公共服务平台、智慧乡村旅游公共服务云平台、基于大数据的旅游产业运行监测平台、数字文旅服务平台关键技术及应用、大旗文旅云获得科技成果"国内领先"和"国际先进"的评价，相关成果还获得了3项四川省科技进步奖（其中二等奖2项、三等奖1项）。

（六）疫情应对措施

2020年新冠疫情的暴发，对文旅行业造成了严重的影响。在疫情的背景下，如何帮助文旅企业抵御疫情的冲击，创新运营模式，实现降本增效，已成为文旅产业发展的重点。基于此，中科大旗积极开展相关研究工作，充分利用数字化、网络化、智能化技术，构建建设方案，以提供文旅行业公共服务为核心，帮助文旅企事业单位降低疫情影响，引导和培育网络消费、体验消费、智能消费等消费新热点、新模式，推动文旅产业数字化转型，实现高质量发展。

1. 推出文旅场馆分时在线预约系统

疫情期间，在线预约系统是景区及场馆限流政策执行的一种方式，通过提前预约、分时预约，倡导错峰出游，提高疫情期间对景区人流的管控能力。"不预约，不出行"，预约、预订一方面有效落实了文旅部相关要求，也为公众出行提供了参考；另一方面，通过预约、预订，对各级部门有效分析景区游客画像提供了数据支撑，也为后期景区开展二次营销提供了抓手。

分时在线预约系统在四川试点成功后，服务了西藏、新疆、河北、湖北、湖南、内蒙古等7省区，帮助文旅企业在疫情期间快速实现在线预约服务，取得了良好的应用效果。具体而言，通过旅游目的地的在线预约服务功能，一是帮助游客提升了行程确定性和舒适度，避免游客排长队、长时间等待的问题，消除游览过程的低体验；二是帮助景区数字化运营，通过景区门票预约制度，合理确定并严格执行最高日接待游客人数规模，以数字化技术保障景区安全、游客体验、运营管理，实现精细化管理、高质量运营，有针对性地提质升级，推动景区生态正向发展；三是推动了当地旅游产业高质量发展，各景区通过推进预约、错峰、限量常态化等措施，建设了景区监测设施和大数据平台，建立了一整套满足人民幸福生活需要的预约旅游服务体制和机制，由此深化了"互联网＋旅游"，加快推进了以数字化、网络化、智能化为特征的智慧旅游发展，推动旅游业高质量发展。

2.推出在线解说云服务系统

在线解说云服务系统（简称"金牌解说"系统）是依托5G、AI、云计算、大数据等新一代技术，借助"文化+""旅游+""科技+"三大引擎，搭建集文博场馆、文化街区、景区和地方名人、史学专家、知名作家、文旅志愿者、专业讲解员及游客为一体的数字化云讲解服务平台。该平台在线上提供多人、多语言、多形式的音视频讲解内容，游客通过线下二维码，使用移动端5G技术即可快速获取VR真人视频讲解服务及语音讲解服务，由此打造智慧感知互动新场景应用。同时创新运营模式，为游客提供预约真人讲解服务，让当地文化学者、专业讲解员陪游，使游客更生动与更贴切地了解当地的历史文化。通过场景、内容、技术的互利融合，实现文博景区、讲解员、技术公司三方运营、三方盈利的可持续创新商业模式。

在线解说云服务系统率先在都江堰风景区落地实施，并成功形成示范效益，已向外推广应用于24个省、95个城市，为334家文博场馆、文化街区及景区提供基于场景应用的电子讲解服务，有3631名地方名人、史学专家、知名作家、文旅志愿者、专业讲解员签约为该平台的场景应用解说者，并向公众、游客提供基于互联网模式的场景化服务达508万人次。

在线解说云服务系统是典型的文化和旅游融合的创新产品，在疫情期间为文旅行业做出杰出贡献，先后入选了文化和旅游部"文化和旅游信息化发展典型案例"、工业和信息化部"新型信息消费示范项目"、四川省通信管理局"四川5G应用100例"、成都市人民政府推荐的"应对新型冠状病毒感染的肺炎疫情城市应用创新产品"。在线解说云服务系统为文旅单位提供了丰富的场景应用，为游客提供了优质的线上音视频服务，更好地传播了红色文化，为中小学生的红色教育、博物馆知识储备提供了很好的内容。

3.推动文旅企业"业务上云"

多年来，中科大旗以打造"产业中台"为核心，以推广"行业应用"为抓手，积极推进文旅企业"业务上云"工作。依靠云计算、大数据、物联网等先进技术，凭借多年文旅服务经验，围绕文旅产业政府端、企业端和公众端共性需求，助力无数企业完成上云工作。

在新冠疫情的大背景下，通过上云服务工作，助推了近万家文旅企业接入数字文旅服务平台，提升了文旅企业综合能力，帮助文旅企业抵御疫情的冲击，创新运营模式，实现降本增效，推动文旅产业数字化转型，实现高质量发展。

（七）未来发展预期

未来，中科大旗将以"文旅+科技+金融""文旅+乡村振兴""文旅+康养"为业务定位，进一步落实公司的"十省百城千景区万酒店（乡村）"的市场战略规划，持续深耕数字文旅业务，力争形成具有全国影响力的"文旅行业数字化转型创新企业"。

1. "文旅+科技+金融"

未来,公司将充分利用现代科技手段,结合现有旅游目的地文旅产业资源、产品属性和国家与地方的法律法规,以及目前在国内成熟的产权交易市场体系,通过构建基于区块链技术的"文旅+科技+金融"创新模式,构建旅游目的地文旅产业资源交易平台,打通文化旅游产业和产品与金融的联结通道,通过有效的、合法的、合规的金融工具,解决旅游目的地文旅景区景点及企事业单位生产经营、营销推广资金短缺等问题,为旅游目的地文旅产业快速发展增加核动力;利用金融工具和手段,将旅游目的地分散的文旅资源、文旅产品进行集约化包装和推广,有力推动旅游目的地文旅产业转型升级,盘活旅游目的地文旅资源、文旅产品存量、创新增量;通过证券化手段,实现旅游资源、产品(比如门票、酒店房间、土特产等)的提前交易,规避产品供应方价格波动风险,让景区、酒店、文创等文化旅游产品、商品通过资产证券化的方式提前变现,获得企业发展、营销推广持续的流动资金;通过信息化的跨区域、线上线下联结及相应的管理、服务平台建设,可以及时地、动态地掌握旅游目的地文旅消费状况、客流状况,为政府、文旅企事业单位(景区景点、酒店、旅行社等)留下可供决策、经营的文旅大数据;通过社会资本投资运营平台,从市场化的角度逐渐调整旅游资源的配置,从而达到优化旅游产业结构的目标,提升旅游目的地文旅资源在国内、国际的竞争力。

2. "文旅+乡村振兴"

乡村振兴战略的实施为全国乡村地区的发展带来了良好的机遇,而乡村旅游和休闲农业的发展是实现乡村振兴战略的重要引擎和方式。未来,公司将按照"数据为先、易用为主,商户自助、慕课培养"的建设思路,以乡村旅游商户基础数据采集、汇聚为基础,以自助式管理及整合式营销为目标,以"输血式"扶贫到"造血式"扶贫为引导,以游客需求为导向,充分利用面向大众的多种现代信息化手段,打造最便捷、最开放、最实用的乡村文化旅游应用云平台,促进政府管理能力升级和乡村旅游企业经营能力升级,改善对游客的服务,促使全域旅游生态、文化、社会和经济的综合价值最大化,实现乡村文化旅游产业的转型升级和可持续发展。

3. "文旅+康养"

中国康养产业起步晚,但发展空间较大。当前,城市人群普遍感到生活压力大,各种慢性疾病多,空气污染、环境污染等问题日益严重。因此,我国康养需求将显著提升。国务院2013年发布的《关于促进健康服务业发展的若干意见》中提出,到2020年,中国健康服务业总规模达到8万亿元以上,康养产业作为其中的重要分支也将具有较大的发展空间。为此,中科大旗将通过依托在智慧文旅领域的行业经验和技术积淀,搭建基于旅游目的地的智慧康养公共服务平台,做好基于旅游目的地的康养服务,构建旅游目的地康养模式。最终,把互联网、物联网、云计算、大数据与养老服务相结合,让养老服务更加便捷、更加个性化及人性化,这对于提升产业形象具有很好的帮助作用。通过发展"文旅+康养"产业,紧紧抓住康养者最现实、最直接、最迫切的需求,根据康养者不同的经济状况、年龄、健康状况,坚持政府领导,市场运作,企业经营,社会参与,合理调整多样化、多层次的产品和服务,形成康养产业集群。

(执笔人:范亚静,北京联合大学旅游学院 2022 级 MTA 学生)

六、上船吧

上海企业"上船吧"主要是以国际邮轮分销作为公司发展方向。"上船吧"致力于打造最大、最专业的邮轮平台,作为中国高端旅游资源的整合运营商,成为中国大众高端旅游分销渠道的引领者。

(一)企业发展历程

"上船吧"应势而生,顺势而为。它根据中国旅游行业发展新趋势,弥合缝隙,合纵连横,寻求新突破,有了全新的发展思路。"上船吧"深刻理解目标客群,利用数字化、信息化新手段,挖掘并满足中高端群体的旅游个性化、定制化需求。尝试拥抱新技术,全面改造自身的产品与运营流程,突破传统的产品概念为潜在消费者提供端到端的数字化便捷服务。"上船吧"基于旅游新理念,重新考虑资源组织形式,通过独立项目合作共赢,搭建旅游新生态,加强旅游价值链上下游的打通与整合,同时树立国内、国际两个市场参与资源观。

"上船吧"以"立足中国,走向世界"为发展方向,通过互联网大数据 SaaS 等技术提升运营效率,网罗 B 端,实现 B 端系统直连销售运营网络技术赋能。

百舸争流,奋楫者先。"上船吧"成立于新冠肺炎疫情突发导致旅游业受到重大冲击之时,为了抓住未来市场复苏的机会以及内需升级的巨大潜力,决定深耕当下、着眼未来。"上船吧"积极促进长江游轮和中国母港海洋邮轮在各方面的提升和发展,致力于整合中国高端旅游资源和营销渠道,利用现下最新兴的移动互联网技术手段,让中国游客以更便捷的方式、更优惠的价格、更多的机会拥有优质的旅行体验。

(二)商业模式

"上船吧"明确了发展目标,从长江游轮起步,未来基于国内外河轮、海洋邮轮、母港邮轮业务,打造邮轮旅游领域垂直网络分销平台;与各家 B2B 系统开通直连,为旅游企业、旅游从业者提供最便捷的销售、运营及管理工具;提升用户体验、服务和出游品质,成为新的行业标准的制定者。

"上船吧"的服务范围是各类内河游轮、海洋邮轮公司资源方及批发商,销售邮轮及高端旅游度假产品的分销机构,基于邮轮、高端旅游大数据的相关研究机构,国内高端酒店、度假村旅游产品批发商,高端奢华列车定制游及其他稀缺高端旅游资源整合等。

"上船吧"的使命与愿景是通过互联网、大数据、SaaS 等技术手段不断改进产品供应链,提升运营效率;为分销客户和客人带来更好的预订体验与度假体验;为资源端提供更便捷的分销渠道和数据分析,为行业赋能。

"上船吧"的功能定位：

①整合邮轮产业资源、专业技术及运营能力，促进形成新的产业链链接模式。

②协同各资源方和分销端，打造全球领先的邮轮和高端旅游产品分销平台。

③应用大数据对分销渠道、客源、消费者画像进行分析，为产品开发及定价提供科学依据，提供售前预判、售后服务；生成行业报告，提升企业品牌影响力；进行人工智能分析，动态研判自身业务运转健康情况。

④协同各合作方资源，共同推动业务发展。

⑤未来建立具有特色的分销品牌和零售品牌。

"上船吧"相关旅游产品的设计和发布渠道以项目制为主，由资源方和大型渠道商为B端提供产品和销售支持。"上船吧"的经营模式以互联网模式为主，其预订操作分销平台用于用户和渠道数据的收集和分析，通过专业分析模型获得产品开发策略、采购策略、销售推广策略，以使"上船吧"成为综合性高端旅游资源整合营销平台。

通过此经营模式，夯实了"上船吧"在中国大众高端旅游分销渠道的引领者地位，"上船吧"成了中国高端旅游资源的整合运营商；同时，形成了"上船吧"在高端旅游营销渠道的品牌影响力。"上船吧"实施了信息技术对旅游营销和运营的赋能。

此外，大多数游客对国内内河豪华游轮旅游接触较少，作为在世界一流的黄金航线上经营着长江最高品质游轮的邮轮公司，"上船吧"已累计接待了上百万人次的国内外游客，多次经历了中国内河游轮旅游受到沉重打击后又蓬勃发展，始终坚信游轮旅游拥有极其旺盛的生命力。"上船吧"以专业的服务团队和优秀的游轮品质，在国内跨省旅游恢复初期就成为第一批成功复航的游轮企业，并在第一时间迅速推出了符合市场需求的新产品。

2020年9月7日，"上船吧"联合"世纪游轮"在上海举行了全新航线"渝见山峡"产品推介会，180多位邮轮行业大咖、旅游同业和媒体受邀参加。特殊时期，"上船吧"泛邮轮平台与"世纪游轮"的合作具有深刻意义，希望能为广大邮轮旅游同业联结更多国内优秀的内河游轮产品，希望能和疫情期间受挫最深的旅业伙伴们互相帮助共渡难关，也希望能为国内外邮轮行业复苏贡献力量。

（三）运营管理模式

"上船吧"整合多家国内高端旅游头部同业者，形成独立项目联盟合作经营，稳固国内高端邮轮预订和定制旅游分销渠道的运营模式，打造"专列＋邮轮"的定制旅游专属产品。通过与多家企业联合推出专列与邮轮，利用专属的预订分销平台，对客户的数据进行详细的分析，从而给客户量身打造专属的策略方案。

针对不同的客户群体，"上船吧"推出了不同风格的游览线路系列，包括"江山如此多娇"系列、松赞系列、东南海岸系列、南北疆系列、度假村系列、"临江仙与问鼎三峡"系列等，使客户可以根据自己的偏好更快速地找到并选择自己喜欢的游览线路，可在某种程度上节省客户在准备期间的时间，更好地投入到旅游观光的乐趣中来。

（四）核心竞争优势

"上船吧"作为一家 2020 年刚刚成立的初创企业，在全球新型冠状病毒肆虐的情况下，依托高端的技术手段开创了新的旅游时代。这与其自身的优势是密不可分的，在如今的社会背景下，"上船吧"具体的核心竞争优势如下：

1. 独特的市场定位

"上船吧"通过联合内河游轮公司以及旅行社，针对不同类型的人群打造小众、高端、精致的旅游产品，并通过平台系统直连游轮公司与 B 端企业客户，有效解决之前行业分销的痛点。

例如"上船吧"的"江山如此多娇"系列，这个航线是为体验过欧洲河轮或者是长航线海轮的高收入中老年人打造的。这一部分高知、高收入人群是"上船吧"精挑细选过的客群，他们对餐品及服务的高要求、对文化熏陶的渴望、旅游体验大于景区游览的诉求远远高于普通游客，而"江山如此多娇"系列这个产品完全能满足他们的要求。

谈到"江山如此多娇"系列的价格，人们一般有两种反应。第一种人是觉得价格偏高；第二种人是一开始觉得高，了解具体内容以后就觉得性价比还是不错的。那么，第一种人就不是"上船吧"的目标客群。目前市场上也有 3000 多元的长江航线产品，但是岸上项目收费、升级餐品收费林林总总算下来也要上万元了。但"江山如此多娇"系列航线就是一站式收费。"上船吧"做到了服务从机场就开始，并解决了客人的痛点——"选择"。

2. 优质高端的专业服务

"上船吧"拥有最专业的服务团队，从邮轮上的"吃"与"住"，到岸上旅游目的地的"游"与"行"，都从不同的产品类型出发，给不同的游客群体提供差异化的高端休闲体验，致力于以客户的体验感和满意度为标准提供优质、专业的服务。

仍然以"江山如此多娇"系列为例，"上船吧"会有专车在机场等候游客，到达码头后会有工作人员将游客的行李直接送到房间，以此减少游客对路途中交通工具、行程路线等的选择，同时减轻游客负担。

在旅游目的地方面，现在的三峡航线往往局限于重庆到宜昌段，很少有往下游突破的。其实长江沿线不仅有着丰富的自然风光，还有浓墨重彩的人文风光。例如荆州、岳阳、池州、武汉，这些城市从三国主题的角度都有很多的挖掘点。九江以南可以去景德镇、庐山等，还有目前我国发现的面积最大、保存最好、内涵最丰富的汉代侯国聚落遗址考古大 IP 海昏侯墓。在饮食方面，游客在船上也可以体验当地季节性美食。比如到了扬州，吃早茶是绝不能错过的美事，"上船吧"会提前将当地有名的冶春名厨请上船来，让游客早晨醒来在船上就可以体验地地道道的扬州早茶。游客下船活动范围也不局限于知名景点、游览胜地，还着重于深入体验旅游目的地的生活区，比如当地的菜市场、海鲜市场，这些才是最能感受当地人的生活，畅享个性化、沉浸式体验的特色优质旅游活动。

在人文体验方面，到了扬州，"上船吧"会请扬州知名文化学者专场解读扬州盐商的悠久历史；到了南京，"上船吧"会邀请南京中医药大学特聘专家，专门做一期健康养生知识讲座，给客人分享一年四季中医养生知识；到了武汉，会安排客人在博物馆内欣赏"编钟专属演奏会"，聆听古代乐器演奏的美妙乐曲。这些都是抓住了高知客群对产品差异化的诉求，在产品中为客户做了定制化服务。

3. 难以复制的特色产品

"江山如此多娇"系列这个产品是很难被复制的。传统的三峡内河游产品设计的思维方式比较单一，通常结果都是船越造越大，人越坐越多，这种粗放式的产品复制方式使得内河旅游产品始终存在一个无法突破的印象。传统三峡游的分销渠道与出境邮轮和高档河轮的分销渠道是不一样的，传统三峡游很难获得"上船吧"这样的资源积累和分销渠道，这是"上船吧"的自信，也是生存之本。

4. "大数据"加持下的经营模式

在人工智能（AI）、物联网（IoT）等新技术的应用正极大地改变整个产业链上下游，新模式蓬勃发展并开始颠覆原有的传统旅游巨头的社会大背景下，"上船吧"也尝试拥抱新技术，全面改造自身的产品与运营流程，突破传统的"产品"概念，为潜在消费者提供端到端的数字化便捷服务。

"上船吧"以互联网为依托，通过大数据、SaaS（软件服务化，Software as a Service）等技术，提升运营效率；以网络B端"立足中国，走向世界"，将B端系统直连营销、运营，以网络技术赋能营销与运营。

（五）创业团队介绍

"上船吧"始创团队成员大多来自途牛、京东、苏宁、百度、马蜂窝等数字旅游电商平台，深耕邮轮旅游行业10多年，积累了大量的行业经验、行业资源，善于应用标准化体系建设提升服务水平，能充分利用互联网大数据、AI、SaaS、数字金融等技术手段链接产业链的各个环节，提升邮轮旅游资源端和渠道端的业务流转。

刘建斌，"上船吧"CEO，深耕旅游行业近20年，曾创办多个旅游品牌，主要涉足跨境游、远洋邮轮、酒店业务等。曾加入京东商城与途牛旅游网，帮助两家上市公司先后搭建邮轮业务板块和团队，并带领团队迅速发展邮轮旅游业务，连续5年获得国内前三名、多次国内第一的佳绩，常年稳居各大邮轮公司亚洲区前三名。从途牛旅游网离开后创办"上船吧"高端旅游资源整合平台，在出境游受疫情影响下抓住机遇发展国内高端旅游，设计打造的创纪录的人均18 800元起价的长江游轮高端产品世纪传奇号"江山如此多娇"15日游大获成功，并在短短一年时间里成为滇藏精品线路松赞旅行与国内首艘豪华邮轮"招商伊敦号"的最大代理。

刘扬，"上船吧"CTO，有互联网领域相关工作经验，涉及电商、旅游、区块链等行业。同时作为个人天使投资者投资数十家TMT和区块链公司。曾任百度集团研发工程师、中国联通山西分公司互联网应用部负责人、搜狐网SNS白社会项目产品及商务经理；后出任千团网CEO，获得杜雪骞、徐小平投资，最终并购给某纳斯达克上市公司。

在旅游领域，曾作为爱旅行联合创始人并出任 CTO，获得千万融资；担任康辉旅游集团科技公司 CEO，完成康辉旅游集团信息化建设并为康辉旅游集团上市贡献市值。数字区块链领域曾作为 BitKeepGlobe.Inc 联合创始人兼 CEO，获得 DKB 基金、经纬中国数百万美元投资，公司数字货币钱包管理资产总金额达 7 亿美金，日活用户 8 万。

张文祺，产品中心总经理，有 2015 年出境旅游行业经历、6 年大型邮轮包船统筹管理经历。有丰富的邮轮运营管理和地接采购管理经验。先后在京东商城和途牛旅游网担任邮轮包船项目负责人，项目涵盖皇家加勒比邮轮、歌诗达邮轮、公主邮轮、地中海邮轮、诺唯真邮轮、精致邮轮等。

董笑天，产品中心副总经理，拥有 15 年采购工作经验，其中邮轮采购管理经验 8 年。历任途牛（南京）信息技术有限公司采购总监（负责人），苏宁易购集团（总部）运营经理、总监。在邮轮产品领域负责挖掘市场，根据行业发展趋势及旅游市场需求，准确采购有利邮轮产品组合，前后负责采购母港邮轮产品、国内游轮产品、海外航线邮轮产品。

沈娜佳，销售中心总经理，拥有 15 年出境旅游行业经验，其中邮轮领域销售经验 10 年。历任途牛国际旅行社邮轮 BU 销售总监、京东商城邮轮销售总监。2010 年，运作南非高端旅游品牌"非洲之傲"，奠定南非高端旅游在中国的基础。在途牛期间，带领销售人员售卖皇家、歌诗达、诺唯真、天海等各整包、散卖航次，同业市场年均收客超过 10 万人次。

高尚磊，研发中心技术总监，拥有 10 年互联网研发经验，从事旅游互联网研发 8 年，具有丰富的旅游业务项目开发及管理经验。曾担任马蜂窝旅游网酒店业务及中台管理部门研发工程师，负责酒店业务线数据精密算法研发及调度管理系统底层业务搭建，联合团队申请完成多项技术专利。曾担任康辉旅游集团科技公司分销系统及蜂巢供销系统研发架构师，负责系统项目全流程跟踪建设。

（六）疫情应对措施

1. 坚决遵守国家政策部署

"上船吧"深入贯彻习近平总书记关于坚决打赢疫情防控阻击战的重要指示精神，全面落实党中央、国务院和省委、省政府有关疫情防控工作的决策部署，按照早部署、早发现、早处置的要求，坚持"两手抓"，一手抓疫情防控，严格落实各项防控要求；一手抓行业复工复产，积极采取措施，推动文旅市场复苏。通过对自身及旅游景区、文旅场所的检查，形成规范化、科学化的疫情防控管理机制，共同推进防疫安全和旅游景区疫情防控等各项工作的落实。

2. 积极践行防疫工作

"上船吧"严格限制游客数量，做好游客信息登记工作，严格落实体温监测、查验"健康码"等防控措施。对于重点休闲娱乐场所进行查验"健康码"，持绿码者方能进入；对进入人员测体温、要求戴口罩，登记身份信息，留联系电话，并保证室内通风，其中公共场合游客要间隔一个座位就座。对于室内场馆同样坚持落实体温检测、登记身份信息、核实身份、留存联系方式、出示本人健康绿码。

除此之外,"上船吧"还强化管理措施,保障配齐防疫物资。一旦发现健康码不是绿色的人员和发热人员立即按照防控要求落实相关措施,第一时间报告当地疾控中心并拒绝该游客出游,给予退款处理。

3. 保障游客防疫安全

"上船吧"对疫情暴发问题做了完善的备选方案。例如在开船前疫情突然再度暴发,"上船吧"会给游客进行全额退款。如果在行程沿途有某个码头属于突发疫区的,可以选择跳过疫区城市码头。在长江上游跳开一个码头还比较容易,但下游就比较困难,比如南京到池州中间目前还没有可以停靠的码头,如果有此类情况,"上船吧"会随时关注疫情态势,并根据疫情的具体情况对行程进行对应的调整,以保障游客的防疫安全。

(七)未来发展方向

1. 丰富产品类型

(1)小众内河游轮方向

除了长江三峡段,国内还有不少区域适合未来发展内河游轮。如果船再小一点儿,可以开进湘江、赣江或者京杭运河,100人左右的载客量,岸上活动可以安排得更精致、客户体验感更好。未来"小船化"一定是一个趋势。苏南运河航道等级没有苏北运河航道等级高,如果扬州可以做母港,可以通达淮安、高邮、徐州,这些都是依靠运河国家交通命脉发展起来的城市。苏北高铁的开通只是解决大家必需的交通问题,但是人文精神的追求还有很大的空间。

"上船吧"期待未来的内河河轮更小一些,可以在下游跟长江相通的河道上通行。"上船吧"会从"江山如此多娇"系列的客人中再筛选一些目标客户,把产品做得更加精细、精致,请当地的民俗教授、大拿讲述人文故事。现在的交通环境和各地对旅游产业的打造也不一样了,现在很多的文物建筑被腾空,街区进行了改造,城市的个性化越来越突出,用户都愿意到每个城市探寻一些比较本地的文化、建筑、寺庙、美食甚至是菜市场。菜市场有很多烟火气,可以见到很多原生的东西,这才是真正的生活。

(2)高端列车游方向

继内河游轮后,"上船吧"未来将会推出高端的列车游系列产品。例如将新东方快车、唐古拉、呼伦贝尔专列和其他海内外豪华专列稀缺资源相结合打造的唐古拉号高端专列,原本计划接待世界各地来访的贵宾,每节车厢造价高达1.5亿美元,由德国凯宾斯基酒店集团负责整体服务设计,由法国庞巴迪公司提供技术支持并建造,其豪华程度不输国外的顶级旅游专列。公司将包租唐古拉号,设计以西藏、新疆、青海、甘肃等西北方向线路为主的高端度假产品,服务追求卓越的高净值旅游者。

(3)沿海公海邮轮

"上船吧"以招商"维京伊敦"号邮轮运营为契机,发挥海洋邮轮资源渠道和市场营销优势，推出了"东南海岸"系列产品，以上海、深圳为起止点，以东南海岸的地域特色文化为依托，以沿海美景为出发点，给游客提供全新的品质体验。

2.优化服务水平

（1）预订分销平台推广 B2B2C 端

B2B2C 是一种电子商务类型的网络购物商业模式，其中第一个 B 指的是商品或服务的供应商，第二个 B 指的是从事电子商务的企业，C 则表示消费者。"上船吧"将融合旅游互联网新思路，优化系统架构，帮助 B 端分销商做 C 端用户增量，打造行业垂直媒体，为 B 端分销商开拓 C 端客户市场。

（2）专业项目咨询服务

"上船吧"通过招商局维京邮轮、中船嘉年华等资源方和政府部门合作，为其提供咨询报告和信息技术嫁接，该服务不仅为合作方提供了便利，还可以在"上船吧"后续的工作服务中整合资源，有更好的发展机会。

（执笔人：刘可婷、魏傲然，北京联合大学旅游学院 2021 级旅游管理专业本科生）

七、湖州荻港徐缘生态旅游开发有限公司

（一）企业简介及发展历程

湖州荻港徐缘生态旅游开发有限公司（以下简称"荻港渔庄"）创立于 2004 年，总部位于中国历史文化名村——荻港村，一座拥有深厚历史文化底蕴的千年水乡古村落。荻港村四面环水，河港纵横，青堂瓦舍，素来有"上有天堂，下有苏杭，天堂中央，渔乡荻港"的美誉。这里不仅历史悠久，旅游资源丰富，而且地理位置优越，紧邻大运河。荻港村是国家 4A 级景区，历史上人才辈出，相传越国大夫范蠡曾在这里写了第一部《养鱼经》，至今已有 1700 多年历史。这里更是被农业农村部认定为"中国农业重要文化遗产"，也是联合国粮农组织命名的全球主要农业文化遗产——浙江湖州桑基鱼塘系统所在地。作为一家民营系统企业，荻港渔庄的运营主体湖州荻港徐缘生态旅游开发有限公司拥有 3000 万元的注册资本，占地面积近 700 亩，总建筑面积达到 5 万平方米，总投资超过 3 亿元，目前员工有 600 人左右，基本上是本村村民，成功打造了一支由村民组成的专业性的管理团队，提升了村民的管理能力和管理水平。同时荻港渔庄投资建设了浙江湖州桑基鱼塘系统历史文化馆、禅茶馆、丝绸馆等充满本土文化特色的展览馆，是一个集渔业养殖、餐饮住宿、休闲度假、民俗体验、文化展示、科普教育为一体的休闲渔业基地。多年来，荻港渔庄围绕湖州桑基鱼塘系统传承和创新发展，不仅注重经济效益的提升，还积极履行社会责任，推动了乡村振兴和农业文化遗产的保护与传承。先后获得了国家级休闲旅游示范基地、浙江省五星级农家乐、浙江省名牌、浙江省著名商标、全国休闲农业与乡村旅游示范点、休闲文化创意品牌等荣誉称号，成为行业内的佼佼者，也带动了当地旅游业的巨大发展。

公司自 2004 年创办以来，已经走过了 19 年的发展历程。19 年间，荻港渔庄始终坚

持以鱼桑文化为核心，致力于农业文化遗产的保护、传承和可持续利用，成为该领域的示范企业。

2006年5月，投资8350万元的荻港渔庄正式对外营业。荻港渔庄整体建筑以鱼形为主体，周围环绕着流水小河，形成了一个集旅游、购物、餐饮、住宿和会议于一体的乡村旅游景点，成为长三角100个不得不去的地方之一。荻港渔庄内设有笔道艺术馆、禅茶馆、票证馆、蚕桑丝绸馆、渔乡风俗馆、鱼文化馆等展示馆，致力于传承最古朴的水乡文化。

从2008年开始，荻港渔庄与周边学校合作建立了鱼桑文化实践基地，举办了多次不同规模的鱼桑文化展览和比赛。2017年5月，荻港景区开始推广古村文化新生计划，引入百家微博馆、知名民宿酒店品牌及顶级金融合作机构，成立"思纳古村帮帮基金"，扶持古村文化传承名店。2016年，首个农业文化遗产保护院士专家工作站在荻港渔庄成立，2018年第二个院士专家工作站签约。2019年，荻港渔庄还创建成立了"湖州鱼桑文化研学院"。

现如今，荻港渔庄规模已达630多亩，提供了600多个本地就业岗位；此外，还专门成立了渔达果蔬、阿大湖桑茶两家专业合作社，吸收了100余户农户入社经营。荻港渔庄不仅研发生产了十几种"桑陌系列"特色鱼桑小吃，还利用桑基鱼塘生态鱼研发了开背鱼等数十个产品，通过线上店铺、直播销售等方式打响荻港鱼桑特色美食品牌。采用"村庄+景区+渔庄"三位一体新模式，荻港渔庄年接待游客63万人次，人均年收入4.02万元。2019年9月，中国农民丰收节系列活动湖州鱼桑丰收节在荻港渔庄开幕，标志着一个农旅结合、以农促旅、以旅带农的绿色多业态发展模式已在荻港落地生根。

（二）商业模式

在商业模式上，荻港渔庄主要依托其独特的地理位置和丰富的文化资源，注重挖掘和传承本土文化，利用南浔区和孚镇荻港村的"鱼米乡、水成网"的自然景观和桑基鱼塘的文化底蕴，结合现代旅游需求，创造多元化的文化旅游活动和产品，构建独特的体验场所，并拓宽乡村旅游产业渠道。以鱼桑文化为主线，通过保护和利用农业文化遗产桑基鱼塘，提供淡水鱼养殖、果蔬种植、陈家菜品尝、桑叶茶体验等多种服务与产品，满足游客的多元化需求，实现了文化资源的有效转化。将传统的乡村旅游与特色的鱼文化相结合，提供以休闲度假、观光旅游、文化体验和特色美食品尝为主要内容的服务产品。

（三）运营管理模式

荻港渔庄采取的运营策略可总结为"以生态为基础，以文化为核心，以旅游为动力"，全力打造一条完整的生态旅游产业链。

公司依托荻港村得天独厚的自然资源和悠久的历史文化积淀，提供一系列"旅游+购物+吃住+会务+研学"的全方位的具有地方特色的综合性旅游产品。这些产品通过举办"桑基鱼塘"体验游、"陈家菜"美食游、"鱼汤饭"文化游以及各类特色活动，如传统鱼文化节以及建立各类文化特色展示馆等，将传统文化与现代旅游相结合，打造独特的旅游品牌，向游客展示湖州的历史文化魅力，游客可享受鱼塘观光、农产品采摘、婚庆宴会、酒店住宿等一站式服务，深受游客喜爱。同时，荻港渔庄还注重农业产业的发展，通过淡水鱼养殖和果蔬种植等农业活动，为游客提供原生态的农产品和体验。这种结合了"文化、旅游、农业"的运营模式，既保护了传统文化和自然环境，又促进了当地经济的蓬勃发展。此外，公司还通过不断提升服务质量，努力为游客提供舒适、便捷的旅游体验。

在"公司+农户+旅游"的创新模式下，荻港渔庄与当地农户紧密合作，共同开发旅游资源，实现资源共享、利益共赢。农户通过参与旅游服务、销售旅游产品等方式，增加收入，提高生活水平。同时，这种模式也有效地保护了当地的生态环境和文化遗产，实现了生态、经济、社会的协调发展。

（四）核心竞争力

1. 深厚的文化底蕴与丰富的旅游资源

荻港渔庄坐落于南浔区和孚镇荻港村，凭借其独特的地理位置、丰富的自然资源以及深厚的历史文化底蕴，已成为游客心驰神往的旅游胜地。这里，历史文化与自然资源交织成一幅美丽的画卷，为游客提供了一系列深度体验当地文化的活动和产品。荻港渔庄充分利用了荻港村千年传承的鱼文化和蚕桑文化，以及联合国全球重要农业文化遗产的桑基鱼塘资源，以湖州桑基鱼塘系统内的原材料为基础，研制出的桑叶茶等特色产品，不仅展示了地方文化的独特韵味，更吸引了无数游客前来品茗体验。此外，广阔的淡水鱼养殖区、新鲜果蔬基地等丰富的农业资源，为游客提供了原汁原味的乡村体验。在荻港渔庄，游客可以尽情领略鱼米之乡的风土人情，深入体验当地文化的魅力，感受到悠久历史与自然的和谐共生。

2. 多元化的配套设施与服务

位于浙北的荻港渔庄，一直将提升配套设施和服务水平视为重点。通过大量投资，荻港渔庄已建立起占地1000亩的淡水鱼养殖区和超过200亩的果蔬种植基地。荻港渔庄的工作人员超过600人，能同时容纳3000多位宾客用餐，并提供200多个住宿房间。此外，荻港渔庄还配备了多个大小会议室，以及一流的专业会务和婚庆服务设施，软件服务同样出色，满足了各种活动的需求，成了浙北地区极具特色的综合休闲旅游基地。这里不仅提供餐饮和住宿服务，还融合了会务、生态、文化、养生和观光农业等多种休闲体验，为游客带来全方位的服务享受。荻港渔庄不仅在硬件设施上追求完美，还重视提升服务质量，确保每一位游客都能享受到舒适和便捷的旅游体验。

3. 文化传承与创新

传统美食的传承：荻港渔庄立足乡村，得天独厚的鱼米之乡造就了这里风味独特的饮食文化，以传统鱼汤饭和陈家菜为特色，这些传统美食不仅吸引了游客的味蕾，还成了独特的文化符号。荻港陈家菜是湖州"百鱼宴"的雏形，也是美食非遗，荻港村民在传承基础上研发了 200 多道菜。荻港渔庄集"千年鱼文化、百年陈家菜"于一体,每年都举办以传统鱼汤饭为特色的"鱼文化节",吸引了大量的游客前来参与体验。

文化遗产的丰富:荻港拥有全球重要农业文化遗产桑基鱼塘系统和多项非物质文化遗产,如荻港陈家菜、荻港民间丝竹以及渔家乐表演等,这些文化遗产为渔庄增添了深厚的文化底蕴和独特的吸引力。

(1) 全球重要农业文化遗产——浙江湖州桑基鱼塘系统

湖州桑基鱼塘系统起源于春秋战国时期。千百年来,荻港人民发明和发展了"塘基上种桑,桑叶喂蚕,蚕沙养鱼,鱼粪肥塘,塘泥壅桑"的桑基鱼塘生态模式,最终打造了种桑和养鱼相辅相成、桑地和池塘相连相倚的江南水乡典型的桑基鱼塘生态农业景观,并形成了丰富多彩的鱼桑文化。2018 年 4 月 19 日,浙江湖州桑基鱼塘系统在第五次全球重要农业文化遗产国际论坛上,获得了"全球重要农业文化遗产"的正式授牌。如今,在荻港古村,走过横跨运河的小桥,便进入河港纵横的蚬壳湾。这里的上千亩桑地和鱼塘,已被划为"湖州桑基鱼塘系统"核心保护区。"湖州桑基鱼塘文化生态系统的千年教育接续(中国)"在 2022"全球世界遗产教育创新案例奖"国际分享会上荣获"探索之星奖"。

(2) 世界文化遗产——大运河荻港段

当 2014 年 6 月中国大运河项目成功申遗列入《世界遗产名录》后,这条流淌了 2500 多年的古老运河,在古老的华夏大地上次第绽放出更新的生命力。其中,荻港段的河网纵横、密如蛛网不仅滋养了江南古镇的风雅气韵,也承载着千年运河的历史诗篇。

美丽的运河风景不仅成就了荻港古村,也吸引了央视和众多剧组前来实地取景。现在荻港已成为热门影视拍摄基地,《运河边的人们》《十万人家》《风再起时》等多部影视剧不约而同地相中荻港,不遗余力地展现荻港的江南之美,也让更多的人走进荻港、了解荻港。

(3) 浙江省级非物质文化遗产——荻港陈家菜

荻港不仅有宝贵的自然和文化遗产,还有传承百年的非遗陈家菜。荻港陈家菜烹饪技艺是 20 世纪初陈果夫在岳父朱五楼家中与施庆生师傅一起研发,以荻港鱼菜为主,融入各地名菜精华,开创了独特的陈家私房菜。荻港陈家菜烹饪技艺已入选为第六批浙江省级非遗代表性项目。

(4) 浙江省级非物质文化遗产——荻港民间丝竹

"采南浔之丝,载浙北秀竹,传湖地佳音,集弦索精粹,水乡荻港有丝竹音"。湖州南浔荻港民间丝竹源自拜香司,可以追溯到清朝年间。2018 年,荻港民间丝竹成功入选为浙江省级非物质文化遗产代表性项目。文化和自然遗产是不可再生、不可替代的宝贵资源,唯有保护好、传承好文化遗产,才能让非遗文化在新时代绽放新光彩。

(5) 非物质文化遗产——"渔家乐"表演

荻港村自明代以来就形成了养鱼传统，催生了荻港本土渔乐文化，最有代表性的就是近年走红一方并登上央视荧屏的"渔家乐"表演，被列为非物质文化遗产。它是荻港人用智慧从近 800 年的养鱼、卖鱼吆喝声中提炼的打击乐。"渔家乐"所表现的内容，包含了江南水乡渔民生产和丰收的全过程：春天鱼苗下种，中间喂食锣里，年终捕鱼丰收。整个过程充满了欢乐的气氛，表达出农民劳作的艰辛和丰收的喜悦。

4. 农旅结合与绿色发展

荻港渔庄深度融合农业与旅游业，以独特的绿色发展理念引领着乡村旅游的新潮流。荻港渔庄充分利用淡水鱼养殖、果蔬种植等丰富的农业资源，为游客提供原生态的农产品和亲身体验，不仅丰富了旅游产品的种类和内涵，更让游客在享受田园风光的同时，感受到农业的魅力和价值。在发展过程中，荻港渔庄始终坚守绿色、环保的核心理念，将可持续发展观贯穿于每一个细节之中，从而吸引了大量关注环境保护的游客慕名而来。这里，农旅结合、以农促旅、以旅带农的绿色多业态发展模式不仅为游客带来了别样的旅游体验，更为乡村经济的绿色发展探索出了一条新路。

5. 独特的研学价值

2019 年 1 月，荻港渔庄桑基鱼塘研学基地成立，成为首批湖州市中小学生研学实践教育基地，也是以农耕文化为核心的首个鱼桑文化研学基地。4 月，正式成立国内首家以传统鱼桑文化为主的"湖州鱼桑文化研学院"。12 月，湖州鱼桑文化研学院被认定为浙江省中小学生校外实践教育研学营地，实现了鱼桑文化研学基地与营地的健康发展。在院长王似锋的带领下，结合江南太湖流域独具特色的桑基鱼塘系统的优势，围绕湖州桑基鱼塘历史人文和鱼桑农耕，开发了探鱼源、养鱼经、捕鱼乐、品鱼味、拓鱼砖、淘鱼玩、画鱼情、读鱼诗、传鱼说、拜鱼神等40项研学活动，推出了学敲渔家乐、捕鱼比赛、蚌壳画、陶泥制鱼、缫丝车、展馆研学、包粽子、蚕茧灯、碑拓体验、汉砖拓片、茧花手艺、湖笔制作 12 大精品课程，涵盖了自然科学、人文历史、劳动教育等各学科内容。目前，正在探索运用网络平台进行鱼桑文化研学传播，开设传统鱼桑文化与现代科普相结合的研学课程，实施分年龄段教学，积极倡导用一生情怀哺万代鱼桑。

（五）创始人及团队

徐敏利，湖州荻港徐缘生态旅游开发有限公司董事长、南浔区和孚镇荻港乡贤会副会长，曾先后获得全国"双学双比"女能手、省"三八红旗手"、省餐饮行业杰出女企业家、2018 年度湖州市振兴乡村十大影响力人物等荣誉。

1. 荻港渔庄创始者

作为土生土长的荻港人，有 20 多年党龄的优秀共产党员徐敏利，从 20 世纪 70 年代开始就与鱼结缘，经营渔业生意。在国家对"三农"的大力支持下，徐敏利紧抓新农村建设契机，积极响应市委、市政府号召，着力瞄准农业产业发展结构，借助区位优势，因地制宜，利用荒废湿地、老桑地、小鱼塘等，依托荻港渔村和境内丰富的水域生物和农产品资源，通过对土地的整治、改造，建起了集休闲、娱乐、会务、餐饮、住宿为一体的荻港渔庄。荻港渔庄开发了打年糕、磨豆腐等游客参与的活动，整理、传承陈家（原国民党元老陈果夫）菜肴精华。如今，荻港渔庄日益成为乡村旅游和社会主义新农村建设的一大亮点。

2. 鱼桑文化传承者

多年来，徐敏利积极挖掘鱼桑文化，争做桑基鱼塘保护与传承的践行者。她组织员工从开拓文化、引进科技、制作美食、举办节庆到出书刊、办教学、建博物馆、组团调研，利用一切载体和渠道，在全省、全国乃至全世界，宣传流传数千年的桑基鱼塘文脉，并带动核心保护区村民探索桑基鱼塘体验观光，让古老的渔村永葆活力和魅力。2008年，她提交了保护桑基鱼塘的提案，此后年年呼吁，最终得到了省委、省政府的高度重视，为桑基鱼塘成功申报全球重要农业文化遗产起到了关键作用。通过多年的争取和努力，2017年11月，浙江湖州桑基鱼塘系统被联合国粮农组织正式认定为"全球重要农业文化遗产"。2017年，徐敏利又投入数百万元建设"浙江湖州桑基鱼塘系统历史文化馆"，为桑基鱼塘申报全球重要农业文化遗产增添了新的亮点，向全世界展示了荻港村独一无二的文化风采。

3. 农旅融合发起者

荻港渔庄始终围绕着"保护桑基鱼塘品牌，传承千年鱼文化"这一主题而发展壮大，越来越多的外地游客被荻港浓厚的鱼文化气息吸引。徐敏利认为，传承就是对文化最好的保护，而体验式民俗文化传承效果更好。为此，从2010年开始，徐敏利就发起举办鱼文化节，通过养鱼、捕鱼、祭鱼、吃鱼、唱渔歌、跳鱼舞、玩鱼赛、做鱼菜（陈家菜）、放鱼灯等一系列环节，让游客领略几千年来桑茂、蚕丰、鱼旺的桑基鱼塘水乡美景。经过近10年的发展，荻港渔庄把"鱼文化"与旅游元素组合在一起。与此同时，荻港渔庄通过创新，利用桑基鱼塘系统丰富的生态资源，开发桑鱼酥、桑塘饺、桑果糕等桑陌系列产品和自然清新的湖桑茶。

徐敏利说，鱼桑文化是荻港渔庄的一扇营销窗户，也是湖州的特色文化符号。今后，她将进一步对鱼桑文化进行抢救性发掘，让更多对此有研究的专家和教授、致力于鱼桑文化产品开发的企业家和创意人士参与进来，通过培养传承人、建立基地平台、举办各类鱼桑文化论坛和展览、开发鱼桑文化旅游商品等手段，让传统文化发亮、发光。

4. 反哺家乡践行者

作为荻港乡贤会副会长，徐敏利始终保持一颗感恩的心，坚持走共建共享的发展之路，把"融入家乡，反哺农村，造福百姓，回报社会"作为义不容辞的社会责任，尽自己的最大努力促进乡村经济发展、带动村民共同致富。公司500多名员工基本是本地村民，其中还包括5名残疾人；成立了渔达果蔬、阿大湖桑茶两家专业合作社，建立了500余亩果蔬和桑茶种植园，吸收了100余户农户入社经营，平均每户人家每年可增加3万元收入。同时，她还积极投身公益慈善事业，投资600万元兴建了社会福利中心，用于赡养村里的30多名孤寡老人；还成立了慈善互助公社，累计支出善款400余万元，用于资助残疾人、贫困大学生、贫困家庭和困难员工。

（六）未来发展预期

1. 数字化赋能，推动产业融合多元化发展

数字化赋能可以为产业融合与多元化发展提供有力支撑。荻港渔庄通过建设数字化基础设施，引入智能化技术，如物联网、大数据、人工智能等先进技术，培养数字化人才，提高渔庄的整体智能化水平。在推动产业融合方面，可以深挖农旅融合、文旅融合和康养融合，利用农业资源开发观光和采摘体验活动，展示农耕文化；深入挖掘荻港古村的鱼桑文化和民俗风情等，精心打造文化创意产品和文化体验活动，并利用虚拟现实、增强现实等数字化技术，为游客带来沉浸式的文化体验。此外，康养融合也是荻港渔庄发展的重要方向，融合数字化健康管理平台，为每位游客提供个性化的健康监测和专业的养生建议。

2. 深挖鱼桑文化，拓展旅游体验活动

荻港渔庄已经成功挖掘并传承了鱼桑文化，未来可以进一步深化这一特色，发展本地模式，突出产品亮点，不断探索产业富民的路径，打造鱼桑文化IP，培育文化新业态。例如，建设文化展览馆、举办文化讲座和各种文化节庆活动，包括桑蚕节和鱼文化节，全面展示当地文化，吸引更多游客参与体验。此外，还可以创新文化产品，开发更多与鱼桑文化相关的文创商品和互动体验项目，以增强游客的文化体验。在现有的休闲度假和观光旅游的基础上，还可以开发更多元化的旅游活动和体验，如渔事体验、桑蚕文化体验和传统手工艺体验等。

3. 立足研学产品体系推广，深化农旅结合

荻港渔庄已经成功地将农业与旅游业相结合，未来可以进一步深化这种结合，围绕集渔庄研学、古村游学、桑基鱼塘体验于一体的旅游板块，形成以农促旅、以旅带农的发展格局。挖掘更多的农业旅游资源，如开展更多的农业体验活动，让游客能够亲身参与到农作物的种植、收获等过程中，增强游客的互动性和体验感。

4. 加强与当地社区的合作与共赢

荻港渔庄的成功发展不仅依赖于自身的努力和创新，也依赖于与当地社区建立的良好的合作关系。通过与农户、当地政府等的合作，共同开发旅游资源，实现资源共享和利益共赢。同时，也积极参与当地的社会公益事业和文化活动，增强渔庄的社会责任感和影响力，并且鼓励社区居民参与旅游服务和管理，提高他们的收入水平和生活质量，梯次分类推进人居环境提升，让老百姓的获得感成色更足、幸福感更可持续、安全感更有保障。

5. 优化运营管理与设施，提升服务质量

荻港渔庄应注重提升服务质量和游客体验，不断优化运营管理。可以加强对员工的培训和管理，提高其服务水平和专业素养。完善配套设施，提高游客的便利性和舒适度。同时，也可以引入先进的管理理念和技术手段，如建立智能化管理系统，提高管理

效率和游客满意度。此外，还可以开展市场调研，了解游客需求和反馈，不断改进和优化旅游产品与服务，确保游客享受到高品质的旅游体验。

（执笔人：张爱茹，北京联合大学旅游学院 2023 级 MTA 学生）

八、熊猫猪猪·两头乌国际牧场

（一）企业简介及发展历程

熊猫猪猪·两头乌国际牧场位于浙江金华婺城区长山乡，被称为婺城版"猪猪迪士尼乐园"。牧场位于风景秀美的金华白沙溪畔，是全球首家以世界级珍稀猪种金华两头乌为 IP 形象打造的集智慧养殖观光、科普教育、研学团建、休闲娱乐、美食体验、亲子趣玩、网红打卡于一体的复合型亲子互动乐园，依托婺文化、南山漫道、白沙溪三十六堰等元素，打造国际化网红打卡牧场。牧场东侧距离金华市约 10 公里，北侧距离兰溪市约 20 公里，东南侧距离武义县约 30 公里，西侧距离龙游县约 35 公里，交通四通八达，地理位置优越。牧场周边 30 公里内有九峰山风景区、兰湖度假区和仙源湖旅游区 3 个省级旅游度假区，还有金华双龙风景旅游区和大红岩景区两个国家级 4A 旅游景区，以自然山水风光为主进行旅游资源开发，旅游氛围浓厚。园区总占地面积 1200 亩，项目总投资 3.5 亿元，其中，牧场一期投资 1.8 亿元，于 2019 年 7 月开工建设，2021 年 8 月 1 日正式对外营业，开业一年至 2022 年 7 月，牧场接待游客量已突破 40 万人次。熊猫猪猪·两头乌国际牧场由浙江金华熊猫猪猪·两头乌产业发展有限公司运营管理，秉承振兴金华两头乌猪产业、弘扬金华两头乌猪农业形象的使命，下设两头乌文化博览中心、可视化智慧猪舍、欢乐小猪村、千亩茶园、猪舍咖啡厅、猪舍民宿、城堡花园等特色景点，致力于为大众带来多元的两头乌文化盛宴和休闲之旅。

（二）产品结构

1. 业态分类

熊猫猪猪·两头乌国际牧场集养殖观光、休闲游玩、团建研学、趣味活动、景色游览、美食体验、特色住宿等多种功能于一体，构建了一个多元化的旅游产品体系，多业态相互融合，形成了一个较为完善的综合布局。其中，养殖观光以两头乌博物馆和生态茶园为代表，在两头乌博物馆游客可了解 5G 养殖技术，参观豪华猪舍和猪猪"月子中心"；在生态茶园游客则可以体验茶园漫步。欢乐小猪村是休闲游玩的好去处，在欢乐小猪村中，有绳网攀爬、高空滑梯、网红蹦床、旋转木猪、网红秋千、猪猪海洋池等多个游乐项目。高空拓展基地和文化博览中心主要承担团建研学功能，可针对性开展研学学习和亲子阅读等活动。在城堡花园、玫瑰长廊、霍比特猪猪小屋、星空平台等处游览游客可以体会到与城市风光截然不同的优美景色。游客可在园区内尽情品尝各种美食，体验独具特色的餐饮场所，如别具一格的两头乌主题餐厅和充满创意的猪舍咖啡；园区同样为游客准备了丰富的特色衍生商品，包括两头乌品牌的猪肉佳肴和保健系列产品，供游客选购带回家，与家人共享美味与健康。游客还可选择入住园区内备受瞩目的网红猪景房或是豪猪野奢民宿等别具一格的住宿设施,这些特色住宿设施为游客带来了更加独特和沉浸式的体验。

2.业态结构

(1)两头乌猪博物馆

在两头乌猪博物馆内,游客可以看到一只成就世界名火腿的猪和它1700多年的故事。金华猪,又称金华两头乌,是我国著名的优良猪种,位列中国"四大名猪"之首。金华两头乌身体两端(头部和臀部)为黑色,中间为白色,在黑白交界处有灰色"晕带",所以被称为"两头乌"。基于两头乌珍稀的血统和极品的肉质,加上通体毛色黑白相间的特征与熊猫十分相似,因此又被称作"中华熊猫猪猪",堪称中国国宝级的国猪。整个展厅采用网红艺术化陈展风格,游客通过扫描二维码,就可以给种猪生长增添能量值,能以互联网的形式参与到养殖的动态过程中,形成了有趣新奇的沉浸式交互体验。

(2)两头乌猪主题餐厅

两头乌猪主题餐厅以熊猫猪猪为IP打造,童趣梦幻,主打两头乌猪肉系列菜品,如东坡肉、红烧肉、博士菜、红烧仔排、蜜汁火方等。同时,餐厅的景致也和它的美食一样令人惊艳,餐厅链接了竹林漫道,饱餐一顿后,去竹林深处散散步也是极好的选择。

(3)两头乌5G智慧养殖中心

5G智慧养殖中心是牧场的科技核心,引进了国际先进养殖设备,打造罕见的"豪华猪舍"。在这里可以看到各个阶段的"两头乌",游客通过宽9米、长120米的豪华参观长廊,可以见证并了解熊猫猪猪从后备、怀孕、哺乳、保育到育肥的养殖全过程,是一种全新、震撼的参观体验。两头乌5G智慧养殖中心本着"全世界最好的猪就要住全世界最豪华的猪舍"的建造原则量体打造,采用国内外最先进的精准饲喂系统、智能环控系统和数字化健康监测系统,实现了远程控制、科学管理、智慧养殖,设备设施均为法国原装进口,有机循环处理技术实现零排放,游客在此可以参观熊猫猪猪的配备地热供暖和空调设施的八星级养殖环境,颠覆人们对传统养猪行业"脏乱差"的看法,给游客带来全新、震撼的参观体验,彻底改变游客对现代科技化养殖的传统认知。

(4)"猪景房"IP打造

"猪景房"是一个有创意的流量密码,更是一个量身定制的引流工具。熊猫猪猪·两头乌国际牧场的"猪景房"持续火爆热搜,霸屏抖音、微信、微博、百度热搜榜,网络直播流量和短视频传播量均超1亿次。住一晚这样的"猪景房"需8888元,不过第二天退房时可以获得一头熊猫猪或是一年的熊猫猪快递猪肉,打造了新产业、新业态、新模式。目前牧场仅仅开放两间猪景房,一间是亲子房,一间是大床房,大床房五六十平方米,亲子房三十平方米左右,主要是为二期项目主题酒店做的样板房,目前只对VIP会员开放。

（5）熊猫猪猪欢乐小猪村：场景营造

熊猫猪猪欢乐小猪村内整体文化主题凸显，放眼望去，房屋建筑采用猪猪主题建筑立面及装饰，园内各游玩服务设施均为猪猪主题，这些猪猪的原型就是世界珍稀猪种——金华两头乌。熊猫猪猪欢乐小猪村以熊猫猪猪生活的村庄的概念打造，园内设有猪猪城堡、小猪剧场、旋转木猪、火车专列、秋千广场等游乐设施，围合成一片充满童真的梦想乐园，游客通过这些游乐设施可从趣味中感知熊猫猪猪的独特魅力。

（三）运营模式

1. 运营管理主体

熊猫猪猪·两头乌国际牧场由2010年8月成立的熊猫猪猪·两头乌产业发展有限公司负责运营管理，其业务主要涵盖集两头乌猪养殖及两头乌猪肉食品研发、加工、销售和两头乌猪文化创意、旅游观光于一体的多维度发展产业。

在打造熊猫猪猪·两头乌国际牧场的过程中，该公司以特色农产品文化IP创新为契机，借助互联网流量热度宣传作用，打造了多层次产业链。产业振兴以农业为核心，将文化和旅游引入消费经济场景中，依托现有特色资源和闲置资源，在农业生产的基础上，促进产业多功能发展，延伸农业产业链，实现收益共享。

2. 营收结构"养殖＋旅游"

业务板块中，两头乌猪的养殖是基础也是核心。浙江金华熊猫猪猪·两头乌产业发展有限公司投入2亿多元在千亩山地上兴建现代化生态猪舍庄园，打造了5G智能养殖中心，采用现代智能养殖方法，第一批可同时养殖6000多头，实现传统良种的现代化养殖。在养殖过程中，公司引入全程环保控制系统，从源头入手，喂食绿色饲料，采用节水工艺和设备，打造了一条绿色生态的种养产业链。

同时，依托美丽的牧场景观和独特的养殖文化，开展了以"养殖＋旅游"为模式的经营项目。在具体实践中，推动生态养殖园区旅游化，使养殖中心不仅用于高效的养殖生产，同时还成为游客参观学习的目的地。游客可以近距离观察两头乌猪的养殖过程，了解智能化养殖技术，体验农业生产的乐趣。同时打造了一系列的体验式旅游项目，吸引游客前来参观、体验和消费，丰富旅游产品。

在两头乌猪肉食品的研发与加工环节，公司投入了大量的科研力量，旨在开发出更加美味、健康的肉制品。通过不断的创新和试验，推出了多样化的两头乌猪肉制品，满足了市场上不同消费者的需求。同时，严格的质量控制体系确保每一批产品都符合食品安全标准。

此外，公司还十分重视两头乌猪文化的挖掘与传播。通过组织各种文化交流活动、建设主题公园等方式，向公众普及两头乌猪的历史和文化价值，增强了品牌的文化内涵。旅游观光项目的开发，则让游客有机会近距离接触两头乌猪，体验田园生活，这不仅丰富了当地旅游资源，也为公司的多元化发展开辟了新的途径。同时，牧场将养殖的两头乌猪及其加工品作为特色商品销售给游客，不仅提升了产品的附加值，也为游客提供了独特的购物体验。

牧场从开园至 2021 年底，共吸引 35 万名全国各地的游客，产生经营性收入 3000 余万元，截至 2023 年第一季度累计营收近 1 亿元。牧场目前存栏 2000 头原种母猪，平均每年出栏 20 000~25 000 头种猪，养猪收入年利润近 1 亿元。牧场在 2023 年已出栏量在 2 万头左右，已创造的产值在 6000 万左右。

3. 产业链拓展

在浙江金华熊猫猪猪·两头乌产业发展有限公司的产业链拓展战略中，巧妙地利用自身的 IP 资源，以熊猫猪猪·两头乌品牌和形象为核心，推进与"互联网+""旅游+""生态+"等现代概念的结合，实现多个领域的深度发展。

"互联网+"：公司通过建立在线平台和相关社交媒体账号，将两头乌猪的养殖过程、牧场相关活动、产品出新等相关信息分享给消费者，利用互联网技术缩短与市场的距离，提高了消费者对于品牌的了解程度，实现有效营销。

"旅游+"：牧场围绕两头乌猪这一独特的 IP 形象，设计并推出了一系列特色鲜明、富有吸引力的旅游产品和体验活动，从而吸引了大量游客前来参与和体验。通过这些"旅游+"策略的实施，增强了游客的体验感和参与度，成功地将两头乌猪的 IP 形象转化为经济效益，为牧场带来了多元化的收入来源，实现了农业与旅游业的深度融合。

"生态+"：坚持生态养殖的理念，将生态保护与农业生产相结合，发展绿色循环农业，提高了农产品的质量和附加值，同时也为消费者提供了健康、安全的肉制品。

通过实施多产业结合的发展战略，熊猫猪猪·两头乌国际牧场实现了产业链的有效延伸。这一战略不仅提升了传统的养殖业务，还拓展了生态养殖领域，并在此基础上发展了多样化的经营模式，实现了企业的全面发展。

（四）核心竞争力

熊猫猪猪·两头乌国际牧场以多业态融合引领产业振兴，丰富了农业旅游文化内涵和业态产品，以"产业链多元化"为主题，充分挖掘文化特色和内涵，做优游玩和研学旅游产品，依托特色创意文化，构筑一系列游玩活动和民俗节庆体验项目；同时，把握了互联网流量红利，不仅使传统特色农业产品站上时代舞台 C 位，还让景区收获了高人气，将"流量"转化为"留量"，吸引周边县市和外地游客前来旅游体验，在产业振兴发展的同时也拓宽了周边村民的增收渠道。

1. 突破传统盈利模式——采取多维度产业改革措施

采取多维度产业改革措施这一策略不仅实现了产业链的纵向整合，而且打通了产业链，使得一、二、三产业紧密融合，充分发展旅游、民宿、餐饮、农产品、预包装菜品、品牌文创等产业，形成了一个多元化的产业生态，极大地拓展了盈利空间和市场范围。在这样的产业生态中，多产业相互促进，融合发展，不仅增强了自身竞争力，也为地区间的经济发展和产业升级做出了积极贡献。采取多维度产业改革措施这一策略的成功实施，展现了企业在面对市场时的创新精神和灵活的应变能力。

2. 特色文化创新主题凸显

在熊猫猪猪·两头乌国际牧场的发展过程中，两头乌猪特色文化的创新与推广扮演着至关重要的角色。牧场以"熊猫猪猪"这一 IP 形象作为休闲体验项目的核心，通过一系列精心策划的活动和体验项目，使得这一形象在游客心中留下深刻的印象，打造了独特的品牌标识，为牧场带来了显著的收益，同时也为两头乌猪文化的传承和推广做出了贡献。

3. 网络营销打造爆火流量

熊猫猪猪·两头乌国际牧场通过网络热点的打造和巧妙运用，充分推动创意内容的生产和传播。如打造"天价"猪景房话题，成功在网络引起轰动，激发了游客的好奇心和分享欲望，提升了全国知名度和网络宣传的效果，将自身打造成了一个极具特色的旅游目的地的，同时也为两头乌猪文化的传播和品牌的推广做出了贡献。

（五）未来发展预期

1. 持续推动品牌差异化

通过特色文化的创新推广和独特的旅游体验，熊猫猪猪·两头乌国际牧场已经在消费者心中建立了鲜明的品牌形象。随着品牌影响力的不断扩大，将不断实施更多精准的营销策略，从而推动品牌的差异化发展，持续吸引越来越多慕名而来的游客和消费者。

2. 实施多元化经营策略

熊猫猪猪·两头乌国际牧场已经实现了从传统农业到旅游、餐饮、文创等领域的多维度拓展，多元化经营为牧场提供了多重收入来源。同时，也为客户提供了更加丰富的体验，相关衍生产品也能有效加深消费者对于牧场品牌的认知与喜爱，从而有助于提升牧场的品牌价值。多元化经营策略的实施体现了牧场对于创新的追求和对未来趋势的把握，随着消费者对于休闲农业和乡村旅游兴趣的增加，牧场将会通过不断创新服务和产品，从而为自身发展提供稳健的动力。

3. 持续发展生态农业，推动可持续发展

生态保护和绿色发展已经成为全球共识。熊猫猪猪·两头乌国际牧场的生态养殖模式和绿色循环农业符合未来发展趋势，预计将继续受到政府的支持和市场的欢迎，不仅满足了现今社会对环保和绿色产品的需求，而且为农产品的品质和可追溯性设定了新的标杆。预计这种与生态可持续性相融合的农业实践将继续得到政策倾斜支持和市场认可，成为推动牧场未来发展的关键因素。

4. 顺应政策导向，积极调整发展战略

在全面推进乡村振兴的背景下，政府关于乡村振兴的举措涉及农业现代化、农村环境改善、农民生活提升等多个方面，旨在构建一个繁荣、文明、和谐、美丽的新乡村。熊猫猪猪·两头乌国际牧场结合乡村振兴的核心理念，将其业务发展与政府政策进行了有效对接。熊猫猪猪·两头乌国际牧场在推进生态农业、发展乡村旅游、提升农产品附加值等方面所做的努力，不仅符合绿色发展的要求，也契合了乡村振兴战略中提倡的产

业升级和生态文明建设。

  由于这种发展方向的高度一致，熊猫猪猪·两头乌国际牧场在未来有极大的可能会获得政府的特别关注和支持。

（执笔人：唐佳敏，北京联合大学应用科技学院 2023 级职业技术教育专业
硕士研究生）

第四部分

国内外文旅企业"双创"大事记

第一章　2021年国外文旅企业"双创"大事记

2021年1月

1月4日，Sonesta计划收购红狮酒店公司，或成为疫情期间酒店业最大规模成功收购案例之一。

1月7日，Wyndham Destinations 1亿美元收购旅游杂志Travel+Leisure。

1月8日，Hipcamp融资5700万美元发展营地预订服务。

1月12日，印度连锁酒店OYO在F轮融资740万美元，将改善服务技术。

1月13日，Travelgenio与国际旅游分销和技术巨头Sabre在支付领域展开合作，刺激市场复苏。

1月13日，Uplift融资6800万美元用于发展旅游支付服务。

1月14日，巴塞罗那旅游管理平台TravelPerk收购了商务旅行平台NexTravel，扩大在美国的业务范围。

1月15日，新加坡航空首次发放美元债券，融资5亿美元（约合6.6亿新元），其将利用这笔资金购买新客机。

1月19日，东南亚网约车和外卖巨头新加坡地面交通和服务供应商Grab计划今年在美国上市。

1月20日，ATPCO通过收购SITA的费用管理系统Airfare Insight（AFI）来扩展其产品组合。

1月20日，皇家加勒比2.01亿美元出售旗下品牌Azamara。

1月21日，跨国航空控股公司IAG约6.07亿美元收购西班牙欧罗巴航空。

1月25日，商旅企业美国商旅出行预订平台TripActions融资1.55亿美元：估值达50亿美元。

1月27日，雅高与奢华酒店Faena合作，推动生活方式酒店发展。

2021年2月

2月1日，全球领先的旅游网站Tripadvisor在Alexa上推出了全球首个目的地虚拟语音游览服务。

2月5日，Ixigo收购印度在线火车预订平台App Confirmtkt。

2月5日，印度第一大OTA（在线旅游企业）MakeMyTrip将融资2亿美元，用于未来的业务运营和支付员工薪水。

2月8日，汉莎航空发行价值19亿美元债券进行融资。

2月9日，雅高在全球推出数字密钥解决方案"Accor Key"。

2月20日，全球领先的旅游网站Tripadvisor 2020年收入降六成，净亏损2.89亿美元。

2月22日，国际旅游分销和技术巨头Sabre 2020全年收入下降66%至13亿美元。

2月24日，洲际2020年亏损1.53亿美元 将以中端品牌推动复苏。

2021年3月

3月1日，旅游分销巨头Amadeus 2020年收入下降61%亏损3.02亿欧元。

3月1日，全球最大的在线旅游公司Expedia将出售度假包价服务业务Classic Vacations。

3月4日，Traveloka计划通过IPO向全球市场发展业务。

3月8日，美国航空计划利用AAdvantage融资75亿美元。

3月9日，Bolt融资2000万欧元推动新兴市场业务发展，改善新兴经济体市场的交通服务状况。

3月10日，网上住宿预订公司HalaBooking旗下Kayak开始涉足酒店经营业务。

3月12日，度假租赁平台Vacasa收购TurnKey，发展民宿业务。

3月15日，户外旅游运营商IIntrepid Travel与Genairgy合作，价值将达10亿美元。

3月15日，黑石和喜达屋计划用60亿美元收购美国长住酒店（Extended Stay America）。

3月17日，印度连锁酒店OYO或关闭部分亏损业务 其中包括印度连锁酒店OYO Life。

3月17日，马来西亚廉价航空亚航集团融资8200万美元以确保资金流动性。

3月19日，Emburse收购Roadmap和DVI，扩大业务组合。

3月22日，旅游交易和元搜索品牌Travelzoo公布财报：2020年收入近乎腰斩。

3月25日，加拿大在线旅行服务商Hopper融资1.7亿美元与Capital One开展合作。

3月25日，德国专车服务平台Blacklane融资2200万欧元，继续扩大业务范围。

3月29日，ACI World 2021年机场收入将损失940亿美元。

3月30日，Airbnb布局加勒比地区，与旅游顾问形成竞争。

3月30日，Mint House（一家为商务旅客提供住宿的初创公司）获新投资发展商旅住宿租赁平台，企业风险基金Allegion Ventures向Mint House进行投资。

3月31日，东南亚航空集团亚洲航空2020年Q4亏损近6亿美元，将推出网约车业务。

2021年4月

4月2日，国际旅游分销和技术巨头Sabre推出全新航司店面技术，创建数字"货架"。

4月2日，Amadeus邮轮旅游需求上涨，推出新的预订网站。

4月2日，Redeam融资1200万美元，计划拓展活动平台业务。

4月7日，万豪和雅高开始进行酒店非接触式技术的尝试。

4月8日，旅游体验和交通企业Hornblower进行品牌重组，收购旅游运营商Walks。

4月9日，短租物业管理平台Guesty收购MyVR，欲打造全球最大的短租管理平台。

4月12日，Soho House秘密提交上市文件，估值超30亿美元。

4月12日，全球最大的在线旅游公司Expedia与Sherpa合作，提供旅游限制提醒服务。

4月13日，国际旅游分销和技术巨头Sabre向Tres Technologies出售后台服务系统Trams。

4月14日，新加坡地面交通和服务供应商Grab将通过SPAC完成上市，估值高达400亿美元。

4月14日，万豪与美国硅谷的科技公司Uber展开合作，拓展旅享家忠诚度计划。

4月16日，印度电商平台Flipkart收购印度第二大OTA Cleartrip。

4月20日，全球最大的在线旅游公司Expedia宣布对其OTA进行更新，推出了增强产品，相信可以更好地满足疫后游客的需求。

4月20日，网上住宿预订公司HalaBooking融资500万美元扩大业务并将上市。

4月21日，BlaBlaCar融资1.15亿美元，将创建全面旅游App。

4月27日，TripAbrood家庭度假初创企业融资64.5万英镑。

4月28日，Trivago与老牌旅行社途易合作，抓住疫后市场机遇。

4月29日，短租物业管理平台Guesty融资5000万美元，持续加码短租市场。

4月29日，美国酒店科技企业FPG收购TSA Solutions，巩固酒店技术服务组合。

4月30日，商旅市场复苏，TravelPerk融资1.6亿美元。

2021年5月

5月6日，全球最大的在线旅游公司Expedia将向美国运通全球商旅出售Egencia。

5月7日，票价基准服务商Infare收购商业智能平台Air Cube。

5月7日，旅游支付初创公司Fly Now Pay Later的A轮融资再增加1000万英镑。

5月7日，美国商旅出行预订平台TripActions收购高端旅行管理公司Reed & Mackay。

5月8日，Airbnb扩大远程办公合作计划 增加更多选择。

5月10日，提供网约车和线上支付服务企业Gojek：再获电信运营商Telkomsel投资3亿美元。

5月11日，Priceline收购初创企业Flyiin，发展机票销售技术。

5月13日，Holidu度假租赁搜索引擎服务商融资4500万美元。

5月14日，Pluto英国旅游科技初创企业融资20万英镑。

5月14日，达美航空成为美国首家要求新员工接种疫苗的航司。

5月19日，康养旅游平台Vacayou融资330万美元支持业务。

5月24日，Awaze收购3家度假民宿企业，扩大业务规模。

5月25日，挪威航空融资7.14亿美元，推出业务重组程序。

5月26日，UNWTO与谷歌达成合作，共同推动目的地复苏。

5月31日，RVezy为房车租赁业务融资1900万美元。

5月31日，短租企业Gathern完成600万美元A轮融资。

2021年6月

6月1日，Travello融资500万美元，继续开发旅游社交网络。

6月2日，途易集团与旅游技术供应商Nezasa展开合作，旨在进一步拓展旅游和活动业务市场。

6月4日，旅游安全解决方案供应商Pangiam完成了对人脸识别技术商Trueface的收购。

6月4日，FlixMobility融资6.5亿美元，企业估值达到30亿美元。

6月10日，豪华度假企业Collective Retreats获Outdoorsy领投2300万美元。

6月11日，网上住宿预订公司Booking Holdings向旗下品牌拓展Genius计划。

6月15日，Vrbo和Airbnb联手打击民宿租赁中的派对屋问题。

6月15日，Zytlyn融资250万美元发展旅游数据预测平台。

6月16日，分销和旅游IT巨头Travelport与AWS合作实现服务的云端托管。

6月17日，全球差旅巨头CWT出现债务违约，需在30天内重组。

6月21日，Airbnb与苹果、谷歌等合作，抓住智能领域机会。

6月21日，Waymo融资25亿美元继续推动无人驾驶技术发展。

6月22日，Travala.com融资500万美元推出区块链平台Dtravel。

6月23日，"移动酒店"Cabana融资1000万美元加速发展。

6月25日，差旅公司CWT债务问题迎来转机，美国投资公司有意伸出援手。

6月28日，嘉年华发行5亿美元股票，将恢复长途邮轮业务。

6月30日，谷歌将停止Reserve with Google旅游活动预订。

6月30日，美国房车和户外旅行平台Outdoorsy融资1.2亿美元发展房车保险业务。

2021年7月

7月2日，总部位于印度班加罗尔的经济型连锁酒店 Treebo Hotels 在 D 轮融资 1600 万美元，由雅高领投。

7月6日，MGM 用近 40 亿美元向黑石出售 Las Vegas Hotel 和 Casino。

7月7日，TravelPerk 收购 Click Travel，持续推动商旅复苏。

7月8日，印度的经济型连锁酒店和预订平台 OYO 将加倍下注印度、东南亚和欧洲市场。

7月8日，阿拉伯欲投资 1330 亿美元建成全球机场交通枢纽。

7月9日，亚航收购 Gojek 泰国业务，继续发展超级 App。

7月12日，软银集团将收购韩国旅游企业 Yanolja 10% 股份。

7月13日，网上住宿预订公司 HalaBooking 成立金融业务部门解决用户支付问题。

7月13日，印度网约车平台 Ola 融资 5 亿美元，为 IPO 做准备。

7月13日，以色列旅行预订平台 Bookaway 融资 3500 万美元，创建交通服务组合。

7月14日，SITA 收购法国可持续航空技术平台 Safety Line。

7月15日，全球最大的在线旅游公司 Expedia 再次剥离非核心业务，向 ASG 出售 Alice。

7月16日，全球领先的旅游网站 Tripadvisor Plus 订阅服务签约首批连锁酒店。

7月16日，印度连锁酒店 OYO 获 6.6 亿美元 LTB 融资将用于偿还债务。

7月20日，旅游保险平台 Setoo 与 Pattern 合并创建新平台。

7月22日，Kayak 正式推出商旅解决方案 Kayak for Business。

7月22日，加州旅游初创企业 Miles 在 A 轮融资 1250 万美元。

7月23日，旅游分销巨头 Amadeus 成为首家使用 IBM 解决方案的旅游品牌。

7月23日，Revolut 推出住宿预订平台 Stays，进入旅游市场。

7月27日，Bbot 融资 1500 万美元，发展住宿预订和支付服务。

7月28日，旅游分销巨头 Amadeus 向航司等提供加拿大在线旅行服务商 Hopper 的金融解决方案。

7月28日，网约车公司 Lyft 与福特合作推动自动驾驶网约车服务发展。

7月29日，Ixigo 获新加坡主权财富基金投资 5300 万美元。

7月30日，度假租赁平台 Vacasa 计划通过 SPAC 完成上市。

2021年8月

8月4日，爱沙尼亚交通平台 Bolt 在 E 轮融资 6 亿欧元。

8月9日，印度 OTA Ixigo 收购印度城际巴士运营商 Abhibus。

8月9日，Frontdesk 美国城市短租企业融资 700 万美元。

8月9日，印度连锁酒店 OYO 上市计划取得最新进展，或在印度完成 IPO。

8月10日，IHG 上半年盈利 1.38 亿美元，将推出新酒店品牌。

8月12日，HotelPlanner 与 Reservation 合并，将通过 SPAC 上市。

8月15日，凯悦将以 27 亿美元收购 Apple Leisure Group。

8月18日，加拿大在线旅行服务商 Hopper 在 G 轮融资获投 1.75 亿美元，将扩大员工团队。

8月19日，RateGain 指出，印度酒店技术企业已提交 IPO 文件。

8月20日，Ola 指出，印度网约车企业计划 2022 年完成上市。

8月22日，美国第四大酒店投资和运营商 MCR Hotels 尝试"菜单式定价"。

8月23日，新加坡 SC Capital 融资 5.5 亿美元以支持日本酒店。

8月24日，Plentywaka 指出，非洲共享出行企业融资 120 万美元。

8月25日，达美航空与 Travelport 达成业务分销协议。

8月25日，洲际推出全新奢华软品牌 Vignette Collection，与万豪、希尔顿直接竞争。

8月26日，亚洲航空在马来西亚推出 AirAsia Ride 叫车服务。

8月27日，交通服务 App 母公司 MaaS Global 融资 1100 万欧元。

8月27日，瑞士酒店动态低价专业服务商 RoomPriceGenie 融资 220 万美元。

8月30日，巴西 MaxMilhas 收购 Lance Hotéis，拓展酒店业务。

8月31日，瑞士服务式公寓平台 AG 收购德国企业 Acomodeo。

8月31日，度假租赁企业 Angel Host 种子轮融资 520 万美元。

2021年9月

9月1日，Awaze 收购 Quality Cottages，扩大英国业务。

9月3日，Travelport 与亚马逊合作支持旅游初创企业发展。

9月6日，印度连锁酒店 OYO 新增酒店自助上传工具，扩大系统供应量。

9月8日，日本酒店技术服务商 H2O Hospitality 在 C 轮融资 3000 万美元。

9月9日，UATP 与 BitPay 合作，为旅游提供加密货币支付。

9月9日，Habiscus Group 收购 The Apartment Service。

9月10日，比尔·盖茨 22.1 亿美元收购四季酒店部分股份。

9月10日，雅高紧跟凯悦、洲际步伐，推出新奢华酒店品牌 Emblems Collection。

9月13日，日本航空将融资 27 亿美元扩大低成本航班业务。

9月14日，开放式酒店商务科技平台 SiteMinder 融资 7400 万美元，计划进行 IPO。

9月16日，Pacaso 在 C 轮融资 1.25 亿美元，公司估值达到 15 亿美元。

9月16日，全球差旅巨头 CWT 债务重组计划取得新进展，将获得 3.5 亿美元融资。

9月16日，全球最大的在线旅游公司 Expedia 与 GetYourGuide 展开会展活动供应合作。

9月17日，Vrbo扩大与Airbnb展开竞争的Fast Start计划。

9月22日，全球最大的在线旅游公司Expedia整合各平台常客计划，简化旅行体验。

9月23日，全球领先的旅游网站Tripadvisor调整全球领先的旅游网站Tripadvisor Plus订阅计划，提供现金返还服务。

9月23日，Flyr在C轮融资1.5亿美元，拓展旅游收入系统。

9月24日，RateGain收购酒店分销服务商MyHotelShop。

9月27日，加拿大在线旅行服务商Hopper计划建立西方市场的旅游超级App。

9月28日，黑石集团56.5亿美元出售The Cosmopolitan。

9月28日，Turismocity融资600万美元并收购巴西旅游平台。

9月29日，西班牙住宿初创企业Ukio种子轮融资900万美元。

2021年10月

10月14日，美国住宿服务供应商ZeusLiving融资5500万美元。

10月19日，旅游和活动预订技术专家Rezdy融资560万美元。

10月19日，加拿大在线旅行服务商Hopper收购PlacePass，向度假活动领域拓展业务。

10月21日，德国移动出行（软件）公司FlixMobility以4600万美元收购美国Greyhound。

10月21日，总部位于慕尼黑的度假租赁搜索引擎和软件供应商Holidu收购度假租赁平台Spain-Holiday。

10月25日，酒店支付软件初创公司Selfbook A轮融资2500万美元。

10月26日，印度技术平台Chalo收购通勤服务商Shuttl，以扩大影响力。

10月29日，加拿大航空培训公司CAE将以3.925亿美元的价格收购国际旅游分销和技术巨头Sabre的航空公司运营组合AirCentre。

10月31日，亚航与20家航空展开预订合作，强化超级App战略。

2021年11月

11月4日，亚马逊将与印度第一大OTA（在线旅游企业）MakeMyTrip合作在印度提供旅游服务。

11月11日，美国商旅出行预订平台TripActions融资2.75亿美元，估值达到72.5亿美元。

11月11日，美国住宿初创住宿平台CuddlyNest融资350万美元。

11月11日，CarTrawler预计，2021年航司辅助收入将达658亿美元。

11月12日，迪士尼2021财年乐园/体验业务收入近55亿美元，将建立自己的"元宇宙"。

11月18日，Amenitiz获得650万欧元的种子融资，以拓展新市场并加速发展。

11月22日，Borrow A Boat完成第三轮融资，金额为110万英镑。

11月26日，Limehome获得房地产公司Bauwens、Momeni和Althoff Hotels的投资。

11月27日，旅游和活动平台Peek在C轮融资获投8000万美元。

11月28日，Webjet战略性收购受疫情严重影响的Trip Ninja。

11月29日，旅游预订初创公司Elude种子轮融资300万美元。

11月29日，网上住宿预订公司HalaBooking Holdings以16亿欧元收购瑞典旅游企业ETraveli Group。

11月30日，嘉信力（CWT）将投资1亿美元发展差旅管理平台。

11月30日，网上住宿预订公司HalaBooking Holdings以12亿美元收购Getaroom。

11月30日，继IHG之后，万豪加入Amadeus的中央预订系统。

11月30日，酒店智能服务OTA Insight在B轮融资获投8000万美元。

2021年12月

12月3日，新加坡旅游支付专家YouTrip在A轮融资3000万美元。

12月3日，PROS以8000万美元收购旅游销售平台EveryMundo。

12月17日，韩国酒店Yanolja收购DABLE发展酒店AI智能技术。

12月20日，旅游技术企业Mondee将通过SPAC完成上市，合并后估值10亿美元。

12月21日，CTM以1.75亿澳元收购Helloworld的商务旅行业务。

12月21日，印第安纳州的Republic Airways表示意图从巴航工业控制的Eve Air Mobility购买200架电动垂直起降（EVTOL）飞机。

12月22日，美国行李寄存企业Bounce融资200万美元。

12月24日，Flight Center收购美国旅行软件企业Shep。

12月26日，瑞典电动滑板车企业Voi在D轮融资中获投1.15亿美元。

12月27日，总部位于印度的网约车Ola获得国际机构投资者提供的5亿美元的贷款。

12月28日，微型移动公司Tier收购了Wind Mobility的意大利子公司Vento Mobility。

12月28日，美国非标住宿平台AvantStay在B轮融资1.6亿美元。

12月28日，美国实时网约车企业Via已秘密提交了一份IPO文件。

12月29日，Braemar Hotels & Resorts达成最终协议，以收购位于波多黎各多拉多的丽思卡尔顿酒店（Ritz-Carlton Reserve）拥有96间客房的Dorado Beach。

12月31日，印度连锁酒店OYO新增农村住宿业务，开发农村旅游市场潜力。

（执笔人：王雪晴，北京联合大学旅游学院2021级会展经济与管理专业本科生）

第二章　2021年国内文旅企业"双创"大事记

2021年1月

1月3日，飞猪旅行：百亿补贴助元旦出游，海南量价齐升领跑全国。

1月4日，三毛游：聚焦智慧旅游，获新东方系入股，广州三毛信息科技有限公司注册资本增至约716.8万元，增加7.53%。

1月4日，同程网络科技股份有限公司启动2021年春运护航行动，再推"10亿补贴"。

1月5日，同程艺龙控股有限公司战略投资珀林酒店 布局中高端酒店市场。

1月9日，携程、长隆共同上新，打造私域流量沉淀转化闭环。

1月11日，凯撒同盛发展股份有限公司：签约农行海南分行 搭建银企长效合作机制。

1月12日，北京首旅如家酒店（集团）股份有限公司拟发行7亿元超短期融资券 利率待定。

1月13日，同程网络科技股份有限公司签订"1+5+1"战略计划，促进苏州文旅产业升级，将苏州打造成全球影响力文旅产业创新高地和世界级旅游目的地。

1月15日，王府井集团：联手海南橡胶，投资海南岛内免税项目，双方将拟共同出资1亿元人民币。

1月18日，王府井集团：在海南成立两家免税品公司，布局免税产业。

1月18日，云迹科技：宣布完成C轮融资，累计融资额达5亿元。

1月19日，海航凯撒旅游集团股份有限公司：携手狐椒文旅 聚焦文旅小镇。

1月21日，同程网络科技股份有限公司：联合腾讯地图推出核酸检测站点地图。

1月25日，海南发展：拟受让海南海控免税品集团45%股权。

1月25日，登封国资委2.55亿受让港中旅（登封）嵩山少林。

1月28日，海航凯撒旅游集团股份有限公司：联合融创打造文旅消费新场景。

1月28日，同程网络科技股份有限公司：发起成立"红色旅游数字联盟"，现已面向全国红色目的地发出入盟邀请。

1月29日，海南航空股份有限公司：被债权人申请破产重整。

2021年2月

2月3日，哈啰出行关联企业成立酒店管理公司。

2月4日，同程网络科技股份有限公司：上线滴滴出行中高端服务，提升出行效率。

2月7日，小猪民宿：携手杭州市公安局，推动网约房规范经营，双方签署网约房民宿行业监管模式共建战略合作协议。

2月8日，同程网络科技股份有限公司：上线红色航线专题 助力红色旅游发展。

2月8日，君亭酒店创业板成功过会，旅游上市企业迎来新兵。

2月9日，快手"小跑"旅游，"短视频+旅游"成固定搭配。

2月19日，三亚凤凰国际机场公司被法院裁定破产重整。

2月19日，上海豫园旅游商场股份有限公司股份与金山新城建设合作开发文旅项目。

2月22日，拼多多关联企业新增"旅游业务"经营范围。

2月22日，飞猪：在海南成立新公司，注册资本1000万元。

2月24日，东呈酒店：发生工商变更，美团王兴关联公司入股。

2月26日，同程网络科技股份有限公司：与T3出行达成战略合作，提升出行品质。

2021年3月

3月3日，西域旅游开发股份有限公司：拟与联创资本等共同设立西域联创。

3月4日，万豪国际酒店集团公司：以"品牌+目的地"布局呈现丰富宾客体验。

3月5日，海航系325家公司进入破产重整。

3月8日，全球领先在线旅游服务运营商携程集团宣布与香格里拉集团进一步深化战略合作伙伴关系。

3月11日，王府井集团：公司控股股东首旅集团完成增持计划。

3月15日，携程CEO孙洁：与阿根廷签署5年战略合作备忘录。

3月17日，美团：与中科院华南植物园共推景区智慧化建设。

3月17日，华侨城：携手大益集团，开发云南大益普洱茶小镇。

3月19日，马蜂窝：发布春季新秘境，以文化价值赋能"新旅游"。

3月19日，向蜜鸟科技：获得数千万元新一轮融资。

3月21日，西藏旅游：拟以13.7亿元收购新绎游船100%股权。

3月22日，西安曲江文化旅游股份有限公司：拟对酒店管理公司增资800万元。

3月22日，华住集团与融创文旅集团在长沙举办战略合作发布会，宣布双方成立合资公司——永乐华住酒店管理有限公司。

3月29日，携程营销升级"1+3模式"：以一个星球号为载体，聚合流量、内容、商品三大核心板块，实现内容到交易的价值转化。

2021年4月

4月2日，同程艺龙控股有限公司：与西安咸阳国际机场签署战略合作协议。

4月2日，上海旅游集团启航红色巴士，丰富红色旅游产品。

4月13日，携程：香港公开发售获超5倍认购融资额近47亿港元。

4月14日，美团：与西安博物院达成合作，展开智慧化景区布局。

4月14日，万豪国际酒店集团公司：与Uber展开合作，拓展旅享家忠诚度计划。

4月14日，黄山旅游发展股份有限公司：与泸宜遵合作，探索"旅游+白酒"模式，双方拟在品牌导入、文化定制和深度合作等方面开展合作。

4月15日，上海亚朵商业管理（集团）股份有限公司：联手万科，积极探索"酒店＋地产"新玩法。

4月19日，携程在港交所主板挂牌，经18年后携程再登资本市场。

4月22日，北京首旅如家酒店（集团）股份有限公司：发布全新中高端品牌万信至格酒店。

4月22日，艺龙酒店：品牌矩阵亮相上海，赋能大住宿产业发展。

4月23日，深圳侨城坊Q-PLEX：推出全新酒店式公寓品牌尔邸。

4月24日，哈啰出行赴美上市：2020年营收超60亿元。

4月27日，同程网络科技股份有限公司：以航旅融合创新打造红色主题首发团。

4月28日，携程星球号频道上线：百余家旅业顶级商家入驻，包括旅游目的地、酒店、业主集团、知名景区景点等。

4月28日，华程国际旅行社集团有限公司：与开心麻花合作，构建文旅融合新业态。

4月29日，华为、小米等强势入场：用科技"绑架"在线旅游。

2021年5月

5月7日，同程网络科技股份有限公司：牵手体育赛事机构，探索体育旅游新方向。

5月10日，华强方特文化科技集团股份有限公司：发布新品牌"东方欲晓"，打造红色旅游新体验。

5月11日，携程：上线红色旅游频道，助力红色旅游高质量发展。

5月11日，中国旅游集团旅行服务有限公司：与湖北文旅厅合作，"引客入鄂"助发展。

5月11日，山西省文化旅游投资控股集团有限公司：与五台山景区合作，推进景区开发运营。

5月12日，同程航空旅游服务集团有限公司：推出"机＋酒"自由行，深化航旅融合发展。

5月18日，上海亚朵商业管理（集团）有限公司：完成股权变更，注册资金增加至10亿元。

5月19日，上海豫园旅游商城（集团）股份有限公司：拟联合战略投资人出资400

亿元参投航企。

5月24日，同程航空旅游服务集团有限公司：以"社区+乡村"旅游形式助力乡村振兴。

5月24日，华住集团：联合黄山旅游刷新产业融合新高度。

5月24日，社交旅行App墨鱼旅行：获数千万元Pre-A轮融资。

5月31日，香港中旅：完成出售香港中国旅行社股权。

5月31日，同程艺龙控股有限公司：与北京大兴国际机场签署战略合作协议。

2021年6月

6月1日，同程航空旅游服务集团有限公司：与小度达成合作，共促旅游业智能化升级。

6月3日，金马游乐进军文旅运营：投资2亿元在大连建摩天轮。

6月8日，中国南方航空集团有限公司：获控股股东南航集团10亿元委托贷款。

6月10日，华住集团：携手旅投锦江，打造西南高质量酒旅市场。

6月23日，海南方大航空发展有限公司成立，注册资本300亿元。

6月25日，上海亚朵商业管理（集团）股份有限公司：IPO拟融资3亿多美元，高瓴将认购1.2亿美元。

2021年7月

7月3日，首家携程度假农庄开业，打造旅游乡村振兴新标杆。

7月5日，上海锦江在线网络服务股份有限公司：拟4309万元受让一机游100%股权。

7月6日，携程：携手海昌海洋公园共创高端一体化夜游产品。

7月7日，华侨城（亚洲）：入股B.Duck品牌IP公司9.5%股权。

7月9日，携程：与澳门旅游局共同发布星球号旗舰店。

7月14日，携程内容战略再升级："旅游+运动"热度上涨235%。

7月16日，神州租车入驻飞猪平台，"租车+旅游"生态渐成型。

7月19日，同程网络科技股份有限公司下沉新解法，启动"48小时"短途旅行IP。

7月19日，华住参股成立新公司，经营范围含食品互联网销售。

7月20日，步步高成立商业管理新公司，经营范围含酒店管理。

7月27日，飞猪：与新加坡圣淘沙名胜世界达成系列合作。

7月27日，王府井集团：将在海南设立免税总部公司，注资9亿元。

7月27日，首都机场集团有限公司正式成立，完成公司制改制。

7月27日，据智通财经报道，共享单车公司哈啰出行，申请撤回赴美IPO计划。

7月28日，携程签约喜临门：共推"深睡房"提升用户睡眠体验。

7月29日，旅悦集团：数字化赋能文旅民宿行业升级转型。

7月29日，携程：上线"新时代 新青年 新旅游"活动专区。

7月30日，君澜酒店与飞猪达成战略合作，加速直销模式探索，共同推进民族酒店品牌的数字化升级。

2021年8月

8月4日，吉利关联公司名称变更，经营范围新增酒店管理等。

8月5日，北京首旅如家酒店（集团）股份有限公司：大湾区再布局中高端品牌嘉虹酒店。

8月13日，飞客：与世茂喜达酒店集团达成战略合作关系。

8月16日，文和友完成B轮融资，红杉中国、IDG资本等参投。

8月16日，王府井集团：于海南成立总部公司，注册资本9亿元。

8月17日，飞猪"安心游"：助力旅游业数字防疫，保障安全出行。

8月17日，北京首旅如家酒店（集团）股份有限公司：携手电竞巨头，布局电竞酒店市场。

8月18日，北京泡泡玛特乐园管理有限公司成立，注册资本1000万元人民币。

8月23日，北京王府井免税品数字零售有限责任公司成立，注册资本5000万元人民币。

2021年9月

9月3日，华侨城集团在"文化＋旅游＋城镇化""旅游＋互联网＋金融""科技＋产业＋园区"创新发展模式的引领下，深化企业数字化转型。

9月6日，美团：力推"'营'在疫后 安心出游"，助力目的地振兴。

9月13日，泡泡玛特成立投资公司，注册资本1亿元。

9月22日，"猪猪"联合：飞猪投资小猪，小猪全量接入飞猪。

9月23日，华侨城集团以"创新文旅融合，赋能美好生活"为主题，通过1+1+7的参展形式，展现了创新发展的实践成果。

2021年10月

10月8日，黄山旅游发展股份有限公司：拟设黄山徽商故里文化发展有限公司。

10月9日，永乐华住酒店管理有限公司：收获融创文旅旗下22家酒店管理权。

10月9日，享梦游获得智阳资本数千万元Pre-A轮投资，将为享梦游打开一个全新的战略规划。

10月12日，上海景吾智能科技有限公司：完成东方海富领投的近亿元A轮融资。

10月18日，携程社区：内容营销再创新，联合丽呈打造重磅IP。

10月19日，华住集团携手旭辉商业打造可复制的"酒店+"模板。

10月19日，携程集团联合瑰丽酒店集团与同派酒店成立合资公司。

10月20日，中青旅控股股份有限公司：增持博涛文化股份，助力打造尖叫文旅地标。

10月21日，携程商旅北京探讨：数字技术助力差旅管控。

10月21日，融创文旅与BRE达成战略合作，树冰雪行业绿色标杆。

10月27日，华住集团与云南航空产业投资集团达成战略合作，实现云南机场红线范围内的存量酒店和增量酒店的精细增长和高质量发展。

10月29日，广州：推动商旅融合，广商、岭南两大国企联合重组。

10月31日，海南航空股份有限公司：万亿债权已确认，重整计划获法院裁定批准。

2021年11月

11月2日，同程网络科技股份有限公司在旅游领域技术优势与华为HMS生态进行了深度合作，获华为"HMS Core最佳合作伙伴"等大奖。

11月3日，中国旅游集团旅行服务有限公司与深圳兆邦基集团达成战略合作，双方将在东门町共建大湾区"潮"文化网红商业体。

11月8日，青岛尚美生活集团有限公司宣布，已获小米集团战略投资，双方将共同探索未来"酒店+科技"发展新机遇。

11月8日，小红书：完成新一轮融资，投后估值超过200亿美元，由淡马锡、腾讯、阿里领投。

11月9日，哈啰出行：完成2.8亿美元融资，阿里首次入股。

11月10日，携程与保利票务达成战略合作，创新"旅游+演出"模式。

11月12日，万科企业股份有限公司成立酒店管理新公司，注册资本5000万元。

11月18日，携程金融注册资本增加至70亿元，增幅达872.22%。

11月26日，同程网络科技股份有限公司成立ESG和数据安全委员会，以更好地保护用户隐私及数据安全。

2021年12月

12月3日，携程与海控全球精品免税城开启会员对接。

12月5日，融创文旅发力室外雪场运营管理，成功签约金山岭。

12月20日，海昌海洋公园控股有限公司与"深西集团"签署战略合作协议。

12月21日，华住集团正式入驻百度地图，深化赋能酒店服务生态。

12月24日，携程社区与和美术馆达成战略合作。

12月24日，"广积粮"，疫情期间陕旅集团成功发行6亿元债券。

（执笔人：孙康，北京联合大学旅游学院2021级会展经济与管理专业本科生）

第三章 2022年国外文旅企业"双创"大事记

2022年1月

1月13日，TravelPerk：融资1.15亿美元，网上住宿预订公司HalaBooking高管加入其董事会。

1月18日，迪士尼获得新技术专利：打造主题公园的元宇宙。

1月19日，Sonder：美国住宿企业完成SPAC上市，估值19亿美元。

1月20日，万豪国际正在与机器人初创公司Ori合作，为旅客提供更大的灵活性并获得新的客房和体验。

1月21日，全球旅游公司途易：与Mobi Systems合作，优化拼车平台。

1月21日，巴西住宿初创公司Tabas：巴西住宿初创企业A轮融资1400万美元。

1月24日，途易集团：与希腊政府合作推出可持续旅游措施。

1月24日，户外体验平台技术供应商Wanderlust Group（TWG）：户外体验技术企业融资3000万美元。

1月24日，Airbnb：向住客推出与疫情相关的预订取消保险政策。

1月28日，加拿大在线旅行服务商Hopper：推出加拿大在线旅行服务商Hopper Homes增加非标住宿业务。

2022年2月

2月9日，美国商旅出行预订平台TripActions：将收购Comtravo，扩大欧洲市场影响力。

2月15日，私募股权巨头黑石集团：将以63亿美元收购澳大利亚皇冠集团。

2月19日，温德姆Q4美国RevPAR超2019年同期，将推出经济型长住酒店品牌。

2月19日，互联网营销服务商Evolve：融资1亿美元，拓展度假租赁业务。

2月22日，中东和北非地区（MENA）最大的OTA Wego：收购Cleartrip中东业务，创始人加入高管团队。

2月27日，加拿大在线旅行服务商Hopper：收购航司销售和客户服务平台Smooss。

2月27日，印度第一大OTA（在线旅游企业）MakeMyTrip的金融科技部门TripMoney和SBM Bank India正在为印度出境旅客推出以卢比计价的信用卡。

2022年3月

3月1日，美国硅谷的科技公司Uber：推出体验预订服务，向超级App再迈进一步。

3月1日，美国商旅独角兽TripActions再次收购欧洲同行，深入欧洲市场。

3月12日，OTA Insight：收购Transparent，欲覆盖所有住宿市场。

3月12日，酒店支付软件初创公司Selfbook：A轮融资再获1500万美元，估值达到3亿美元。

3月13日，印度连锁酒店OYO 加拿大在线旅行服务商Hopper：通过游戏化机制保留和吸引用户。

3月18日，美国短租管理软件服务提供商Futurestay：短租技术平台融资1100万美元。

3月25日，费用管理初创公司Ramp融资7.5亿美元，将着力拓展差旅业务。

3月29日，印度的在线旅游服务公司Yatra：印度OTA提交1亿美元IPO申请。

3月30日，Glimpse：融资620万美元，将短租与零售结合。

3月31日，德国度假租赁搜索引擎公司HomeToGo 4000万美元收购E-Domizil。

3月31日，Minut：短租监测解决方案B轮融资1400万美元。

3月31日，雅高集团：将通过D-Edge提供中央预订系统。

2022年4月

4月1日，Amenitiz：西班牙酒店初创企业A轮融资3000万美元。

4月4日，借助与微软合作，Amadeus旗下差旅平台签下全球咨询巨头和酒店集团大客户。

4月7日，Groups360：融资3500万美元，推动团队游平台发展。

4月9日，HotelOnline：获得Yanolja投资，欲拓展业务市场。

4月11日，由雅高/希尔顿/洲际/万豪共同投资的会议场地预订平台再融资3500万美元。

4月18日，B2B商旅管理SaaS初创公司ITILITE完成2900万美元C轮融资。

4月21日，全球最大的在线旅游公司Expedia：加入哈里王子成立的可持续旅游联盟。

4月23日，Jarvis ML：机器学习初创企业融资1600万美元，发展住宿业务。

4月25日，Lyric：发展为Wheelhouse，融资1600万美元。

4月25日，Itilite：为商旅和费用解决方案融资2900万美元。

4月26日，Holibob：收购TourismSolved，发展旅游分销技术。

2022 年 5 月

5月5日，国际旅游分销和技术巨头 Sabre Q1 总收入 5.85 亿美元，营业亏损 8000 万美元。

5月7日，Mint House：美国住宿初创企业融资 3500 万美元。

5月12日，以色列旅行预订平台 Bookaway：以色列地面交通平台 C 轮融资 3500 万美元。

5月13日，国际旅游分销和技术巨头 Sabre：收购 Nuvola，继续发展酒店零售解决方案。

5月13日，印度连锁酒店 OYO：收购 Direct Booker，巩固欧洲市场业务。

5月13日，差旅预订平台 Hotailors 的母公司 Travel Manager 获得了 2300 万欧元投资。

5月17日，差旅费用管理公司 Rydoo 将旗下旅游平台出售给 Rydoo。

5月18日，万豪：与雅虎合作推出媒体网络。

5月19日，Optibus：大众交通平台融资 1 亿美元，估值达到 13 亿美元。

5月24日，万豪旗下酒店：开发 VR "双胞胎"，开启进入元宇宙第一步。

5月26日，澳航：收购澳大利亚本土 OTA TripADeal 51% 的股份。

5月31日，全球最大 TMC 上市，美国运通商旅正式登陆纽交所。

2022 年 6 月

6月2日，美国运通：完成 SPAC 上市，将进一步加速发展。

6月5日，加拿大在线旅行服务商 Hopper：与全球最大的在线旅游公司 Expedia 旗下 Vrbo 展开全球度假租赁合作。

6月9日，会议管理技术行业巨头 Cvent 收购 Venue Directory，持续扩张业务。

6月12日，加拿大在线旅行服务商 Hopper：将其金融产品向第三方预订拓展。

6月12日，德国度假租赁搜索引擎公司 HomeToGo：完全收购度假租赁技术供应商 SECRA。

6月12日，万豪：推出 Bridging The Gap，实现酒店多元化。

2022 年 7 月

7月4日，澳大利亚差旅管理公司 Corporate Travel Management（CTM）近日收购了 1000 Mile Travel Group。

7月6日，差旅预订平台 TapTrip 被差旅技术公司 TripStax 收购，双方未披露具体交易条款。

7月7日，Amadeus 和网上住宿预订公司 HalaBooking 两大巨头的子公司联手，为航司提供虚拟联程。

7月14日，旅游和活动分销专家Holibob：A轮融资1200万美元。

7月15日，Swvl：收购共享出行平台Urbvan，向墨西哥拓展业务。

7月23日，以色列旅行预订平台Bookaway：推出seatOS 改善交通管理系统。

7月24日，旅游分销巨头Amadeus：投资挪威气候技术专家Chooose。

7月24日，酒店技术企业Planet：收购度假租赁服务Avantio。

7月27日，Spotnana：B轮融资7500万美元，发展云端平台。

7月28日，捷蓝航空：将收购精神航空，创建美国第五大航司。

7月28日，短租收入管理工具PriceLabs：获3000万美元发展资金。

7月29日，酒店服务商Mews：成立投资部门Mews Ventures。

2022年8月

8月1日，万豪联手雅虎做媒体广告平台，挖掘亿万美元商机。

8月4日，以色列旅游集团Talma Shlomo从亿万富翁Teddy Sagi和其他投资者手中收购了差旅酒店预订平台Arbitrip的51%的股权。

8月8日，差旅管理公司HRS近日收购了德国支付平台Paypense，以丰富其企业支付产品。

8月8日，猫途鹰Q2营收接近疫情前，业务新架构体现"三品牌"战略。

8月17日，短租物业管理平台Guesty：E轮融资1.7亿美元，继续扩展国际业务。

8月18日，印度连锁酒店OYO：收购Bornholmske Feriehuse，扩大欧洲业务。

8月25日，万豪升级设计实验室，打造"折叠"空间，研发前沿技术。

8月26日，开放式酒店商务科技平台SiteMinder：收购GuestJoy，拓展酒店商务平台。

8月31日，Hotelbeds：首次与机场合作，拓展新的业务市场。

8月31日，Vouch：推出抵达前服务平台，通过追加销售增加收入。

2022年9月

9月1日，谷歌：继酒店之后，再关闭航班预订功能。

9月6日，GDS公司Travelport和美国运通全球商务旅行（Amex GBT）今日宣布已续签一项多年期协议。

9月23日，洛杉矶初创公司Flyr Labs：收购酒店技术供应商Pace Revenue。

9月25日，总部位于波特兰的旅行规划和预订初创公司TrovaTrip：荷兰旅游初创企业A轮融资1500万美元。

9月26日，全球领先的旅游网站TripAdvisor：推出广告创意部门，扩大广告产品。

9月30日，据称美国商旅独角兽TripActions已经提交上市申请，估值120亿美元。

9月30日，全球最大的在线旅游公司Expedia：推出Open World Accelerator创业加速器。

9月30日，总部位于洛杉矶的物业管理平台 Guesty 收购了西班牙度假租赁软件公司 Kigo 和澳大利亚物业管理软件公司 HiRUM Software Solutions。

9月30日，Priceline Experience：与途易旗下 Musement 展开合作。

9月30日，四季酒店宣布推出游艇系列 Four Seasons Yachts，并计划于2025年推出首艘奢华游艇。

2022年10月

10月8日，网上住宿预订公司 HalaBooking.com：与香港 OTA Klook 展开合作。

10月9日，Traveloka：获投3亿美元，将推动行业数字化发展。

10月11日，迪士尼推出"目的地聚会"新品牌，聚焦团体游客的细分需求。

10月10日，亚航：与12Go合作，为游客提供端到端服务。

10月18日，星巴克宣布和达美航空达成忠诚度合作，美国会员购买咖啡可以积攒飞行里程。

10月20日，商旅平台美国商旅出行预订平台 TripActions：融资3.04亿美元，估值达到92亿美元。

10月21日，总部位于德国的度假租赁搜索引擎 Holidu：E轮融资1亿欧元，将用于拓展业务市场。

10月27日，旅游服务预订和支付平台 WeTravel：B轮融资2700万美元，增加金融服务。

10月29日，英国航空：与 Choose 合作，计算航班碳排放量。

10月30日，丽思卡尔顿旗下奢华游艇产品线 The Ritz Carlton Yacht Collection 推出的"Evrima"号近期终于实现首航。

10月31日，非标住宿 Selina：通过 SPAC 公司 BOA 合并完成上市。

2022年11月

11月9日，美国商旅独角兽 TripActions 持续扩张，收购西班牙差旅公司。

11月10日，酒店科技公司 Limehome：融资4500万欧元，在欧洲拓展业务。

11月12日，美国商旅出行预订平台 TripActions：收购旅游顾问公司，在西班牙站稳脚跟。

11月25日，雅高与全球最大的在线旅游公司 Expedia 合作推出"酒店+机票"打包产品，瞄准高净值旅客。

11月26日，优步：添加 Viator 服务，旅游服务拓展至上万城市。

11月26日，在线旅行社 GetYourGuide：将关闭品牌旅游计划 Originals。

11月26日，美国运通：与 dnata 合作，开发中东商旅业务。

11月26日，美国酒店企业Sonder：美国酒店企业发生住客信息泄露事件。

11月27日，美国酒店技术企业SHR：收购爱尔兰酒店技术供应商Avvio。

11月28日，全球差旅巨头美国运通商旅（Amex GBT）与阿联酋航空集团子公司达成合作，瞄准中东地区差旅需求的增长。

11月29日，凯悦：以3亿美元收购Dream Hotel Group。

11月29日，国际旅游分销和技术巨头Sabre：与Mastercard联手，通过虚拟卡推动旅行经济。

11月29日，新航：Vistara与印航合并，扩大印航股份。

2022年12月

12月2日，EaseMyTrip：收购Nutana，进军航空包机服务市场。

12月2日，在线预订平台ResortPass：完成2600万美元的B轮融资。

12月5日，旅游分销巨头Amadeus：与希尔顿合作推出新的API优化酒店服务。

12月5日，差旅技术公司TripStax收购Travelport子公司，拓展酒店预订业务。

12月7日，印度连锁酒店OYO：进行业务重组，增加酒店和房源数量。

12月8日，商旅企业TripStax：收购Hotelzon，增加酒店预订服务。

12月9日，美国商旅独角兽TripActions获得4亿美元信贷额度。

12月14日，OTA独角兽Traveloka逐梦超级App，开发"超级App"成为一种趋势。

12月22日，旅游分销巨头Amadeus：投资西班牙交通技术初创企业Eccocar。

12月23日，荷兰酒店技术平台Mews：C轮融资1.85亿美元。

12月23日，德国PMS Sihot：收购销售终端硬件企业Addipos。

12月25日，美国运通：投资酒店支付软件平台酒店支付软件初创公司Selfbook。

12月25日，法国在线旅游平台OTA Evaneos：完成2000万欧元融资。

12月25日，美国运通：与Traxo合作，试行新的旅行数据获取技术。

12月27日，印度低成本航空公司Go First：印度低成本航司获6150万美元注资。

12月27日，度假租赁平台德国度假租赁搜索引擎公司HomeToGo：推出房源精准搜索功能Modes。

（执笔人：王雪晴，北京联合大学旅游学院2021级会展经济与管理专业本科生）

第四章 2022 年国内文旅企业"双创"大事记

2022 年 1 月

1 月 1 日，进出港航班行李全流程跟踪 白云机场成为首家。
1 月 3 日，长江国家文化公园建设正式启动。
1 月 5 日，上海科技馆等 21 家单位入选首批上海市数字景区。
1 月 16 日，"元宇宙藏品馆"宣布获得千万级融资。
1 月 17 日，百度与美团等十余家企业开启互联互通深度合作。
1 月 17 日，华侨城：正在积极考虑元宇宙相关布局。
1 月 17 日，中旅集团：开始打造粤港澳大湾区首个免税综合体。
1 月 17 日，"飞租出行"获近 2000 万天使轮融资。
1 月 18 日，融创文旅 & 北京北文资产：共创长白山休闲度假新格局。
1 月 18 日，中旅旅行全国联动，打造冰雪主题精品线路。
1 月 18 日，哈啰出行：成立宜春哈行公司，业务涉及旅游、酒店。
1 月 18 日，黄山旅游：拟投 3500 万元建设平湖假日酒店改造项目。
1 月 18 日，黄山旅游拟增持六百里茶业 40.85% 的股份。
1 月 19 日，峰会酒店置业以约 7.8 亿美元完成收购 26 家酒店。
1 月 20 日，景梦工厂完成近亿元 A+ 轮融资。

2022 年 2 月

2 月 7 日，众信旅游：减持已回购股份约 65 万股。
2 月 8 日，中旅旅行与中国文物交流中心签署合作协议。
2 月 10 日，华侨城：正围绕小黄鸭 IP 研发相关文旅体验项目。
2 月 10 日，海航：实控人方威拟增持 5000 万股至 1 亿股。
2 月 12 日，关西三大铁道公司携手推广 打造沿线深度旅游体验。
2 月 22 日，海昌海洋公园 & 保利文化签署战略合作框架协议。
2 月 28 日，服务机器人再获青睐 穿山甲机器人完成 A+ 轮融资。

2022 年 3 月

3 月 1 日，众信旅游：公司减持 550 万股回购股份。

3月1日，优地科技再获首旅如家酒店集团战略投资。

3月5日，飞猪与新吉奥集团共同开发高质量房车旅游产品。

3月7日，首旅如家全新视觉升级 彰显民族企业文化自信。

3月7日，丽江股份：拟与景区公司共同增资雪川公司。

3月10日，吉祥航空：控股股东上海均瑶解除质押1000万股。

3月10日，携程："科技＋服务"助力国际旅行复苏。

3月10日，150亿省级国资集团成立，河南文旅投资集团已注册。

3月12日，浙江杭州管家兔完成千万元天使轮投资。

3月12日，首款"故宫以东"文化大礼包正式发布。

3月16日，精致露营品牌嗨King野奢营地获百万天使轮融资。

3月16日，同程艺龙投资成立数智科技公司。

3月18日，飞猪：与武汉东湖樱花园推出"门票+X"旅游新品。

3月22日，宋城演艺成立新全资子公司，注册资本1000万元。

3月23日，滴滴出行：投资成立新公司，经营包含会展服务。

3月24日，中国融通旅业发展集团与FLYERT飞客建立合作。

3月24日，融创（海南）文化退出融创文旅发展。

2022年4月

4月7日，哈啰出行在大理成立新公司，经营范围含旅游业务。

4月8日，携程商旅牵手潍柴动力，迈向数字差旅管理新阶段。

4月8日，携程度假农庄进入文旅融合2.0模式。

4月12日，艺程酒管战略投资米高集团。

4月14日，文旅创意设计公司博涛文化完成新一轮融资。

4月26日，飞猪与租租车达成战略合作，租租车门店及车辆将全量接入飞猪租车频道。

4月26日，西域旅游吸收合并全资子公司。

4月28日，华侨城打造文旅产业新地标 开辟都市旅游新模式——中国首个以探索宇宙为主题的奇幻乐园盛大开幕。

2022年5月

5月4日，海昌海洋公园与越南Sunny World签合作协议。

5月6日，枫叶租车完成数千万元Pre-A轮融资，上海联创领投。

5月8日，海昌海洋公园与航天新光签署合作协议及相关附属协议。

5月16日，海汽集团拟收购海旅免税股权。

5月17日，同程旅行＆怀运集团：开启智慧车站2.0数字改造。

5月20日，携程联手CJ酒店推出"G次元酒店"。

5月23日，海南银行与凯撒旅业签订协议 多领域展开战略合作。

5月24日，王府井拟以1.6亿元收购海南奥特莱斯旅业100%股权。

5月27日，平安不动产接手西双版纳景欣旅游100%股权。

5月28日，同程旅行助力贵州文旅消费券首发，全年上亿消费券。

5月28日，携程联合长隆共推"听海奇趣营"露营产品。

2022年6月

6月1日，远洲旅业宣布进军元宇宙，中国首家元宇宙虚拟酒店即将出炉。

6月6日，华侨城集团：开发深圳首个碳中和文旅示范项目。

6月8日，凯撒旅业打造"氢能出行+社群经济"模式。

6月11日，同程旅行推出"文遗"旅游复兴计划。

6月13日，锦江酒店拟收购维也纳酒店和百岁村餐饮10%的股权。

6月14日，山西文旅集团拟发行上限10亿超短期融资券。

6月15日，华为数通计划面向商业市场的酒店公寓等发布产品。

6月19日，河南文旅投资集团在洛阳挂牌，注册资本150亿元。

6月20日，方特发布新品牌"狂野大陆"，推出全新动漫科幻主题乐园。

6月20日，开元酒店收购开元颐居酒店剩余34.5%的股权。

6月21日，海昌海洋公园将与欢乐谷在零售业务等方面开展合作。

6月24日，上航旅游成立青红皂白旅游公司，注册资本1000万元。

2022年7月

7月4日，中青旅携手兰考：传承焦裕禄精神，助力乡村振兴。

7月5日，火星1号基地：打造未来场景，开创航天文旅模式。

7月6日，泉州永春签约华侨城文体旅商融合发展项目。

7月6日，新疆文旅携手7家金融机构共同打造"大美新疆"。

7月6日，中国旅游集团发行15亿元超短期融资券。

7月7日，蔚来与携程商旅签约仪式在蔚来安亭创新港研发中心成功举行，标志着双方正式开启差旅项目的全面合作。

7月11日，艺龙会与中国银联战略合作，共建"酒店+金融"生态圈。

7月11日，穷游网"轻年计划"：携手火星1号基地探索航天旅游。

7月13日，中旅旅行与中科宇航签署战略合作框架协议。

7月14日，台湾旅游服务商"KKday"完成2000万美元C+轮融资。

7月15日，苏高新股份牵手美团门票加速文旅深度融合。

7月15日，同程旅行深耕"电竞+文旅"，破解品牌年轻化密码。

7月18日，中旅旅行承办2022驻华外交官"发现中国之旅"。

7月19日，飞猪与万达酒店及度假村实现会员互通。

7月20日，昆山文商旅集团发行3亿元超短期融资券。

7月22日，马蜂窝联合北京欢乐谷推出"夏日乐行计划"。

7月22日，"游新疆"智慧旅游服务平台将进一步聚合文旅资源。

7月22日，美团"超级品牌馆"助力目的地营销推广。

7月22日，万达酒店及度假村与Beautyland集团签约。

7月23日，众信旅游集团打造一站共享式休闲度假综合体。

7月28日，大连文化旅游发展集团有限公司正式揭牌，这标志着大连文旅发展集团改革重组工作取得了阶段性成果。

2022年8月

8月10日，上海迪士尼开启网购模式，同步优化线下购买特选商品方式。

8月16日，全国首家四季酒店将更新为"高端酒店+商场综合体"。

8月17日，金陵饭店拟发行4.5亿元超短期融资券。

8月18日，中国国航：控股股东同意公司定增募资不超150亿元。

8月22日，京东云与斯维登达成战略合作，引领分享住宿行业科技创新。

8月24日，海昌海洋公园：与南京金鹰国际集团签约，推进布局商业与文旅产品。

8月25日，中国中免在港上市，成为港股今年最大IPO。

8月25日，道旅科技宣布与华住集团达成新战略合作。

8月26日，科大讯飞投资贝塔树智慧体育，为第二大股东。

8月27日，万豪升级设计实验室，打造"折叠"空间，研发前沿技术。

2022年9月

9月4日，携程联合安阳市政府推出"红旗渠人家"民宿品牌。

9月4日，首旅集团与中国电影博物馆签署战略合作协议。

9月5日，南航宠物托运服务升级"一站式"保障更省心。

9月7日，文商旅融合典范："故宫以东"共创计划正式启动。

9月7日，海昌海洋公园与亿海文化成立合资公司。

9月8日，云台山旅游启动A股IPO，已辅导备案。

9月15日，西安旅游集团与陕西省农垦集团签署战略合作协议。

9月19日，海昌海洋公园与中国儒意、欧桦文娱就IP展开各项合作。

9月19日，华住集团发布全新品牌形象，新logo亮相。

9月23日，万达酒管餐饮公司与俏江南品牌达成战略合作。

9月26日，吉祥航空推出"先飞后付"产品。

9月27日，河南文旅投资集团与腾讯公司签署战略合作协议。

9月28日，众信旅游集团推出优享民宿品牌。

2022年10月

10月1日，锦江旗下丽笙酒店实行转型战略。

10月2日，携程租车和腾讯出行服务正式达成合作，携程租车入驻腾讯出行服务。

10月3日，携程商旅宣布与Booking.com缤客正式签署战略合作协议。

10月8日，湖南航空正式发布其全新品牌IP形象——"鸿鹄机长"，昵称"福蓝"。

10月12日，仁和酒店智能售货机获5000万元战略融资。

10月17日，携程与景德镇再次达成战略合作。

10月20日，艺龙酒店科技良程酒管与索享酒店集团达成战略合作。

10月21日，同程商旅宣布产品服务全面升级。

10月24日，北京首旅集团7亿元超短期融资券完成发行。

10月25日，践行环保理念 华住集团与蔚来签署合作协议。

10月26日，舟山旅游集团拟发行3.5亿元超短期融资券。

10月27日，携程宣布已于近日完成对度假综合体运营商日光旅文的投资入股。

2022年11月

11月3日，中国旅游集团与中国银联签署战略合作框架协议。

11月3日，精品民宿预订平台"未来好宿"再获数千万融资。

11月9月，携程：助力旅游实体数字化转型。

11月10日，同程旅行发布首个乡村振兴主题数字藏品。

11月23日，中旅收购香港威信100%股权。

11月23日，杭州良渚文化城拟发行20亿元超短期融资券。

11月24日，锦江酒店拟变更8.5亿元资金用于收购WeHotel。

11月24日，海昌海洋公园＆大连森林动物园：打造国际IP娱乐项目。

11月24日，湖北交投集团与宋城演艺在宜都打造"三峡千古情"。

11月25日，中船嘉年华与10余家银行签署"百亿银团"合作备忘录。

11月28日，中国中免拟向旗下海棠湾公司增资4亿元。

11月28日，三亚太阳湾柏悦酒店携手BYMB打造奢华海岛瑜伽旅修。

11月29日，马蜂窝上线"低风险目的地指南"，"攻略＋好货"助力。

11月29日，探索"文旅＋元宇宙"，岭南股份与腾讯云等公司达成合作。

11月30日，中青旅携手老饭骨发布国味年货文创新品。

2022年12月

12月7日,凯撒易食与吉云天厨、航班管家达成战略合作。

12月8日,厦门PK电竞酒店获得树帜资本和领头投资500万元融资。

12月8日,携程集团正式推出"2023旅游振兴A计划"。

12月10日,携程:签订合计15亿美元融资协议。

12月15日,江苏&美团成立文旅大数据应用与标准研究实验室。

12月28日,从内容创新到机制创新,"故宫以东"品牌再升级。

(执笔人:孙康,北京联合大学旅游学院2021级会展经济与管理专业本科生)

第五章　2023年国外文旅企业"双创"大事记

2023年1月

1月4日，美国联合航空自本周起促销从旧金山国际机场飞往中国主要城市的航班机票，3月下旬起，每天将有两条从旧金山出发直飞中国的航线。

1月7日，达美航空投资10亿美元提供免费Wi-Fi。

1月18日，ITB China线下展回归，加快推进旅游业全面重启。

2023年2月

2月3日，Plusgrade：收购Upscale，为酒店业拓展辅助收入服务。

2月8日，Mondee：4000万美元收购Orinter，进军巴西市场。

2月10日，Fever：娱乐体验平台获高盛领投1.1亿美元。

2月15日，Bookaway：推出技术中心Boost，整合所有交通数据。

2月16日，Flight Center：收购英国豪华游运营商Scott Dunn。

2月17日，SITA：与Zamna合作，简化机场信息处理。

2月19日，新西兰酒庄开航空公司，推品酒专班：定义酒旅新高度。

2月22日，Viadi Group：收购海岛服务WhereToStay股权。

2月23日，公主邮轮重返日本市场。

2023年3月

3月7日，Crisebound：邮轮预订平台A轮融资1000万美元。

3月9日，Travelex：与旅游搜索引擎Kayak完成合作。

3月15日，Travelport收购Deem以扩大现代旅行零售和差旅业务。

3月24日，Expedia等平台成为ChatGPT插件功能第一批启用者。

2023年4月

4月6日，MSC地中海邮轮2025年环球航线中国市场正式开售。

4月18日，新加坡旅游局携手超级QQ秀，开启新次元花园秘境。

4月26日，航司优化定价的平台Fetcherr：融资1250万美元；美国航空撤裁分销队伍，全力推进直销。

2023 年 5 月

5 月 5 日，皇家加勒比国际游轮回归中国市场；美国或将立法挑战航司辅营收入。

5 月 12 日，Big Red Group：与澳洲生态旅游协会合作，推进可持续旅游。

5 月 17 日，Worldline：测试元宇宙作为新的酒店销售渠道。

5 月 26 日宣布，自 8 月 4 日起，沙特航空将开通北京大兴国际机场往返沙特阿拉伯的直飞航线。届时，沙特航空将运营每周 9 趟往返中沙的航班，为乘客提供更便捷的旅行选择，不仅可从北京、广州直飞沙特，还可以通过利雅得或吉达两大 HUB 转机前往中东/非洲/欧洲/美洲等更多目的地。

2023 年 6 月

6 月 3 日，Airbnb 起诉纽约市。

6 月 9 日，黑石：将以 4.5 亿美元出售 IBS Software 的股份。

6 月 20 日，Priceline 与 Google 合作部署生成式 AI 技术。

6 月 25 日，汉莎 4.5 亿欧元出售旗下差旅支付公司。

6 月 28 日，Zuzu Hospitality 完成 900 万美元 B 轮融资。

6 月 29 日，皇家加勒比重启从上海出发国际游轮航线；Amadeus 收购航空燃料公司 Caphenia 少数股权。

2023 年 7 月

7 月 6 日，巴西旅游技术企业 Onfly A 轮融资获投 1600 万美元。

7 月 7 日，Booking.com 推出 AI Trip Planner 优化旅行规划。

7 月 12 日，CWT 与 Spotnana 合作 推出新的全球旅行解决方案。

7 月 18 日，大溪地航空亚洲航线年内复航，搭乘大溪地航空 Air Tahiti Nui 全新波音 787-9 梦想客机，中国游客将可以从日本东京转机，更便捷地飞往大溪地群岛；Expedia 集团多个部门进行裁员；万豪与美高梅合作推出联合忠诚度计划。

7 月 19 日，收购 Egencia 帮助运通商旅开发中小企业客户，创造亿元效益。

7 月 28 日，AirDNA 收购 Arrivalist。

7 月 30 日，KEYFRAME 酒旅营销提供新媒体营销专业服务。

2023 年 8 月

8 月 3 日，璞富腾酒店及度假村发布一系列战略举措，"重启中国独立酒店市场"。

8 月 4 日，Expedia 集团终止与旅游科技公司 Hopper 的合作。

8 月 8 日，Tripadvisor 集成 OpenAI 用于旅行规划。

8 月 16 日，Expedia 将为沃尔玛会员创建新的旅行平台。

8月17日，Upgrade斥资1亿美元收购BNPL服务供应商Uplift；达美/美航相继宣布增加中美航班；洲际推出新中端酒店品牌。

8月18日，OAG收购Infare合并后实体估值超过5亿美元。

8月19日，瑞安航空打赢与OTA的官司。

2023年9月

9月3日，The Bicester Collection、乐游五洲国际已入驻旅连连。

9月7日，Selfbook：与Affirm合作，为住客提供灵活支付方式。

2023年10月

10月17日，Sensible Weather：旅游保险企业获美国运通投资。

10月25日，Booking、Expedia和Tripadvisor成立新联盟，打击虚假评论。

2023年11月

11月8日，Tripadvisor：推出新的酒店AI规划工具。

11月9日，YouTrip：新加坡支付工具B轮融资5000万美元。

11月16日，Airbnb：斥资约2亿美元收购AI企业GamePlanner.AI。

11月22日，Kayak：与OTA Travala合作，增加加密货币服务。

11月28日，以灵感释放自我 韩国新世代娱乐度假城——迎仕柏将于11月30日试营业。

11月29日，汉莎：向英国市场推出商旅预订服务BusinessToGo。

11月30日，大利探险旅行专家WeRoad融资1800万欧元。

2023年12月

12月1日，Flyr与Roam Around合作推出AI旅行规划服务。

12月22日，ATPCO：收购3Victors扩展数据和实时功能。

（执笔人：梁楠，北京联合大学旅游学院2022级旅游管理专业本科生）

第六章　2023年国内文旅企业"双创"大事记

2023年1月

1月4日，北京环球度假区12日晚8时起将发售年卡，首次推两种类别。

1月4日，融创文旅&昌平区战略合作：热雪奇迹即将落地北京。

1月6日，雅高瑞享酒店携手菲拉格慕洗护系列开启全新合作。

1月6日，湖北咸宁&途家民宿：努力打造"温泉+民宿"旅游品牌。

1月9日，穷游网与WWF携手开展可持续旅行线下沙龙。

1月9日，三峡旅游&阿里拍卖："鲟侠船长"系列数字藏品。

1月10日，同程旅行与自贡中华彩灯大世界达成战略合作。

1月11日，科大讯飞投资智慧旅游大数据平台运营商东方智旅。

1月11日，凯撒旅业与万达酒店及度假村达成全面战略合作。

1月11日，内地、香港恢复通关，全球首个魔雪奇缘世界将于下半年登陆香港迪士尼。

1月12日，爱达邮轮携手上海电信打造首艘"5G邮轮"。

1月12日，北京环球度假区"环球中国年"正式开启。

1月13日，停飞近4年后南航737MAX今日复飞。

1月17日，王健林已将万达酒店发展超65%股份抵押给新加坡淡马锡。

1月18日，2023年携程计划促1万亿元旅游消费。

1月18日，投资50亿元，吉祥航空天府国际机场基地项目落户成都东部新区。

2023年2月

2月13日，去哪儿平台宣布，已上线类Chat GPT的智能问答机器人"万能AI小骆驼"，帮助用户定制行程、解答旅行中的难题。

2月14日，2023年，海南旅投将努力把"夕照儋耳"环岛旅游公路驿站打造成海南西部旅游公路驿站标杆示范点，全力推进西线铁路旅游列车项目。

2月15日，马蜂窝宣布完成新一轮的融资。

2月16日，长隆欢乐世界拟变开放式主题乐园。

2月20日，天津航空推出"商务优选"与"错峰游"优惠航班。

2月22日，同程旅行在苏州宣布启动"同程千村计划"，提出了"十百千工程"的长期目标。

2月22日，携程在租车业内首创VR看车服务。

2月25日，尚美数智科技集团发布2023年核心战略，将重点发展高端豪华酒店项目。

2月28日，万达酒店启动"归雁计划"前员工可选择回归原酒店。

2月28日，北京中创文旅文化产业集团宣布完成A+轮数千万元融资。

2023年3月

3月2日，大理旅游集团在蝴蝶泉公园分公司举行蝴蝶泉沉浸式夜游——《寻梦蝴蝶泉》启动亮灯开园仪式。

3月3日，美利亚中国首家温泉度假酒店落户内蒙古阿尔山。

3月8日，马蜂窝宣布上线"2023全球赏花地图"攻略，将范围扩大至全球，按照地区和花卉品种分类呈现。

3月9日，甘肃：乐动敦煌文旅产业综合体项目将于5月正式投入运营。

3月9日，杭州绿云软件股份有限公司宣布完成D轮融资，金额为1亿元。

3月10日，北京环球影城：王者荣耀英雄盛会将于3月11日回归。

3月14日，万达酒店与神州控股成功签约豪华酒店、高端餐饮及SPA项目。

3月17日，广东清远长隆拟建7个主题游乐区，今年计划投资2亿元。

3月20日，南航重推"随心飞"产品，不限年龄无限飞行。

3月21日，海上的移动"星级酒店"——首艘国产大型邮轮年底前交付。

3月23日，携程集团与雅辰酒店集团签署框架合作协议。

3月28日，复星将在青岛打造一个新的"亚特兰蒂斯"。

3月31日，北京市朝阳区文化和旅游局与高德地图联合打造的"'潮朝阳FUN生活'文旅消费地图"在高德地图App首发上线。

2023年4月

4月6日，中国船舶大连造船与携程商旅、南航签署多项合作协议。

4月7日，上海首个企鹅主题度假酒店预计2024年内交付。

4月11日，三亚凤凰机场拟建T3航站楼。

4月12日，张家界与万达集团签署战略合作框架协议。

4月14日，海昌海洋公园与沙特阿拉伯投资部签署合作备忘录。

4月18日，众信旅游10余家北京零售门店齐开业。

4月18日，敦煌研究院与腾讯联合打造的全球首个超时空参与式博物馆"数字藏经洞"上线。

4月23日，途家民宿：在淄博开通房东房源绿色审核通道，"五一"期间免收佣金。

4月23日，喜茶联合11城文旅局推出城市文旅冰箱贴。

4月26日，上海影视乐园新景点"红船"试运营。

2023年5月

5月8日，《流浪地球》出品方中国电影：正在筹建中国科幻电影乐园。

5月9日，海南旅投与康泰旅游签署康泰旅游股权收购协议。

5月10日，携程超级假期上线"'五一'错峰出去玩"专场。

5月10日，飞猪与万达三大酒店品牌联合推出超级品牌日活动。

5月11日，香港旅游及休闲预订平台Klook客路传明年赴美上市，筹4亿美元，拟下半年先融资2亿美元。

5月12日，同程旅行酒店预订等服务接入微信搜一搜。

5月15日，全国首个民宿服务认证平台应用场景在浙江湖州德清上线。

5月16日，倡导"可持续"旅行，马蜂窝联合多国旅游局发起"循环宇宙计划"。

5月17日，抖音上线酒店日历房、景区日历票，在OTA的边缘疯狂试探。

5月22日，亚朵集团旗下第1000家在营门店落户"兰州第一高楼"亚欧国际，迈入"千店时代"。

5月23日，中船嘉年华旗下"地中海"号邮轮将进驻天津母港，计划4季度开航。

5月23日，方特"熊出没"乐园签约仪式在青岛市城阳区行政中心成功举行。

5月24日，携程集团和舟山市战略签约，全面开启"小岛你好"海岛共富行动。

5月30日，南航自6月1日起推出"云端童趣"空中研学服务。

2023年6月

6月1日，我国首艘国产大型邮轮预计将于6月6日正式出坞。

6月2日，同程旅行发起的"同程小站爱心酒店联盟"在全国34个城市超过200家酒店设立了"高考能量站"。

6月2日，康旅集团与锦江旅游签署战略合作协议。

6月2日，海昌海洋公园与东映动画签署协议，获得《航海王》IP使用许可。

6月6日，众信旅游集团极地游轮产品中心正式成立。

6月6日，携程联合天津航空发布"京朋冀友 从津飞"空铁联运产品。

6月8日，宋城演艺佛山项目将于国庆假期开业，西樵文旅再添翼。

6月12日，北京环球度假区将于6月22日推出首个夏季限定体验。

6月14日，湖北邮政武汉落地倸罗纪城市空间"智慧酒店"场景项目。

6月14日，同程旅行推出水韵江苏数字旅游联名卡，多项权益畅游江苏。

6月15日，华强方特华夏历史文明传承创新示范园项目正式落地呼和浩特市。

6月16日，同程旅行召开主题为"国民旅游新势力"的线下发布会，宣布正式启动线下门店加盟计划。

6月27日，上海浦东将与东航联手打造航空、高铁换乘枢纽。

6月28日，丽江旅游：玉龙雪山景区游客港将于7月3日起投入试运营。

2023年7月

7月4日，北京欢乐谷联动"敦煌博物馆"IP开启国潮狂欢节。

7月4日，海南文旅产业首位虚拟体验官横空出世，助推三亚亚特兰蒂斯引领暑期亲子游市场。

7月5日，小红书旗下公司新增露营地服务业务。

7月7日，中旅酒店首次AI数字人直播亮相南京维景。

7月12日，阿拉丁旅游集团战略投资西域旅游。

7月14日，抖音生活服务组织架构大调整，酒旅业务升级为一级部门。

7月14日，飞猪拓展数字人民币支付场景，酒店预订首先开放。

7月17日，携程集团今天发布首个旅游行业垂直大模型"携程问道"。

7月18日，我国首艘国产大型邮轮"爱达·魔都号"于17日早上解缆离开码头，开始首次试航。

7月19日，飞猪推出《长安三万里》同款旅游线路。

7月19日，北京新东方文旅有限公司成立，注册资本10亿元人民币。

7月19日，长隆飞船酒店集科普、生态、科技于一体，目前已投入运营。

7月20日，中原地区最大的海洋公园项目——河南郑州海昌公园即将上线。

7月20日，遇航变可免手续费退改，飞猪推出暑期"省心中转"服务。

7月21日，继携程、飞猪后，同程也开通了支付宝小程序。

7月21日，爱奇艺全球首家线下亲子主题乐园落户北京。

7月25日，"只有红楼梦·戏剧幻城"正式对外开放。

7月26日，字节跳动、故宫博物院等联合启动"古籍保护与活化公益项目"。

7月31日，抖音间接全资持股的子公司成立旅行社。

7月31日，开封清明上河园三期项目将于7月底陆续开放。

2023年8月

8月7日，万达文化集团更名为万达文旅集团。

8月7日，同程旅行与长隆旅游度假区达成战略合作。

8月8日，东航空中Wi-Fi国内首家突破3000米限制。

8月14日，陕西历史博物馆暑期"周一不闭馆"。

8月14日，飞猪面向暑期推出机票保价服务，覆盖上百条国内热门航线、近万个航班。

8月15日，同程商旅与同程旅行实现会员体系互通。

8月15日，南航携手国铁集团发布"空铁联运"产品。

8月18日，泡泡玛特乐园将于9月下旬正式开业。

8月21日，格力集团成立文旅公司，经营范围含旅游业务。

8月22日，中青旅打造旅游短视频直播新平台。

8月22日，北京首钢一高炉元宇宙乐园将首次对公众开放。

8月24日，抖音生活服务打击违规"低价游"。

8月24日，东方甄选入淘开播，覆盖包括旅游类产品。

8月29日，北京环球度假区推出"环球生日月"特别活动。

8月31日，上海迪士尼第三座主题酒店动工。

8月31日，同程旅行携手绍兴文化广电旅游局发布文旅数字藏品。

2023年9月

9月2日，海昌海洋公园将落地北京，毗邻环球影城。

9月5日，细节控、高科技、幽默感，上海迪士尼又一巨献——疯狂动物城，让沉浸式体验更"疯狂"。

9月8日，新世界发展有限公司及香港迪士尼乐园度假区宣布签订合作备忘录。

9月8日，国内专业的B2B国际旅游贸易平台——ITB China 2023于今日在上海世博展览馆盛大回归。

9月8日，同程旅行联合潮新闻、长龙航空共同推出"旅行+亚运"新玩法。

9月12日，马蜂窝携手腾讯云研发"AI旅行伙伴"。

9月12日，上海迪士尼度假区：上海迪士尼乐园年卡重磅回归。

9月14日，"悦途集团"获蚂蚁集团超亿元B轮融资。

9月14日，中国乐高乐园度假区与腾讯携手共创家庭游乐数字化未来。

9月14日，快手本地生活与同程旅行达成合作，共同加码文旅市场。

9月15日，珠海横琴长隆宇宙飞船主题乐园9月16日开启试营业。

9月18日，众信旅游集团成为泡泡玛特城市乐园官方授权合作伙伴。

9月19日，上海迪士尼计划在未来10年向主题乐园和邮轮业务投资600亿美元。

9月19日，国产大邮轮"爱达·魔都"号将于明年元旦启航，9月20日起可预订船票。

9月22日，同程旅行启动"目的地全球计划"助力出境游市场。

9月26日，北京环球度假区10月7日首次限时开放晚间体验。

9月28日，携程上线"中国旅游指南"服务外国游客。

9月28日，"武当寻梦"沉浸式夜游景区"十一"假期对外开放。

2023 年 10 月

10 月 7 日，"曹操出行"推出智能大白车"快闪酒店"。

10 月 9 日，吉祥航空探索销售新渠道，机票直播 5700 万元成交额创新纪录。

10 月 13 日，科大讯飞与中青旅达成合作，将 AI 技术应用到酒店预订等场景。

10 月 13 日，银联国际与携程金融达成合作，推出境外首张银联虚拟商务卡。

10 月 16 日，迪士尼将在香港推出全球首个"冰雪奇缘"主题园区。

10 月 16 日，新东方在珠海成立文旅新公司。

10 月 17 日，爱达邮轮携手敦煌研究院打造海上敦煌艺术展。

10 月 18 日，文心大模型 4.0 发布，差旅助手能订机票、酒店。

10 月 19 日，深圳机场首推"航延电子餐券"服务。

10 月 20 日，海昌海洋公园发布 IP 2.0 战略，计划向海外拓展。

10 月 20 日，中青旅臻选发布"一带一路"环球游学主题新玩法。

10 月 23 日，众信旅游：业务范围延伸至全方位出境综合服务。

10 月 24 日，全球首个"疯狂动物城"主题园区于 12 月 20 日在上海迪士尼开幕。

10 月 24 日，同程旅行收购同程旅业 100% 股权，耗资 6.91 亿元。

10 月 25 日，泡泡玛特跨界乌镇戏剧节推出联名限定产品。

10 月 25 日，北京环球度假区与乌镇戏剧节上演梦幻联动。

10 月 26 日，同程旅行与新疆达成"引客入疆"战略合作协议。

10 月 27 日，抖音生活服务启动"美好生活发现计划"，将投入 5 亿元扶持优质探店内容。

10 月 30 日，中旅国际发布度假目的地品牌"中旅度假"。

10 月 30 日，复星旅文：太仓阿尔卑斯国际度假区正式开业。

2023 年 11 月

11 月 3 日，浙江宁波熊出没欢乐港湾乐园预计于明年建成投用。

11 月 6 日，同程旅行启动鸿蒙原生版 App 开发，首期上线将覆盖出行全产品线。

11 月 7 日，麓途美宿与云南片区 14 家酒店达成战略合作。

11 月 8 日，上海乐高乐园度假区首次揭幕枫泾古镇乐高模型。

11 月 8 日，同程旅行联合斐乐及南方航空打造滑雪挑战赛，首站落地新疆阿勒泰。

11 月 10 日，甘肃文旅运营集团与黄河三峡旅投公司签订合作协议。

11 月 10 日，王者荣耀×三亚·亚特兰蒂斯举办开海节。

11 月 14 日，新东方文旅在内蒙古成立新公司，主营旅游演出等业务。

11 月 14 日，东航率先推出"空中 Wi-Fi 多次卡"。

11 月 15 日，敦煌研究院与腾讯联合打造的"数字藏经洞（国际版）"正式发布。

11月15日，杭州千岛湖获50亿元计划投资，打造世界级"湖泊+"度假区。

11月16日，尚美数智科技集团正式宣布旗下酒店在山东全省突破1000家，率先开启"单省千店"时代。

11月20日，携程联合蚂蚁集团、中旅旅行等推动入境游全链路便利化。

11月22日，桔子酒店3.0首次亮相广州。

11月23日，上海迪士尼"疯狂动物城"运营颁证，国内首个无轨乘骑游乐设施获批。

11月23日，同程旅行上线同程小站国考服务功能，百余家酒店已加入。

11月29日，同程旅行与成都双流国际机场达成战略合作。

11月30日，吉祥航空：拟以1.43亿元收购九元航空3.05%的股权。

11月30日，新疆22个支线机场开通互飞航线。

2023年12月

12月1日，吉林省旅游控股集团与福建省旅游发展集团签署战略合作协议。

12月1日，《长恨歌》冰火版再启，临潼打造传统文化演艺之都。

12月2日，青岛国资将入主凯撒旅业。

12月6日，艺龙酒店科技成立两周年：打造新型住宿产业综合平台，签约酒店超2000家。

12月10日，东方甄选文旅将于12月10日正式上线。

12月11日，马蜂窝举办"2023地球发现者大会"："新玩法"渗透内容+交易，为目的地营销注入新动能。

12月11日，首批"故宫以东"文化消费体验空间发布。

12月13日，支付宝联手携程、途牛服务入境游客。

12月15日，飞猪联合酒店商家推出"考研房"专项体验服务。

12月15日，河南文旅投资集团与复星达成战略合作。

12月15日，携程取得航班撤轮挡时间协同管理专利，推动了航班管理的标准化。

12月20日，去哪儿和华为云全面合作签约。

12月21日，张家界国家森林公园"一票制"游览即日起正式实施。

12月23日，华住伙伴大会在湖南长沙举行，会上，华住宣布将推出10亿元的"华住高质量发展基金"，用于助力经营落后的合格门店提升经营业绩。

12月25日，董宇辉成立的新公司由新东方全资持股，含旅游业务。

12月25日，飞猪与GCH大中华酒店集团"豪廷会"打通会员体系。

12月26日，湘江欢乐海洋公园（长沙·海昌）开园仪式在大王山旅游度假区隆重举行。

12月26日，同程旅行与淄博玉黛湖花灯会达成战略合作 推动景区智慧化建设。

12月27日，北京欢乐谷首届奇幻冰雪节开幕将持续65天。

12月28日，上海迪士尼度假区与一嗨租车达成战略联盟。

12月29日，中国旅游集团与北京市西城区签署战略合作协议。

（执笔人：邱悦，北京联合大学旅游学院2022级旅游管理专业本科生）

后　记

在《中国文旅企业创新创业发展报告（2021—2023）》的编纂工作即将画上句号之际，作为北京联合大学旅游学院的一员，我有幸担任主编，深感荣幸与责任重大。在此，我想对所有参与和支持编写本报告的同人表示最诚挚的感谢。

首先，我要感谢北京联合大学旅游学院的领导和同事们，他们的支持和指导是本报告能够顺利完成的坚强后盾。在报告的编写过程中，我们团队成员克服了疫情带来的诸多困难，通过线上会议、远程协作等方式，确保了研究工作的连续性和高效性。每一位团队成员的辛勤付出和智慧贡献，都是编写本报告不可或缺的一部分。

在2021年至2023年这一特殊时期，中国文旅企业面临着前所未有的挑战。疫情的反复无常，给旅游行业造成了巨大的冲击，同时也催生了新的机遇。本报告旨在深入分析这一时期文旅企业的发展特征、趋势以及面临的主要问题，为行业的复苏与创新提供参考和指导。

报告中，我们通过对大量数据的收集和分析，在文旅企业的数字化转型、产品创新、市场适应性、资源整合能力以及风险管理等方面进行了深入研究。我们发现，尽管疫情给文旅企业带来了巨大的经营压力，但许多企业通过灵活调整策略、积极拥抱变革，展现出了令人钦佩的韧性。这些企业的成功经验，为我们提供了宝贵的经验。

在个人感悟方面，我深刻体会到，作为旅游教育和研究工作者，我们不仅要关注行业的即时动态，更要具备前瞻性思维，为行业的发展提供长远的视角和建议。在疫情期间，我更加坚信，文旅行业的未来充满希望，而教育和研究工作在其中扮演着至关重要的角色。

展望未来，我们相信文旅行业将迎来更加多元化和智能化的发展。随着科技的进步和消费者需求的变化，文旅企业需要不断创新服务模式，提升用户体验。同时，我们也期待政府能够出台更多支持性政策，为文旅企业的复苏和创新提供良好的外部环境。

在此，我也要感谢所有参与编写本报告的专家顾问和行业合作伙伴，他们的宝贵意见和实践经验为本报告增色不少。同时，对于出版社的编辑团队、设计人员和校对人员，他们的专业精神和辛勤工作，确保了本报告的质量和呈现效果。

最后，我要感谢所有读者对本报告的关注。我们期待您的反馈，以便我们在未来的工作中不断改进和完善。让我们共同期待文旅行业的明天更加美好。

王恒
2024年3月

附　录

附录 A　北京联合大学旅游学院简介

北京联合大学旅游学院是我国建立最早、师生规模最大的旅游本科院校，是办学理念先进、区位条件优越、学科门类齐全、师资力量雄厚、教学设施先进、国际合作广泛的国内一流旅游院校。

学院创建于 1978 年。前身为北京第二外国语学院分院和北京旅游学院（筹）。1985 年正式定名为北京联合大学旅游学院。

学院秉承"博识雅行，学游天下"的人才培养理念，培养具有宽广知识、完善人格、旅游情怀和国际视野，具有扎实的旅游专业知识和较强的实践能力，具有较强的社会责任感、创新创业精神和可持续发展能力的高素质应用型旅游人才。建院 40 多年来，培养了一大批活跃在政府部门、旅游企业、科研院所的优秀旅游人才。

学院现有旅游管理、酒店管理、会展经济与管理、英语、日语、烹饪与营养教育、西班牙语 7 个本科专业，其中旅游管理和酒店管理是国家级一流本科专业建设点，旅游管理和会展经济与管理是北京市重点建设一流专业。旅游管理同时也是硕士学位授权点。

学院师资力量雄厚，拥有国家级优秀教学团队和北京市级优秀教学团队。现有专任教师 131 人，其中具有高级职称的教师 73 人，具有博士学位的教师 72 人。学院还从国内外聘请了 40 余位知名专家和业界高管担任客座教授和业界导师。

学院高度重视国际交流合作，先后与法国、爱尔兰、英国、荷兰、韩国、日本、西班牙等国家及中国台湾地区建立了 10 余个合作教育项目，为学生提供各种国际交流学习机会。在校学生大都有机会参加境外交流学习。

学院软硬件条件优越，拥有教育部批准的国家级实验教学示范中心，首旅集团国家级大学生校外实践教育基地，国内唯一一家国家智慧旅游重点实验室，国内领先、国际先进的酒店及餐饮实习实训基地，国内首个旅游教育创新实验室，还与原国家旅游局信息中心、IBM 公司联合发起成立"旅游大数据协同创新中心"，创办的"移动互联+旅游创意"全国大学生旅游创意大赛享誉全国。学院创办的《旅游学刊》是中国最具权威性的旅游学术期刊，也是国际上最具影响力的旅游学术期刊之一。

旅游管理系作为国内第一个以旅游管理命名的高等教育专业教学系，目前拥有 21

名专业教师,是全国同类本科专业团队中规模最大的专业团队,其中有博士学位的教师占 85%,高级职称教师占 81%。

旅游管理专业是我国第一个旅游管理本科专业,是全国第一批国家级一流本科专业建设点、国家级特色专业建设点、首批北京市重点建设一流专业。在上海软科世界一流学科 2019 年排名中,旅游管理学科位列全国内地高校第四。

旅游管理专业目前建有国家智慧旅游重点实验室、农业文化遗产可持续旅游院士工作站、文化和旅游部文化与旅游研究基地、旅游消费者研究院(与中青旅联科和唯智科技共建)等多个国家级、省部级和校企合作教学、科研平台。教师教学和科研涵盖了旅游管理的全部领域,包括文旅融合与城乡发展、旅游营销与服务管理、旅游经济与政策创新,以及智慧文旅和大数据等。教学、科研团队师资力量雄厚,在遗产旅游、旅游目的地管理、旅游开发与规划、旅游消费者行为、智慧旅游等方面积累了大量研究成果。

近年来,旅游管理专业为国家及京津冀旅游产业发展提供智力支持,专业教师参与了中国旅游"十三五"发展规划、中国旅游 A 级景区评定标准、"一带一路"建设、原北京市旅游委"十二五"人才规划、北京市朝阳区"十三五"旅游规划、北京市物质和非物质文化遗产保护等项目研究工作,是北京市多个部门的智库成员。

附录 B　文旅创新创业研究院简介

一、目的

文旅创新创业研究院

2016 年,李克强总理在首届世界旅游发展大会上指出,旅游业是大众创业、万众创新的大舞台。当时由张德欣发起,特邀行业顶级学术专家及产业领军人物等于 2016 年 9 月 27 日在京成立了"旅游创业创新研究院"。为适应文旅融合发展趋势,自 2021 年 1 月 1 日起,研究院升级为文旅创新创业研究院。本院将为文旅创新创业提供理论支持与实战分享,营造创新创业环境,提供创新创业咨询建议及服务,以助推文旅产业健康有序创新发展为重要使命。

二、名称

中文:文旅创新创业研究院

英　文:Academy of Culture & Tourism Innovation and Entrepreneurship(缩 写 为 ACTIE)

三、宗旨

助力文旅企业创新　　推动文旅产业升级

四、任务

1. 统筹及出版《中国文旅创新创业智库丛书》；
2. 发布中国文旅创新创业相关指数、报告等；
3. 组织中国文旅创新创业峰会及创新创业创意大赛等；
4. 文旅创新人才培训、培养。

五、组织架构

院　　　长：张德欣
执行院长：王　恒
副 院 长：李　彬　钟栎娜

六、专家顾问团

学术专家

厉新建	卜希霆	张凌云	张　辉	谷慧敏
张玉钧	徐　虹	秦　宇	张朝枝	周玲强
郭英之	白　凯	郑向敏	李　原	张河清
吴忠宏	李　想	信宏业	薛兵旺	沈建龙
周春林	曾博伟	卢政营	陈安国	李燕琴
明庆忠	王兆峰	方远平	马　勇	乔秀全

产业专家

罗　军	洪清华	于敦德	叶一剑	张晓军
黄栋庆	郑敏庆	陈云岗	刘汉奇	荀　亮
朱万峰	刘玉兰	单　平	汪早荣	贾建强
余学兵	吴建华	董　错	易文捷	金　松
刘　春	陈长春	王京凯	张海峰	张广福
龚德海	刘　星	董艳丰	王海荣	祖大军

投资专家

| 袁润兵 | 蒋　涛 | 陈　亮 | 钱建农 | 何士祥 |
| 马培瑞 | 杜长辉 | 柳林静 | 张栋梁 | 洪　伟 |

七、附录

类别	姓名	职务
院长	张德欣	《中国文旅创新创业智库丛书》总主编、世界研学旅游组织（WRTO）专家、教育部全国专业学位水平评估专家
执行院长	王 恒	北京联合大学旅游学院副教授
副院长	李 彬	北京第二外国语学院旅游科学学院副院长、教授
	钟栎娜	北京第二外国语学院旅游科学学院教授
学术专家	厉新建	北京第二外国语学院旅游科学学院教授、北京体育大学博导
	卜希霆	中国传媒大学文化发展研究院副院长
	张凌云	《旅游学刊》执行主编、教授、博导
	张 辉	北京交通大学教授、博导
	谷慧敏	中国旅游协会旅游教育分会秘书长、教授
	张玉钧	北京林业大学教授、博导
	徐 虹	南开大学旅游与服务学院院长、教授、博导
	秦 宇	《旅游导刊》执行主编、北京第二外国语学院旅游科学学院教授
	张朝枝	中山大学旅游学院教授、博导
	周玲强	浙江大学教授、博导
	郭英之	复旦大学教授、博导
	白 凯	陕西师范大学地理科学与旅游学院教授、博导
	郑向敏	华侨大学旅游学院创院院长、教授、博导
	李 原	四川大学旅游学院教授
	张河清	广州大学粤港澳大湾区文旅发展研究院院长、教授
	吴忠宏	中国台湾台中教育大学教授
	李 想	美国天普大学旅游和酒店管理学院教授
	信宏业	北京理工大学/北京邮电大学教授，高级工程师
	薛兵旺	武汉商学院旅游管理学院院长、教授

续表

类别	姓名	职 务
学术专家	沈建龙	浙江旅游职业学院继续教育学院院长、教授
	周春林	南京师范大学地理科学学院教授
	曾博伟	北京联合大学旅游学院教授
	卢政营	天津财经大学商学院副院长
	陈安国	国家行政学院/清华大学教授、博导
	李燕琴	中央民族大学管理学院教授、博导
	明庆忠	云南财经大学首席教授、博导
	王兆峰	湖南师范大学旅游学院教授、博导
	方远平	华南师范大学旅游管理学院教授
	马 勇	湖北大学旅游发展研究院院长、教授、博导
	乔秀全	北京邮电大学教授、博导
产业专家	罗 军	途家网及斯维登集团联合创始人
	洪清华	景域集团董事长、驴妈妈创始人
	于敦德	途牛网创始人&CEO
	叶一剑	方塘智库创始人
	张晓军	唐人智库创始人
	黄栋庆	杭州东方网升首席拓展官
	郑敏庆	中国台湾亚太休闲创意智库执行长
	陈云岗	香港城市经营研究院院长
	刘汉奇	中国旅游车船协会监事长
	荀 亮	中国智慧酒店联盟秘书长
	朱万峰	北京九鼎辉煌旅游发展研究院院长
	刘玉兰	科技部中国生产力促进中心协会理事长
	单 平	中国主题饭店研究院执行院长、皇金管家创始人
	汪早荣	深大智能集团董事长
	贾建强	6人游旅行网创始人
	余学兵	联众休闲产业集团董事长
	吴建华	全球旅游目的品牌联盟秘书长
	董 锴	北京东来顺集团副总经理

续表

类别	姓名	职务
产业专家	易文捷	三鼎控股集团副总裁
	金松	万观文旅董事长
	刘春	远初集团总裁
	陈长春	隐居乡里创始人
	王京凯	世纪明德联合创始人、明德未来国际营地董事长
	张海峰	中华户外网创始人
	张广福	中国管理科学学会旅游管理专业委员会秘书长
	龚德海	世纪中润总经理、趣游学教育创始人
	刘星	岚星（武汉）旅游投资总经理
	董艳丰	中景恒基投资集团副总裁
	王海荣	江苏非凡智旅总经理
	祖大军	中信国际咨询研究院副院长
投资专家	袁润兵	清科集团联席总裁、清科创投主管合伙人
	蒋涛	沙塔基金创始人，原戈壁创投管理合伙人
	陈亮	泰山天使投资／泰山兄弟创始基金创始合伙人
	钱建农	复星国际全球合伙人
	何士祥	晨华创投创始管理合伙人＆董事长
	马培瑞	紫荆花科技孵化园董事长
	杜长辉	中旅集团战略投资部总经理
	柳林静	安芙兰资本基金合伙人
	张栋梁	允治资本创始合伙人
	洪伟	旭辉资本合伙人

注：排名不分先后，数据截止到 2024 年 7 月